石垣整備のてびき

文化庁文化財部記念物課

例　　言

1. 本書は文化庁記念物課が設置した全国城跡等整備調査研究会（以下、「研究会」という。）の下に、平成24年度～平成26年度の3ヶ年にわたり作成した石垣整備に関するてびき書である。

2. 本てびき書の作成にあたり、石垣を専門とする研究者及び毎年の研究会の開催会場となった地方公共団体において石垣整備の事業を担当する職員から成る「城跡等の石垣修理技術等の発展・継承のための検討会」（以下、「検討会」という。）を設置し、議論及び意見交換を集約した。検討会の委員名簿は本文4ページの表1を参照されたい。

3. 本書では、広く「復旧（修理）」・「復元」を含む用語として「整備」を使用した。また、「城」又は「城跡」の用語に統一し、「城郭」の用語を使わないようにした。さらに、時代・立地・性質等により、「古代山城」、「中世山城」、「城館跡」などに使い分けた。

4. 本書の執筆は、検討会の委員のうち地方公共団体の職員、文化庁文化財部記念物課所属の以下の文化財調査官及び研修生が担当した。各章の執筆分担は本文14頁の表3を参照されたい。なお、文化庁文化財部記念物課所属の以下の文化財調査官及び研修生が担当したのは、第1章・第3章・第4章・第5章である。

名勝部門主任文化財調査官	本中　眞
整備部門文化財調査官	内田 和伸
整備部門文化財調査官	中井 將胤
文化的景観部門文化財調査官	市原 富士夫
整備部門研修生（弘前市教育委員会）	岩井 浩介（平成22年度）
整備部門研修生（弘前市教育委員会）	小石川 透（平成23年度）
整備部門研修生（弘前市教育委員会）	鶴巻 秀樹（平成24年度）

5. 本書の編集は、上記の文化財調査官及び研修生のほか、以下の研修生が担当した。

整備部門研修生（福岡県）	阿部　慎（平成25年度）
整備部門研修生（水戸市教育委員会）	川口 武彦（平成26年度）

目　次

コラム

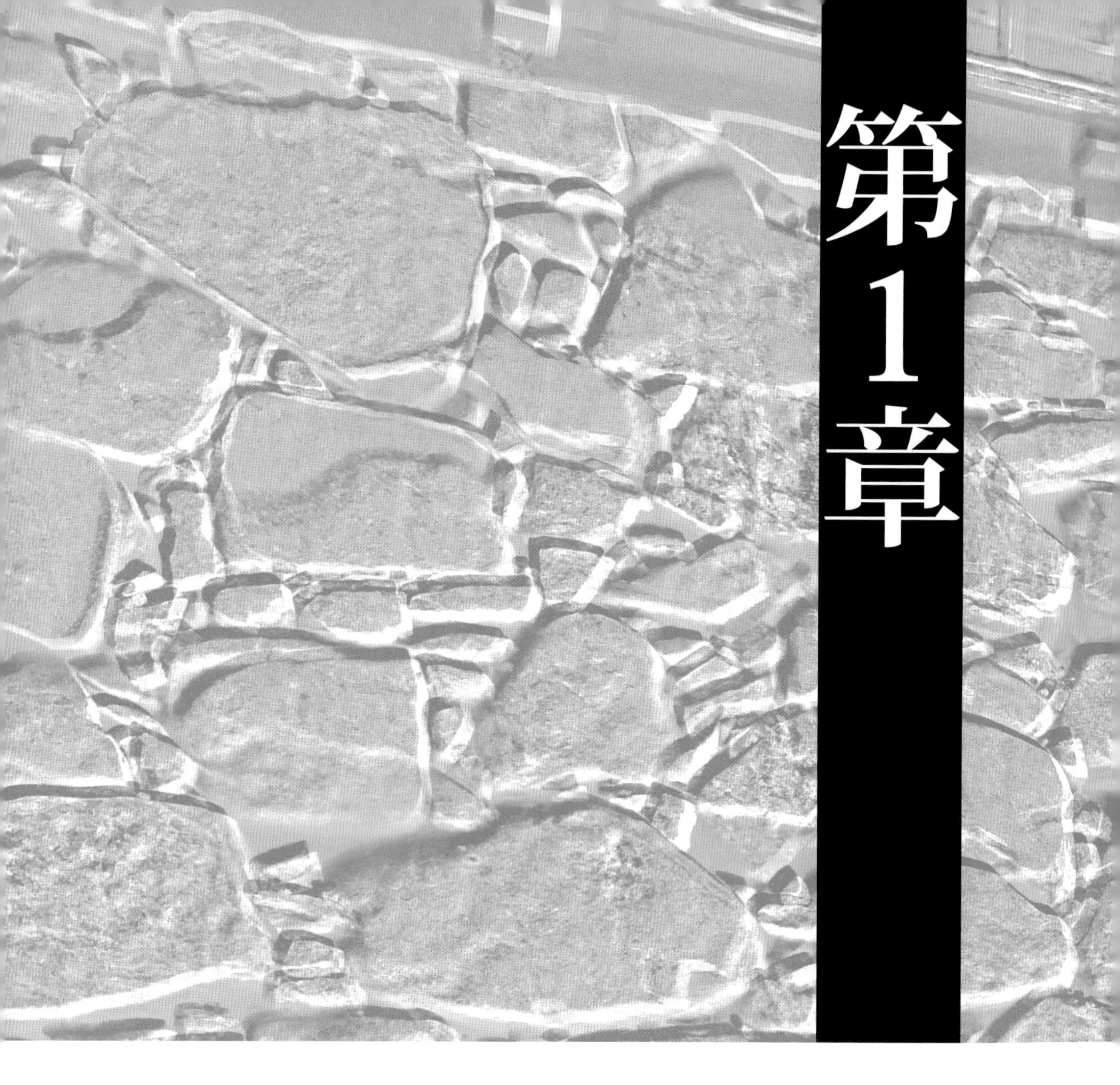

第1章

本書の目的・内容及び作成の背景・経緯

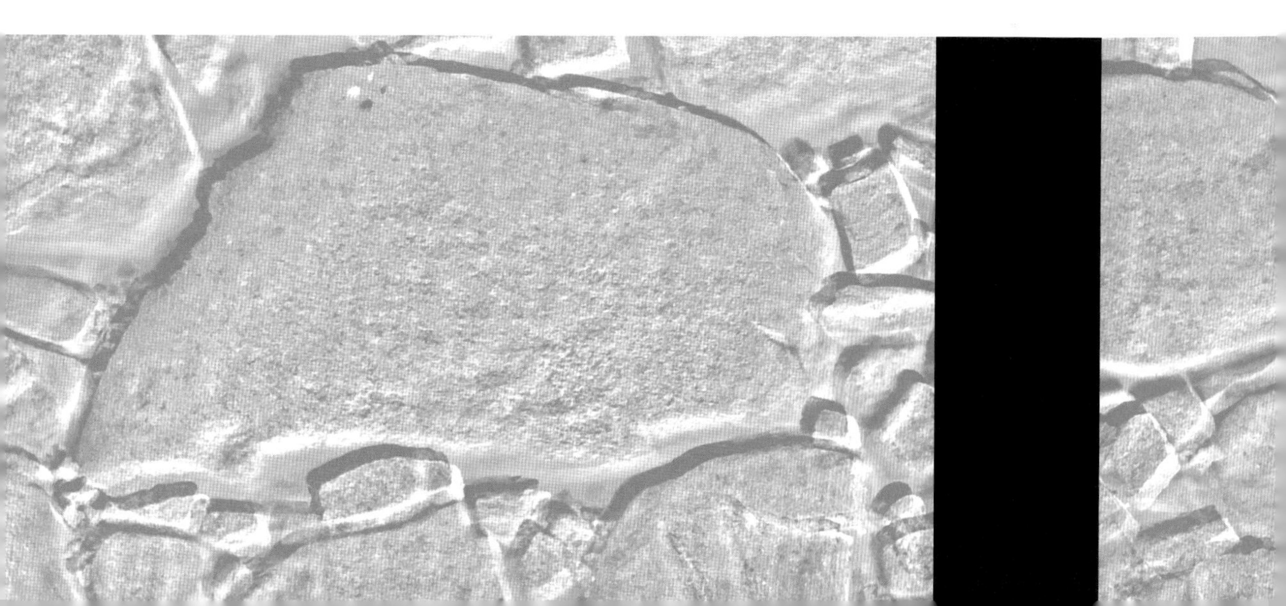

第1章
本書の目的・内容及び作成の背景・経緯

1. 目的・内容

本書は、城跡等の骨格を成す石垣の復旧（修理）・復元等の整備を適切かつ円滑に進めるにあたり、必要とされる各種の事項を総合的に取りまとめたてびき書である。特に、石垣整備を実施しようとする行政機関の担当部局とその職員が、石垣の本質的価値を明確に理解し、要所を押さえて作業を進めることができるよう石垣整備の理念を明確に示すとともに、事業の進め方及び整備の方法等を網羅的に収録するよう努めた。また、全国各地の石垣整備事業の実務に携わる技能者及び関係者が、共通理解とすべき基本的事項についても配慮した。

本書を利用するにあたっては、各々の城跡等の石垣の実態に合わせて本書の内容を読み解く姿勢が求められる。本書は特に史跡等に指定された城跡等の石垣整備を基本として作成したものであるが、広くその他の城跡等の石垣・石積みの構造物等の整備においても本書の内容に準拠することが望ましい。

図1　第1回研究会（兵庫県姫路市）での研究協議

2. 作成の背景・経緯

本書の作成は、平成15年度に文化庁が設置した「全国城跡等石垣整備調査研究会」(以下､｢研究会｣という。)における研究協議が出発点となっている。特に第5回研究会で採択された「城跡等石垣の本質的価値を次世代へと継承するために」と題する文書には、当面する課題として「城跡等石垣修理手引書」を作成することが明記された。これに基づき、その後の取り組みの過程で本書が完成した。その経緯は以下に記すとおりである。

(1)「全国城跡等石垣整備調査研究会」の設置

本研究会の目的は、史跡等に指定されている近世の城跡をはじめ、顕著な石垣・石積みを含むその他の遺跡を対象として、創建当時の築造技術及び歴史的変遷の中で取り入れられてきた復旧（修理）技術等の保存・継承を図るとともに、城跡等の石垣・石積みを含む遺跡を整備する上での技術的・行政的諸問題について関係者間での共通認識を形成することにあった。

第1回研究会は、平成16年1月に世界文化遺産でもある特別史跡姫路城跡（兵庫県姫路市）を会場として開催された（図1)。その後、平成19年1月の第4回研究会までの間に、石垣整備が直面する主たる課題について、研究協議が継続的に行われた。

研究会の設置要項は、3頁に示すとおりである。

(2)「城跡等の石垣修理技術等の発展・継承のための検討会」の設置

研究会での研究協議が進むのにしたがって、城跡等の石垣修理の技術的な諸課題等について現状の整理を行うとともに、基本的な考え方や将来的な展望等につ

全国城跡等石垣整備調査研究会

平成15年4月21日
第1回調査研究会開催実行委員会
（文化庁・姫路市教育委員会・兵庫県教育委員会）

（設置要項）

1. 設置の目的

本調査研究会は、史跡等に指定されている近世の城跡をはじめ、顕著な石垣・石積を含む遺跡を対象として、創建当時の構築技術やその後の歴史的変遷の中で取り入れられてきた修理技術、あるいは現代から次世代へと確実に伝達するために行う修理技術などの保存と継承を図るとともに、城跡等の石垣・石積を含む遺跡を整備する上での技術的・行政的諸問題に関して、関係者間における共通認識の形成を目的として設置するものである。

2. 審議事項

本調査研究会における調査研究の主題は、以下の5点とする。

①石垣・石積の構築技術に関する事項
②石垣・石積の修理技術の保存と継承に関する事項
③石垣・石積を含む遺跡の整備における技術的な事項
④石垣・石積を含む遺跡の整備における行政的な事項
⑤その他、石垣・石積を含む遺跡に関連して調査研究の必要な事項

3. 主催者と役割分担

⑴ 調査研究会の開催に当たり、毎年組織される実行委員会又は開催地となる市町村教育委員会が都道府県教育委員会を通じて文化庁に申し出、文化庁とともに調査研究会を主催する。

⑵ 文化庁は申し出を受け、都道府県教育委員会を通じて全国の関係市町村教育委員会に対し調査研究会の開催を通知する。

⑶ 開催地となる市町村教育委員会及び都道府県教育委員会、又は開催地となる市町村教育委員会を中心として同一の都道府県に属する関係地方公共団体及び都道府県教育委員会から構成される実行委員会は、調査研究会の開催等に係る庶務を所掌する。

4. 開催の時期と場所

第1回調査研究会を平成16年1月22日（木）～23日（金）に兵庫県姫路市城郭研究センターにおいて開催する。さらに、次年度以降、毎年1月末に城跡を有する全国の市町村において順次、開催する。

5. その他

⑴ 当該年度の調査研究の内容については、主催者が事前に決定する。
⑵ 調査研究会の記録については、主催者が報告書として公刊するものとする。

表１　「城跡等の石垣修理技術等の発展・継承のための検討会」の委員一覧表

委員名	所属・役職	委嘱期間
田中　哲雄	元東北芸術工科大学　教授	平成18年度～平成22年度
北垣　聰一郎	元石川県金沢城跡調査研究所　所長（現名誉所長）	平成18年度～平成21年度
木越　隆三	石川県金沢城調査研究所　所長	平成22年度～現在
北野　博司	東北芸術工科大学　教授	平成24年度～現在
山本　博利	姫路市教育委員会生涯学習部　城郭研究室　課長補佐	平成18年度～平成21年度
森　　恒裕	姫路市教育委員会生涯学習部　城郭研究室　技術主任	平成22年度
多田　暢久	姫路市教育委員会生涯学習部　城郭研究室　係長	平成23年度～現在
高瀬　哲郎	元佐賀県立名護屋城博物館　学芸課長	平成18年度～平成22年度
市川　浩文	佐賀県立名護屋城博物館　学芸課　調査研究担当主査	平成22年度～現在
金森　安孝	仙台市教育委員会文化財課　主幹	平成18年度～平成23年度
冨田　和気夫	石川県金沢城調査研究所　主幹	平成18年度～現在
西川　公夫	熊本市観光文化交流局　文化振興課　主任技師	平成18年度～現在
楠　寛輝	松山市教育委員会文化財課　主査	平成20年度～現在
宮里　学	山梨県埋蔵文化財センター　主査・文化財主事	平成21年度～現在
細田　隆博	鳥取市教育委員会　文化財課　主任兼文化財専門員	平成22年度～現在
大嶋　和則	高松市創造都市推進局　文化財課　主査	平成23年度～現在

いて検討し、取りまとめることが必要となった。

また、特に城跡等の石垣修理技術は、将来的に文化財の保存技術の観点から、文化財保護法に基づき選定保存技術として選定していくことも課題となっており、それを実現して行く上での課題・展望を示すことも不回避となってきた。

これらの点に関する検討を目的として、平成18年11月に文化庁は石垣等に造詣の深い研究者及び毎年の研究会開催地の地方公共団体所属専門職員から成る「城跡等の石垣の修理技術等の発展・継承のための検討会」（以下、「検討会」という。）を設置した。検討会の構成委員の一覧は**表1**のとおりである。

検討会の開催経過は**表2**のとおりであるが、第1回～第4回の研究会における研究協議の骨子をまとめた文書の草案を作成し、第5回研究会（**図2**）において「城跡等石垣の本質的価値を次世代へと継承するために」と題する文書として提案した（6～9頁参照）。

(3)「城跡等石垣の本質的価値を次世代へと継承するために」の採択

平成20年1月に特別史跡熊本城跡（熊本県熊本市）で開催された第5回研究会では、検討会が作成した文書草案が正式に採択された。その全文は6頁～9頁のと

図2　第5回研究会（熊本県熊本市）での研究協議

表2「城跡等の石垣の修理技術等の発展・継承のための検討会」の開催経過

開催回数	開催日時	開催場所	検討内容
第1回	平成18年12月18日	文部科学省庁舎Ｋ５会議室	これまでの調査研究会における議論の経過、今後の調査研究会における議論の方向性、石垣技術の継承における課題
第2回	平成19年12月17日	文部科学省庁舎2A会議室	石垣修理技術の後継者育成及び体制・組織の整備
第3回	平成20年12月18日	旧文部科学省庁舎第2会議室	石垣技術者協議会の活動及び文化財保存技術への選定及び第6回全国城跡等石垣整備調査研究会における議題について
第4回	平成21年6月18日	文部科学省庁舎西館6階第1会議室	『城跡等の石垣修理のてびき』出版に向けての今後の作業日程について、執筆分担について
第5回	平成21年12月24日	文部科学省庁舎西館5階第1会議室	「石垣等整備のてびき」骨格について、「石垣等整備のてびき」執筆分担について、「石垣等整備のてびき」今後のスケジュールについて
第6回	平成22年9月27日	文部科学省庁舎東館5階第5会議室	「概要調査～石垣整備基本計画」（たたき台）について、「発掘調査～仮囲い・仮設ヤード」（手引き書作成確認）について
第7回	平成22年11月29日	文部科学省庁舎東館14階第1会議室	「概要調査～石垣整備基本計画」（たたき台修正案）について、「発掘調査～仮囲い・仮設ヤード」（論点確認）について、「解体段階～修理段階」（手引き書作成確認）について
第8回	平成23年1月28日	全国城跡等石垣整備調査研究会鳥取大会会場	「解体段階」（たたき台提示・検討）について、「設計変更段階・修理段階」（手引き書作成確認）について
第9回	平成23年2月28日	文部科学省庁舎東館5階第4会議室	「事前発掘調査～準備段階」（たたき台修正案）について、「解体段階～修理段階」（たたき台案）について、「終了段階」（手引き書作成確認・たたき台案）について
第10回	平成23年5月30日	旧文部科学省庁舎2階第2会議室	「石垣修理のてびき（案）」の修正方針について、修文案について、「石垣修理のてびき（案）」コメント一覧への対応について
第11回	平成23年7月5日	中央合同庁舎第7号館西館13階共用会議室	第10回検討会までの経緯と論点の再確認、「石垣修理のてびき」の加筆修正について、「石垣修理のてびき」における「用語整理」について
第12回	平成23年8月2日	中央合同庁舎第7号館西館9階共用会議室5	「石垣修理のてびき」加筆修正について、今後の作業方針とスケジュールについて
第13回	平成23年9月26日	中央合同庁舎第7号館西館13階共用会議室	「石垣修理のてびき（第1期）」加筆修正について、「石垣整備のてびき（第2期）」全体構造と今後の進め方について、「多様な保存修理方法」について、「石垣の本質的価値の保存」・「石垣保存修理の原則」について
第14回	平成23年10月31日	文部科学省庁舎東館5階第3会議室	「石垣修理のてびき」第2期目次（案）について、「石垣整備のてびき（第2期）」加筆訂正について、「多様な保存修理方法」の具体的記述について
第15回	平成24年2月27日	旧文部科学省庁舎2階第2会議室	「石垣の整備のてびき」（案）について、「石垣整備のてびき」加筆修正について
第16回	平成24年3月30日	旧文部科学省庁舎2階第1会議室	本質的価値の捉え方について、石垣の活用について、手引きの位置付けについて
第17回	平成24年7月30日	文部科学省庁舎東館6階第2会議室	今後の課題方針について、コラムについて、事例集について
第18回	平成24年9月18日	旧文部科学省庁舎2階第1会議室	コラム・事例集の取り扱いについて、依頼原稿について
第19回	平成24年12月10日	旧文部科学省庁舎2階第1会議室	スケジュール確認、各グループ確認事項、コラム分担決定
第20回	平成26年3月24日	旧文部科学省庁舎4階第3会議室	「石垣整備のてびき」加筆修正について、「石垣整備のてびき」と今後の進め方について
第21回	平成26年6月18日	旧文部科学省庁舎4階第3会議室	「石垣整備のてびき」加筆修正について
第22回	平成26年9月29日	旧文部科学省庁舎4階第3会議室	総括

城跡等石垣の本質的価値を次世代へと継承するために

平成20年1月18日
全国城跡等石垣整備調査研究会

史跡等に指定されている近世の城跡をはじめ、顕著な石垣・石積を含む遺跡を対象として、創建当時の構築技術やその後の歴史的変遷の中で取り入れられてきた修理技術、あるいは現代から次世代へと確実に伝達するために行う修理技術などの保存と継承を図るとともに、城跡等の石垣・石積を含む遺跡を整備する上での技術的・行政的諸問題に関して、関係者間で共通認識を形成することが重要であるとの観点から、平成16年1月22日に「全国城跡等石垣整備調査研究会」（以下、「研究会」という。）が設置された。第1回研究会は特別史跡姫路城跡において、文化庁・姫路市教育委員会・兵庫県教育委員会が組織した開催実行委員会の主催の下に開催された。これに基づき、第2回以降の研究会については、文化庁、及び開催場所となる城跡が所在する市町村教育委員会及び都道府県教育委員会の共催の下に、順次、開催することとされた。

その後、研究会は、主として各開催地に所在の城跡を事例としつつ、石垣修理技術の後継者育成、伝統的修理技術と現代工法との調整の在り方、技術を網羅した手引書の作成など、石垣修理に関する諸問題について、広く活発な議論を継続的に行ってきた。平成19年1月18日～20日に金沢城跡で開催された第4回研究会では、次回の開催地である特別史跡熊本城跡において、5回にわたる研究会での議論の成果を踏まえ、城郭等の石垣の本質的価値を次世代へと確実に継承していく上で、今後、念頭に置くべき論点及び推進すべき施策等について文書に取りまとめることが必要であるとの合意が形成された。

この合意に基づき、文化庁は、石垣修理の研究者及びこれまでの研究会開催地である地方公共団体の専門職員から成る「城跡等の石垣の修理技術等の発展・継承のための検討会」（以下、「検討会」という。検討会の委員は、別紙のとおりである。）を設置し、研究会で採択すべき文書の検討を行うこととした。文書は平成19年12月17日の検討会において取りまとめられ、第5回研究会において提案されるはこびとなった。

以上の経緯に基づき、研究会は、検討会から提案された文書について審議を行った結果、今後、石垣修理事業を進める上で重要な事項（以下に示す各項目）が含まれていることを確認したことから、これを研究会の総意の下に採択した。

1. 研究会における議論の経過

毎年、開催されてきた「全国城跡等石垣整備調査研究会」（以下、「研究会」という。）における議論の主題及びその概要については、以下に示すとおりである。

(1) 第1回研究会（平成16年1月22日～24日、特別史跡姫路城跡）

研究会設置の主旨・目的について確認するとともに、石垣修理事業が直面する諸課題について包括的な議論が行われた。また、特別史跡姫路城跡をはじめ兵庫県内の各城跡で実施されている石垣修理工事の事例報告が行われた。初回でもあったことから、各地方公共団体の担当職員のみならず、石垣技能者・設計技術者・一般の聴衆など多数の参加の下に大規模な研究会となった。

(2) 第2回研究会（平成17年1月20日～22日、特別史跡名護屋城跡並陣跡）

特別史跡名護屋城跡並陣跡において、約20年間実施してきた石垣修理事業の蓄積を踏まえ、①修理・整備委員会、②発注者である地方公共団体、③設計コンサルタント・測量技術者、④現場管理者、⑤石工の5者の視点に基づき、石垣修理事業の発注から工事に至る工程の各段階における問題点が整理された。

(3) 第3回研究会（平成18年1月26日～28日、史跡仙台城跡）

議論の焦点は、石垣の現状に関する調査及び記録採取の在り方についてであった。現にある石垣をどのように把握するのかの重要性について議論するとともに、現地において、複数の目で同じ石垣を見ながら評価方法及び修理方法について意見交換を行う機会を持った。

(4) 第4回研究会（平成19年1月18日～20日、金沢城跡）

『史跡等整備のてびき』（平成16年3月、文化庁監修）に明示されている修理事業の進め方・留意点・課題等を含め、これまでの研究会で明らかとなった論点をさらに深め、それらを補足する方向での議論が行われた。特に、「技術の再生・継承」を主題として、①石垣修理に関する調査研究（発掘・構造・史料調査）の位置付け、②現にある石垣をどこまで保存し、どこまで修理・復元、元の石材の加工を許容するのか、③伝統技術を基本としつつも、安全性のためには、どこまで現代工法を導入できるのか、等の問題について議論が行われた。

また、次年度で研究会が第5回を迎えることから、これまでの研究会での成果を文書に取りまとめることが必要であるとの合意が形成され、研究会での論点と今後の課題について整理するために、文化庁が「城跡等石垣整備調査研究のための検討会」（以下、「検討会」という。）を設置することとされた。

(5) 第5回研究会（平成20年1月17日～19日、特別史跡熊本城跡）

従来の会議が石垣修理の技術的側面に集中していたことから、城跡における建造物等の復元整備と石垣修理との調整の在り方に関する問題をはじめ、都市内において広大なオープン・スペースとして城跡が果たす役割、及びその中における石垣修理の位置付け等について議論が行われた。

2. 研究会での論点の整理

検討会は、以下のとおり、5回にわたり開催された研究会での多様かつ多岐にわたる論点の整理を行った。

(1) 総括的事項

ア. 次世代へと継承すべき「石垣修理技術」は、史跡に指定された城郭に代表されるような石垣を中心に、その他の文化財に含まれる石垣・石積をも広く含め、その対象として取り扱うことが適切である。

イ. 今後の大きな課題として、①石垣修理技術の後継者育成及び体制・組織の整備、②石材の安定的確保、③安定した仕事量の確保、④伝統的技術と現代工法の調整の在り方などが挙げられる。

ウ. 『史跡等整備のてびき』（平成16年3月、文化庁監修）に示された整備・修理事業の進め方・留意点・課題等を踏まえ、特に城跡の石垣修理事業に焦点を絞った「城跡等石垣修理手引書」の作成が必要である。

(2) 技術者養成／体制及び組織の整備

ア. 石垣修理技術に関わる技術者・技能者を、適切に養成していくための施策が必要である。

イ. 石垣修理の品質を高めるためには、修理技術及び技能の程度を一定に保つことが必要であり、その事業においては、発注者である地方公共団体の担当職員が事業の成果を評価する力量を持ち、様々な局面で指導・助言できるまでに成長することが必要である。そのためには、担当職員の水準向上を目的とする研修制度が不可欠である。

ウ. 長期間にわたって継続的に実施される石垣修理のためには、客観的な評価基準と仕組みが必要である。

エ. 上記の点とも関連して、技術者・技能者の研修制度も必要である。

オ. 石垣修理工事の実施に当たっては、各工程における判断の透明性が重要である。そのためには、専門家から成る修理委員会、発注者である地方公共団体、調査を担当する機関、設計担当業者、測量担当業者、施工担当業者、石工の7分野が一体的な機能を果たせるようになることが必要であり、研修会等における情報交換・意思疎通が重要な意義を持つ。

カ. 研究会についても、実際に工事を実施している時期に各地の城跡において開催し、参加者が修理現場を目の前にして議論・意見交換をすることが必要である。

キ. 地域社会が一丸となって石垣修理事業に臨むことにより、地域の誇りを生み出し、まちづくりにつなげることができるようになる点について、地域住民を含め関係者が十分理解することが必要である。

ク. 石垣修理事業を担う各組織・担当者の役割分担及び相互連携の在り方について、最低限必要とされる事項を明記した「城跡等石垣修理手引書」の作成が必要である。

ケ. 石垣修理に関する情報を蓄積し、全国的なネットワークの中核となるような機関が必要。そのような機関は、建造物と石垣の修理を一体として取り扱えるような城跡に付随して設置されることが望ましい。

コ. 建造物の分野では、「技術者」は設計監理者を指し、「技能者」は職人である石工を指すこととしているが、両者の区分及び定義については、今後とも議論を重ねていくことが必要である。

(3) 適切な石垣修理工程の確保

ア. 石垣修理に用いる新補材等の石材調達の場については、歴史的な価値を持つ石切丁場と重複している可能性もあることから、その保存と新たな石材の安定的な調達の方法について十分調整することが必要である。

イ. 外国産の石材は安価であり、一定の利用効果はあると思われるが、石材の加工まで外国において完了していることが多いので留意が必要である。

ウ. 「修復」の観点からどこまで「旧に復する」ことが適切であるのか、石材加工に関して経費的な面からの調整を踏まえつつ、伝統的技術をどこまで採用すべきなのか、などの点について考え方を示すことが必要である。

エ. 石材の安定的確保に関する戦略を示すことが必要である。

オ. 石垣修理の特質に鑑み、修理事業の特記仕様書に盛り込むことが必要とされる項目について、「城跡等石垣修理手引書」などの作成を通じて例示することが必要である。

カ. 原則的な作業工程及び各段階で留意すべき事項についても、「城郭等石垣修理手引書」などにおいて明示することが必要である。

キ. 特記仕様書の作成に当たっては、石垣修理時に①してはいけないこと、②しなくてはならないこと、③必ず知っておかなくてはならないこと、の3つを念頭に置くことが必要であり、「城郭等石垣修理手引書」などにおいて、これらの詳しい項目を明示することが必要である。

ク. 「修理」事業において、どこまで「復元」を許容すべきなのかが課題である。近世初頭の技術は既に途絶えていることから、それを如何に再現するのかについて深く検討する姿勢が重要であり、そのために石垣をよく見て調査・研究し、石垣の状態を正確に認識することが必要である。

ケ. 石垣の現状把握のために作成することが奨励されている「石垣カルテ作成」については、地方公共団体の担当者が石垣を自らよく見て調査・研究し、石垣の状態を認識することに最大の目的がある。しかし、担当者がそれを行わず、外部のコンサルタント等に全面的に委託して行おうとする事例も多いことから、「石垣カルテ作成」の本旨は必ずしも達成されていないという現実がある。今後は、この点を是正していく施策が必要である。

コ. 「伝統技術」と「伝統技能」とを区別して捉えることについて、検討が必要である。「技術」は時代が持っている施工全般に関するものであり、「技能」は本人一代限りの技と理解する見解をも十分踏まえつつ、今後とも共通の認識を形成していく努力が必要である。

(4) 伝統的技術と現代工法との調整

ア. 研究会の成果をまとめる作業と並行して、設計担当業者や石工などとも情報交換を行いつつ、最終的には伝統的技術をどのように将来に向かって継承するのかに関する方針を示すことが必要である。石垣の修理技術を文化財の保存技術として選定することについて、適切に作業を進めることが必要である。

イ. 石垣は土木構造物という性質を持っていることから、全体として安定した状態を維持するとともに、「修理」に際しても安全性が求められる。これに関して、現代工法の適用の可否に関する基本的な考え方を示すとともに、適用が必要となる場合に許容できる程度について考え方を示すことが必要である。

ウ. 現代工法の適用の可否については、事前の調査成果に基づく検討結果を踏まえつつ、現状変更の許可申請事務 の段階において制御することが適切である。

エ. 現代工法の適用の可否については、石材加工や石積みなどの各段階によって異なる。また、石垣の「修理」と「復元」においても、現代工法の適用の可否に関する考え方は異なる。江戸時代以降、伝統的工法は一旦途絶えていることから、現在の技能者にとっての「禁忌」と実際の「修理」の方針は区分して捉えることが必要である。

オ. 現在の技能者にはいわゆる「禁忌」の通念があり、現に「逆石」などが見られる石垣については、修理の段階において「復旧」せずに、技能者が本来あるべきだと考える石垣の積み方に修正しようとする傾向が見られる。この点については、一方に偏ることがないように、今後とも十分議論を重ねていくことが必要である。

3. 今後の方向性

以上の成果及び論点を踏まえ、今後進めるべき課題として以下の4点を整理し、その実現に向けて各関係機関が相互の連携の下に努力することを呼びかける。

ア. 石垣の修理技術は、史跡に指定されている城跡等の石垣が持つ本質的価値を次世代へと確実に継承していく上で欠くことのできないものであり、その保護措置を適切に講ずることが重要な課題となっている。そのため、石垣修理技術が文化財保護法第 147 条に定める文化財の保存技術として選定されることが必要であり、その保存団体として石垣修理に携わる技術者及び技能者等により構成される協議会（以下、「協議会という。」）を早期に設置すること。

イ. 協議会は、石垣修理技術の保存団体として、その水準の維持を目指して、会員の技術・技能の客観的な評価基準を定めるとともに、評価の体制を整えること。

ウ. 協議会は、文化庁及び石垣修理事業の発注者である地方公共団体の協力の下に、石垣修理に携わる技術者及び技能者を中心に、広く石垣修理事業に携わる者を対象として定期的に研修会を開催し、石垣修理技術の品質・水準の向上に努めること。

エ. 協議会は、本研究会の諸活動を通じて、石垣修理に関する専門家・研究者、文化庁、関係地方公共団体と協働しつつ、「城跡等石垣修理手引書」の作成に主体的に参画すること。なお、このような協議会が結成され、石垣修理技術の継承を確実に行えるような体制が整った後においても、石垣修理事業の主体となる地方公共団体は、協議会との連携の下に、さらに一層、事業を信頼性の高いものとし、円滑に運営することができるよう、体制の整備、関係者間における意思疎通・情報共有に努めることが重要である。同時に、文化庁においては、協議会及び地方公共団体に対して、多角的な観点から適切に助言することを期待したい。

おりである。この文書には、当面する課題として、①石垣修理技術を文化財保護法第147条に定める文化財の選定保存技術として選定すること、②その保存団体として石垣修理に携わる技術者及び技能者等により構成される協議会を早期に設置すること、③協議会の積極的な参画の下に「城跡等石垣修理手引書」を作成すること、の3点が盛り込まれた。

選定名称：文化財石垣保存技術

（文化財石垣保存技術とは、史跡等に指定された城跡等の石垣・石積遺構を解体・修理等を行う技術である）

選定保存技術の概要

文化財石垣保存技術は、史跡等に指定された城跡等の石垣・石積み遺構を解体・修理等を行う技術である。正確な修理等を実施するためには、石垣の状態を正確に把握するとともに、解体の範囲を的確に特定し、解体から積直しに至る過程を周到に組み立てることが必要である。さらに、取替を要する石材の調達・切り出し・仕上げ等の各工程に、極めて細かい神経を要するのみならず、高度な技術及び豊富な経験が必要とされる。

史跡等に指定された城跡等の石垣・石積み遺構の保存技術は、当該史跡等の本質的価値を次世代へと確実に継承していく上で重要な技術であり、精度の高い修理等を行う上で伝統的な技術錬磨が不可欠である。また、今は使われなくなった伝統的な石垣保存技術を研究し、再興することも重要である。

以上のように、文化財石垣保存技術は史跡等に指定された城跡等の石垣・石積遺構の修理等に欠くことのできない技術であるため、保存と伝承を図る必要がある。

保存団体：文化財石垣保存技術協議会

保存団体の概要

文化財石垣保存技術協議会は、全国の史跡等における石垣の修理等の事業に携わる技能者及び技術者により構成され、平成20年4月の設立以降、伝承者育成の技術研修を計3回実施している。研修会では、伝統的な石垣・石積の研究者・専門家と連携して教養及び実技に係る研修を実施し、伝承者の養成に努めている。また、会報においてその成果を広報している。設立後の経過年数は約1年であるが、平成15年度より毎年1回、文化庁主催の下に開催してきた全国城跡等石垣整備調査研究会においても、本協議会に加盟した技術者・技能者が自主的に参加し、石垣修復事業の主体である地方公共団体の職員との意見交換や課題に関する共通理解に努めてきた実績がある。このことから、本協議会は文化財石垣保存技術の保存上適当と認められる事業を行う団体である。

図3　文化財石垣保存技術協議会の活動（役員会）

図4　文化財石垣保存技術協議会の活動（研修会）

(4) 選定保存技術の選定及び保存団体の認定

上記の文書に盛り込まれた今ひとつの課題は、石垣修理に携わる技能者・技術者の協議会を組織し、石垣保存技術の伝承の施策を確実に進めることであった。

そこで、技能者・技術者の自発的な総意に基づき、平成20年4月に文化財石垣保存技術協議会（粟田純司会長）が発足した（図3)。これを受け、平成21年9

保持者の追加認定　有形文化財等関係
文化財石垣保存技術
保持者の認定について
(1) 保持者
氏　　名　　粟田 純司
生年月日　　昭和15年8月16日（満71歳）
住　　所　　滋賀県大津市坂本3－11－29
(2) 適用認定基準
選定保存技術に選定される技術又は技能を正しく体得し、かつ、これに精通している者
(3) 認定理由
同人は、昭和15年滋賀県に生まれ、父である粟田万喜三の穴太積みの石積みを見て育った。大学卒業後、粟田建設に入社して以降、「野面積み」の技法である「穴太積み」について父の指導を受け、特別史跡安土城跡、史跡篠山城跡の石垣修理に従事するようになった。50歳を過ぎてからは、父の跡を継いで穴太積みの石積みの頭領として石垣修理に従事している。
同人は、穴太積みの技法のみならず、「打ち込みはぎ」、「切り込みはぎ」など、今日の文化財石垣の保存技術のすべての技法を体得し、長年にわたる高い見識と豊富な経験を積み重ねている。同人が携わった城郭石垣の石積は高い品質を持ち、その豊かな経験及び技量は、選定保存技術として選定された文化財石垣保存技術の保存団体である文化財石垣保存技術協議会（以下、「協議会」という。）に所属する技術者・技能者の間でも高く評価されている。なお、同人は平成20年の協議会の設立に尽力し、それ以来、協議会の会長として、その運営及び会員の水準向上にも多大なる貢献をしてきた。
以上のように、同人は、文化財石垣保存技術を正しく体得し、かつ、これに精通するとともに、後身の育成にも大きく貢献している。

月2日には文化財保護法第147条に基づき文化財石垣保存技術を文化財の選定保存技術として選定し、その保存団体として文化財石垣保存技術協議会を認定した。協議会の発足後、協議会は文化庁及び開催地となる地方公共団体とともに研修会を共催するようになった(図4)。

平成21年7月17日に文化審議会が文部科学大臣に対して行った選定保存技術の選定及び保存団体の認定に係る答申の説明文、及び平成24年7月20日に文化審議会が文部科学大臣に対して行った選定保存技術の保持者に関する答申の説明文（抄録）は、10～11頁に掲げるとおりである。

(5) 第6回以降の研究会の活動

第6回以降の研究会での議論の概要は、以下のとおりである。なお、各回の研究会における研究協議・結論等の詳細は、各々の開催地方公共団体が刊行した報告書に示されているので参照されたい。

ア. 第6回研究会（平成21年1月23日～24日、史跡松山城跡（愛媛県松山市））

「石垣解体修理の諸問題－そのマニュアル化に向けて－」及び「城のあるまちのこれから」をテーマとして開催した。

石垣修理の技法の中でも、最も一般的な手法であり、かつ最も課題の多い「解体修理」について研究協議・議論を行い、①解体修理は常に遺構の破壊を伴うことを念頭に置く必要があること、②「解体修理」は「解体調査」と同義であることなどを確認した。

イ. 第7回研究会（平成22年1月21日～23日、山梨県指定史跡甲府城跡（山梨県甲府市））

「城跡等の石垣の保存活用と安全性」をテーマとして開催した。

解体修理を必要最小限に抑制しつつ、その後の維持管理的な措置の過程でいかに石垣の安全管理を行うのか、解体修理ではなく部分修理により石垣の安定性をどのように確保できるのか、について研究協議を行った。

コラム①　石垣の活用事例

近年、文化財としての石垣の復旧（修理）の進展とともに、その活用事例も増加してきた。ひとつは、石垣パンフレットの作製や説明会など文化財石垣の周知活動であり、もうひとつは、体験をつうじて伝統的な石垣の復旧（技術）について理解を深めてもらう体験学習である。

また、文化財石垣保存技術協議会など技能者（石工）の団体による展示や解説なども行われている。文化財石垣の保護において、今後も学校教育や生涯学習などと連携がいっそう必要となる。

解説

【図1】石垣修理や発掘調査の報告書刊行だけでなく、石垣に焦点をしぼった一般向けのパンフレットが各地で作成されている。写真は山梨県指定史跡甲府城跡（山梨県甲府市）・史跡金沢城跡（石川県金沢市）・特別史跡姫路城跡（兵庫県姫路市）のものである。それぞれ、城の石垣の変遷や構造の説明、見学にあたっての見どころなどをコンパクトにまとめている。

【図2】平成23年5月16日に中学生の社会科見学で山梨県指定史跡甲府城跡石垣について説明しているところである。一般向け見学会だけでなく、学校教育との連携も進められている。

【図3】復旧（修理）や発掘調査に合わせて、現地説明会が各地で開催されている。写真は平成26年2月9日に特別史跡姫路城跡の石垣の復旧（修理）に合わせて行われた現地説明会の様子である。

【図4】実際の体験が困難な石の積み上げについては、模型や体験キットが活用されている。写真は平成24年9月7日に山梨件指定史跡甲府城跡において石積み体験キット「石垣つめる君」を使用した小学生の校外学習における石工体験である。

【図5】築城当時の石材運搬技術である修羅やコロを使った石引きの体験により、伝統的な石垣技術への理解を深める取組もある。写真は平成21年10月25 日に特別史跡肥前名護屋城跡並陣跡（佐賀県唐津市）で開催された「第45 回名護屋城跡並陣跡史跡探訪会」の石引き体験イベントの様子である。

【図6】平成18年8月20日に特別史跡名護屋城跡並陣跡で開催された「夏休み史跡探訪会　親子で石割・石引き体験」のうち、石割り体験の様子である。

【図7】平成22年8月22日に山梨県指定史跡甲府城跡で行われた地元の子供たちよる城内石垣の落書き消しの取組の様子である。体験学習として参加することにより、文化財石垣保護の意識を高めることを目的としている。

【図8】選定保存技術の保存団体である文化財石垣保存技術協議会は、三叉による石垣の模型、実物の石工道具の展示、技能者（石工）による解説を、文化庁主催の「日本の技体験フェア」などで行っている。写真は平成25年10月26・27日に会津若松市の鶴ヶ城体育館で開催した時の様子である。

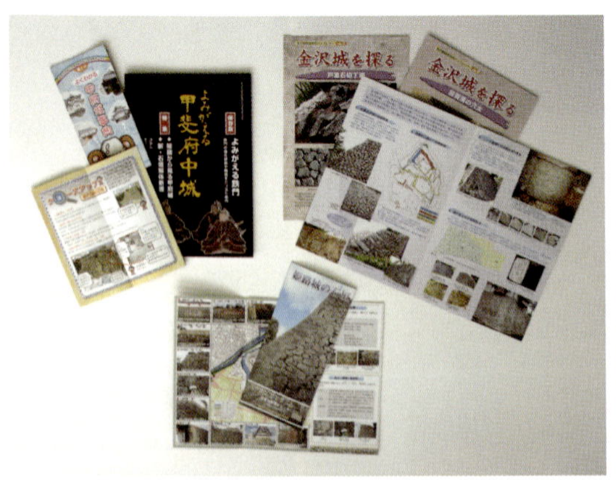

図1　石垣パンフレット

図2　石垣の社会科見学

図3　石垣の復旧（修理）の現地説明会

図4　石垣の模型教材

図5　石引き体験

図6　石割り体験

図7　体験学習（石垣の落書き消し）

図8　日本の技体験フェア

表3　本書の執筆分担

委員名	所属・役職	グループ	執筆担当した章節
多田　暢久	姫路市教育委員会生涯学習部　城郭研究室　係長	D	第8章8・9
市川　浩文	佐賀県立名護屋城博物館　学芸課　調査研究担当主査	B	第7章3、第8章1・2・3・4・6
冨田　和気夫	石川県金沢城調査研究所　主幹	C	第8章5
西川　公夫	熊本市観光文化交流局　文化振興課　主任技師	B	第7章3、第8章1・2・3・4・6
楠　寛輝	松山市教育委員会　文化財課　主査	A	第6章、第7章1・2
宮里　学	山梨県埋蔵文化財センター　主査・文化財主事	C	第8章7
細田　隆博	鳥取市教育委員会　文化財課　主任兼文化財専門員	A	第2章、第6章、第7章1・2
大嶋　和則	高松市創造都市推進局　文化財課　主査	D	第8章10・11

ウ．第8回研究会（平成23年1月27日～29日、史跡鳥取城跡附太閤ヶ平（鳥取県鳥取市））

「石垣の保存修理の歴史に学ぶ」をテーマとして開催した。

復旧（修理）の過程において、いかに多くの資料を残すのか、過去の修理における写真・記録等の成果をいかに活用すべきかについて、研究協議を行った。

エ．第9回研究会（平成24年1月19日～21日、史跡高松城跡（香川県高松市））

「石垣整備における記録と工法選択」をテーマとして開催した。

解体修理の場合には、石垣に残された過去の歴史的痕跡が失われてしまうことから、いかに記録を残すのかが重要な課題となる。そのため、日常的に石垣の記録を作成・蓄積し、不測の事態が発生した場合にも、復元・再生に備えることが重要であることを確認した。

オ．第10回研究会（平成25年1月24日～26日、特別史跡姫路城跡（兵庫県姫路市））

第10回の節目となる研究会であったことから、過去10年間を総括する観点から研究協議・議論が行われた。特に、各個別の技術をどのように取り扱ってきたのか、その中でどのような課題が認識されてきたのか、今後の課題は何かなどについて確認した。

カ．第11回研究会（平成26年1月23日～25日、史跡萩城跡（山口県萩市））

「石垣整備から学ぶまちづくり」をテーマとして開催した。近代以降の城跡が果たした役割、観光資源及び文化遺産の双方の視点からの発信と両者間の調和の取り方、市民に対して「石垣整備」を身近なものにするための方法等について研究協議を行った。

(6) 検討会による「石垣整備のてびき」の作成・完成

第5回研究会の後、研究会の総意の下に、検討会が引き続き「城跡等石垣修理手引書」の作成作業を行うこととなった。その過程では、文化財石垣保存技術協議会の理事会への説明を行い、意見集約を行った。

平成26年10月、検討会の作業を踏まえ、文化庁記念物課は取りまとめ作業を完了し、「石垣整備のてびき」（本書）を公刊した。

なお、本書の執筆は、第1、3～5章を文化庁記念物課の文化財調査官及び研修生（氏名は例言を参照されたい。）が分担し、第2章・第6～9章は**表3**のとおり検討会の委員である各地方公共団体の職員がＡ～Ｄの計4つのグループを構成して分担した。さらに、平成24年度から平成26年度までの間に、文化庁記念物課の文化財調査官及び研修生が全体の加筆修正及び構成等の調整を行い、本書を完成させた。

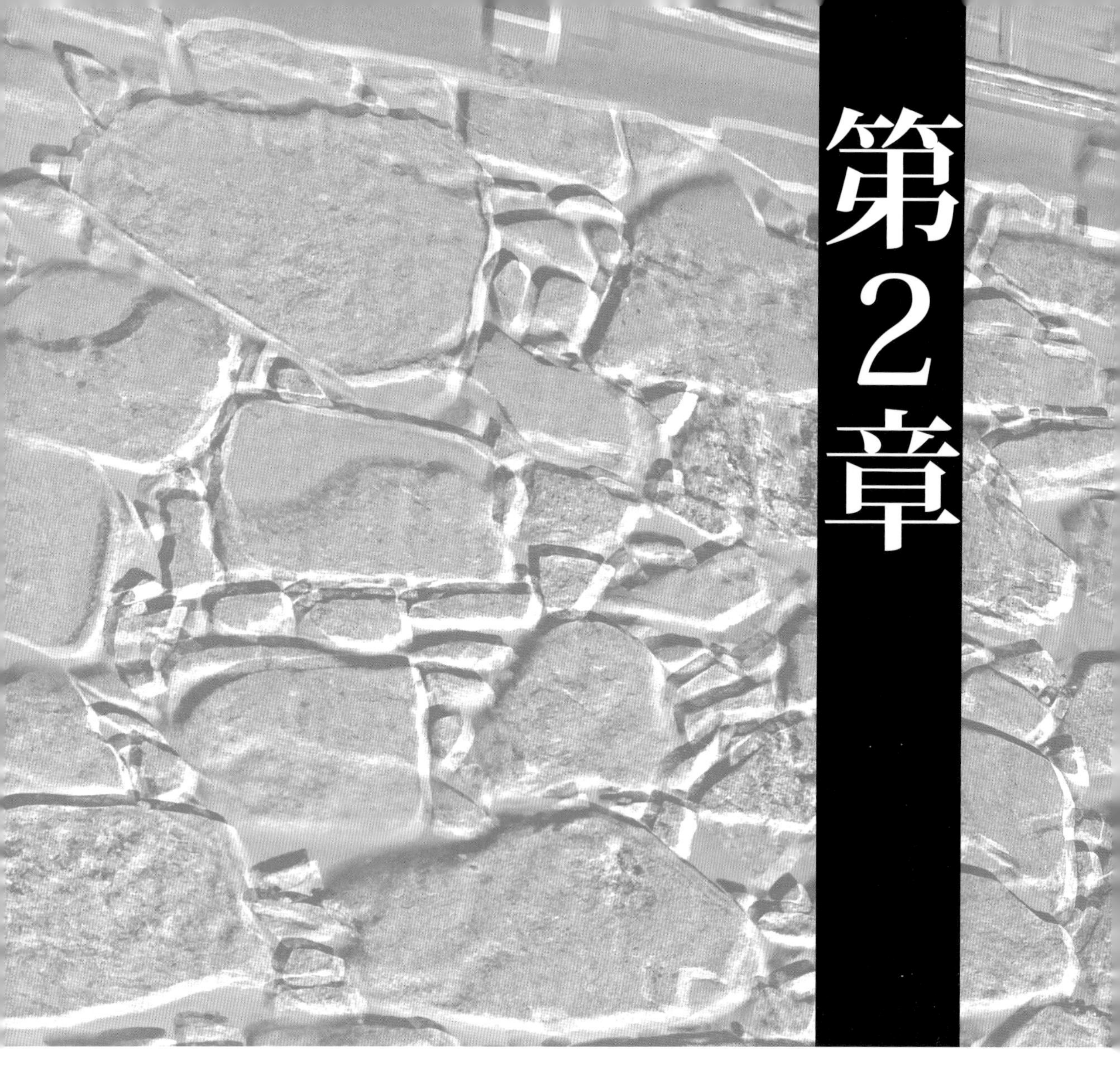

第2章

石垣の復旧（修理）の歴史

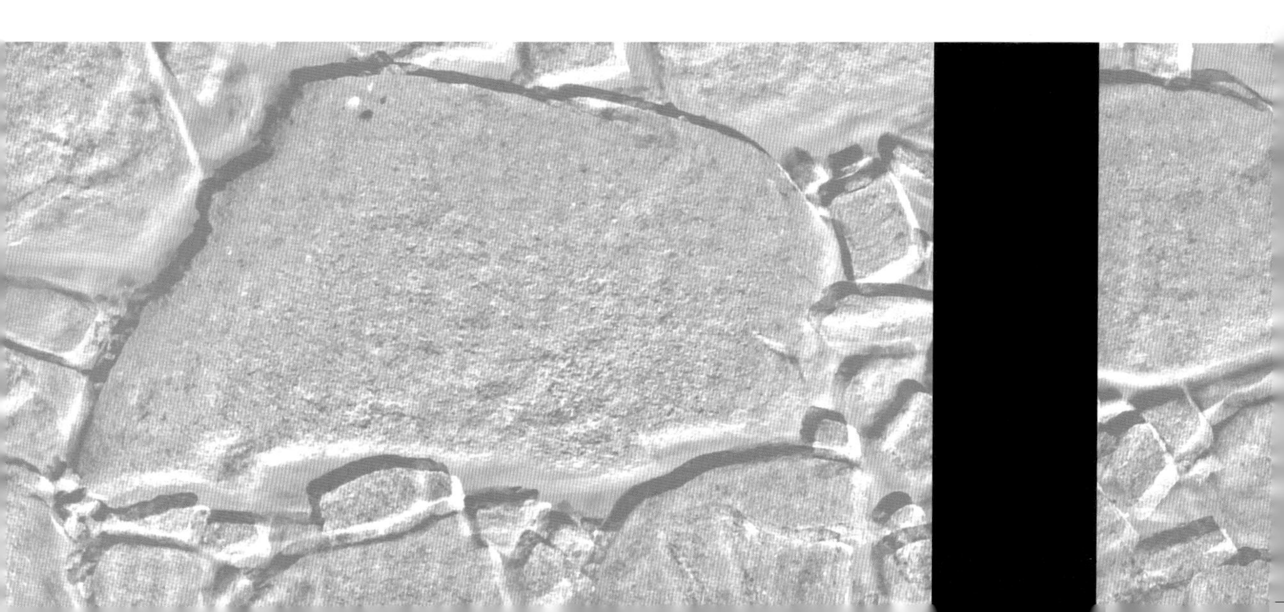

第2章
石垣の復旧（修理）の歴史

1. 文化財保護法制定以前における城跡の石垣の復旧（修理）

(1) 明治維新と文明開化期における城跡の石垣

慶應3年（1867）の大政奉還及び王政復古の大号令に続く明治維新の後、版籍奉還及び廃藩置県を経て、幕藩体制の政治・行政・軍事の要を成した全国各地の城は、徳川幕府又は各幕藩大名の所有から新たに明治新政府の所管へと移行した。

明治6年（1873）1月14日、明治政府は「全国城郭存廃ノ処分並兵営地等撰定方」を発令し、軍事施設として利用可能な城を選別して陸軍省所管の行政財産とし、それ以外の城を大蔵省所管の普通財産とした。これが、いわゆる「廃城令」又は「存城廃城令」と呼ばれる太政官達書である。これにより50を越える城が陸軍の駐屯地として存置され、200以上もの城・陣屋が廃止されることとなった。存城[1]として存置することとされた城であっても、彦根城（滋賀県彦根市）、姫路城（兵庫県姫路市）などの一部の事例を除き、陸軍の施設の観点から不要とされた城内の建造物は撤去され、主に石垣・堀などの骨格を残すばかりとなってしまった。さらに、陸軍等の施設の利用形態によっては、支障となる石垣・堀も撤去・埋め戻しの対象となった。また、軍制の整備に伴って遊休地としての取り扱いを受けた城の中には、明治22～23年（1889～1890）に主として旧藩主に対して払い下げが行われ、その後に公園として一般に公開された事例などもあった。

文明開化の施策の進行に伴って廃止され、城内の建造物等が撤去された城跡においては、その広大な敷地が官公庁又は学校等の公共施設の用地となったほか、石垣が徹底的に解体され、鉄道・港湾の建設用材となり、城跡としての痕跡すら残さなくなってしまった事例も見られた。しかし、いわゆる「廃城令」又は「存城廃城令」の公布の翌日に公園設置に関する太政官布達が発布されたこともあって、特に城下町の中心部に位置する城跡は近代の公園として生まれ変わり、例えば高知城（高知県高知市）のように高知公園として建物を含め城跡の中枢部のほぼ全容が残された事例などもあった（**図5**）。

城の敷地のうち、ある程度まとまった用地が残され、開発行為が抑制された場合には、結果として石垣・堀が良好に残された。この頃に行われた石垣の復旧（修理）は、あくまで陸軍の施設管理又はその安全性の確保のために行う営繕工事としての性質が強かった。このような傾向は、その後の城跡の歴史的経過においても長く見られた。しかし、そのような状況下にあっても、松本城（長

図5 『高知公園設計図』（（公財）東京都公園協会蔵）

1 **存城**；「存城」とされた計50以上の城のうち、10数の城については新築を行うこととされたものである。

野県松本市）の月見櫓周辺の石垣のように、解体した石材を原位置に戻すことを基本方針とする復旧（修理）が行われた事例も存在した。

(2) 史蹟名勝天然紀念物保存法及び国宝保存法下における城跡の石垣の復旧（修理）

近世の城跡が法律に基づき文化財として本格的な保護の対象とされたのは、大正8年（1919）の史蹟名勝天然紀念物保存法の制定が最初である。大正11年（1922）に五稜郭跡（北海道・函館市）が、続いて大正15年（1926）に安土城跡（滋賀県近江八幡市・東近江市）、名護屋城跡並陣跡（佐賀県唐津市）、姫路城跡（兵庫県姫路市）が、それぞれ史蹟[2]に指定された。しかし、この法律は主として城跡等の遺跡を凍結的に保存・維持することを目的としており、主に標識・説明板・注意札・境界柵、又は囲柵・覆屋等の保存施設の設置のほか、復旧（修理）に対して経費の補助が行われたが、現在、各地の城跡において行われているような大がかりな解体修理又は復旧に伴う整備等の考え方及び経費補助は想定されていなかった。

その後、昭和4年（1929）に国宝保存法が制定され、古社寺に限らず、特に重要な建造物又は宝物を国宝に指定することとされ、翌年以降、史跡名古屋城跡（愛知県名古屋市）の主要建造物をはじめ、国内の主要な城跡の建造物が国宝に指定された。

(3) 国宝姫路城昭和大修理に伴う石垣の復旧（修理）

昭和6年（1931）に史跡姫路城跡の天守をはじめとする一群の建造物が国宝に指定された。昭和9年（1934）6月20日の豪雨により西ノ丸の渡櫓が石垣とともに崩壊したことを契機として、その翌年から大修理が開始された。これは国宝保存法及び史蹟名勝天然紀念物保存法に基づく最初の石垣の復旧(修理)であり、昭和10年(1935)から昭和40年（1965）に至るまで、途中、第二次世界大戦による中断期を挟み、約30年もの長期間にわたって継続的に実施された。その最終過程においては、天守を中心とする本丸の建造物群の解体修理も行われた。

特別史跡姫路城跡の石垣の復旧（修理）は、我が国において文化財の観点から行われた本格的な復旧（修理）の最初の事例であった。崩落した箇所を除き、建造物の解体修理に伴ってやむを得ず解体修理する石垣の現況縦断図等が作成されたほか、昭和33年（1958）度に行われた天守台の石垣の復旧（修理）では、限定的ではあったが日本で初めて石垣解体修理に伴う発掘調査が実施され、現存する天守台の石垣の内部に羽柴秀吉の時代の天守台石垣等の地下遺構の遺存することが明らかとなった（**図6**）。このような先駆的な発掘調査によって新たな歴史的事実が明らかとなったのは、この復旧（修理）が文部省の直営によって実施されたことに依るところが大きい。ただし、その本旨はあくまで建造物の解体修理であって、石垣については限定的に行われたにすぎなかったことも事実である。それは、解体修理の完了後に刊行された復旧（修理）報告書の紙幅の多くが建造物に関係する事項に割かれ、石垣に関する事項はごく一部に止まっていたことにも現れている。

(4) 第二次世界大戦下及び直後における城跡の石垣

第二次世界大戦下の都市域に対する空襲等により、城跡の建造物が焼失するなど甚大な被害を受け、その

図6　特別史跡姫路城跡（兵庫県姫路市）の天守台石垣穴蔵において発見された羽柴秀吉の時代の天守台石垣

2　史蹟名勝天然記念物保存法に基づく指定名称には、いずれも「跡」ではなく「蹟」の文字が使われているが、本書においては煩雑さを避けるため、現行の「跡」に統一した。

図7　爆撃によって崩れた史跡大坂城跡（大阪府大阪市）本丸隠曲輪の石垣

基部を成す石垣も大きな損傷を被った。史跡首里城跡（沖縄県那覇市）では、地上戦による徹底的な砲撃によって、正殿[3]等の建造物をはじめ城壁を成す石垣も大規模な損傷を受けた。また、特別史跡大坂城跡（大阪府大阪市）では、空襲によって石垣が崩壊し、爆風によって石垣のズレなどの被害が生じた（図7）。これらの戦火による被災箇所に対しては、戦後、文化財保護法の下に復旧（修理）が継続的に行われた。さらに、第二次世界大戦直後には、失業者雇用対策の一環として、史跡五稜郭跡などの荒廃した城跡の石垣の復旧（修理）も行われた。

2. 文化財保護法制定以後の城跡の石垣の復旧（修理）

(1) 文化財保護法の制定と石垣の復旧（修理）の開始

昭和25年（1950）、戦前の史蹟名勝天然紀念物保存法及び国宝保存法等の文化財関係の法律が一つにまとめられ、新たに文化財保護法が制定された。同時に、史跡姫路城跡をはじめ、史蹟名勝天然紀念物保存法の下に指定・保護されていた城跡のうち、天守等の建造物が現存する史跡松本城・史跡松江城（島根県松江市）では、天守の解体修理とともに天守台の石垣の復旧（修理）が行われた。

その一方で、戦前には陸軍省の所管等により文化財としての指定が困難であった近世の城跡のうち、昭和26年（1951）の史跡彦根城跡[4]の指定以降、昭和40年頃までには国持ち大名以上の城跡の大半が史跡として指定・保護された。これを端緒として、各地の城跡では、現在の文化庁の前身のひとつである文化財保護委員会[5]の国庫補助事業の下に石垣の復旧（修理）が始まった。

(2) 建造物の解体修理に伴う石垣の復旧（修理）

前述したように、昭和25年以降は、概ね近世の建造物が現存する城跡において、それらの土台としての石垣の復旧（修理）が行われたほか、特別史跡五稜郭跡、史跡弘前城跡（青森県弘前市）、特別史跡名古屋城跡、史跡熊本城跡（熊本県熊本市）[6]において、経年により緩み・孕みが進行しつつあった石垣の復旧（修理）が

図8　関東大震災の被災の痕跡を残す史跡小田原城跡（神奈川県小田原市）本丸南面石垣

3　首里城正殿は、明治30年（1897）の古社寺保存法に基づき、大正14年（1924）に「沖縄神社拝殿」として特別保護建造物に指定され、昭和4年（1929）に古社寺保存法の廃止に伴って制定された国宝保存法に基づき国法に指定された。

4　史跡彦根城跡は昭和31年（1956）に特別史跡に指定された。

5　昭和25年（1950）に戦前の文部省社会教育局文化財保存課が廃止され、同省の外局として文化財保護委員会が設置された。昭和43年（1968）に文部省文化局と文化財保護委員会とが統合され、新たに文化庁が設置されたのに伴い、同庁文化財保護部（現在の文化財部）へと改組された。

6　史跡熊本城跡は昭和30年（1955）に特別史跡に指定された。

7　史跡大坂城跡は昭和28年（1953）に特別史跡に指定された。

図9　史跡鳥取城跡（鳥取県鳥取市）の石垣の復旧（修理）状況（昭和37年）

図10　方眼墨入れの痕跡が残る史跡松江城跡（島根県松江市）天守台の南面石垣

行われた。また、戦火によって被災した史跡大坂城跡[7]、地震等の自然災害により被災した史跡小田原城跡（神奈川県小田原市）（**図8**）、史跡鳥取城跡（鳥取県鳥取市）（**図9**）[8]などにおいて、災害復旧としての石垣の復旧（修理）も行われた。

石垣の復旧（修理）の方法は、各地域によって異なるが、昭和40年代までは、城外からの石材を搬入する場合を除き、すべて人力によって行われていた。また、明治時代以来の伝統を持つ木造文化財建造物の復旧（修理）の方法が石垣の復旧（修理）にも応用された。例えば、既存の石垣を解体する場合には、石垣の表面に方眼墨入れを行った後に各石材への番号記入が行われ、解体した旧石材をほぼ原位置に戻す努力が行われた。この手法は、長く木造文化財建造物の分野で培われてきた手法に基づくものである。現在でも、史跡松江

図11　修理直後の特別史跡安土城跡（滋賀県近江八幡市）の二の御門周辺の状況（昭和40年）

城及び特別史跡彦根城跡の天守台の石垣には、昭和40年代以前に行われた方眼墨入れ及び番号記入の痕跡を確認することができる（**図10**）。

昭和35年（1960）から昭和55年（1980）までに石垣の復旧（修理）が行われた特別史跡安土城跡（**図11**）及び史跡竹田城跡（兵庫県朝来市）では、特に優れた石積みの技能者によって、現在では一見して当時の解体修理範囲を判別することが困難なほど、解体前の石垣の形態・意匠・構造等が忠実に継承・再現された。

(3) 石垣の安全性を優先した復旧（修理）の先行

しかし、その一方では、初期における木造文化財建造物の解体修理と同様に、石垣の復旧（修理）においても外観を成す形態・意匠の保存・継承の視点以上に耐久性の追求が優先される局面も多かった。その結果、石垣の表面からは見えない目地の深い部分にコンクリートによる補強が行われた事例をはじめ、旧石材のほとんどを新材に取り換えて補強が行われ、解体前とはまったく印象の異なる石垣となってしまった事例も少なくなかった。また、石垣の外観に残された築城以降の改修の過程を表す痕跡、特殊な技巧の下に独特の意匠を施した石材などが、当該石垣が構造的な欠陥の原因であるとの判断の下に、石垣の本来の形姿とはまったく異なる形態・意匠の下に解体修理が行われた事例も少なからず

8　史跡小田原城跡は大正12年（1923）に関東大震災により、史跡鳥取城跡は昭和18年（1943）に鳥取大地震により、それぞれ被災した。

コラム② 近世における多様な石垣修理

近世における多様な石垣の復旧（修理） 近世における石垣の復旧（修理）は、崩落した石垣の積み直しのほか、崩落の恐れがある石垣を一度解体して再び組み上げる解体修理が行われた。しかし、復旧（修理）の方法はそれらばかりではなかった。石垣が緩み、石材の目地・合端が開くことによって、抜け落ちた間詰め石を充填するなどの補修を行う場合があった。例えば、近世の加賀藩において史跡金沢城跡（石川県金沢市）の石垣の維持管理等を担った穴生方が、自らの勤務内容を記した「穴生勤方帳」には、定期的に石垣の間詰め石を補修していたことが記されている。また、各地で発見された遺構からは、崩落の恐れのある石垣の前面に盛土して補強したり、さらには盛土の代わりに補強的な石垣を築造することにより、解体修理を回避する方法が用いられたりしたことも明らかとなっている。

石垣の築造技術を用いた補強石垣 このような補強石垣による復旧（修理）の方法は、国内各地に事例がある。例えば、特別史跡姫路城跡（兵庫県姫路市）の備前丸西面（**図1**）、史跡盛岡城跡（ 岩手県盛岡市）の二ノ丸東面、帯曲輪南西面、史跡明石城跡（兵庫県明石市）の本丸西面などである。特別史跡姫路城跡の補強石垣は、1700 年頃までの築造であるとされる。史跡盛岡城跡の補強石垣は、「 ハバキ石垣 」と呼ばれ、元文5年（1740）及び寛保4年（1744）から延享5年（1748）までに築かれたものである。いずれも石垣下部に局所的に築かれ、内面の石垣の安定を確保している。一方、築造の時期は定かではないが、史跡萩城跡（山口県萩市）詰丸北西面には、崩落の恐れのある石垣のほぼ全面を覆うように２段に亘って補強石垣が築かれている事例がある。いずれにせよ、これらの石垣は平面形が四角形で、両側に隅角部を持ち、城の石垣の築造技術で築かれたと言えるものである。

石垣の築造技術とは異なる補強石垣 その一方で、城の石垣の技術的な系譜とはまったく異なる補強石垣の事例もある。史跡鳥取城跡（鳥取県鳥取市）では、石垣の外形が円錐形又は亀の甲羅状を呈し、隅角部を持たない補強石垣が随所に存在する。後述するように、それらは「巻石垣」と呼ばれていたようである。そもそも「巻石垣」又は「巻石」という呼称は、近世において河川の制水施設や護岸に用いられた石垣であるとされ、史跡鳥取城跡の巻石垣はそのような技術で築かれたと考えられている。

巻石垣と称する補強石垣以外にも、平面形が円弧を描く形態の石垣（隅角部が弧を描く石垣）が国内各地の城跡に少なからず存在する。このような形態の石垣は、城の石垣に用いられた事例が極度に少なく、かつては近代以降の所産と考える傾向もあった。しかし、史跡鳥取城跡と同様に近世に遡るものも確実に存在したことが明らかとなっている。

史跡鳥取城跡の巻石垣 史跡鳥取城跡の巻石垣は、複数の近世の絵図にも明瞭に記されている。万延元年（1860）頃の天守台の北東隅の状況を示した絵図には、円錐状の石垣が描かれ「巻石垣」という注記がある（**図2**）。その創建は、文政12年（1829）に成立した『鳥府志』という地誌に「御天守台の背に、蒲鉾形に張り出したる石垣あり」と記されていることから、この頃までには遡ることが確実である。この巻石垣は、昭和18年（1943）の鳥取大地震で崩落し現存しない。しかし、昭和9年（1934）に陸軍築城部本部本邦築城史編纂委員会による調査では、平面図に明瞭に記されているほか、「天守閣」の欄に「其の前方に半円形の突出部を設けてあり是れ天守閣其脚部を倒防するの設備ならんか」と、巻石垣を補強石垣と推定している。

城内最大規模の天球丸の巻石垣は、文化4年（1807）頃の復旧（修理）の所産である（**図3**）。当該箇所の石垣が孕み出したため、それを抑えこむために築かれたものである。天保10年（1839）頃に描かれた平面図には、亀の甲羅状の巻石垣とそれを取り囲むように半円錐状の巻石垣が描かれている（**図4**）。

その他、城跡内に残る複数の巻石垣は、落とし積みを

図1　特別史跡姫路城跡（兵庫県姫路市）の事例

基調とし、間詰め石が少ないという築造技術における共通点がある。史跡鳥取城跡で規則性のある落とし積みの石垣が普遍化していくのは1850年前後であるため、上述の絵図などの検討も踏まえると巻石垣の築造は19世紀代で幕末以前のことと考えられる。また、それらの立地がいずれも主要な登城路に面していない部分だという点も共通する。同時期において、城跡内の主要な登城路に面した部分では石垣の解体修理が並行して行われていることから、場所によって異なる復旧（修理）の手法の選択が行われていたものと考えられる。なお、鳥取城における巻石垣導入の背景は詳らかではない。

補強石垣の効果とその可能性　技術的系譜はさておき、国内各地に残る補強石垣の事例は、大規模な解体を回避できることから、少ない経費で石垣を安定的に維持する有効な手段であったと思われる。しかし、先述した国内に遺存する補強石垣の多くは、城内の主要な登城路に面していない部分に所在し、同時期に解体修理が実施されている場合もある。そのため、城内における場所性という観点からも、多様な石垣修理の方法が近世において実践されていたことは明らかである。

近年まで、補強石垣は、その内面にあたる石垣が築造された当初は存在しなかったものであるため、史跡指定地内であっても正当に評価されて来なかった側面がある。しかし、補強石垣は、それ自体が文化財としての価値をもつ場合も考えられ、近世における多様な復旧（修理）の技法を示すものでもある。したがって、補強石垣自体を復旧（修理）する場合は慎重に取り扱う必要がある。また、近世では施設の管理の一環として設置されるものではあったが、有効な手段として用いられた補強石垣により、築造当初の石垣の大規模な解体を回避できたという利点があった。その点で、今日の石垣の復旧（修理）おいて補強石垣を援用することは、文化財としての石垣を解体することなく保存する有効な手法の一つだとも言える。

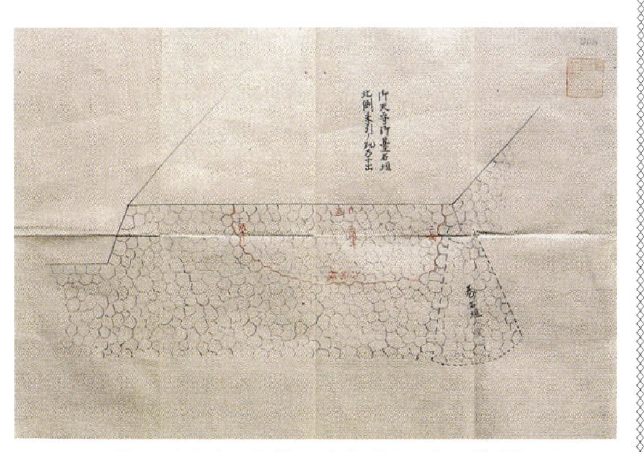

図2『御天守御台石垣損シノ処御絵図面』に描く巻石垣（鳥取県立博物館蔵）

図3　史跡鳥取城跡（鳥取県鳥取市）の巻石垣の事例（復元）

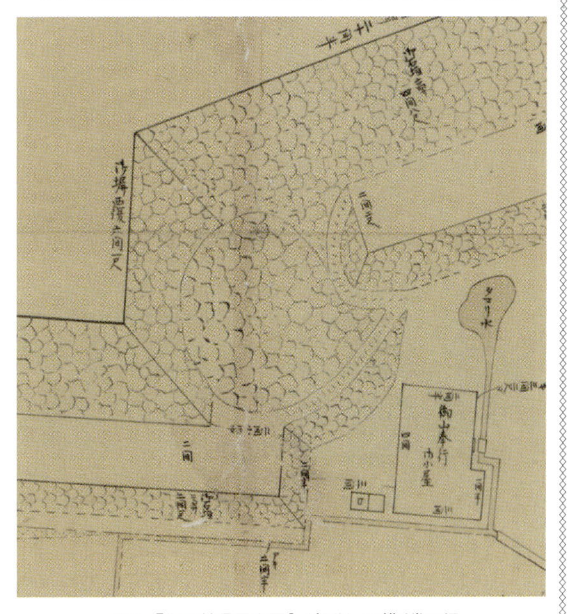

図4『御小姓長屋之図』（部分）に描く巻石垣（鳥取県立博物館蔵）

参考文献

姫路市教育委員会『特別史跡姫路城跡石垣総合調査報告書』2008

盛岡市教育委員会『史跡盛岡城跡Ⅱ－第2期保存整備事業報告書－』2008

細田隆博「近世後期における鳥取城の石垣修理」『鳥取城調査研究年報』第4号　鳥取市教育委員会 2011

見られた。このような傾向は、高度経済成長期以降に汎用された重機による石垣の復旧（修理）の箇所において顕著に見られた。おそらく、迅速な復旧（修理）の進捗に対する要請が高まっていた時代の影響と考えられるが、これらの復旧（修理）においては、本質的価値のひとつの側面である「歴史の証拠」としての性質をどのように継承していくのかについて多くの課題を残した。また、復旧（修理）の方針、作業の行程・状況等に関する記録が十分に残されなかったという点でも、解決すべき重要な課題を残した。

(4) 石垣が持つ「歴史の証拠」としての性質の重視

石垣を「歴史の証拠」として捉えようとする具体的な表れとして、石垣の復旧（修理）に伴って発掘調査が行われるようになったことを挙げることができる。昭和33年（1958）の特別史跡姫路城跡をはじめ、その後の特別史跡安土城跡、史跡福岡城跡（福岡県福岡市）など、文化財保護の先進地において石垣の解体修理に伴って発掘調査が行われた。

また、昭和55年（1980）には、史跡鳥取城跡において初めて石垣の写真測量による立面図の作成が行われた。解体に先だって発掘調査を行い、写真測量によって正確な図面を作成するなど、解体修理に必要な情報を把握するための作業は、その後の各地の城跡の石垣の復旧（修理）において段階的に導入された。

特に、平成元年（1988）以降は、文化庁による具体的な指導・助言に基づき、石垣の復旧（修理）に着手する前に必ず天端の上面等における発掘調査等の調査が行われるようなった。国・地方を問わず、さまざまな理由により史跡等の指定・保護の措置が講じられてこなかった城跡においては、都市公園の敷地内に存在する施設の安全な維持の観点を重視し、「歴史の証拠」としての石垣の性質に十分な配慮がないまま積み直しが行われることも多く見られたが、平成10年（1997）以降においては、石垣の復旧（修理）に際して発掘調査等の十分な調査を前提とする方法が次第に定着し、「歴史の証拠」としての石垣の性質に対する認識が浸透していった。

(5)「歴史の証拠」及び「安定した構造体」の双方に配慮した石垣の復旧（修理）

平成元年（1988）以降、各地の城跡において、今は失われた歴史的建造物の復元・再建の事業が行われるようになり、それに伴って石垣の復旧（修理）が盛んに行われるようになった。同時に、復旧（修理）に携わる関係者間において、文化財としての石垣の復旧（修理）の在り方について検討を行う必要性も認識され始めた。それらは、「歴史の証拠」としての石垣の性質を前提としつつ、「安定した構造体」としての石垣の性質を維持し、双方の性質をいかに統一的に継承するのかという技術的・行政的な諸問題に対する共通認識の芽生えであったといってよい。

これらの問題を解決するために、まず平成10年（1998）及び12年（2000）に文化庁において研究者・専門家、石工等の技能者による会合を開催し、問題の所在及び確認を行った。これらを踏まえ、文化庁は石垣の復旧(修理）を進める地方公共団体の職員間における共通認識の形成を目的として全国城跡等石垣整備調査研究会を設置し、平成15年（2003）度にその第1回会合を特別史跡姫路城跡において開催した。平成19年度以降は、新たに設置された文化財石垣保存技術協議会が共催するようになり、石垣の復旧（修理）に携わるより多くの関係者間での情報の交換及び共通認識の形成が大きく進展した。かつては建造物の土台として、脇役のように取り扱われていた石垣が、徐々に「歴史の証拠」を表す主役として捉えられるようになり、さらに今日においては、石材のひとつひとつに対しても、石垣を構成する重要な要素として重視しようとする姿勢が醸成されつつある。

一方、関係者間のみならず国民の石垣に対する意識にも変化が見られる。城といえば天守を代表する建造物ばかりが興味の対象であったものが、石垣に興味を持つ人々が確実に増えている。こうした状況も踏まえ、石垣の本質的価値を次世代へ継承するため、石垣修理の歴史が示すよう、より高次元な復旧（修理）を目指しながら歩んでいく必要がある。

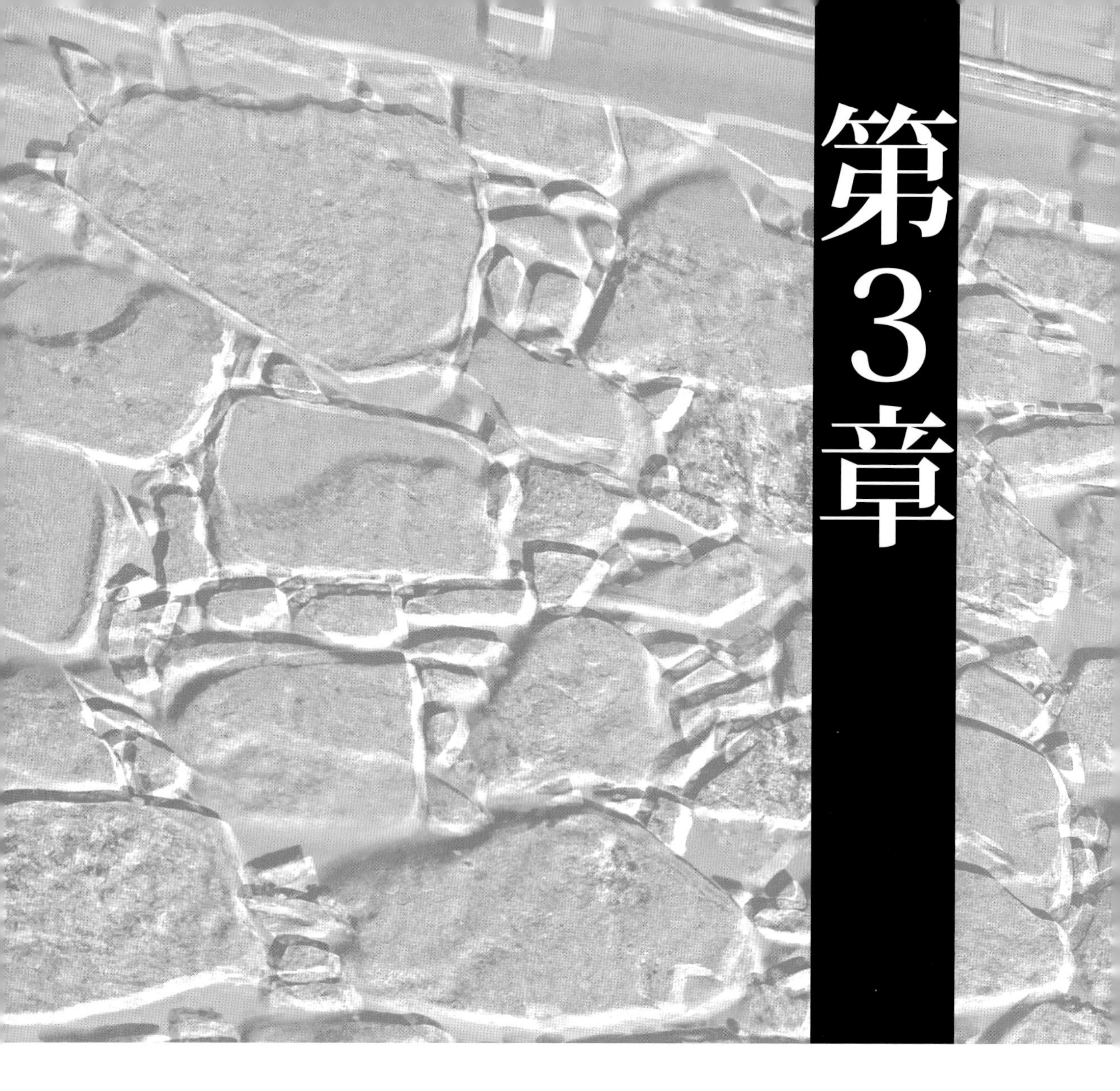

第3章

石垣に関する基礎知識

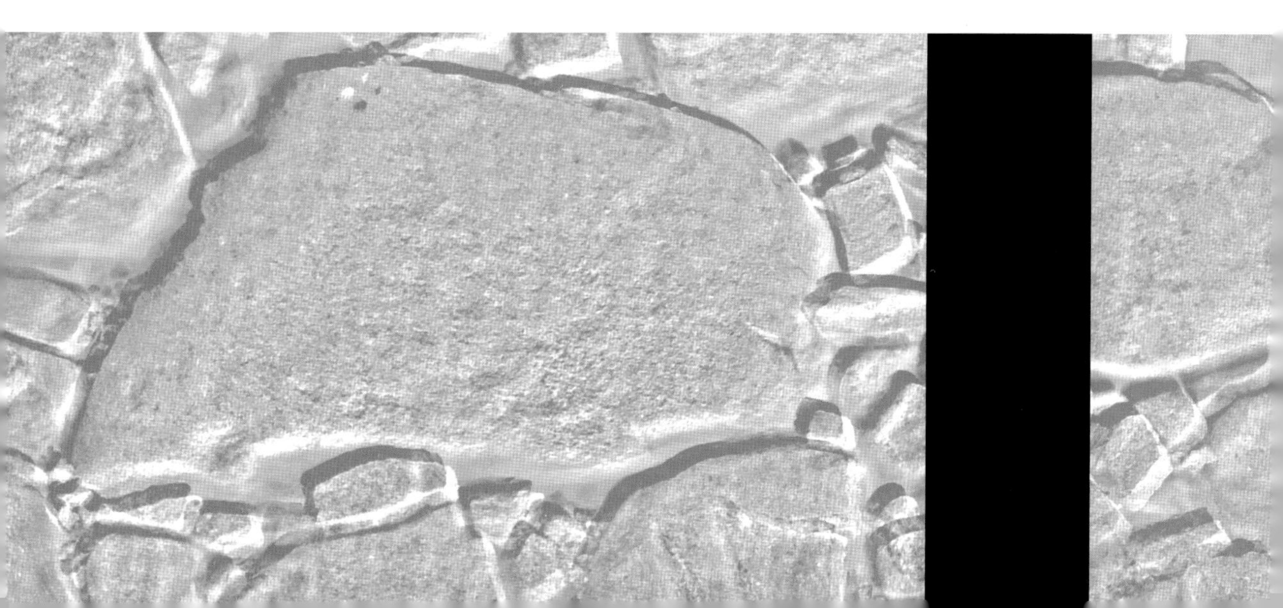

第3章
石垣に関する基礎知識

本章では、石垣・石積み・石塁の歴史・構造・技術の3つの側面から、石垣の復旧（修理）に必要とされる基礎的な知識の整理を行う。

1. 石垣・石積み・石塁の歴史

石を積み上げて築造した工作物の遺構は、その意匠・形態・構造・立地又は築造の時代等によって石垣・石積み・石塁など呼称が異なる。本書は主として近世の城跡に遺存する石垣を対象とするが、その意匠・形態・構造・立地等に関わることとして、その他の時代の石積み・石塁の遺構についても併せて概観する。本書では、近世の城跡の石積み工作物の場合には主として「石垣」と呼び、それ以外の時代の同種の遺構の場合には意匠・形態・構造・立地等により呼称を変えることとする。

(1) 近世以前（古墳時代～中世）

ア. 古墳時代

墳墓（古墳） 石積みの意匠・構造・技術は、古く3～6世紀に築造された古墳にまで遡る。古墳の墳丘の表面を覆う葺石は、単に石張りであるのみならず石積みの構造を持つことも多く、墳墓としての偉容を示す意匠であるとともに、墳丘築成土の流失を防ぐための施設であった。墳墓の外観のみならず、被葬者の遺体を安置する玄室、外部からの通路にあたる羨道の壁面にも石積みの構造が見られる。葺石に見られる法面勾配と石張り・石積みの技術との関係をはじめ、古墳の偉容を表すために展望される墳丘側面の石張り・石積みを強調して築造しようとする意識など、近世城跡の石垣にも通じる意匠・技術が見られる。

居館跡 古墳以外には、5世紀後半の豪族居館跡である三ッ寺Ⅰ遺跡（群馬県高崎市）などのように、居館を取り巻く濠の内側斜面に古墳の葺石と同様の石積みを施した事例も発見されている。

溜め池 狭山池（大阪府狭山市）は、発掘調査により6世紀末期～7世紀前期の築造であることが確認された日本最古のダム形式の人工的な溜め池である。築造後、何度も災害によって破損したが、奈良時代には高僧行基（668～749）が、鎌倉時代には東大寺の勧進僧重源（1121～1206）が、江戸時代の慶長期には武将である片桐且元（1556～1615）が、それぞれ改修を行ったことが知られる。重源は古墳時代の家型石棺を転用して池の石樋とし、さらに片桐且元は石棺を石垣に再転用するなど、石材の転用の過程を確認できる点においても貴重な遺構である。

イ. 古代

飛鳥時代には大陸から仏教が伝来し、寺院建築の基壇外装・礎石・石塔等の建造物をはじめ、須弥山石・酒船石などの石造工作物など、渡来した技術者により多くの加工石造品が製作された。

古代山城 古代における歴史的特質を表す石垣としては、古代山城に築かれた石積みが代表的である。古代山城は、官選史書に記載のあるものを朝鮮式山城（ちょうせんしきやまじろ）と呼び、史書に記載のないものを神籠石（こうごいし）又は神籠石系山城と総称されている。『日本書紀』（天智紀）には、天智4年（665）に長門城・大野城・基肄城、同6年（667）には高安城・屋嶋城・金田城を築城したことが記載されており、特別史跡大野城跡（福岡県太宰府市・大野城市・宇美町）、特別史跡基肄城跡（福岡県筑紫野市・佐賀県基山町）、特別史跡金田城跡（長崎県対馬市）、史跡及び天然記念物屋島（香川県高松市）として指定されている。これらの古代山城は唐・新羅軍の侵攻に対抗するための防御施設と考えられており、侵攻の予想進路に沿って配置・築城されたものと推測されている。

特別史跡大野城跡（**図12**）は、大宰府の防衛施設として築城された城跡で、基肄城とともに、百済の兵法を知る政府高官が自国の築城技術を用いて築造したものとされている。山域の稜線を土塁・石塁が巡り、特に土塁が谷地形を横断する部分には石垣が築かれた。石塁は「百間石垣」と呼ぶものが最も規模が大きく、全長170m、基底幅9m、高さ約8mで、70度の勾配の下に築造されている。

神籠石には、城壁が山頂を鉢巻状にとりまく「瀬戸内海型」と、山頂から平野に向けて斜めに構築される「九州型」があるとされ、列石・石積み擁壁・水門・城門などを伴うことが確認されている。朝鮮半島の古代山城にも同様の遺構が確認されており、百済のみならず新羅との系譜上の関連性も指摘されている。神籠石の事例には、史跡鹿毛馬（かげのうま）神籠石（福岡県飯塚市）、史跡御所ヶ谷（ごしょがたに）神籠石（福岡県行橋市）、史跡帯隈山（おぶくやま）神籠石（佐賀県佐賀市・神埼町）、史跡おつぼ山神籠石（佐賀県武雄市）、史跡杷木（はき）神籠石（福岡県朝倉市）などがある。

これらの古代山城は往時の東アジアにおける国際的な緊張関係を現在に伝える遺構であり、石積み技術の歴史的な伝播の状況を示している。

庭園　大陸から伝来した造園技術にも石積みの技術は含まれていた。史跡及び名勝飛鳥京跡苑池（奈良県明日香村）の園池跡など飛鳥時代の庭園遺構の石積みには、外来の石積み技術と古来の墳墓等における石積み技術との融合が見られる。石積み技術は寺院建築や防御施設のみならず、庭園の園池にも用いられた。

ウ. 中世

石塁　元（げん）の侵攻に対して防戦した「文永の役」の後、鎌倉幕府が建治2年（1276）から5ヶ年をかけて博多湾岸に築造した防塁の痕跡が史跡元寇防塁（福岡県福岡市）である（**図13**）。九州9ヶ国から労働力を結集し、所領1段につき1寸の長さを築く基準の下に施工が行われた。延長約20km、直径40～50cmの大きさの不規則な転石・自然石を用い、外側の高さが約1.5m、内側の高さが約1mの石塁である。場所により、全体が石塁から成る部分と、土塁状の外側に石積みが施された部分の2種類がある。

図12　特別史跡大野城跡（福岡県宇美町）の百間石垣

図13　史跡元寇防塁（福岡県福岡市）

中世山城　中世の城跡は山城が多く、基本的に土塁及び土坡・堀により曲輪が構成されており、石垣は少ない。一般的に西国では石垣による築城が発達し、東国では土による築城が発達したとされている。戦国期には、史跡大内氏遺跡附凌雲寺跡（山口県山口市）、史跡白山平泉寺旧境内（福井県勝山市）、史跡七尾城跡（石川県七尾市）のように、巨石を垂直に使う石垣が出現する。織豊系城館の特徴である石垣をもつ城跡は東国に多くはないが、その一方で鉢巻石垣や腰巻石垣など独特の石垣普請技術がみられる城跡は東国に多い。

(2) 近世（織豊期～江戸時代）

石垣を持つ大規模な城が全国的に築かれるようになるのは、織豊政権期以後のことであり、天正期から慶長期にかけて、石垣を持つ城が全国的に築造された。

近世の城跡における石垣の最初期の事例が残されて

図14　特別史跡熊本城跡（熊本県熊本市）の高石垣

いるのは、天正4年（1576）に築城された記録が残る特別史跡安土城跡（滋賀県東近江市）であるとされている。近畿地方には、その系譜を引く「織豊系」と呼ばれる城跡が分布するが、それらは以前の城跡と比較して、礎石建物・瓦・石垣から構成されている点に特質があるとされている。

近世城跡の石垣は、特別史跡名護屋城跡並陣跡（佐賀県唐津市・玄海町）をはじめ、朝鮮半島に遺存する倭城跡、全国各地の大名の城跡に顕著に見られ、急速に普及した過程をうかがうことができる。織豊政権期から江戸時代初期において、石垣は単なる石積みによる防御施設というだけではなく、その威信を高める装置として機能するなど、支配を意味する象徴的な施設としても機能した。

封建領主の権力・威信を表す装置としての性質をもつ近世城跡の石垣では、圧倒的な高さを誇る「高石垣」が志向され、隅角部の算木積や勾配の反りなどにも顕著な特質が見られる（**図14**）。また、城主の絶大な政治権力に基づき、石材の切り出し・運搬・積み上げ等に大規模な労働力を集中的に投入することによって築造されたことにも特質がある。重畳する石垣は郭の空間を構成する要素として重要であるばかりか、石垣等を含む城の外観全体が城を望み見る領民に対して支配の構造を認識させる上で重要な意味を持った。このような城の郭・石垣の構成は、近現代以降の城跡における土地利用形態の変化や戦災等の外的要因により失われてしまった部分もある一方、往時の視覚的な特質が良好に残されている部分も多く、多くの城跡では個々の歴史的特質を現在に伝えている。

石垣築成者をあらわす「穴太」の初見は、足利義昭の東山山荘（特別史跡・特別名勝慈照寺（銀閣寺）庭園（京都府京都市））に残る長享2年（1488）の石垣であろう（『山科家礼記』）。石積み技術は、近江国穴太(現・滋賀県大津市)から出た技術者集団である「穴太」によって全国に普及したと考えられている。石積みの技術は、文禄・慶長期から元和・寛永期への過程において、主に不揃いな自然石を用いる野面積み・割石積みから一定の規格性を持った粗加工石積みへと発展を遂げた。元和・寛永期に主要な門・御殿等に伴う基壇の造成において切石積みが登場すると、それ以降はより比高のある石垣の修理等にも切石積みが用いられるようになり、近世を通じて場に応じた多様な石積みの技法が用いられるようになっていった。それは、石垣普請の際、作業の合理化・効率化に伴って石材の規格化が進んだことをはじめ、石垣の機能が防御性のみならず外観の意匠性をも追求する方向へと変化したこと等によるものと考えられている。

それ以後、近世城跡に見る石積みの技法は規格性の高い切石を用いたものが増加し、近世後半の石積みの技法は、寛永期～正保期（1624～1648）の技法を模範とした。

幕末期の事例としては、西洋築城技術の下に築城された特別史跡五稜郭跡（北海道函館市）の石垣や東京湾の史跡品川台場（東京都港区）などの防御施設の石垣が残された。

(3) 近代

明治維新（1868）を迎え、多くの城跡は軍隊の施設用地として利用されるようになったが、防御施設としての石垣が新たに築造されることはなかった。しかし、近世を通じて培われた高度な石垣築造技術は、幕末期から明治期にかけて港湾・橋梁・堤防等の都市基盤施設の整備に確実に継承された。

石積みの技法自体は、文明開化期において、西洋建築の導入による石造建造物及び都市基盤施設の整備に使用されはしたが、御雇い外国人の技術指導に基づきコンクリートと木材の併用又は構造体の本体にコンクリートブロックを使用するなど、材料・技法・工法に大きな変化が見られるようになった。

明治5年（1872）に開業した鉄道駅の遺跡である史跡旧新橋停車場跡（東京都港区）では、下田産の伊豆斑石がプラットフォームの石積み、駅舎の基礎石などに用いられた。プラットフォームでは、切石の内部に盛土を搗き固めた手法が用いられた。

港湾の建設では、明治20年代から船舶の大型化に伴って施設整備が必要となったことから、防波堤などは従来の石造からコンクリート造へと移行したが、コンクリートから成る構造物の接続部や屈曲部では従来の石積みの技術が用いられていた。小規模の漁港などでは、20世紀半ばまで空積みの防波堤が築造されたが、高度経済成長期以降の漁港整備によりコンクリート造へと転換されていった。

大正期から昭和期にかけて、石積みとコンクリートが併用され、高松港（大正9年）では、水中はコンクリートブロックを用いて低水面下における最低限の水深を確保し、その上に間知石積みを行う防波堤が築造された。

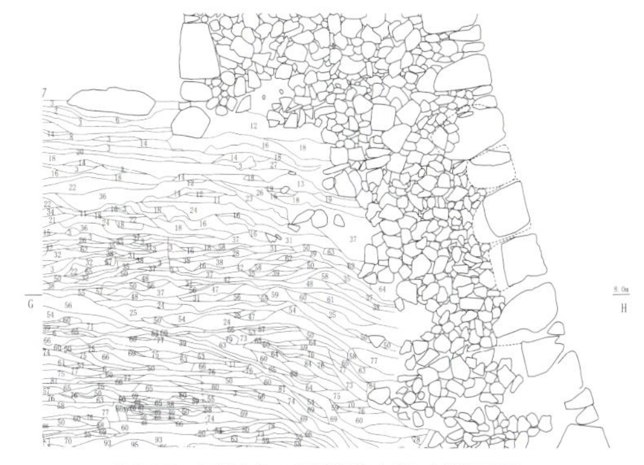

図15　石垣の3層構造を表す断面図
（史跡高松城跡（香川県高松市））

図16　石垣の3層構造を表す断面写真
（史跡小峰城跡（福島県白河市））

2. 石垣の構造

石垣は基本的に築石（つきいし）（平石（ひらいし））、裏込め（うらごめ）（栗石・砂利層）、基盤層（盛土・地山）の3層構造から成る（**図15・16**）。

石垣の基礎部分は、築石（平石）の最下段の基礎を成す根石をはじめ、根石を設置するために「根切り（ねぎり）」と呼ぶ切削の行為により造成された平坦面、地盤が軟弱な場合に地盤改良として行われる掘り込み地業、根石の沈下・不陸を防ぐために設置される根固めのための栗石・胴木（どうぎ）・捨石（すていし）などから成る。

石垣の築造に際しては、まず地盤を切削して平坦に整地する。地盤が安定している場合と軟弱な場合とでは、石垣の基礎部分の技法・工法が異なる。地山が安定した岩盤である場合又は緻密で堅固な土壌である場合には、基礎となる施設を設置せずに岩盤・地山を平坦に

図17　駿府城跡渡櫓（静岡県静岡市）の胴木

切削した後に、その直上に直接根石を置いて石垣を築造する。これに対して軟弱な地盤の場合には、胴木（土台木）を設置し、安定性を確保した上で根石を設置する。胴木（土台木）には、素木を組み合わせて打ち込み杭で固定したもののほか、梯子状に組み合わせたものなどがある。

(1)　基礎の構造

ア．胴木（土台木）

胴木は、軟弱地盤において石垣の荷重を分散し、地盤沈下による不陸を防ぐことを目的とする施設である。形態により、「枕胴木」・「梯子胴木」・「筏胴木」等の呼称がある。胴木の設置に先立ち、石垣基礎部分の安定性を確保するために、割栗（円礫）などの捨石を直下に敷き、胴木を固定するために粘土で包み、胴木の間に礫を詰めこみ、杭を打つなどの方法が取られることがある。「枕胴木」は1本である場合もあるが、多くは外側と内側の2列を並べ（**図17**）、「梯子胴木」は横材を一定の間隔に並べ、その上に2列の胴木を組んで梯子状に組み置いた上に根石を並べる。「筏胴木」は筏のように木を並べ、その上に胴木を置くものである。

イ．杭木

杭木は、軟弱地盤の場合に胴木を固定するために地中に打つ材木である。根石が前面にずれたり、移動したりすることを防ぐために石垣の前面に杭木を打ち、杭木と杭木との間を貫で繋ぐ場合もある。さらに同様の施設をもう一列設置して枠状にし、その間に栗石・土等を詰め込む基礎部分の補強方法も見られる。

ウ．根石

根石は、石垣の基礎となる最下段の石材である。根石の据え付けには、立地・地盤等の条件により、掘り込み地業、胴木設置等の技法・工法が用いられることがある。例えば、地盤面が岩盤・地山（自然堆積層）から成り、安定している場合には、根石を据え付けるために「根切り」により平坦面を造成し、その直上に根石を設置する。水堀の中などの軟弱地盤の場合には、胴木（土台木）を設置した上に根石を据える場合もある。また、掘削した掘形の底面に捨石を敷き、その上に根石を据えるなどの掘り込み地業を行う場合もある。

(2)　背面の構造

石垣の背面の構造は、栗石・砂利層から成る裏込め、さらにその背後の搗き固めた盛土層から成る。また、栗石・砂利層と土層とを交互に積み重ねて築成した事例も見られる。裏込めには、排水のための機能及び地震発生時の安定性を確保する機能など、構造体としての石垣を安定させる上で不可欠の機能がある。

ア．裏込め（栗石・砂利層）

裏込め（栗石・砂利層）は、石垣の築石（平石）の背後に充填された栗石（グリ石・裏グリ）・砂利層から成る。栗石の直径により、大グリ（荒グリ）・中グリ・小グリ・割グリなどに区分できる。大グリの直径は30～40cm、小グリは握りこぶし大（直径5～10cm）であり、用いる場所により使い分ける。栗石は介石とともに築石（平石）を安定させ、築石（平石）が背面から受ける土圧の緩衝機能を持つ。裏込め（栗石・砂利層）は背面の盛土・地山から湧出する水を速やかに石垣の基部へと排水する機能を持ち、水分を含むことにより築石（平石）に余計な土圧がかからないようにする役割を果たす。ただし、安定した岩盤・地山に接して石垣を築造した事例では、裏込め（栗石・砂利層）がほとんど存在しないこともある。

イ．背面基盤層（盛土・地山）

裏込め（栗石・砂利層）の背後に存在する盛土・地山などの基盤層は、築石（平石）・裏込め（栗石・砂利層）との応力の下に、「構造体」の一部として石垣を形成している。背面の基盤層は透水性・土圧などにより沈下・変位を起こし、石垣の緩み・孕みを生じたり、崩落を引き起こしたりすることがある。したがって、背面の基盤層が盛土である場合には、よく締め固め、隙間無く詰めることにより、石垣全体の安定性は確保することができる。

(3) 築石（平石）部の構造

石垣の立面を構成し、外観の意匠・形態・構成を決定づける石材を築石（平石）と呼ぶ。それらの様式及び加工方法は、全国に近世の城の建築が進んだ文禄期・慶長期に成立し、近世を通じて変遷を遂げた。築石（平石）部の構造は、個々の石材の形状・性質（岩石種・硬度等）、加工の程度、面（つら）の加工・調整の方法、積み方、間詰め石、勾配などによって決まり、それらの特質は城が立地する地域の地形・地質及び城を取り巻く歴史的・社会的変化とも密接に関わっている。

ア．築石（平石）

根石の上に積み上げる石壁部を構成する石を「築石（平石）」という。

各部の名称　築石（平石）の立面を成す部分を「面（つら）」、その背後の奥行きにあたる部分を「控（ひか）え」、築石（平石）と築石（平石）が接する箇所を「合端（あいば）」又は「合口（あいくち）」と呼び、面を「本口（もとくち）」、背面の石尻（いしじり）を「末口（すえくち）」、「艫（とも）」と呼ぶ。

加工の程度による呼称法　築石（平石）は、石材の加工の程度により、「野面石（のづらいし）」、「割石（わりいし）」、「切石（きりいし）」等に区分できる[1]。「野面石（自然石）」は掘り出したまま加工を加えない石材（転石）を指す。「割石」は掘り出して任意に割った石材である[2]。「切石」は切って整形した石材である。

図18　史跡津和野城跡（島根県津和野町）の野面石乱積み石垣

図19　史跡吉川氏城館跡吉川元春館跡（広島県北広島町）の野面石布積み石垣

図20　史跡金沢城跡（石川県金沢市）の割石乱積み石垣

1　**築石（平石）の加工**；築石（平石）の加工の方法の違いにより、「切込（きりこみ）ハギ」、「打込（うちこみ）ハギ」などの呼称が用いられてきた。「ハギ」は「接ぐ」ことであり、築石（平石）と築石（平石）との合端（石材と石材が接する部分）を加工し積むことを意味する。「切込ハギ」では、ノミ又は平刀（ひらとう）状の工具で築石（平石）の合端を削り、互いに組み合わせる。「打込ハギ」では、ノミ又はゲンノウで合端を叩いて平らにしてから互いに組み合わせる。

図21　特別史跡大坂城跡（大阪府大阪市）の割石布積み石垣

図22　史跡高松城跡（香川県高松市）の切石乱積み石垣

図23　史跡江戸城外堀跡（東京都千代田区）牛込門の切石布崩し積み石垣

図24　山梨県指定史跡甲府城跡（山梨県甲府市）の布崩し積み石垣

図25　史跡品川台場（東京都港区）の谷落とし積み石垣

図26　史跡松前氏城跡福山城跡（北海道松前町）の亀甲積み石垣

積み方の分類　築石（平石）の積み方は、横目地（水平方向の目地）の通りの有無によって、大きく「布積み（ぬのづ）」又は「乱積み（らんづ）」に大別できる。

「布積み」の「布」は水平・平行を意味し、縦・横を一定に揃えた築石（平石）によって横目地を通す積み方である。「乱積み」は大小、不揃いの異なる築石（平石）を組み合わせる積み方であり、横目地は通らない（**図18**）。また、「布積み」及び「乱積み」の双方において、

2　**割石**；「割石」には、加工の発達段階を示すものとして「粗割石（面が割ったままの面を成す石材）」と「粗加工石（面にノミ調整を施した石材）」に区分する方法も用いられている。

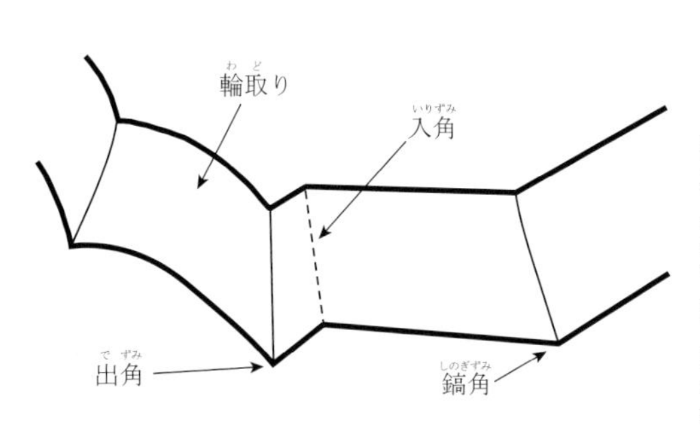

図27　出角・入角・輪取り・鎬角の概念図
（北垣1987図5を改変）

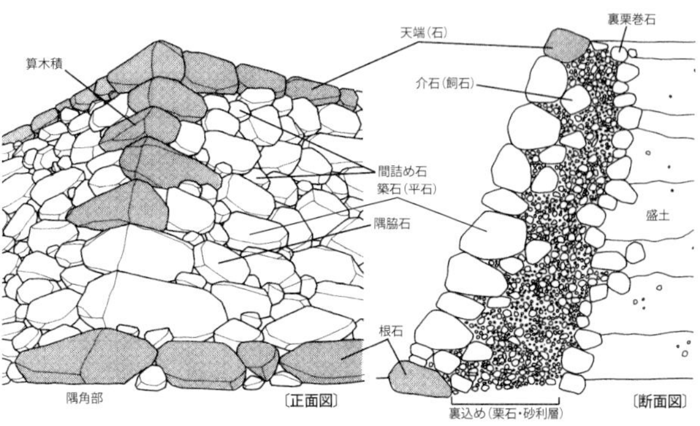

図28　石垣の隅角部を構成する諸要素

築石（平石）の加工の程度によりそれぞれ3種類（野面石［野面積み］（**図19**）、割石［割石積み］（**図20・21**）、切石［切石積み］（**図22**））に分類できるが、積み方は多様である。

「布崩し積み」は布積みの一類型である。短い横目地を上下、左右に通すもので、築石（平石）を配置する積み方である（**図23・24**）。

「谷落とし積み」は目地を斜め下方へ落とす積み方で、築石（平石）を交互に谷へ落とすことから、横目地は通らない（**図25**）。

「亀甲積み」は面が亀の甲羅の紋様のように六角形に加工した石材で積むため、横目地は通らない（**図26**）。

「野面石積み」以外の積み方では一定程度の規格化された加工石材を用い、歴史的には「野面石積み」を残しつつも、「野面石積み」から「切石積み」を含む広く豊かな積み方の体系へと変化したことが知られる。

これらの築石（平石）の加工・積み方の変化は石垣築造の効率化の過程を表すとともに、高石垣の築造に対する要請、さらには石垣の外観の意匠性に対する要請等によって生み出されたものと考えられている。

出角・入角・輪取り・鎬角（**図27**）石垣は平面的に「一文字」（直線状）に築くことを原則としているが、延長が長くなればなるほど崩壊しやすくなる。その防止策として、隅角部の出角・入角がある。また、石垣の立面を内側に向かって弧状に湾曲して築くことを「輪取り」と呼ぶ。同様の効果を求めて、鈍角状に組んだ隅角部を「鎬角」と呼ぶ。

イ．間詰め石

間詰め石は石垣の築石（平石）と築石（平石）との隙間に詰めた小振りの石材で（**図28**）、大きいものは特に「間石」とも呼ぶ。野面及び打ち込みハギの石垣は築石（平石）と築石（平石）との間に隙間が多いことから、合わせ石として間詰め石を充填する。また、石垣の構造補強の役割も持ち、圧力がかかると間詰め石によって築石（平石）相互のかみ合わせが強くなるとされている。

ウ．介石（飼石）

根石・角石・角脇石・築石（平石）などの裏面に接し、支える役割を持つのが介石（飼石）である（**図28**）。各々の石材の艫（石尻）の部分を支えるものを艫介石と呼び、石尻の底に並行に入れて据える。石垣の勾配は、介石（飼石）の下に敷き込む裏込め（栗石・砂利層）と艫介石によって変化する。築石（平石）等の石材の胴（側面）の部分を支える石を胴介石と呼び、左右から支えることにより石材の横振れを防止する役割を担う。

（4）隅角部の構造

ひとつの石垣の立面と他の石垣の立面が接し、角部を構成する隅角部は、角石とそれを支える角脇石等から成り、勾配・稜線を形成する。角石には、一般に他の石材よりも大振りで小面（角石の正面）が方形のものを用いる。高石垣の発展に伴い、角石に大振りの切石が用いられるようになった。角脇石は角石の重量によって左右からの内圧を受ける役割を持つ。

隅角部には出角・入角がある。出角では「算木積み」（図

図29 敷き金（史跡金沢城跡（石川県金沢市））

25）が見られる。算木積みは隅角部を構成する角石の組み方で、直方体の角石の小面（こづら）と大面（おおづら）を交互に組み合わせて積む方法により、隅角部に対してかかる石垣の全重量を左右に分散して支える構造を持つ。算木積みは文禄・慶長期から徐々に発展し、元和年間（1615～1624）から寛永年間（1624～1645）にかけて完成したとされ、勾配を構成する角石・角脇石の加工の形状及びそれらの組み合わせの手法等を見分けることにより、石垣の成立時期を検討することが可能である。

(5) その他

ア. 敷き金

寛永期以降に切石が多く用いられるようになった隅角部において、鉄製の敷き金を挟みつつ石材を積み上げる技法が出現する。敷き金には、クサビ状・板状（図29）を呈するものがあるほか、建築用の鎹（かすがい）を利用した事例もある。傾斜する角石等の滑り止め、勾配の調整を目的とする金属材料だと考えられている。

イ. チキリ

切石積みの石垣の天端を固定するために、天端の石材と石材が接する合端の上面に蝶型の掘り込みを行い、鉛や銅を流し込む（打ち込む）技法である（第8章の**図108**を参照されたい）。木材の連結法から援用された技法であると考えられる。

3. 石垣の技術

(1) 石切丁場

築城のために石垣などの石材を採取した場所を「石切丁場（いしきりちょうば）」と呼ぶ。石材を選び、割り、運ぶまでの一連の技術が集積された場所でもある。

石切丁場の条件は、①石質（岩石種・硬度）が良好であること、②採掘が容易であること、③生産量が多いこと、④需要地に近いこと、⑤輸送が便利であること、などが挙げられる。石切丁場では、採石のほかに石材の加工（矢割り・ノミ調整）までが行われる。

条件の第1とされる石質（岩石種・硬度）に関しては、耐久性があり、堅牢であることが挙げられる。最も多く用いられるのは、火成岩のうち耐久性・耐摩耗性・耐候性のある花崗岩であり、次いで安山岩である。花崗岩は角張っており、安山岩系は角が丸く、片岩は層状に剥離して薄い石を積み上げるのに利点があるなど、石質（岩石種・硬度）によって石材・石垣の仕上がりが異なる。火成岩以外にも、堆積岩である凝灰岩・砂岩・石灰岩などの使用が見られる。城の築造年代の違いにより、使用する築石（平石）の石質（岩石種・硬度）が異なる場合もあり、築城の過程を把握する手がかりともなる。

(2) 採石・加工技術

古来、採石にあたって石を割る場合には、割ろうとする部位付近に火を焚くことによって石を脆くしたり、石の割れ目に水を入れ凍結膨張させたり、打ち込んだ木杭に水をかけて膨張させたりするなどの方法が取られた。さらに、「矢（や）」と呼ぶクサビを入れるため、あらかじめノミで穴（矢穴）を直線状に多数掘っておき、ゲンノウで矢を打ち込むことによって石を割る方法が発達した。現在、石切丁場に残された石材の表面に確認される矢穴の痕跡の多くは、矢により割った結果生じた痕跡である。近世の矢は、矢穴の形状及び出土例から、先端が尖らず四角い断面を持つ鉄製のカクヤであることが知られる。

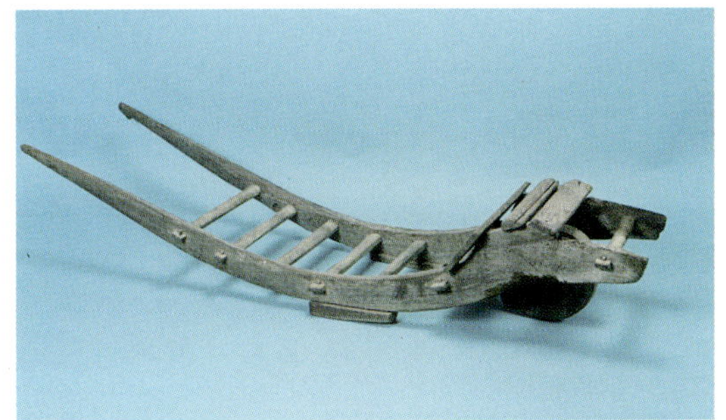

図30　丁場石工道具（ネコグルマ）（石の民俗資料館）

図31　丁場石工道具（シュラ）（石の民俗資料館）

図32　丁場石工道具（セットウ）（石の民俗資料館）

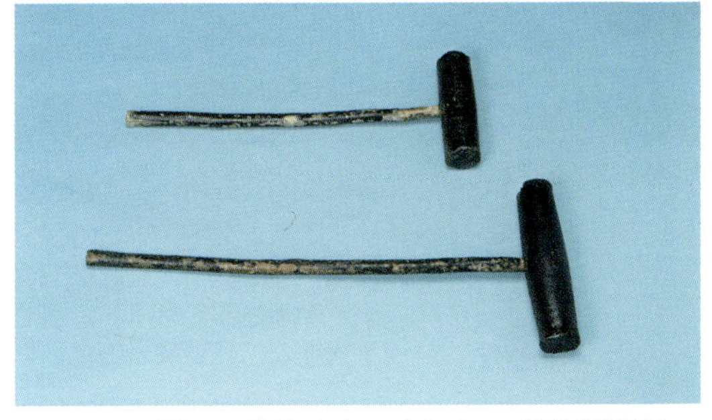

図33　丁場石工道具（ゲンノウ）（石の民俗資料館）

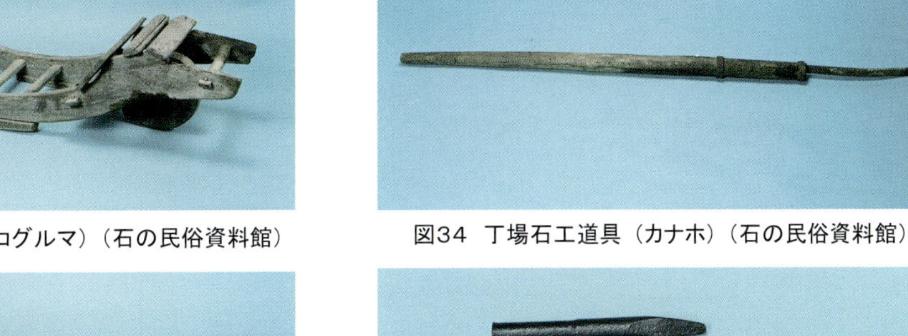

図34　丁場石工道具（カナホ）（石の民俗資料館）

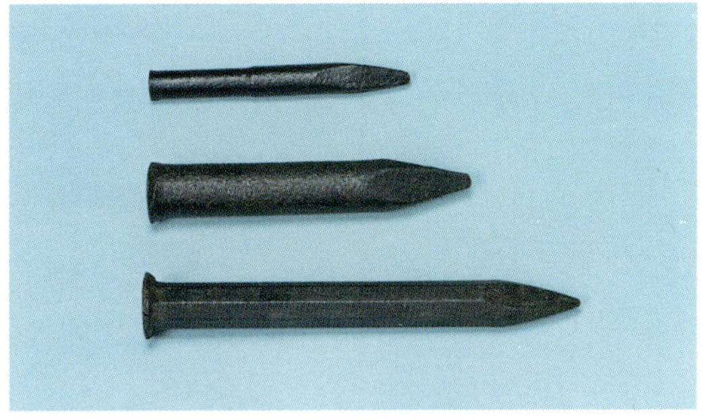

図35　丁場石工道具（ソコウチノミ）（石の民俗資料館）

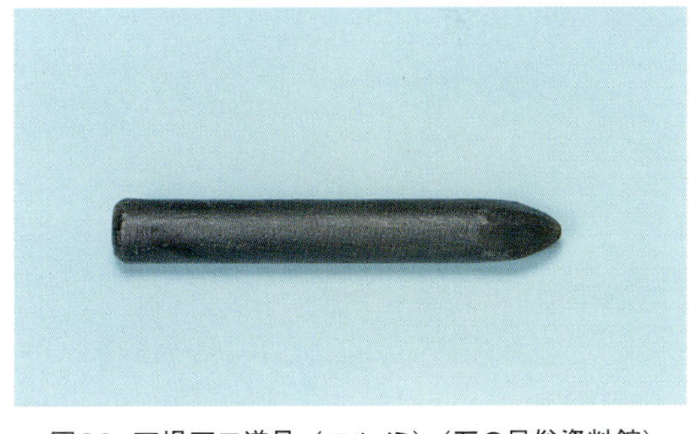

図36　丁場石工道具（マルノミ）（石の民俗資料館）

図37　丁場石工道具（ヤ）（石の民俗資料館）

石工道具の名称や形態については、地域や時代により違いがある。図30〜図37の石工道具（石の民俗資料館（香川県高松市）蔵）は、香川県高松市牟礼町・庵治町において近代に使用された道具であり、名称は重要有形民俗文化財「牟礼・庵治の石工道具」指定時の資料名である。

図38　『築城図屏風』（部分）（名古屋市博物館蔵）

同様の行程を複数回繰り返すことにより、石材の粗加工まで行った後に、割れ残った瘤を石ノミで削りとって、面を平らに整形した。

石材の加工は、①石切丁場で行われるもの、②石垣を築造する現地で行われるものの2種類に区分できる。また、史料、石材に残された符号、加工の状況等により、石切丁場などにおける加工の場所等を確認できる場合もある。

加工用具には、①石用具、②採石用具、③石工用具がある。

石用具には、石切丁場から降ろしてきた石を注文寸法どおりに粗く大体の形に作るときに用いる粗成形用具類のほか、穴をあけたり、細かく削ったりする彫刻用具、石の表面の細かな凹凸を均して平らにし、美しく仕上げるための整形用具、整形後に光沢が出るまで磨き上げる研磨用具、さらには石の表面に文字や紋様を彫る刻字・刻印用具に区分できる。

採石用具には、浮石を岩盤からはずすテコ類、岩盤から石を割り切るノミ類・矢類、それらを叩き打ちするゲンノウ類がある。また、岩盤から採取した石材を小割りする用具として、セリヤ・マメヤ・トビヤなど小型の矢類がある。

上記の用具を修理する鍛冶用具のほか、石切丁場の岩盤上の土・草木の清掃及び採石作業の準備・整備を行うために用いるナタ・ヤマガタ・トンガ・ハコグルマなどがある。

石工用具は、他の諸職用具に比べて摩耗が激しく、使い尽くしてしまうことから、完全な用具として残されている事例は少ない。また、単純な工具を組み合わせて用いるため、その種類は比較的少なく、地域的な特質を探し出すのも困難であると考えられてきた。しかし、香川県産の庵治石（あじいし）は極めて硬質であるため、採石・加工の行程では順を追ってさまざまな用具が使い分けられてきたことも知られている。特に、明治末期から昭和初期にかけては技術的変化が著しく、用具も多様化したため、豊富な石工用具の資料が残された。庵治石の採石地における石工用具の豊かさは、石質（岩石種・硬度）の違いによって生じた地域の特質を示している。

(3) 運搬技術

石材の運搬の方法には、「釣り出し（つだし）」、「地車（じぐるま）」、「修羅（しゅら）」引きによる地上運搬方法のほか、「石船（いしぶね）」等による水上運搬方法があった。また、東北では「雪船（そり）（大持（だいもち）ソリ）」による運搬方法も見られた。

「釣り出し」は最も多く行われた方法で、石材の大きさ・重さによって、一人の人夫が肩にかけて運ぶ場合のほか、数十人の人夫が多数の真棒（しんぼう）・横指棒（よこさしぼう）及び綱を使って運ぶ場合があった。

「地車」は厚い木製の車輪の付いた車（**図38**）で、石材を乗せて綱で引いた。中世に材木の地引に使用されていたが、築城が集中する文禄・慶長期（1592年～1614年）に多く使用されるようになった。

陸上を引く重量運搬具を「修羅」、「修羅車」という。古い様式としては、V字状に枝分かれした一本材を使った。新しい様式には、格子状の木製の橇（そり）もあり、運搬路に丸太を並べ、潤滑材として、その上に海草の荒布を敷いた例もあった。

「石船」は石材運搬専用の船であり、以下のとおり「修羅船」、「平田船（段平船）」、「石釣船」などの種類があった。

修羅船　石船を総称したもので、船尾と舳先の部分のみ船縁と同じ高さに板を張り、中央部の船底に石を積むようにした船である。

平田船　元来は人を乗せる川船で、底が平たく浅く細長い。重心が高く不安定であった。江戸時代の平田船（段平船）は、横幅が広く、底が平らであるため水切りも悪い。速度は出ないが、石材や重量物の積みおろし等の利便性から使用された。

石釣船　水の浮力を利用して石を運ぶ船である。船の中央部には石を水中で釣る（吊す）ための矩形の穴が開けられており、穴の両側に石吊り綱を留めておくための杭がある。

(4) 縄張り・地形根切り

築城にあたっては、敷地を選定した後、縄張り（なわば）が行われる。縄張りとは、文字どおり地面に縄を張って一定の区画を定め、そこに虎口（こぐち）、堀・土塁などの構成要素の位置を加え、平面的な形態を決めていく計画策定の過程を指す。江戸時代に入ると、縄張りの方法は軍学者により甲州流・越後流などに分かれ、その後、城の規模・形態によって縄張りを複雑に評価・分類する研究が行われるようになった。

石垣の縄張りでは、腰石垣・鉢巻石垣のように石垣が重層的な配置・構造を取る場合と、ひとつの平面で出角・入角・輪取りなどを組み合わせて採用される場合がある。

石垣の設置場所及び規模が決定すると、それに応じて「地形根切り」を行う。「地形根切り」とは、石垣の基礎を構築するために行う地形造成工事のことである。石

コラム③　樹木の影響とその管理

全国の多くの近世の城跡は、戦後、まちのシンボルとして親しまれるとともに、都市公園などとして市民の憩の場となってきた。そのため、継続して数多くの樹木が植樹されてきたが、多くの場合、植樹の場所や樹木の種類について計画性がなく、成長後の姿を想定せずに植えられたといっても過言ではない。ましてや、石垣や地下遺構への配慮はほとんどなされてこなかったため、戦後数十年を経て、成長した樹木がそれらに影響を与え問題を引き起こしている。

石垣上端部の植樹の影響　石垣の上端部は眺望の良い場所であるため、転落防止柵が設けられたり、ベンチが置かれたりすることが多い。このような場所には、木陰を設けるために高木が植えられたり、石垣と対比させるためにサクラなどが植えられたりしている場合が多い。そのため、成長した根が石垣上部を内側から押し出し崩落させる原因となっている（**図1**）。掘削により地下遺構を破壊したり、荷重がかかりすぎたりしないようにすることはもちろんだが、石垣の裏込め（栗石・砂利層）が目詰まりしないようにしないと、石垣の孕みを起こす原因ともなるので注意が必要である。このような天端石の落石事例は数え切れないほど多い。また、地震などにおいても樹木の与える影響は大きく、史跡小峰城跡（福島県白河市）では平成23年（2011）の東日本大震災の際に、石垣天端近くに植えられたケヤキやサクラが原因で、数ヶ所で石垣が崩落したと考えられる事例も報告されており（**図2**）、石垣の上端部付近には高木を植えるべきではない。

石垣裾部の植樹の影響　石垣の裾部に植えられた樹木も問題である。通常の状態では、1㎡あたり数トンから数十トンもの荷重がかかる石垣を樹木の根が変形させるとは考えにくいかも知れないが、直下型地震などの場合には、瞬間的に荷重がかからなくなる場合がある。例えば、平成7年（1995）の阪神・淡路大震災の際には、兵庫県史跡であった明石城跡（兵庫県明石市）の稲荷曲輪西面石垣では、石垣裾部の樹木がテコの原理で根元から石垣を崩したと考えられる事例が報告されている。高さ数m以下の低い石垣では、このような危険性はさらに高くなるだろう。

巨木化した植樹への対応　石垣の中ほどに樹木が生え、巨木化している事例もある。高石垣では相当な荷重がかかるため、根によって上下方向に石が動くということは考えにくいが、裏側から押すことで容易に石を迫り出させてしまい、崩落の原因を生み出すことになる。これらは自生したものがほとんどだが、史跡洲本城跡（兵庫県洲本市）本丸石垣のサクラのように、あきらかに植樹したとしか考えられないような事例もある（**図3**）。また、街路樹などに利用されている外来種のシンジュ（ニワウルシ）などの樹種が石垣の間に入ると、根が石垣の裏側を伝って広範囲に広がり、表面を切除しただけでは簡単に根絶できなくなるため、早期に除去しておく必要がある。このような樹種が繁茂してしまった場合には、切断面に薬剤を塗布したり、注入したりして枯死させる必要がある。

伐採の基準の設定　このように、石垣付近の樹木は直接石垣を崩落させる原因となることから、早期に除去する必要がある。その場合、石垣に近接した樹木は最低でも石垣の天端又は裾から一定の距離の範囲の中高木については伐採するという基準を定めておくべきである。例えば、特別史跡姫路城跡（兵庫県姫路市）では石垣から2m、史跡松山城跡（愛媛県松山市）では5mとしている。

また、伐採に際しては、石垣が根によってある程度安定した状態が保たれている場合には、除根によって石垣の解体を行う必要も生じることから、伐採に止め、除根せずに経年変化で根を枯らせることが望ましい（**図4**）。なお、石垣の保存に直接関わることではないが、城跡の石垣は建築物などと同じように視覚的な美しさが求められる側面もあるため、石垣周辺に導入する樹木は、樹種の選定とともに、あらかじめ成長後の樹高を定め、樹形や樹高を管理しておくべきである。

植栽樹種の選定及び樹高・樹形の適切な管理　一方、樹木を伐採するという行為に対して反対する意見も決して少なくない。姫路市では、このような意見に対する対策として、平成23年（2011）度に特別史跡姫路城跡の指定地内の全樹木を調査した上で、専門家や市民の意見を聞きながら外来種の駆除やエリアごとの樹木管理指針を定めるとともに、翌年からは樹木パトロール会議を設置して個別樹木ごとの対応を検討し、計画的に樹木の伐採を進めている（**図5・6**）。行政の内部や市民の理解を得るためにも、問題樹木の除去、計画的植樹、樹形も含めた日常の適正な維持管理などについて、具体的な計画や方針を定めオープンにしておく必要があるだろう。

参考文献

兵庫県『明石公園石垣災害復旧工事報告書』2000
姫路市『姫路城樹木管理計画書』2012

図1　根により欠落した隅角石（史跡明石城跡（兵庫県明石市））

図4　根を残して伐採された樹木（史跡洲本城跡（兵庫県洲本市））

図2　地震により崩落した石垣（史跡小峰城跡（福島県白河市））

図5　樹木を伐採する前（特別史跡姫路城跡（兵庫県姫路市））

図3　石垣に植えられたサクラ（史跡洲本城跡（兵庫県洲本市））

図6　樹木を伐採した後（特別史跡姫路城跡（兵庫県姫路市））

垣の基礎が不安定な状態にあると崩壊の原因となることから、岩盤・地山・立地の条件によって、根石の据え付けに様々な工夫を行っていたことが知られている。特に、地盤が軟弱である場合には杭を打ち、胴木（土台木）を設置するなどの方法が採用された。

(5) 積み上げ

根石を据えた後、一段ずつ築石（平石）を積み上げていく。まず隅角に直方体の角石を算木積みにし、築石（平石）を積む。築石（平石）を1～2段積むと、下面・背面に裏込め（栗石・砂利層）などを充填し、上の段へと進むことを繰り返していく。その都度、築石（平石）に艫介石や胴介石などを添えて調整し、築石（平石）と築石（平石）との間に栗石（胴込め栗石）を充填する。築石（平石）と築石（平石）との間隙が大きい場合には、チキリ・クサビ・カスガイなどを用いて石材と石材を繋ぐこともある。

最終的に天端石を乗せて石垣は完成する。さらに、その上に建てられる建築物の種類・規模・形態に応じて、天端石の上に土台用の葛石を設置する場合のほか、さらに葛石の直上に土台となる材木を設置する場合がある。なお、築石（平石）等の石材の積み上げの技法は、29頁においても述べたとおり、石材の積み方・加工度の違いによって分類できる。

近世城跡の石垣の特質の一つとして、高石垣に見られる曲線を帯びた独特の勾配がある。17世紀中期以降、石垣の築造に関する技術書・秘伝書が作成されてきたが、それらによって石垣の勾配及び曲線の定め方に違いがあったことが知られている。

(6) 表面加工

石材の積み上げの終了後、各石材の外面の美観を整えるため、ノミなどで表面加工を行う。史跡金沢城跡（石川県金沢市）、史跡仙台城跡（宮城県仙台市）の本丸、史跡広島城跡（広島県広島市）、史跡会津若松城跡（会津若松市）などに見られる石面のスダレ加工、史跡宇和島城跡（愛媛県宇和島市）の長門丸角石のノミ打ちとスダレにみられる表面加工の手法が知られる。その他、築石（平石）と築石（平石）との結合部の調整、合端に対する加工、角石稜線に対する加工の手法もある。

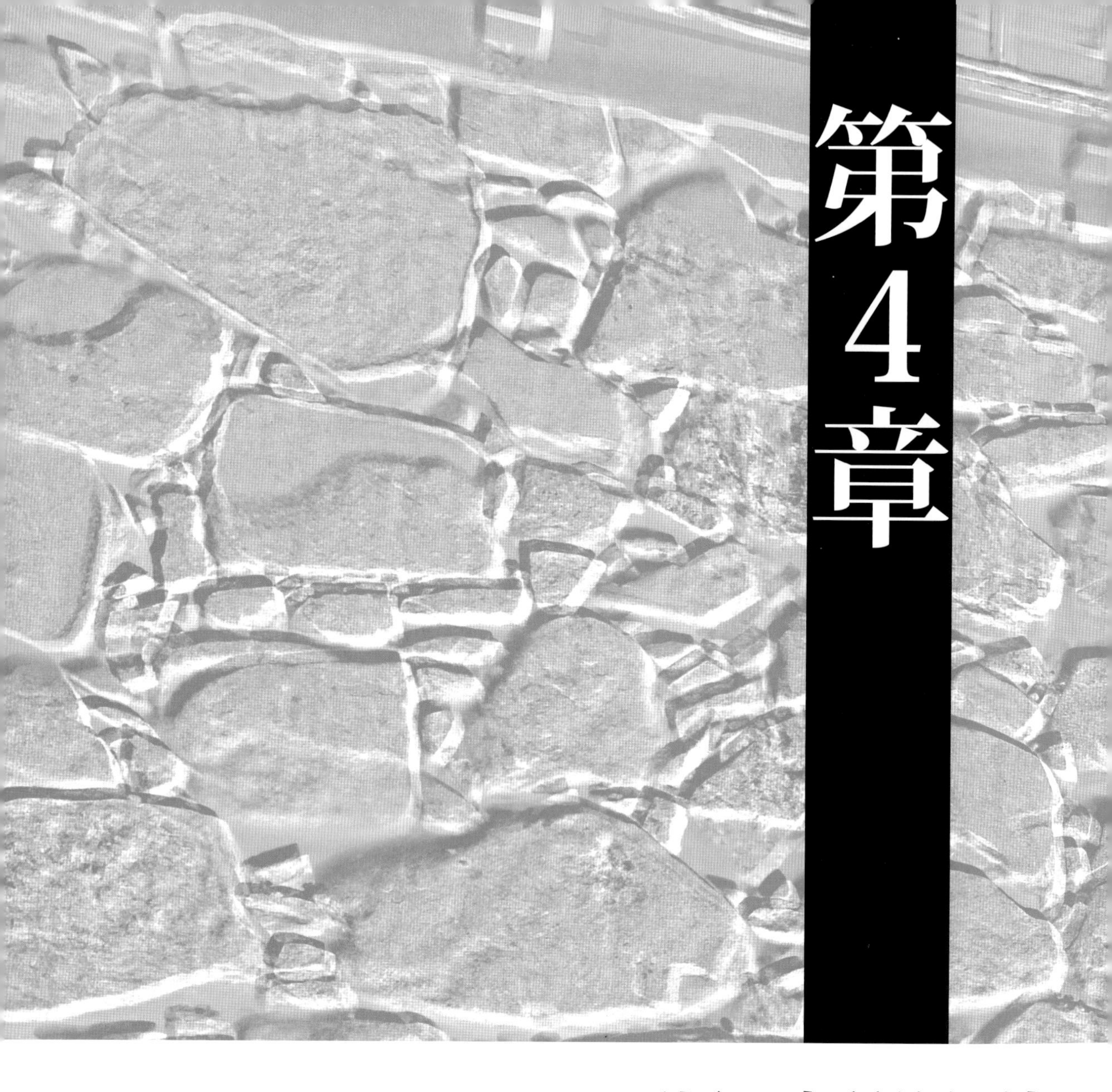

第4章

石垣の本質的価値

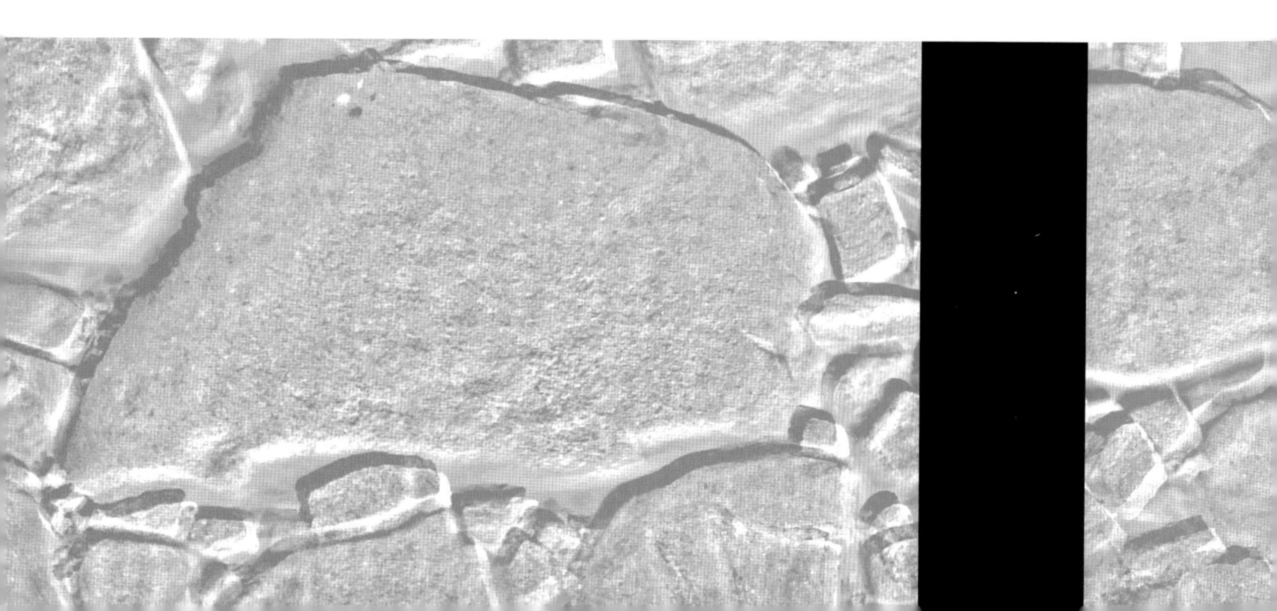

第4章
石垣の本質的価値

本章においては、石垣が持つ本質的価値、及びその的確な評価のために必要となる属性・指標について解説する。

1.「歴史の証拠」としての性質と「安定した構造体」としての性質

(1) 土地造成に関わる土木技術の文化的所産

古来、我が国では、外縁に石を積むことにより新たに平坦な土地を造成したり、海岸・河川等の岸辺を浸食から防護したりする土木技術を育んできた。そのひとつが城跡の石垣であり、特に近世の城跡において最も高度に発展を遂げた。

最適な場所を選ぶとともに、石を選び、割り、運び、1石ずつ積み上げていく技術、及びそれらの結果現れる構造体とその景観、さらにはそのような技術を持つ職能集団、維持管理に関わる生活習慣の総体は、我が国に独特の土地造成に関わる土木技術の文化的所産であるといってよい。それらは、文化財の観点から有形文化財（建造物）、遺跡・名勝地、文化的景観、文化財の保存技術等の様々な類型の下に評価され保護されてきた。

(2)「歴史の証拠」としての性質

特に、城の石垣の多くは歴史上の政治的背景の下に築造されてきた経緯を持ち、それらの築造の過程を表す痕跡及び築造に関わる技術・伝統は、次世代へと伝えるべき有形・無形の価値を持っている。それらを的確に把握することにより、石垣を生み出した各時代の社会的要請及び技術の特質が浮かび上がってくる。

例えば、古代山城跡の石垣のように往時の東アジアにおける国際的な緊張関係を表すものをはじめ、織豊政権期の城跡の石垣のように地方の勢力が全国政権へと組み込まれていく過程を表すもの、近世の城跡の石垣のように封建領主が自らの政治権力と威信を示す上で美しさをも備えた空間装置としての機能を持ったものなどが挙げられる。これらの事例からは、時代によって石垣に対する社会的要請が変化するとともに、築造技術も進化・発展したことが知られる。

このように、石垣は「歴史の証拠」としての性質を持ち、それは地上に表出している部分のみならず、その地下又は背後に埋蔵されているさまざまな遺構・遺物とも密接に関係している。

(3)「安定した構造体」としての性質

石垣は、石を利用した土木構造物の中でも、特に「安定した構造体」としての性質も持っている。それは、築石（平石）、裏込め（栗石・砂利層）、背面基盤層（盛土・地山）の3者の密接な補完関係の下に、地震・風雨等の我が国固有の自然環境の中でも、その安定性を保持し続けてきた。

例えば、個々の築石（平石）を固定し、緊結・接着するのではなく、空積みの構造を基調とすることにより、圧力を適切かつ調和的に分散する構造となっていること、背面に裏込め（栗石・砂利層）を設けることにより、余計な土圧・水圧を生むことなく、速やかに雨水を処理する構造となっていることなどに、その特質が現れている。

以上のように、我が国に独特の土地造成に関わる土木技術の文化的所産として成立した石垣とその築造技術は、「歴史の証拠」及び「安定した構造体」としての性質を持ち、その本質的価値は上記した2つの性質に関わる有形・無形の両側面から把握する必要がある。

2. 石垣の本質的価値及びその評価のための属性・指標

上記を踏まえ、石垣が持つ本質的価値を「歴史の証拠」及び「安定した構造体」の両側面から定義するとともに、有形・無形の両面から的確に評価するための5つの属性・指標を以下のとおり定める（図39）。

⑴ 形態・意匠

使用する石材の種類及び加工方法、石材の積み方などに時代的な特質が見られる。したがって、石垣の形態は、その本質的価値を把握する上で重要な指標・属性である。

また、16世紀末期から17世紀初頭にかけて築造された石垣の中には、築造手法に基づく構造美を意識したと思われる事例もあり、単なる石造構造物とは異なる意匠上の価値を見出すことも可能である。

したがって、石垣の意匠は、それを生み出した社会に共通する美意識を投影した所産でもあることから、その本質的価値を評価する上で重要な属性・指標である。

⑵ 技術・技能

採石・運搬・加工・積み上げなど、石垣築造の過程ごとに独特の技術・技能を用い、独特の道具を駆使してきたことに価値がある。また、それらが近世前期に全体の一貫した技術・技能の体系として完成し、石垣築造の減少とともにいったんは衰退したものの、その後、関連の産業及び採掘の諸活動とも深く関わりつつ新たな進化を遂げてきたこと、さらにはそのような体系が地域の職能集団により現代に至るまで共有・継承されてきたことにも価値がある。

したがって、石垣の築造に関わる技術・技能は、その本質的価値を評価する上で重要な属性・指標である。

⑶ 材料・材質—地域性—

形態・意匠の属性・指標とも関連して、材料・材質の属性・指標も重要である。材料・材質の属性・指標は、技術・技能、伝統の属性・指標とも緊密な関係を持っている。使用された石材には地域ごとの特質が認められるのみならず、それらの石材に合わせて進化・発展を遂げた技術・技能の体系においても地域ごとの特質が見られるからである。

例えば、石材の採掘、石製品の細工に携わる職人の伝統的技術は、石材の硬度の違いにより概ね2つの系統に分けられる。ひとつは凝灰岩などの軟石系の技術であり、今ひとつが花崗岩を中心とする硬石系の技術である。前者は栃木県の大谷石などで用いられている技術であり、露頭掘り又は坑道掘りなど大規模に岩塊を掘り進めることができる点に特質がある。後者は、御影石の名で知られる花崗岩に用いられる技術であり、転石の露頭から鉄製の「矢」を用いて割り取ることなどに特質が見られる。その中間的な存在として、安山岩などの準硬石系の技術もある。これらの石質に応じた技術は、石材産出の地域性とも呼応するものである。

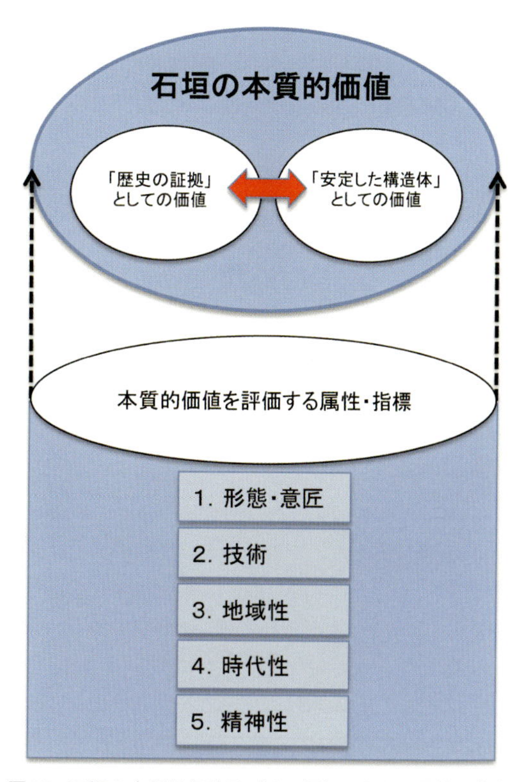

図39　石垣の本質的価値及びその評価のための属性・指標

コラム④　自然災害による石垣の変形と崩壊

平成23年（2011）3月11日の東日本大震災では、史跡小峰城跡（福島県白河市）・史跡仙台城跡（宮城県仙台市）・史跡若松城跡（福島県会津若松市）などをはじめとする東北地方から関東地方に至る東日本各地の城跡等の石垣が被災し、崩落、緩み・孕み、石材の横ずれ・突出など石垣の各種変形、それらに伴う石材の破損、詰め石の脱落、石垣上面及び内部の陥没・亀裂等が発生した。

想定される多様な崩壊要因　崩落が多発した史跡小峰城跡（**図1・2**）及び史跡仙台城跡（**図3**）では、地震の激しい揺れで背後の裏込め（栗石・砂利層）又は盛土層に滑り面が生じ、一定範囲の石垣が滑落するなどした。このような場所では、崩落石材は正面を上方にむけて仰向けに近い状態となり、一部は石垣築造の配置関係を保ったまま塊の状態で滑落していた。一方、近現代の改修に伴い、裏込めにモルタルが充填され、練り積みの石垣に改変されていた場所では、石垣表面の全体が転倒し、迫り出しが生じるなどした（**図4**）。

これらの崩壊した石垣は、いずれも近世前期の石垣ではなく、近世後期から近現代にかけて修築された履歴をもち、立地する土地の地盤が強固とは言えない場所に造られた石垣であった。

過去の復旧（修理）が不安定化の要因　このことは、石垣築造技法や地盤条件が石垣の耐震性に影響を与えることを窺わせるものだが、同時に復旧（修理）の履歴をもつ石垣は、復旧（修理）をせざるを得なくなった場所がもつ固有の脆弱な素因を解消できていない可能性があることも示唆している。崩れた石垣は今回の地震以前から既に健全な状態になく、変形が進んでいたことも指摘されており、過去に修築された形跡がある石垣で既に変形が進んでいる地点は、地震時の挙動に一層注意を要するといえるだろう。

石垣に生じた変形の状況　崩壊に至らなかった緩み・孕み等の変形は、強震下においては避けようのない現象でもある。上部荷重のかからない天端の石材は地震の衝撃で上下左右に揺さぶられて位置がずれ（**図4・6**）、前方に荷重が集中した石材は前面が破断し、前方が固定された状態で後方荷重が増した石材では石の胴が折れるなどの損傷が生じた。また裏込め（栗石・砂利層）は、揺さぶられて嵩が目減りし、あるいは孕み出しに伴って背後の空隙に落ち込み、沈下した。その結果、天端の裏込め（栗石・砂利層）の直上の整地面が陥没し、盛土層との境界に亀裂を生む現象が被災した城跡の各地で認められた（**図5**）。

長年月を経た石垣で崩壊しなかったものも多いという事実　一方、同一の城跡内でも影響を受けなかった石垣もある。史跡若松城跡では、天守台や本丸東高石垣は創建以来、幾度も強震を経験しているが、今回の地震でも目立った変形は発生しなかった。史跡二本松城跡（福島県二本松市）では本丸石垣の一部が変形したが（**図6**）、三ノ丸高石垣には影響が出なかった。

このように、地震による石垣への影響の表れ方は単純ではない。地形・地盤・土質等の自然的な要因だけでなく、石垣築造技法や過去の改修等の人為的・歴史的な要因も複合的に作用して変形の多少が決まるのだろう。地震で石垣に影響が出ると、「伝統的な空積みの石垣は地震に弱い」と受け取られがちだが、震度5強以上の強震に見舞われた地域では斜面崩壊や擁壁倒壊が多発していることから判断すれば、多くの城跡の石垣は長い年月を経た歴史的な構造物であるにもかかわらず、大部分が倒壊を免れたことも周知しておきたいものである。

石垣不安定化の二大要因　地震の衝撃とともに石垣を不安定化させる二大要因の一つが豪雨である。近年では、平成24年（2012）に長崎県指定史跡島原城跡（長崎県島原市）、駿府城跡（静岡県静岡市）、平成19年（2007）に史跡七尾城跡（石川県七尾市）、史跡萩城跡（山口県萩市）、平成13年（2001）に史跡松江城跡（島根県松江市）において、いずれも6月から9月にかけての集中豪雨で石垣が崩壊した。豪雨で急増した雨水が石垣直近の地盤・盛土を洗掘したことが契機となったと考えられる場合をはじめ、土が滞水したことにより重量が増して強度が低下し、背後の斜面自体が不安定化したことにより石垣の破壊を招いた場合、さらには裏込め（栗石・砂利層）中に土砂が流入して目詰まりを起こし、排水性が低下したことが悪影響を及ぼしたと考えられる場合等がある。

その他、石垣直上に根の深い高木が生育していたことにより、地震・強風による揺れが石垣に伝わり、悪影響を与えたことも指摘されている。

監視と対策実施の重要性　石垣の変形・崩壊は、自発的には起こらない。立地環境等に素因を抱えた場所で、地震・豪雨などの外的作用が誘因となって変形・崩壊が発生する。平常時から石垣の状態を監視し、症状を把握して的確に措置するとともに、万が一崩壊に至った場合の被害を最小限に防止するための対策を講じておくことも重要である。

図1　大規模な崩落（史跡小峰城跡（福島県白河市））

図4　転倒しかけた練積み石垣（史跡仙台城跡（宮城県仙台市））

図2　大規模な崩落（史跡小峰城跡（福島県白河市））

図5　石垣上面の沈下と地割れ（史跡若松城跡（福島県会津若松市））

図3　崩落した石材（史跡仙台城跡（宮城県仙台市））

図6　石垣上面の沈下、築石（平石）の突出、緩み
（史跡二本松城跡（福島県二本松市））

したがって、用いるべき石材及びそれに応じた技術体系の進化・発展は、ともに地域的な特質に関するものであり、地域性とも関連して材料・材質は石垣の本質的価値を評価する上で重要な属性・指標である。

(4) 用途・機能—時代性—

前述のとおり、石垣は築造当時の状況を現在に伝える「歴史の証拠」である。石垣の本来の用途・機能は歴史的には軍事上の防御にあり、さらには城における土地造成にもあった。石垣の築造の背景には、往時の当該地域における政治的・経済的・社会的状況をうかがい知ることが可能であり、現在においてもそのような石垣の用途・機能の歴史を確認できることに意義がある。

特に、近世城跡の石垣は、全国各地に伝播した城下町の成立に至る進化・発展の経過をも物語る遺構であり、現在の都市及び地域の空間構造の骨格として有効に機能している点にも価値がある。

したがって、石垣に見る時代性に関連して、石垣の用途・機能は石垣の本質的価値を評価する上で重要な属性・指標である。

(5) 精神性

地域性及び時代性にも関わることであるが、石垣は物理的な防御施設や擁壁として存在したことに意義があるばかりでなく、それを築造した支配階級の権力と威信を示し、支配の構造を周知する役割をも担う空間装置であったことにも重要な意義がある。さらに、現代に残る城下町及び地域社会に生きる人々にとって、城跡とその骨格を表す石垣は象徴的な意義を持っている。場合によっては、城跡が地域社会における重要な精神的拠り所となっていることもある。

したがって、石垣の用途・機能に関連して、石垣が持つ精神性は、石垣の本質的価値を評価する上で重要な属性・指標である。

以上のように、石垣の本質的価値を評価するために概ね5つの属性・指標を定義することができる（**図39**）。これらの属性・指標の比重及び相互の関係は、対象とする石垣によってさまざまである。したがって、それらを明確に把握し理解することが、石垣の本質的価値を的確に評価する上で重要である。

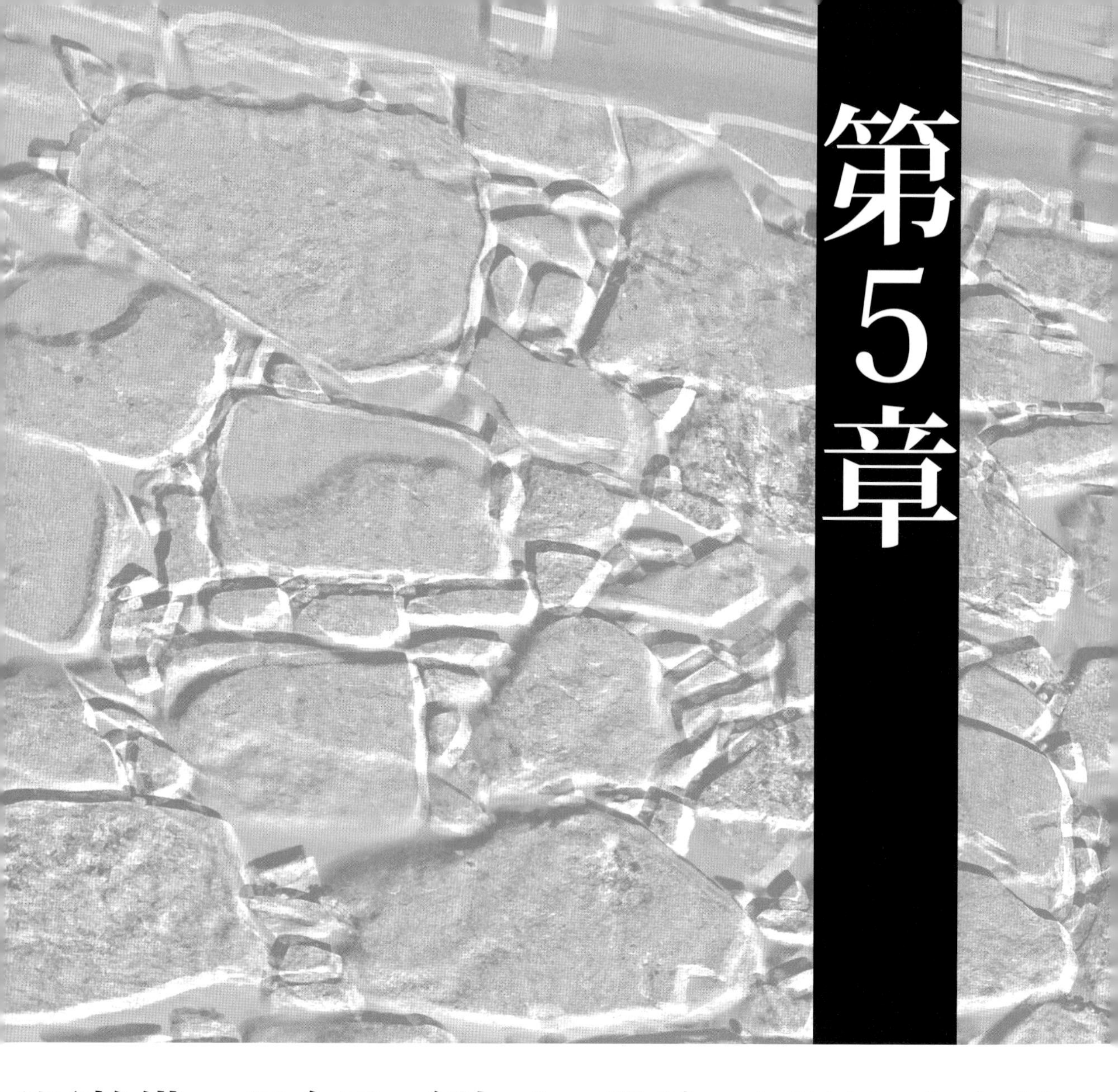

第5章

石垣整備の理念及び計画・設計の原則と方向性

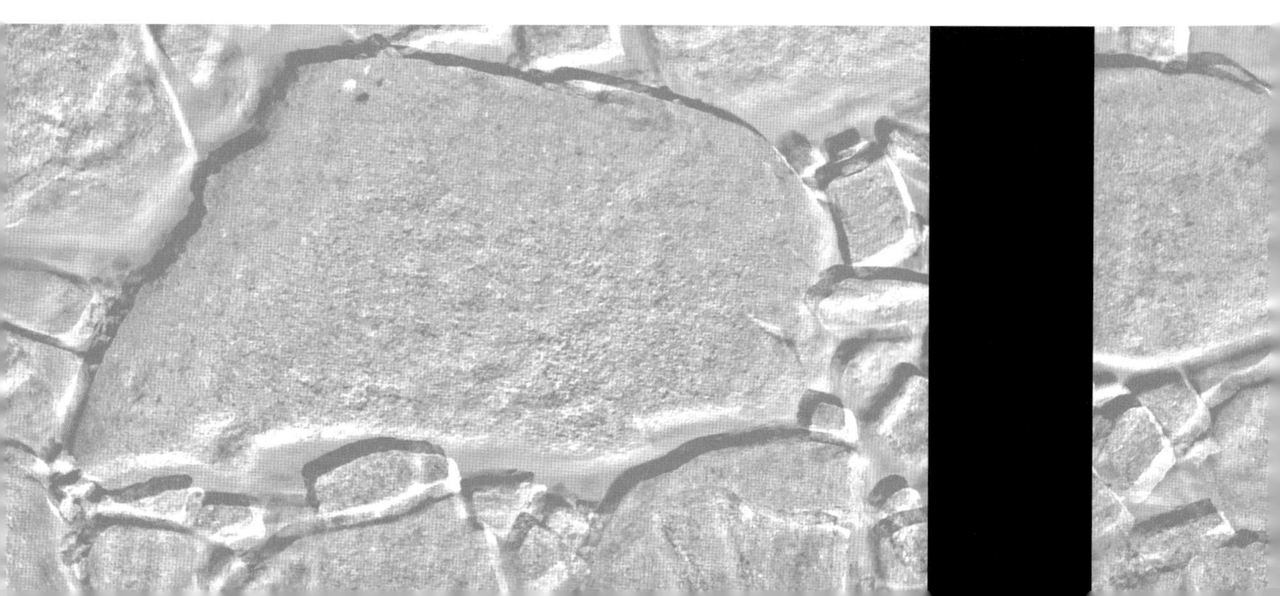

第5章
石垣整備の理念及び計画・設計の原則と方向性

1. 石垣整備の理念

平成15年度に文化庁記念物課が公刊した『史跡等整備のてびき』では、史跡等の整備を「「保存」と「活用」の両側面の適切で包括的な両立を目的として、史跡等の構成要素を整えるために実施される総合的な諸作業のうち、主として技術的側面から行われるもの」と定義した。これに基づき、石垣の「整備」も石垣の「保存」と「活用」を調和的に両立するものでなくてはならない。

石垣の本質的価値の継承に直接関わるのは管理・復旧（修理）であり、本書ではそれらの具体的な手法を示すことを目的としている。しかし、その一方で、石垣の本質的価値を継承するためには、国民の間で価値を共有し、適切に「活用」することも必要である。石垣が持つ「歴史の証拠」及び「安定した構造体」の両側面から、その本質的価値を保存するのみならず、それらを理解し活用すること、ひいては継承されてきた石垣の築造技術及び伝統を継承していくことが不可欠である。

なお、石垣の本質的価値と石垣整備の理念、計画・設計の原則と歩行制については48～49頁の**図40**を参照されたい。

(1) 保存面に関する理念

石垣の「保存」とは、石垣が持つ本質的価値を次世代へと確実に伝えていくことであり、第1に「管理」と「復旧（修理）」によって達成できる。そのためには、石垣の保存面に関する理念、及びそれに基づき導き出される石垣の管理・復旧（修理）のための計画・設計の原則を明らかにしておく必要がある。

ア．石垣の本質的価値の保存

保存面に関する理念の第1は、石垣の本質的価値の保存である。その場合に考慮すべき事項は、下記の5点から成る。

①積み上げられた状態で遺存する部分を最大限に生かすこと。

②表面のみならず、背面をも含め立体的な遺構として取り扱うこと。

③全体を「歴史の証拠」であるオリジナル・代替不可能な遺構として取り扱うこと。

④築石（平石）・裏込め（栗石・砂利層）・背面基盤層（盛土・地山）の3要素から成る「安定した構造体」として調和した状態を維持すること。

⑤築造・加工の技術を伝承すること。

現在残されている石垣は、積まれた状態を最大限維持する。それは、石垣そのものが、歴史において代替することのできない唯一のオリジナルの遺構であるからであり、かつ構造体として調和・安定した状態を保っているからである。石垣の保存には、築石（平石）等から成る外観のみならず、裏込め（栗石・砂利層）及び背面基盤層（盛土・地山）から成る内部構造を維持しなくてはならない。そのためには、石垣を築造する伝統的な技術に対する深い理解が不可欠であり、その技術を継承していく視点が前提となる。

イ．石垣の保存に関する調査研究の充実

石垣が持つ本質的価値を的確に評価するためには、それぞれの石垣によって異なる様々な属性・指標を定め、それらの相互の関係を正確に捉えることが必要である。石垣の本質的価値を評価する属性・指標を定めることにより、適切な保存の在り方に関する検討が可能となる。特に石垣が持つ「本質的価値」は「歴史の証拠」及び「安定した構造体」の2つの側面から成ることを明

確に認識し、現在の環境が双方の側面に対して与える影響を多角的に分析することが必要である。歴史学・民俗学・考古学・建築史学・土木工学・地質学等の多様な観点から総合的に調査研究を行い、常にその成果に基づき、石垣整備の手法を検討・検証していくことが必要である。また、現段階では限界があるものの、工学的な側面から石垣の構造を分析し、その安全性を検証できるよう努力することも必要である。

ウ．石垣の保存の手法・技術の充実・向上―選定保存技術の確実な継承と保存―

文化財石垣保存技術は、「有形文化財等関係」の選定保存技術として平成 21 年に選定された。今後とも確実な石垣整備を実施していくためには、文化財石垣の保存に関わる伝統的な技術の確実な保存・継承を図る必要がある。そのためには、広く伝統的な技術の検証・集約・伝習に努めていくことが必要である。

(2) 活用面に関する理念

石垣の「活用」とは、地域に残された石垣を適切に「公開」することにより、築造された石垣の成り立ちのみならず、石垣を通じて地域そのものの空間的文脈における石垣の位置付け・特質について学ぶことができるようにすることである。石垣の適切な「活用」は「保存」を補完し、両者の調和・両立は石垣の本質的価値の継承において重要な意義を持つ。したがって、石垣の活用面に関する理念、及びそれに基づき導き出される石垣の公開・活用のための計画・設計の原則を明らかにする必要がある。

ア．石垣の本質的価値を学び理解する場の提供

石垣の本質的価値は、既述のように「歴史の証拠」及び「安定した構造体」の2つの側面から成る。また、主として保存面に関する理念において「石垣に関する調査研究の充実」を掲げたように、時代とともに調査研究が進み、石垣に対する解釈が深まっていく可能性も大いに秘めている。したがって、活用面においては、そのような調査研究の成果を随時公開し、情報に接する場を提供していくことが必要である。

特に「歴史の証拠」の側面に関しては、個々の石垣が何の証拠を示すのかについて意味を説明し、活用する人の知識に合わせた情報提供に努める必要がある。

「安定した構造体」の側面に関しては、石垣全体が示す価値とともに、日常的には目にすることのない石垣の内部構造及びその機能、築造技術を広く情報提供することが必要である。

イ．まちづくりや地域のアイデンティティとして位置付け

市街地の中心部を占める石垣をも含めた城跡は、城下町及び地域社会にとって象徴的・精神的な意義を持ち、まちづくりや地域のアイデンティティ創出の重要な要素となることが多い。石垣の活用面では、このような城跡とその構成要素である石垣が持つ象徴的・精神的な意義を日常生活において確認できるようにしていくことが重要である。城跡は先人が地形・自然環境を巧みに活かして築造した政治・経済・文化・防衛の拠点施設であったことを十分に認識し、選地及び縄張りから読み取れる知恵の結晶を理解・継承することが、結果的に歴史・自然環境に依拠した合理的なまちづくりの思想にも繋がるものと考えられる。

ウ．管理・復旧（修理）及び公開・活用に関する調査研究の充実

石垣の適切な管理・復旧（修理）及び公開・活用に関する調査研究を継続的に行うことは、現代に生きる私たちが石垣の本質的価値を保存しつつ、その価値を享受し、活用することにつながる。社会的・地域的文脈を踏まえつつ、様々な活用手法について検討・実施すること、さらにはその評価を不断に行うことなどを通じて、より適切な管理・復旧（修理）及び公開・活用の施策を実施することが可能となる。

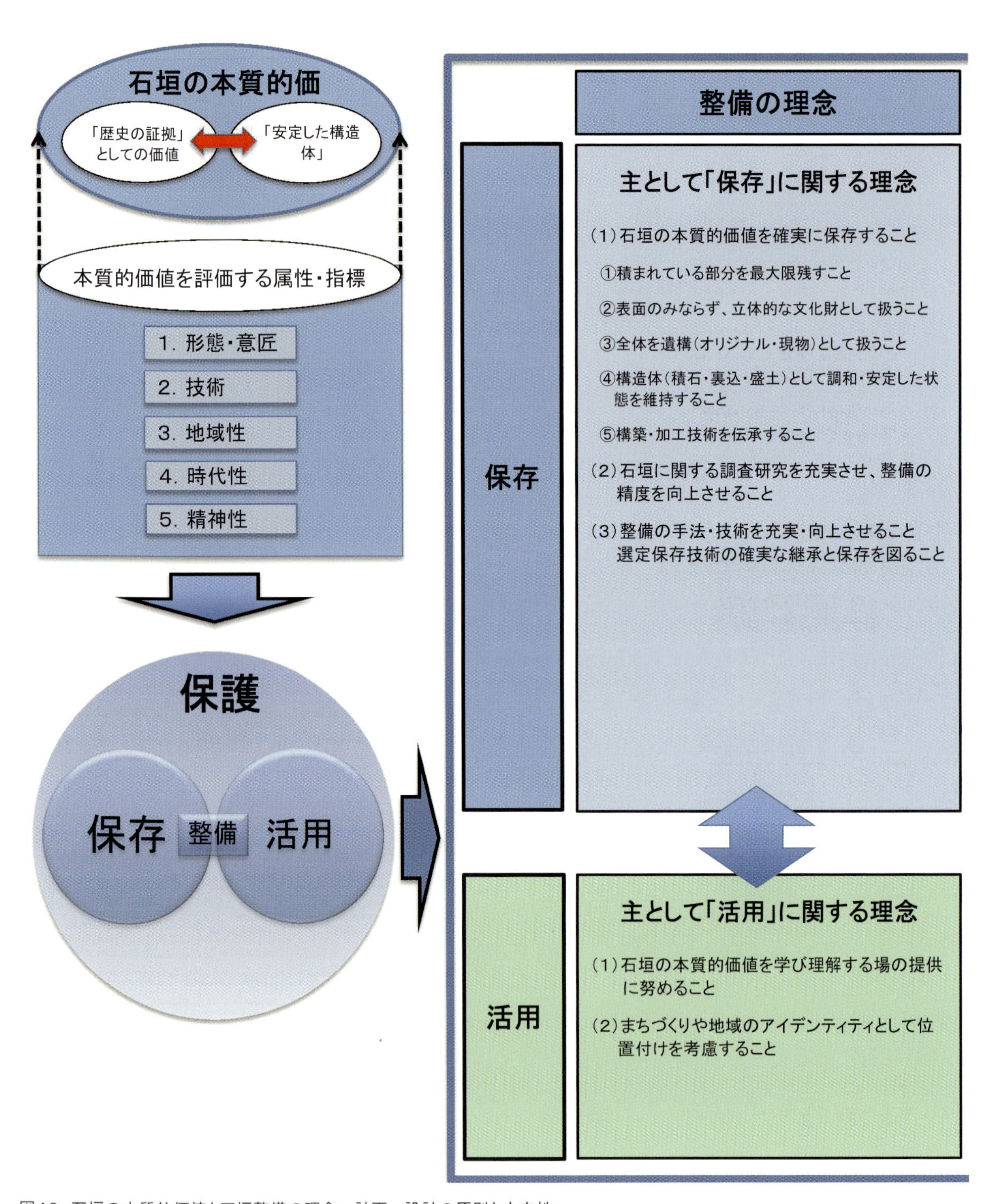

図40　石垣の本質的価値と石垣整備の理念、計画・設計の原則と方向性

計画・設計の原則と方向性

主として「保存」に関する事項

管理の原則

（1）日常的な観察（概況把握）の充実を図り、最大限、不測の毀損を防ぐこと

（2）日常的な維持管理（清掃・樹木管理・石材管理・排水管理）を怠らず、異常が見つかった場合には原因究明を行い、改善すること

（3）各種の調査研究（石積みの技術、歴史学・民俗学・考古学・建築史学・土木工学・地質学等）を進め、石垣カルテの作成・追加更新に努めること。

復旧（修理）の原則

（1）旧材を使い、在来工法にて修理すること

（2）旧材を原位置から動かさないようにし、動かした場合は原位置に戻すこと

（3）旧材（特に旧石材）の加工は避けること

（4）新補石は同一種を使用し、他と区別できるようにすること

（5）復旧（修理）した箇所・範囲を明示し、後世に伝えること

主として「活用」に関する事項

（1）本質的価値を構成する多様な属性・視点を学び理解すること

（2）地域基盤としてまちづくりに生かすこと

（3）歴史的環境の一部として位置付けること

（4）管理・運営及び公開・活用に関する調査研究を充実させること

技術の体系

主として「保存」を目的とする技術

保存面（管理）の技術

（1）概況把握に関する技術

（2）清掃・樹木管理・石材管理・排水管理に関する技術

（3）石垣カルテの作成・追加更新に関する技術

保存面（修理）の技術

（1）各種の詳細調査に関する技術

（2）破損・変形の原因把握に関する技術

（3）復旧（修理）のための基本計画書の作成に関する技術

（4）基本設計書の作成に関する技術

（5）実施設計（積算・特記仕様書等）書の作成に関する技術

（6）復旧（修理）に関する技術

（7）復旧（修理）に伴う発掘調査の技術

（8）報告書の作成に関する技術

主として「活用」に関する技術

（1）施設設置等に関する技術

（2）石積み技術の伝承に関する技術

（3）環境保全等に関する技術

コラム⑤　琉球のグスクの石垣

グスクに見る独特の築造技術　中世の沖縄島に登場した地域を束ねる有力者「按司（あじ）」は、「グスク」と呼ばれる城を築いた。多くのグスクでは城壁に石垣が採用された。この石垣の築造技術は、いわゆる日本の本州等の石垣築造技術系譜の外にあって、中国・朝鮮など大陸の土木技術の影響も受けつつ、独自に体系化されたと考えられている。

琉球列島のグスク築城において、石垣が用いられた最古の事例として史跡今帰仁（なきじん）城跡（沖縄県今帰仁村）や史跡勝連（かつれん）城跡（沖縄県うるま市）が知られる。両グスクの発掘調査成果から、城壁における石積みの採用は14世紀中頃まで遡ると考えられている。それ以前は、木柵に囲まれていたと考えられ、城壁下層よりピット列が検出されている。

城壁に調達された石材　それぞれのグスクにおける城壁石材の調達は、グスクの立地する露頭岩を切り出したものと考えられている。例えば、史跡今帰仁城跡は古期石灰岩の基盤層の露頭岩を城壁の材料とし、琉球石灰岩の基盤層に立地する史跡首里城跡（沖縄県那覇市）、史跡中城（なかぐすく）城跡（沖縄県中城村・北中城村）（**図1**）、史跡座喜味（ざきみ）城跡（沖縄県読谷村）など、沖縄本島中南部のグスクでは琉球石灰岩の城壁となっている。また離島では、史跡宇江城（うえぐすく）城跡（沖縄県久米島町）が標高310mの山頂部に築城されているが、グスクの立地する場所が板状の輝石安山岩を産する山塊であることから、これを用いた石垣となっている。海岸部のグスクの中には海で採取したと考えられるサンゴ石をところどころ利用した石垣もあるが、総じて石材調達はグスクの立地する露頭岩を用いたものと考えられる。

城壁の構造　これまで行われた史跡整備などによって、幾つかのグスクでは解体修理（**図2**）が行われ、これにより積み方や石垣内部の構造等を理解する上で貴重な所見を得ている。例えば、石垣の基礎はしばしば強固な岩盤の上に直接積み上げているほか、面石（つらいし）よりも一回り大きな石材を選び根石として用いている。また、本土の近世城跡の石垣の背後は一般的に土であるのに対し、沖縄のグスクの石垣は内外壁ともに数m立ち上がる空石積みとなっている。加えて石垣の上に櫓が建築されるのは門部分のみで、規模の大きな城では胸壁と呼ばれる石垣の天端外側に欄干状の石を積んだ壁が設けられている。

図1　空からみた史跡中城城跡（沖縄県北中城村）

石の積み方　石垣の積み方は、①野面石積み、②布積み（切石積み）、③亀甲積みに3大別され、史跡中城城跡では①→②→③の順で時代的変遷があると指摘されている（當眞1989・1990）。なお、琉球のグスク石垣には反りがつけられることは無いが、意匠として城壁隅角部最上部に隅頭石や角石と呼ばれる装飾性の高い石を設置する。俗説ながら、この石は「魔よけ石」とされている。

史跡首里城跡に見る城壁の特質　史跡首里城跡の調査では、稀な事例ながらも刻印石が発見されている。史跡首里城跡の事例ではないが、宣徳4年（1553）に尚清王の命により完成した那覇港を防備する屋良座（やらざ）森（むい）グスク竣工の記念碑『屋良座森城の碑（やらざむいぐすく）』には、築城にあたって諸地域から人々が動員されたことが記されている。首里城も、いわゆる琉球王国内における天

図2　史跡今帰仁城跡（沖縄県今帰仁村）の石垣の解体修理の様子

下普請の城（グスク）として築かれたであろうことは想像に難くない。これらの刻印が意味するところは、やはり割り当てられた石垣築造の現場範囲を示すものなのかもしれない。

郭の形態と意匠　琉球のグスク石垣の特徴に平面形態に見る曲線があげられる。屏風形につくることで城壁が倒れにくくなるとする説や、地形に沿って造られたとする説など諸説があるが、一般的には城壁の外側に一定の間隔をあけて築かれた突出部と理解され、城の直下に迫る敵を側面又は斜めから攻撃できるように設けられた機能的なものであると理解されている。史跡首里城跡ではこの屈曲・突出部を「アザナ」と呼んでいる。規模の大小はあるが、中国の馬面（ばめん）、朝鮮半島の雉（ち）など大陸にも見られる城壁の形状に相当するものと指摘されている。

図3　戦禍で荒廃した史跡首里城跡（沖縄県公文書館所蔵）

近世におけるグスクの修築の痕跡　1429年に沖縄島内を統一した中山尚氏の居城の首里城は、近世以降も王城として引き続き利用された。首里城が幾度も修築されていることなどから、中世に築城されたグスクの場合も、現在見られる石垣の中には近世期に修築されたものが数多くあると指摘されている（北垣1991）。琉球における石造建造物の技術系譜は、中世段階のグスクの石垣築造技術から近世又は近代を含めた土木技術史として通史的に検討されることが求められている。近世期の石造建造物の中には、魅力的な石垣も多い。例えば、古墓や民家の屋敷構えの石垣、石造の橋梁などは、近世琉球において傑出した造形美を備えた石造工作物である。加えて、奄美・宮古・八重山諸島の島々にも魅力的な石造工作物が多く、石の文化の多様性も見逃すことはできない。昨今、沖縄地域の遺跡では、解体修理や記録保存調査が行われており、今後、土木技術史が体系的に論じられる日も近いだろう。

戦後復興にグスクの果たした役割　沖縄は先の大戦時に地上戦の場となった。戦禍は史跡首里城跡をはじめとするグスクの石垣にも及んだ（**図3**）。このことは、沖縄のグスクが辿った歴史的経過の一側面であることを示している。灰塵に帰した沖縄において、グスク・御嶽（うたき）等の石造工作物を復元することは、戦後復興のシンボルとしての意識を持った。

世界文化遺産登録とグスクの石垣の復旧（修理）　現在、グスクなどの史跡のいくつかは「琉球王国のグスク及び関連遺産群」として世界文化遺産に登録され、多くの観光客が訪れている。来訪者にとって石垣は世界遺産の魅力そのものであろう。しかし、登録された史跡今帰仁城跡、史跡座喜味城跡、史跡勝連城跡、史跡中城城跡、史跡首里城跡の5つのグスクはいずれも石垣の解体修理が行われており、今ある姿は現代によみがえった姿であるともいえる。石垣整備においては、オリジナルの保存は極めて重要である。しかし、その一方で解体修理は途絶えてしまった伝統的技術を解明し、現代の我々が往事の技術を観察することのできる好機でもある。筆者もその現場に何度か立ち会う機会をもった。反省も込めて、世界文化遺産登録以後、これほど石垣整備が進んだ地域は無いと思う。だからこそ、石垣の本質的価値となる技術の真実性を保証するため、解体時に当時の石工の技術を詳らかにし、客観的に検証できるよう、先人の技に対して真摯に耳を傾ける必要があるのだと思う。この点は、石垣築造技術の系譜が異なっていても、解体修理を含む復旧（修理）時における共通の心構えである。

参考文献

北垣聰一郎「沖縄地方における伝統的石造構造物の変遷について」『橿原考古学研究所紀要　考古學論攷』第15冊　1991
當眞嗣一「グスクの石積について（上）・（下）」『文化課紀要』第5号・第6号　1989・1990

2. 石垣整備の計画・設計の原則と方向性

(1) 主として保存面に関する計画・設計の原則と方向性

石垣の「保存」は、通常、適切に「管理」することを通じて達成されるが、破損・変形などが起きた場合には「復旧（修理）」することを通じて達成される。したがって、管理・復旧（修理）に関する「計画・設計の原則と方向性」について、関係者の間で合意形成を図る必要がある。

石垣保存の理念から導き出される管理・復旧（修理）に関する計画・設計の原則と方向性は、下記のようにまとめることができる。

ア. 管理

「管理」における計画・設計の原則は、以下の3点から成る。

①日常的な観察（概況把握）を充実させ、不測のき損を防ぐこと

②日常的な維持管理（清掃・樹木管理・石質管理・排水管理）を怠らず、異常が見つかれば原因究明を行い、改善すること

③多面的な側面（歴史学・民俗学・考古学・建築史学・土木工学・地質学など）から調査研究を継続し、それらの成果を日常的な観察及び維持管理の成果を含め、石垣カルテの作成・追加更新に努めること

上記の3点の積み重ねによって、破損・変形などの石垣の本質的価値を損なう危険性のある事態が生じた場合に、その原因の把握を容易にし、有効な情報によって復旧（修理）の方針の決定及び方法の選択を行うことが可能となる。つまり、これらのサイクルを通じて把握した緊急度により、優先順位を判断して復旧（修理）に着手することが望ましい。これらの過程については、85〜103頁を参照されたい。

イ. 復旧（修理）

「復旧（修理）」における計画・設計の原則は、以下の5点から成る。

①旧材を使い、伝統的技法・在来工法によって復旧（修理）すること

②旧材を原位置から動かさないようにし、動かした場合には原位置に戻すこと

③旧石材に対する新たな加工は避けること

④新しく補充する石材は同一の岩質のものを使用し、旧材と区別できるようにすること

⑤復旧（修理）した箇所・範囲を明示し、後世に情報を残す こと

(2) 主として活用面に関する計画・設計の原則と方向性

ア. 本質的価値を評価する上での多様な属性・指標を学び理解すること

①石垣を顕在化すること

②5つの属性・指標（40〜44頁を参照されたい。）に基づき、石垣の本質的価値について正確に情報提供すること

③往時の築造技術（伝統的技法・在来工法・道具等）を示す場とすること

第1は、「石垣を顕在化すること」である。それは、石垣が持っていた過去の用途・機能を明らかにし、長い歴史の中で果たしてきた多様な役割を目に見えるように示すことである。同時に、それは石垣整備の理念を貫く上での原則でもある。往時の城下町の構造を理解できるように、その成立・発展の文脈に沿って石垣の存在を顕在化させること、及び管理を適切に行い、視覚的な阻害要件を除去することにより、石垣の存在を認知し、その表面を目視できるようにすることを原則とする。

第2は、「5つの属性・指標に基づき、石垣の本質的価値について正確に情報提供すること」である。それは、「形態・意匠」、「技術・技能」、「材料・材質—地域性—」、「用途・機能—時代性—」、「精神性」から成る5つの属性・指標に基づき、石垣の本質的価値を正当に評価し、個々の石垣が持つ独特の性質・意義を示すことである。

第3は、「往時の築造技術（伝統的技法・在来工法・道具等）を示す場とすること」である。それは、主として

保存面に関する計画・設計の原則と方向性で示されたさまざまな技法等に関連して、現在では合理化等の影響を受けて失われたり使用されなくなったりしてしまった「石切丁場での技術、採石・加工技術、運搬技術等」を再現させ、それらを継承する場として石垣を活用することを意味する。

イ. 地域基盤施設としてまちづくりに生かすこと

「まちづくりや地域のアイデンティティとしての位置付け」という理念を、具体的に現在の地域計画に反映させることが重要である。近代以降の城下町では、先人の選地の考え方と後世の都市開発等による改変との調和・両立の視点が十分ではなく、地域が持つ歴史的・自然的文脈と齟齬をきたしたまま、まちづくりが行われてきたこともあった。したがって、歴史的・自然的文脈を十分考慮した都市計画を進め、個々の都市基盤施設・建築物等の設計を行う場合にも、石垣を通じて知り得る城と城下町との関係性を考慮することが望ましい。

ウ. 歴史的・自然的文脈の一部として位置付けること

石垣と単なる擁壁等との違いを理解し、「城・城下町」の歴史的建造物と同様に、石垣を歴史的環境の構成要素として位置付ける視点が必要である。また、城跡の全体及びその骨格を成す石垣・堀は地域の自然的環境の中で重要な位置を占めている場合が多い。そのような地域の自然的文脈の中に、石垣を位置付ける視点も必要である。

エ. 管理・復旧（修理）及び公開・活用に関する調査研究の充実

さまざまな観点から石垣の管理・復旧（修理）及び公開・活用に関する調査研究を行い、その可能性と方向性について検討を行わなければならない。また、公開・活用に関する施策が、石垣の本質的価値の保存に負の影響を及ぼすことがないように、事前の十分な調査研究を行うことが必要である。

(3) 石垣整備の技術

石垣整備の技術は、主として「保存」又は「活用」を目的とするものに大別できる。

ア. 主として保存を目的とする技術

「保存」に関する技術は第6章以降において具体的な解説を行うが、管理・復旧（修理）を目的とする技術について概観する。

管理を目的とする技術には、概況把握、清掃・樹木管理・石材管理・排水管理、石垣カルテの作成・追加更新等に関する技術がある。

復旧（修理）を目的とする技術は、き損・崩壊等の原因によって多様であるが、共通するものとして、復旧（修理）のための基本計画の策定、詳細調査及び破損の原因把握等に関する技術があるほか、特に解体修理の場合には質量ともに幅広い技術・過程が必要とされる。

また、石垣の復旧（修理）では、伝統的な技術の中から適切な技術を選択する視点が重要である。現代工法の採用が必要とされた場合においても、石垣の本質的価値を損なわないよう十分に配慮する必要がある。

イ. 主として活用を目的とする技術

a. 活用施設の設置等に関する技術

「石垣の本質的価値を学び理解する場の提供」という理念、及び「本質的価値を構成する多様な属性・指標を学び理解すること」という原則を実現するためには、以下の3種の施設の設置が必要となる。

①公開・活用（ガイダンス・体験学習）のための施設の設置
②便益施設・維持管理施設の設置
③安全施設（囲い柵、養生施設）の設置

第1に、公開・活用（ガイダンス・体験学習）のための施設を設置し、外観からだけでは理解しにくい石垣情報の提供を行う。それらの中には、情報提供のための建築物、案内板・説明板のみならず、その他の機器又はパンフレット等も含む。

第2に、公開・活用の施設又はその周辺には、便所・四阿等の便益施設及び清掃用具等の保管庫等の維持管理施設を設置し、公開・活用の機能を補完する。

第3に、万一石垣が崩壊した場合、落石が発生した場合等に備えて、囲い柵・養生施設等の安全施設を設置し、安全な活用が確保できるようにする。

これらの施設の設置は、後述する石垣整備基本計画及び石垣整備基本設計に定める内容と十分に整合性が取れたものとする必要がある。

b. 石積み技術の伝承に関する技術

活用に関する計画・設計の原則として、「石垣を顕在化すること」、「5つの属性・指標に基づき、石垣の本質的価値について情報提供できるようにすること」、「往時からの技術（伝統的技法・在来工法・道具等）を見せる場とすること」の3つを掲げた。しかし、石垣の場合には、その性質上、市民による自発的な活用にのみ依拠することには自ずと限界があると考えられる。したがって、城跡を管理する地方公共団体の文化財専門職員は、石垣整備に関わる関係者と協力しつつ、上記の3つの原則を積極的に進めて行くことが望ましい。その過程では、他の遺跡等と同様に市民の中からボランティア・ガイド等を養成し、難解だと思われがちな石垣に関する知識について広く理解してもらえるようにすることも必要である。

また、文化財保護法に基づき選定保存技術に選定された文化財石垣保存技術について、広く市民に情報提供していくことも必要である。例えば、城跡に関するイベント等の機会を利用して、文化財石垣保存技術の披露の場とすることも考えられる。

c. 環境保全等に関する技術

「まちづくりや地域のアイデンティティとしての位置付け」という理念、及び「地域基盤の基層としてまちづくりに生かすこと」、「歴史的環境の一部として位置付けること」という2つの原則を実現していくためには、石垣を取り巻く地域全体の自然的環境・歴史的環境の保全を視野に入れる必要がある。そのような観点から、以下の2つの技術は重要である。

①植生管理

②景観計画、地域の歴史文化基本構想等の策定

第1に、石垣の維持に影響を与えている危険木や石垣に対する眺望を遮っている支障木等を伐採するなどの植生管理が必要である。

第2に、景観上の重要な工作物としての石垣を地方公共団体が定める景観計画又は地域の歴史文化基本構想等に位置付けることも、石垣の環境保全を進める上で有効である。

3. 石垣整備の過程—管理から基本計画・設計・実施へ—

1で述べた「石垣整備の理念」、2で述べた「石垣整備の計画・設計の原則と方向性」に基づき、石垣整備の過程について解説する。

どのような過程を経て石垣整備を進めるのかは、城跡全体における個々の石垣の立地・性質、個々の石垣に見る緩み・孕み等の破損・変形、石材の劣化等の現状等によって異なる。しかし、本書では以下のとおり石垣整備の過程を概ね前半と後半に大別して解説する。

前半は本書の第6章～第7章にあたり、石垣の管理から基本計画の策定に至る過程を対象とする。それは、①日常的に行うべき観察・維持管理、石垣カルテの作成・追加更新の過程、②城跡の石垣全体を対象とする復旧（修理）の基本計画の策定の過程、さらには③破損・変形の状態を発見した場合に行うべき詳細調査・原因把握の過程、各石垣の位置・現状に応じた措置・方法の明示の過程までである。特に、③の措置・方法は、⑴応急的処置、⑵部分補修、⑶ 部分補強、⑷解体修理の4種類に区分して解説する。

後半は本書の第8章にあたり、計画に示した措置・方法のうち、特に解体修理に焦点を絞り、設計から実施・完成に至るまでの一連の過程について解説する。解体修理に焦点を絞った理由は、緩み・孕み等の破損・変形を生じた石垣の根治療法として広く知られる一方、最も課題・留意点の多い措置・方法だからである。したがって、解体修理はあくまで措置・方法のひとつなのであって、それが唯一のものであると考えたり、他の措置・方法に比較して優位であると考えたりしてはならない。石垣整備は個々の石垣の状態により多くの措置・方法を想定すべきであり、あくまでその中のひとつが解体修理であるということを常に念頭に置く必要がある。

解体修理の完了に伴い報告書を作成し、将来に正確

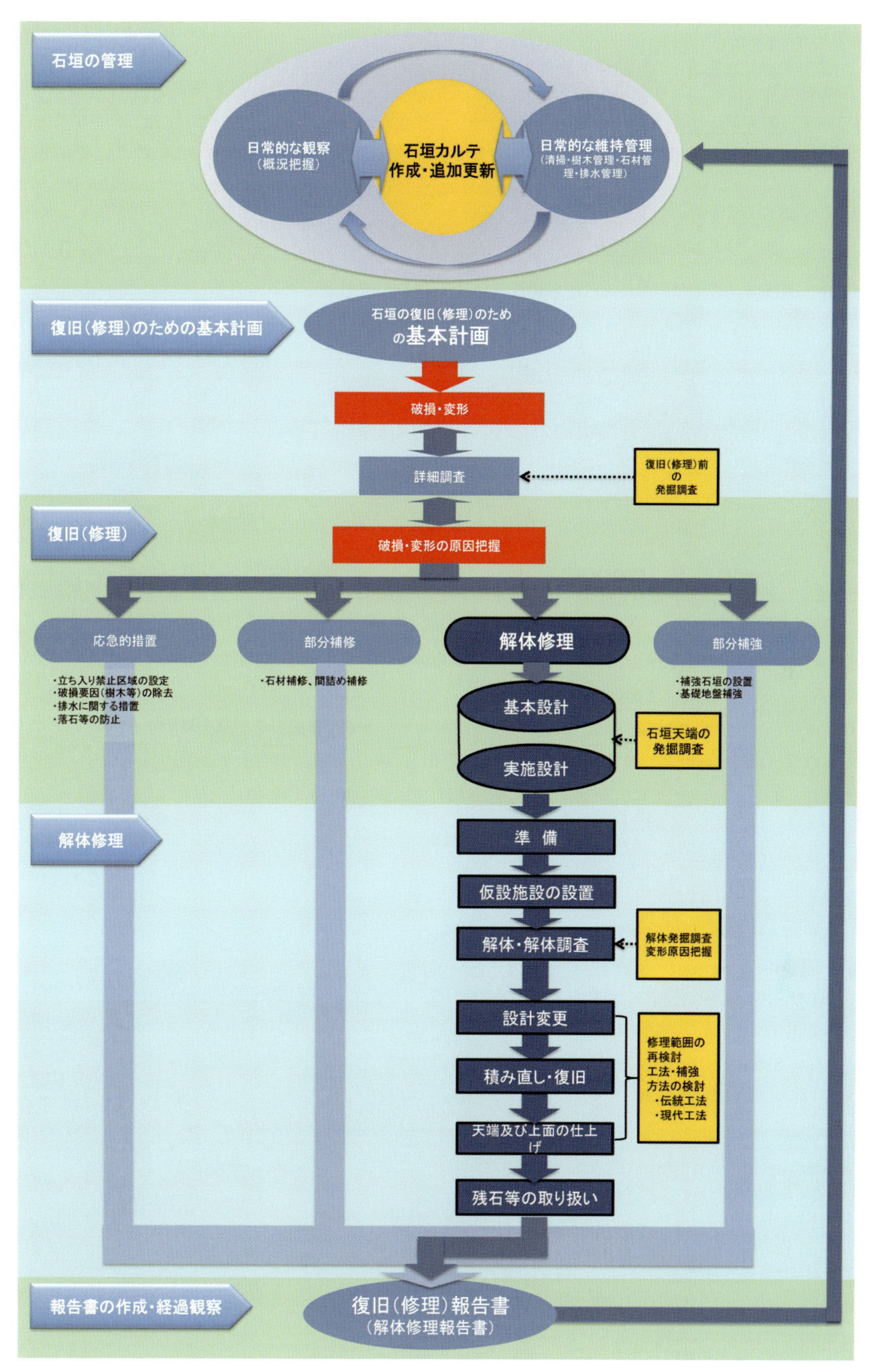

図41　石垣整備の過程と流れ

コラム⑥　破却・非復元・歴史的景観に配慮した復旧（修理）の方針

復旧（修理）の基準年代の決定　石垣の復旧（修理）の基本方針の検討にあたり、特に復旧（修理）の基準年代の決定は、当該城跡の全体の整備方針と関連する重要な事項である。近世城跡の整備においては、整備の基準年代を廃城時とするのが原則であるが、特に廃城後の破却（破城）の状態を歴史的事象と捉え、その現況景観を維持しながら石垣の復旧（修理）を進めていくことも考えられる。その一例が特別史跡名護屋城跡並陣跡（佐賀県唐津市・玄海町）で、ここでは破却された桃山時代の石垣の現状を可能な限り残したままでの復旧（修理）を進めている。

特別史跡名護屋城跡並陣跡における石垣の復旧（修理）　特別史跡名護屋城跡並陣跡は文禄・慶長の役（1592〜1598）、いわゆる豊臣秀吉の朝鮮出兵に伴い築城された軍事拠点である。役の最中である約7年間しか城として使われず、江戸期には廃城となっていたことから、桃山時代の遺構が良好に遺存している。特に石垣は後世の改変がほとんどみられないことから、当該期の石垣築造技術を知るうえでも重要な遺構である。

破却（破城）の痕跡　特別史跡名護屋城跡並陣跡の石垣が持つ大きな特徴として、破却（破城）の痕跡（**図1**）がある。石垣は各所で出角のほぼすべてが根石付近まで壊されているほか、築石（平石）部も一定の間隔を空けて大きくV字形に突き崩されている。これは廃城の後、唐津城の築城（1602〜1608）、又は島原の乱（1637〜1638）などを契機として、建物・石垣の破却が段階的に行われた結果であり、江戸前期にはほぼ現在のような石垣が各所で崩れた景観となったものと考えられている。

石垣の復旧（修理）の基本方針　昭和62年（1987）度より着手した整備事業では、破却された歴史的経緯も含めて特別史跡名護屋城跡の石垣の本質的価値と捉え、「桃山時代の遺構をできるだけ当時の姿で公開」、「破城を歴史的事象と捉え、江戸期に壊されたその状況をそのまま保存」、といった基本方針がうたわれている。

これに基づき、石垣の復旧（修理）にあたっても、

①解体修理だけでなく、盛土での保護等、破損状況に合わせた復旧（修理）の方法を検討する

②解体修理が必要な場合は、遺構の安定が図れる程度の最小限の範囲に留める

③新石材を加える場合も、遺構の安定に必要な範囲とし、「破却の景観」に合わせた形状に配慮する

といった復旧（修理）の基本方針が定められている。

具体的には、石垣の崩壊がそれ以上進まないようにするために、解体範囲、裏込め（栗石・砂利層）の掘削範囲を必要最小限とするほか（**図2**）、盛土等で石垣面を保護することにより、石垣解体を行わずに保全措置をとる場合もある。また、新石材が必要な場合には、既存石垣の保存を目的として、必要な範囲で追加に留めることに留意している。同時に、例えば対象とする石垣が割石積みの場合には、復旧（修理）の箇所と周囲との違和感が極力生ずることがないよう、新石材も鉄矢による伝統的工法で割ったものを用いている。さらに破却により裏込め（栗石・砂利層）が露出している部分は、盛土・張芝により栗石等の流出を抑えつつ、法面が崩壊したそのままの形状を保つことにより、解体修理前の景観を維持している（**図3**）。

図1　名護屋城の「破却」の状況
（特別史跡名護屋城跡並陣跡（佐賀県唐津市）馬場南面石垣）
築石（平石）部は一定の間隔を空けてV字形に突き崩しており、視覚的にも破却したことを明確に伝える意図が窺える。

基本方針策定にあたっての留意点　このような

図2 遺構の現状を残した必要最小限の解体修理（名護屋城二ノ丸北西隅隅角部（特別史跡名護屋城跡並陣跡（佐賀県唐津市））

高さ最大14mの高石垣。破却により隅角部を中心に大きく崩壊した。角石は根石を含め、4石のみ残存し、法面も栗石が流出した。角石は上部の法面が安定する高さまで新石材を追加し、築石（平石）は緩んだ部分まで解体修理のうえ、角石が支える部分まで新石材を追加した。石垣上部の法面は土のう積み張芝工で保護し、破却された景観を残す（左写真：復旧（修理）前、右写真：復旧（修理）後）。

図3 「破却」の状況を復元した修理
（名護屋城跡本丸南西部（特別史跡名護屋城跡並陣跡（佐賀県唐津市））

本丸南西角では隅角部周辺が徹底的に破壊されており、築石（平石）もV字形に壊され、その下部には崩落石材が逆V字に堆積する。解体調査を行ったところ、破却石材・栗石で覆われて見えなかった部分にまで崩壊が及んでいることが判明した（左上写真）。破却部分周辺の築石（平石）の弛みも著しいことから、当該部分も含め解体を行い、補強のための最小限の新石材も加え積み直しを実施した（左下写真）。復旧（修理）の箇所の下部には土のう積み・張芝により崩落部分を復元している（右上写真）。

復旧（修理）の方針をとるにあたっては、破損の程度に加えて、特に住宅地・生活道路等と隣接しない周辺環境、又は開発事業が少なく、山林が多く残る現況景観とも調和するといった各条件に拠るところも大きい。逆に城跡によっては、石垣に対する近代以降の改変が著しく、オリジナルの遺構の遺存度が良好でない場合、又は崩壊した際に重大な事故を引き起こしかねないなどの危険性が高い場合なども考えられ、それらの置かれた現在の環境によっても復旧（修理）の方針は大きく変わる。

石垣の復旧（修理）において、解体修理とするのか、補強等により対応するのか、又は解体する場合はどこまでを解体範囲とするのか、新石材をどの程度加えて積み上げるのか、といった復旧（修理）の方針の検討は、復旧（修理）の基準年代をいつに定めるかという城跡整備の基本方針とも不可分の関係にある。まずは当該城跡の持つ歴史性を踏まえた整備方針を定め、石垣が持つ本質的価値の保存を前提に、周辺環境も含め総合的に検討していくことが必要である。

な記録を残すことが必要である。報告書は、解体修理後の石垣の経過観察を行う上で重要な基本情報となる。

以下に各過程の概要を示すとともに、一連の流れを図41に図示した。

⑴「石垣の管理」の過程

ア．石垣の管理を構成する2つの側面

「歴史の証拠」・「安定した構造体」を維持し、石垣を良好な状態に保つためには、常に「石垣の管理」を怠らない姿勢が不可欠である。石垣の管理は大きく次の2つの側面から成る。これらの2つの側面は相互に緊密に関係し合い、常に「石垣の管理」というひとつのサイクルを構成している。

日常的な観察　城跡全体を構成する石垣を対象として、概ね次の3つの分野から概況把握を行う。

第1に自然的・歴史的・社会的な各分野から行う環境の把握である。自然的環境の分野では、石垣の立地、周辺の動植物の棲息状況等を対象とする。歴史的環境の分野では、築造の経緯及び築造以降の変遷等を対象とする。社会的環境の分野では、現在の土地所有及び利用形態などを対象とする。

第2に、城跡全体における石垣の分布・総量、それらの様式の把握である。

第3に、外観から把握できる緩み・孕み等の破損・変形に係る保存状況の把握である。

日常的な維持管理　石垣の清掃、周辺に生育する植物の除去・伐倒・伐採などを通じた維持管理、石垣を構成する石材の管理、石垣の上面・基部等における排水の管理などから成る。

イ．石垣カルテの作成・追加更新

上記の2つの側面は、個々の石垣の現状、破損・変形の状態、及びそれらに対する所見・処方等を示した「石垣カルテ」へと反映される。「石垣カルテ」を短期間に精度高く造り上げてしまうことは困難であり、城跡に存在する石垣の全体像を見据えつつ、広く浅い情報から、より深く詳しい情報へと、段階を経て集約していく視点が重要である、また、石垣カルテを作成していく過程に重要な意義があることにも留意が必要である。カルテを作り始めた当初の情報を適切に残しつつ、新たな視点の下に集約した情報を随時書き加え、追加更新していくことが重要である。

⑵「復旧（修理）のための基本計画の策定」の過程

4つの方法の適切な選択方針の明示　「石垣の管理」のサイクルを常に維持しつつ、城跡の全体を対象として復旧（修理）のための基本計画を策定する過程がある。城跡の全体に展開する石垣の緩み・孕み等の破損・変形の概要を把握し、その後に執るべき復旧（修理）の方針を明示するとともに、個々の石垣の破損・変形の程度に応じて「応急的措置」、「部分補修」、「解体修理」、「部分補強」の方法を明示することが必要となる。

功罪を認識した解体修理の選択　解体修理は外科手術を伴う根治療法であり、石垣の保存に及ぼす影響も大きい。したがって、破損・変形の程度及びその原因を正確に見極め、解体修理以外の方法についても十分視野に入れつつ、最も望ましい復旧（修理）の方法を選択する視点が極めて重要である。

⑶「解体修理を中心とする復旧（修理）」の過程

基本設計・実施設計　「応急的措置」、「部分補修」、「解体修理」、「部分補強」の4つの選択肢の中から、「解体修理」の手法を選択せざるを得ない場合には、解体すべき範囲を正確に見極め、基本設計・実施設計の過程へと進む。解体により石垣の上面・背面に残された遺構は失われてしまうことを十分認識し、解体の範囲を最小限に抑制する視点を忘れてはならない。

事前発掘調査　基本設計・実施設計に先行又は並行して、石垣の上面及び基部等においては、対象石垣の現状確認を目的として事前発掘調査が必要となる。特に石垣の上面に残された往時の建築物その他の工作物の痕跡は、石垣の解体に伴って失われてしまうことから、記録作成を目的とする上面遺構調査を徹底的に行う必要がある。礎石・地覆石・縁石、石組排水路等の石

製遺構は、石垣の積み上げを行った後に再び上面に復元（再設置）する必要があることから、原位置との照合が可能なように記録を作成し、取り外して他所にて保管する。

解体・解体調査　実際の解体の過程では、準備、仮設施設の設置を経て解体・解体調査へと進む。解体は、裏込め（栗石・砂利層）、背面基盤層（盛土・地山）などから成る石垣の背面の状況を確認する解体調査と並行して行う。石垣の解体は、石垣背面の発掘調査、石材の背面の状況調査と同義であることを常に念頭に置く必要がある。

設計変更　解体・解体調査により、石垣の背面の構造が明らかになると、基本計画の段階はもちろんのこと、基本設計・実施設計の段階において石垣の外観からのみ判断していた復旧（修理）の方法・過程を変更しなければならないことも発生する。特に、その判断のタイミング、対応方法を的確に見定めることが重要である。

積み上げ・天端の仕上げ・残石等の取り扱い　解体した石材を積み上げ、裏込め（栗石・砂利層）の復旧を行う課程へと進む。その後には、石垣の天端を構成する笠石等の仕上げを行い、併せて取り替えたり、使用できずに原位置に戻すことができなかったりした石材を適切に取り扱う過程へと進む。こうして、石垣の解体修理の過程は完了する。

(4)「報告書の作成及び経過観察」の過程

報告書の作成　すべての過程の終末期には、報告書の作成の過程がある。報告書は、修理の過程で残された膨大な量の情報を踏まえて作成するものであり、後世の人々に伝えるべき重要な記録である。報告書では、復旧（修理）に至る経緯、その開始から完了に至る途上で発生したさまざまな課題に対してどのように判断・対応したのか、今後に残された課題は何か等について、正確かつわかりやすく記述する必要がある。

経過観察　一連の過程が終了した後は、石垣整備の初期の過程である「石垣の管理」へと戻り、日常的な観察、日常的な維持管理を進めつつ、調査研究に取り組む過程がある。この過程では、復旧（修理）後の経過観察を適切に行い、その成果を踏まえ、石垣カルテの追加更新に努めることが必要である。

第5回全国城跡等石垣整備調査研究会の現地見学会（特別史跡熊本城跡の宇土櫓石垣）

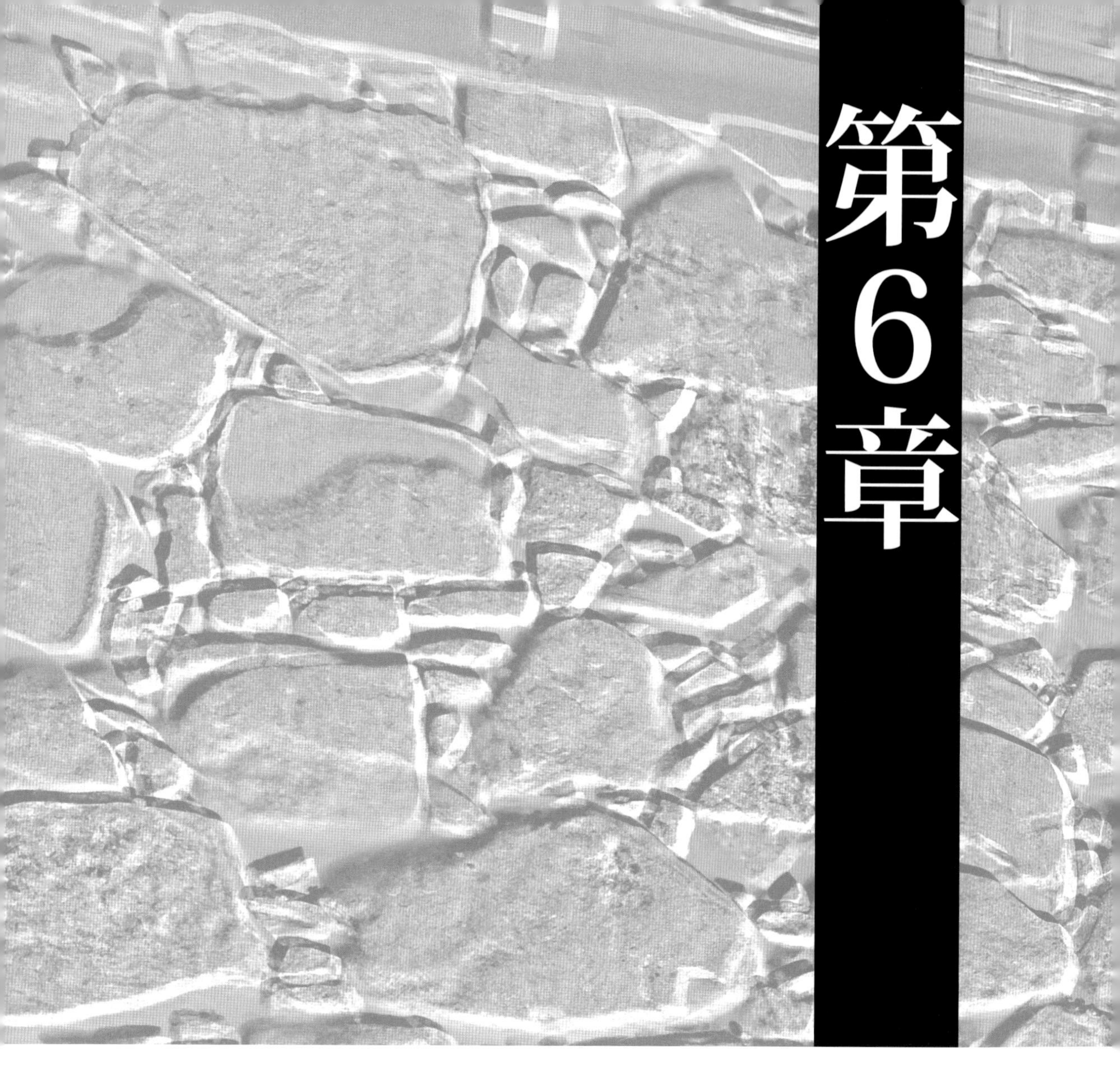

第6章

石垣の管理

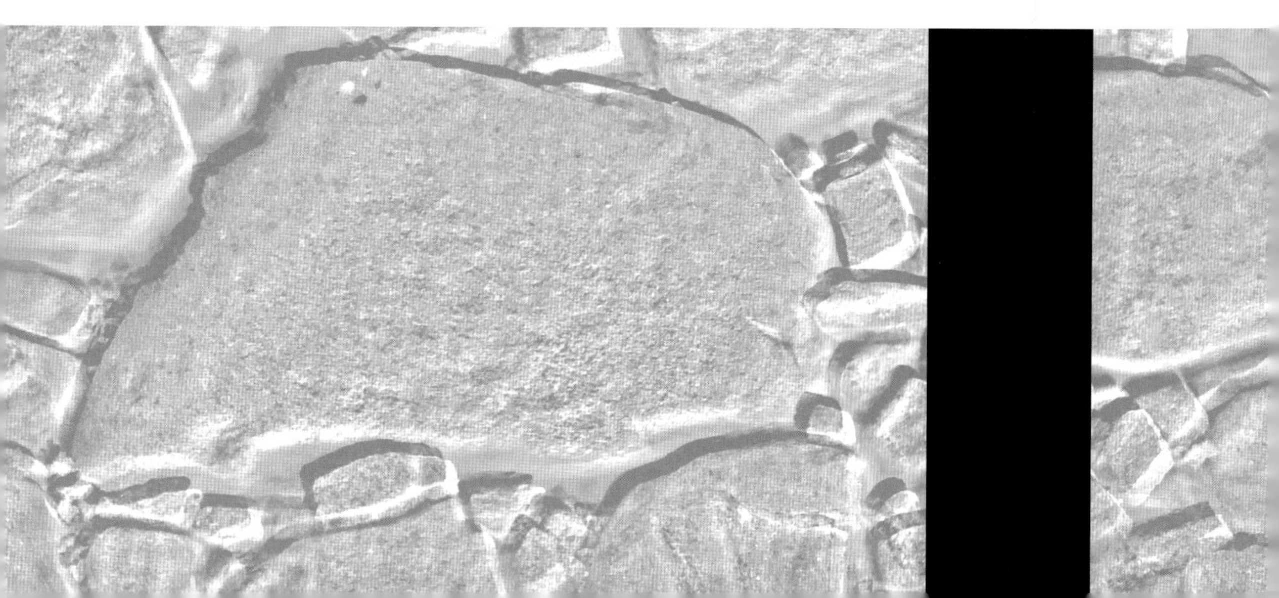

第6章 石垣の管理

石垣の管理は、①日常的な観察（概況把握）、②日常的な維持管理（清掃・樹木管理・石材管理・排水管理）の2つの側面から成る。これらの2つの側面は相互に緊密に関係し合い、常にひとつのサイクルを構成している。

上記の2つの側面は、石垣カルテの作成作業を通じて石垣カルテの各項目へと反映される。逆に言うと、石垣カルテの各項目は、これらの2つの側面から構成されているといってもよい（**図42**）。

2つの側面に基づく成果は常に石垣カルテへと追加されていくため、2つの側面から成るサイクルは石垣カルテを追加更新していく過程にほかならない。

1. 日常的な観察（概況把握）

(1) 意義・目的

日常的な観察とは、目視・踏査することにより、城跡における石垣の概況を把握することに他ならない。概況は、①城跡における石垣の位置、②それぞれの石垣を取り巻く環境、③石垣の保存状況の3点から成る。これらの3点は、石垣カルテを作成する際の基礎情報となる。

(2) 総括的事項

城跡全体の石垣の概況把握を通じ、城跡を所有・管理する地方公共団体等の関係部局間において、基礎情報を共有することにより、石垣の現状、崩落等の危険度、復旧（修理）の必要性等に関する共通理解を形成することが可能となる。

城跡の広範囲にわたり石垣が展開している場合には、その全体を対象として概況把握に努めることが不可欠である。

(3) 概況把握の基本的な考え方

概況把握は、目視を通じ、日常的に石垣を観察することによって行う。城跡を所有・管理する地方公共団体等に所属の職員が、常日頃から主体的に自らの目で石垣を観察し、その状態の把握に努めることは、石垣の意匠・形態、構造の概要を理解する上で重要である。

したがって、概況把握は城跡を所有・管理する地方公共団体等の職員が担当することを原則とし、その過程では必要に応じて石垣復旧（修理）専門委員会（以下、「専門委員会」という。）の有識者による適切な指導・助言を得ることが必要である。

(4) 概況把握の内容

概況把握は、ア．環境、イ．分布、ウ．保存状況の3つの分野から成る。それぞれの概要・詳細・実施方法等は**表4**に示すとおりである。

ア．環境

「環境」の分野では、石垣とその周辺諸環境との関係について概況を把握し、その対象は以下のとおり「自然的環境」、「歴史的環境」、「社会的環境」の3つから成る。

自然的環境　石垣が立地する地形・地質、石垣周辺の植生の生育及び動物の生息の状況等の概況を把握

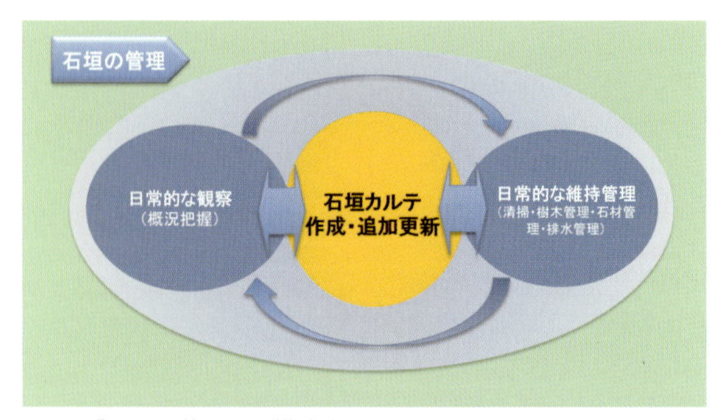

図42「石垣の管理」を構成する2つの側面と石垣カルテとの関係

する。

地形・地質は、国土地理院が発行する地形図・地質図、既往のボーリング調査の成果等をもとに概況を把握する。特に、活断層の位置及び開発による地盤条件の変化等を把握するためには、地質構造の確認が必要となる。急傾斜地に築造されている石垣の場合には、地盤そのものが地滑りを起こし、石垣に対して甚大な被害を与える事態も想定し得る。したがって、石垣を安定させるための適切な方法を検討するためにも、石垣が立地する地形・地質の状況を把握することが必要である。

豪雨・水害による突発的な石垣の崩落も多く見られるため、石垣周辺の水系の現況を確認する。確認すべき点は、石垣周辺の雨水排水施設の状態のほか、河川・海岸など石垣が立地する条件により、季節的な水位の変化、洪水時の河川水位、凍結による破損などである。

石垣の周辺を含め、石垣の各部分に対する植物の繁茂状況を把握するとともに、植物が石垣に与える影響について概況を把握する。特に、樹根が石垣に直接影響を与えている樹木の位置、それらの生育状況に関する情報は重要である。

石垣に直接影響を与える小動物の巣穴をはじめ、天然記念物に指定されている動植物の分布範囲、環境省のレッドデータブック（絶滅の恐れのある野生生物（動植物）のリスト）に記載されているような希少種等の有無及びその生息・生育の範囲、それらが石垣に与える影響を把握する。また、石垣の復旧（修理）を行うことが希少種等の動植物に与える影響の可能性についても概況を把握する。

歴史的環境　石垣に関して記載のある絵図・文献等の資料、既往の発掘調査等の調査研究等の概況を整理・把握する。

絵図及び文献等の資料には、古絵図（絵画）・古文書（文献）・古写真・木型（模型）等がある。したがって、当該城跡に関する資料の残存状況、それらの歴史的価値について整理・把握する。近代以降に石垣及びその周辺において頻繁に行われた改修・改変が、石垣の保存に悪影響をもたらしたと考えられる場合も少なくないことから、それらの記録も整理・把握する。

過去の発掘調査報告書・研究論文等の一覧を作成し、それらの概況を整理・把握する。

上記の絵図・文献等の資料及び既往の発掘調査等に関する調査研究の整理・把握の作業を通じて、城跡

表４　概況把握を構成する分野ごとの概要・詳細・実施方法等

分　野	概　要	詳　細	実施方法等
ア．環境	自然的環境	石垣が立地する地形・地質、石垣周辺の植生の生育、動物の生息の状況及び周辺の水系等を把握する。	地形図・地質図 動植物調査
	歴史的環境	古絵図・古文書等及び既往の発掘調査・研究等を整理・把握する。	資史料調査 調査・研究歴の整理・把握
	社会的環境	土地の所有区分・利用形態、法規制、交通環境・利用頻度・管理等を把握する。	庁内の関係部局、庁外の関係機関との連携
イ．分布	位置図（全体平面図）の作成	既往の地形図又は都市計画図等を使用し、悉皆的な踏査による位置図（全体平面図；1／1,000～1／2,500）を作成する。	目視 写真撮影 全体図記入 GPS等の活用
	石垣の各区間への管理番号の設定	隅角部（入角部）から隅角部（入角部）までの各区間に管理番号を設定する。	設定基準の設定
	石垣様式の概要把握	石材加工技法（野面石・割石・切石等）、石積みの技法（布積み・乱積み等）などの様式を把握する。	目視
ウ．保存状況	破損・変形の状況（内容・範囲・部位等の確認	破損・変形の状況（緩み・孕み・割れ・抜け落ち・崩れ等）、範囲、部位（隅角部・築石（平石）部、天端・基部）等を確認する。	目視 略図作成 簡易計測
	全体平面図への表記	上記の情報を把握し、全体平面図上に整理して記入することにより、石垣カルテの作成に向けた資料とする。	

における石垣の様式等に関する概況を把握できるのみならず、実際に現地での観察により把握した情報との照合を通じて、今後の調査研究の課題を整理・把握することも可能となる。

また、城下町の形態・配置は築城の縄張とも密接に関係していることから、城下町に遺存する文化財及び城下町に関する史資料を整理・把握することも有効である。

社会的環境　石垣が立地する土地及び石垣上面の平坦部の土地の所有関係・利用形態、各種の法律による規制、園路・道路等の交通、管理等の現況を把握する。

土地の所有関係では、所有者に関する情報を整理・把握するとともに、特に公有地の場合には所管の官庁・部局に関する情報を整理・把握する。

石垣が存在する場所には、さまざまな土地利用規制（都市計画法、森林法［保安林[1]]、急傾斜地の崩壊による災害の防止に関する法律［急傾斜地崩壊危険区域[2]]、鳥獣の保護及び狩猟の適正化に関する法律［鳥獣保護区[3]］等）が関係している場合が多い。石垣の復旧（修理）にあたっては、各々の法律を所管する官庁・部局及びそれらの地方事務所とも綿密な調整協議を必要とする場合が想定されることから、それらに関する情報を整理・把握する。

利用形態には、都市公園としての利用、公共施設用地としての利用、残存する往時の建造物の公開の場としての利用等が想定される。また、保存樹木等の有無、門・塀・櫓・天守等の歴史的建造物の有無及びそれらの利用形態は石垣の復旧（修理）の方針にも大きく影響することから、保存樹木及び歴史的建造物の状況、それらの利用の実態、利用を所管する部局等の情報を整理・把握する。

石垣周辺における園路・道路の設置状況、通行者・通行車両等の利用状況等の交通に関する情報を整理・把握する。これらは、石垣カルテを作成する過程で、石垣の危険度を判定する際の基礎資料ともなる。

管理の形態は、各種の法律に基づき機関・部局等が異なる場合が多い。城跡が史跡等に指定されている場合には文化財保護法に基づき管理団体に指定された地方公共団体の文化財部局等が、都市公園に指定されている場合には都市公園法に基づき公園管理者に指定された地方公共団体の公園部局等が、それぞれ管理を担当している。石垣の上に遺存する歴史的建造物、石垣に近接する場所に存在する物販等の諸施設等の利用・運営の形態によっては、地方公共団体の観光部局等が管理を担当していたり、指定管理者等が定められていたりする場合もある。また、石垣に道路・河川が隣接する場合には、道路・河川管理者（道路・河川部局等）による管理形態も考慮する必要がある。このような石垣及びその隣接地、近接する諸施設の管理責任の所在を整理・把握することは、石垣の復旧（修理）を行う上で必要不可欠である。

社会的環境に関する概況の把握には、地方公共団体の関係各部局間の協力連携のみならず、地方公共団体以外の関係機関との調整協議が必要になることがあり得ることを認識しておく必要がある。

イ．分布

「分布」では、城跡の全体平面図上にすべての石垣の位置・様式を明示することにより、城跡における石垣の概況を把握する。その場合、城跡に存在するすべての石垣の現地踏査を行い、城跡における石垣の分布・総量を把握することが重要である。「分布」の分野は、

1　**保安林**；森林法に基づき、水源の涵養、土砂の崩壊その他の災害の防備、生活環境の保全・形成等、特定の公共目的を達成するため、農林水産大臣又は都道府県知事によって指定される森林のことである。立木の伐採、土地の形質変更等には事前の許可等を要する。

2　**急傾斜地崩壊危険区域**；急傾斜地の崩壊による災害の防止に関する法律に基づき、急傾斜地の崩壊から人命を守るため、開発行為の制限、土地の保全努力の義務、改善命令による措置が適用される土地のことである。都道府県知事は、崩壊するおそれのある急傾斜地、その崩壊により被害が生ずる可能性が高い土地、及びその崩壊を助長・誘発するおそれのある土地を対象として、「急傾斜地の崩壊危険区域」に指定することができる。

3　**鳥獣保護区**；鳥獣の保護及び狩猟の適正化に関する法律（鳥獣保護法）に基づき、鳥獣の保護及び狩猟の適正化を図り、もって生物の多様性の確保、生活環境の保全及び農林水産業の健全な発展に寄与することを目的として、環境大臣又は都道府県知事が指定する区域のことである。区域内では、鳥獣の保護繁殖のための鳥獣の狩猟禁止、一定の開発行為の制限等の措置が適用される。

以下のとおり「位置図（全体平面図）の作成」、「石垣様式の概要把握」の2つから成る。

位置図（全体平面図）の作成　現地踏査での目視確認をもとに、既往の地形図又は都市計画図等を基本図として、図上に石垣の位置を記入する。全体平面図では石垣の分布及び石垣の各区間の位置を明示できる必要があることから、1／1,000～1／2,500の縮尺を基本とすることが望ましい。特に石垣が広域に分布する山城等の場合には、崩落・埋没した石垣及び小規模な石垣等を見落とさないよう注意する必要がある。

現地踏査中の記録に際しては、隅角部から隅角部までひとつの面を成す石垣の各区間を対象として、全体平面図上に位置を記入するとともに、それらの写真撮影を行う。写真撮影は現地踏査中に可能な限り行い、石垣の各区間の現状が把握できるよう全体をひとつの画面に収めることが望ましい[4]。また、石垣の位置を全体平面図に記入する際には、地理的な位置情報を正確に把握するために、GPS等を用いることも有効である。

石垣の各区間への管理番号の設定　石垣カルテの作成を見据え、城跡における石垣の分布・総量が把握できた段階で、城跡の石垣を整理・管理しやすくするために、隅角部から隅角部までの各区間に管理番号を設定することが望ましい。設定の基準は、古絵図に示す石垣の配置及び現況の石垣の位置を基本としつつ、それぞれの城跡の特質に応じて決定することが必要である。例えば、史跡高松城跡（香川県高松市）では、本丸が1001番から、二の丸が2001番からというように、郭ごとに4桁の通し番号を付して表記している[5]。また、史跡丸亀城跡（香川県丸亀市）では、本丸を1番として、二の丸から2番以降の追い番号を付し、各々の郭において北面石垣をN、南面石垣をSと区分して石垣の各区間を表記している[6]。

管理番号は長期にわたる石垣の復旧（修理）及び維持管理の基礎となる番号であることから、①城跡の全体を網羅できるようにすること、②調査及び復旧（修理）の進展により、埋没していた石垣、撤去された石垣の痕跡等を新たに確認した場合には、適切に番号の追加が行えること、さらには、③重複・欠番等により混乱を生じないこと、などの点に十分配慮して決定する必要がある。

石垣様式の概要把握　石垣の表面を目視することにより、石材の加工技法（野面石・割石・切石等）及び積み方（布積み・乱積み）を把握し、それらを組み合わせて石垣の特質を全体平面図上に記入する。

石垣の一つの区間の立面に複数の石垣様式が混在する場合には、それらのうちの主たる石垣様式を記入し、詳細は石垣カルテの作成時に追記していくことを原則とする。なお、上面又は側面への積み足し、背面への埋め殺しが行われた痕跡を確認できる場合、石質・石材加工技法・石積み技法等の違いにより後世に修復された範囲を推測できる場合等には、全体平面図上に表記し、修復届・修理記録などの記録が残されているか否かを確認する必要がある。

ウ．保存状況

「保存状況」は、石垣の破損・変形の状況を確認するとともに、地形・地質・水系、過去の修理履歴なども勘案して、崩壊の可能性及びその原因の概況を把握するものであり、以下のとおり、「破損・変形の状況（範囲・内容・部位）の確認」及び「全体平面図への表記」が中心となる。

破損・変形の状況（内容・範囲・部位）の確認　現地踏査により、石垣の各区間で緩み・孕み等の破損・変形が発生している状況（内容・範囲・部位）について概況を把握する。全体平面図上に緩み・孕み・割れ・抜け落ち等の破損・変形の内容・範囲を表記する。また、隅角部・築石（平石）部、天端・基部等の部位に特定した破損・変形内容も表記する。

全体平面図への表記　上記の情報を把握し、全体平面図上に整理して記入することにより、石垣カルテの作

4　撮影の控え距離が確保できない場合には、複数の画面に分けて撮影し、コンピュータ上においてひとつの写真に編集することも有効である。

5　史跡高松城跡では、二の丸における34番目の石垣を「2034」と表記している。

6　史跡丸亀城跡では、本丸における北面石垣の1番目の石垣を「1N－1」と表記している。

コラム⑦ 石垣変位計測の種類と留意点—史跡盛岡城跡を中心に—

石垣は一枚岩やコンクリート壁とは異なり、大小数多くの石材が積み上げられ構成される構築物である。石垣が崩壊に至る原因には、大地震や集中豪雨などの自然災害のほか、石垣周辺の排水処理や樹木の根の伸長等、維持管理の不備によるものなど様々である。また、こうしたアクシデントが無かった場合でも、石垣の変位はその構築時点から始まっており、数百年にわたる小さな変位の累積の結果、現在見られるような石垣の変形や崩壊へと繋がっている場合が多い。

石垣移動量調査・変位調査の経緯　史跡盛岡城跡（岩手県盛岡市）では、国・県の指導により、石垣崩壊のメカニズム解明のため、昭和60年度（1985）から平成10年度（1998）までの13年間、石垣変位の絶対量を計測する石垣移動量調査を実施した（盛岡市・盛岡市教育委員会 1991・2000）。また、平成11年度（1999）以後、コンタクトゲージを用いた石垣変位調査を継続している（盛岡市教育委員会2008）。

石垣移動量調査の内容　調査は三ノ丸西側の石垣について実施した。この石垣は元和3年（1617）から同5年（1619）にかけての築造と推定され、積み方は乱積みの打込みハギである。高さは11.2mで総延長は53m。南は二ノ丸北面石垣との入隅であり、北端は三ノ丸北西の出隅である。この出隅から延長18mの範囲（母岩約290個で構成）を計測対象範囲とした。

定点観測では、石垣面の挙動がわかるように15個の石を選定し、石垣から離れた平地に固定点2点、定点2点を設け、毎月1度の頻度で前方交会法による定点測量を実施した。

自動計測は三ノ丸西側石垣の傾斜に併行する基準梁（H鋼）を取り付け、これと石垣面を縦に引き通したうちの8個の石材をひずみ計と変位計で連結し、毎日午前3時に自動計測した。

地質調査は三の丸石垣背面5.5mの地中深さ15mの岩盤までボーリングし、孔内傾斜計による地盤の動きを把握した。さらに石垣の前面と背面の平地に石垣と直交する位置に5箇所ずつ沈下盤を設置し、周囲の地盤の変位状況を把握した。計測頻度は孔内傾斜計、沈下盤ともに月1回である。

変位状況　石垣は外気温の変動によって、個々の石材が微弱な膨張と収縮を繰り返しており、石垣全体もまた、気温の下がる秋から冬にかけて一旦膨張したものが、気温の上昇する春から夏にかけて収縮し元に戻るという人間の呼吸のような挙動が認められる。また石垣のひずみは春から夏にかけて圧縮方向のひずみがあり、秋から冬にかけて引張りひずみへと移行している。このような呼吸にも似た挙動には１日の昼夜の温度差による膨張・収縮が存在し、１年間の季節の寒暖による膨張・収縮がある。さらに、10年ほどの期間で膨張・収縮する緩やかな波のような動きも確認された。築造から380年経過したうちの13年間という短い調査期間を考えれば、石垣の膨張と収縮には、さらに長期間にわたる非常に緩やかな大波も存在するのかもしれない。膨張と収縮は石垣ほど規則的ではないが、背面地盤の地質調査でも把握されている。地盤もある期間は膨張と収縮があり、ある期間は動きが止まっている。そして、全体として石垣の出隅側へ地盤が膨らむ傾向が把握されている。

石垣には、東西（X）・南北（Y）・鉛直（Z）の各方向とも、膨張と収縮、圧縮と引張、孕みや後退を繰り返しながら、完全には元に戻りきらない変位量の蓄積が認められた。その結果、13年間の計測期間全体として、定点観測では石垣下部は最大で6mm孕み出していることが明らかとなった。自動計測では石垣上部の石では最大10mm、下部の石では約6mmの変動で石材が回転移動しており、その変動幅は石垣下部よりも上部の石ほど大きく、石垣の南側よりも北側（出隅方向）に近づくにつれて変位量が大きいこともわかった。これは石垣の南端が入隅で地山と他の石垣で強く拘束されているのに対し、石垣北端は出隅であるため拘束力が弱く、より安定し釣り合いのとれた状態を維持しつつ移動したことを示す。個々の石材は前後左右にゆさぶられ、石材相互に支点と回転方向を変えながら時々刻々と移動をかさねていく。その結果、石垣下部は孕み出し、石垣上部は後退しながら、出隅方向に近づくほど捩れが強くなり、倒れこんでいく。

計測期間中、震度4以上の地震が11回観測され、そのうち岩手県沖や岩手県内陸、宮城県沖を震源とする大型の地震に対応するように、グラフの波形にピークが認められた。地震による振幅は基礎地盤に対して石垣上部では2.5倍～

７．５倍と推計され、これも出隅に近いほど振幅は大きくなると推定された。

留意点　石垣移動量調査では微弱な変位量を計測するために、精密測量や高性能な計測機器による観測を必要とする。計測期間中、定点観測と沈下盤観測の生データでは、石垣付近の隆起傾向を示していた。石垣背面地盤の孔内傾斜計では地盤の滑りは認められず、隆起の原因については明確とはならなかった。沈下盤の観測では、石垣付近が隆起を示しているのに対し、定点観測の固定点近くは沈下を示しており、この付近が地盤沈下を起していることが考えられた。そこで三ノ丸側のベンチマークを基準にデータを精査したところ、石垣に目立った隆起は認められないことがわかった。そのため、定点観測では基準となる固定点や不動点が確保されなくてはならず、万が一それらの基準点が変動した場合でもデータの検証が可能となるように、周辺にも複数のベンチマークや基準点を設けておく必要がある。この種の計測調査では、不動点の確保は最重要課題である。

図１　コンタクトゲージによる石垣変位計測調査
（史跡盛岡城跡（岩手県盛岡市））

一方、計測機器の取り付けは、石垣の石材に穿孔し、金属の棒や螺旋で固定させなくてはならない。これは石垣の外観に影響があり、計測終了後の機器の取り外しも容易ではなく、石材にダメージを与えかねない。実施にあたっては、この点に充分留意しながら、計測場所や計測規模をよく検討しなければならないだろう。城内石垣の変位状況の全体像を把握するには、次のような簡便な方法もある。

コンタクトゲージによる変位計測調査　移動量調査の終了後、平成11年度からは城内の石垣全体の危険箇所の変位を把握するため、石材に計測チップを貼り付け、毎月1回と震度4以上の地震発生時に、コンタクトゲージで石材の間隔を測り、変位状況を把握する調査を継続している。石垣移動量の自動計測調査は１箇所の石垣の一部の変位の絶対量を把握するのに対し、この調査はコンタクトゲージを用いて石垣の危険箇所すべての相対的変位量を計測し、全域の変位状況を把握するものである。自動計測や定点観測と同様、寒暖差による石垣の膨張と収縮も把握されたが、平成12年冬から13年春には、明治期の公園造成時に増設された石垣で、石材間の急激な開きが観測された。場所が車道に近いこともあり、崩落の危険があると判断し、急遽石垣の解体修復工事を実施した。

その他、積雪量の増大や大雨の集中した時期などでは、通常変位よりもやや大きな変位量が認められた。このことから、降雨や積雪による地下水の変化も、地盤や石垣変位に少なからず影響していることが考えられた。自動計測よりも広範囲の石垣の状況を把握できるこの調査は、将来の石垣修復範囲や修復箇所の優先度を検討し、防災計画にも反映できるという利点がある。

まとめ　石垣変位調査は、文化財としての石垣の保存管理には必要な調査であるが、実施方法については石垣の保存状態や管理計画に即し、最適な方法を選ぶ必要がある。

参考文献

『盛岡城跡第1期保存整備事業報告書』盛岡市・盛岡市教育委員会　1991
『盛岡城跡石垣移動量調査報告書』盛岡市　2000）
『史跡盛岡城跡第2期保存整備事業報告書』盛岡市教育委員会　2008）

成に向けた資料とする。作業にあたっては、物差し・巻尺（コンベックス）・箱尺（スタッフ）等を用いて簡易計測を行い、破損・変形の範囲及び石垣の勾配に対する孕みの程度等を把握しておくことも有効である。これらの作業とともに、地形・地質・水系、過去の修理履歴等も勘案し、城跡全体の石垣の「保存状況」に関する概況を把握するとともに、保存に影響を及ぼす要因の見当を付けておく。

2. 日常的な維持管理

(1) 意義・目的

石垣の日常的な維持管理は、石垣の状態を常に良好に維持し、管理することである。それは、ア. 見回り・清掃、イ. 雑草・実生木の除去、樹木管理、ウ. 石材管理、エ. 排水管理の4つから成り、それぞれの性質に応じてある一定の周期の下に行うものである。

(2) 総括的事項

日常的な維持管理を継続的に行うことは、石垣の緩み・孕みの進行を防止又は抑制する効果を持つ。それは、結果的に経費面の節約においても効果をもたらす。石垣の復旧（修理）の前後に関わらず、日常的な観察を通じて行う概況調査と並行して実施することが重要である。維持管理の実施内容は、石垣カルテにも反映されることとなる。

(3) 維持管理の基本的な考え方

上記の①～④の各項目に応じて、実施時期、対象範囲、間詰め石の安定状況、排水機能の維持の状況等の項目を定め、記録する。日常的な観察（概況調査）と同時並行で行う場合には、地方公共団体の職員が自ら記録することとなるが、内外の機関・部局等に委託する場合には、留意事項を定めるなど、統一した記録の作成に努める必要がある。

(4) 維持管理の内容

ア. 見回り・清掃

石垣の上面・表面・基部にはゴミが捨てられたり、放置されたりする可能性もあることから、定期的に見回りを行い、清掃に努める。

常に清潔・整頓された状態に維持されていることは、人が親しみやすい石垣の周辺環境を創造する上での前提となる。したがって、石垣付近に限ることなく、城跡全体においても、日常的な見回り・清掃は重要である。

常勤・非常勤の監視員、外部機関への業務委託、ボランティア活動によるものなどがある。

イ. 雑草・実生木の除去、樹木管理

石垣の上面・表面・基部に叢生する雑草・実生木の除去、植栽樹木の適切な管理を行う。

雑草・実生木を放置すると、表面に付着した根が石材を表面から劣化させたり、石垣の裏込め（栗石・砂利層）にまで及ぶことにより、石垣の安定性に重大な影響を及ぼしたりする可能性がある。したがって、それらの除去は年間最低2回行うことが望ましい。特に、高石垣の表面に叢生した雑草・実生木の除去作業は危険を伴うことから、外部の専門的な機関に委託して実施することが多い。ただし、雑草の叢生箇所は地下水の浸潤の経路を示している可能性もあることから、除草の前に丁寧に観察し、石垣の緩み・孕みと雑草の生え方及び水の浸潤経路との関係を推測することも必要である。

また、石垣の上面・基部には、城跡の整備の一環として、マツ・サクラ等の樹木が植栽されている場合が多い。それらの中には、長い年月が経過する過程で根が張り、石垣の安定性に悪影響を及ぼしているものも見られる。したがって、日常的に樹木の根張りと石垣との関係を観察し、顕著な影響を及ぼしていると判断できる場合には、移植するなどの適切な処置が必要となる。その際には、根張りによって緩み・孕みが顕著に生じている石垣の範囲を特定し、解体修理を行う必要がある。解体修理時の樹木の取り扱いについては、139～140頁を参照されたい。

樹木は、城跡の良好な景観又は来訪者にとっての快適な環境を創造し、生物の生息環境を維持する上でも重要な役割を果している。したがって、それらの伐採・除去にあたっては、樹木が果すこれらの多くの機能にも留意が必要である。特に、伐採・除去の明確な理由を事前に看板・広報誌等を通じて公表し、その合理性について市民合意を得るよう努めることも重要である。

樹木は生長するものであり、時間とともに根が石垣の安定性に影響を及ぼすことは必至である。したがって、石垣の上面・基部など石垣の直近の位置には、できる限り樹木植栽を差し控えることが求められる。

ウ．石材管理

観察・維持管理とも関連して、石垣を構成する個々の石材、解体修理後に再使用せずに他所にて保管した石材の管理を行う。

個々の石材が雑草・蘚苔類・地衣類等により劣化していないか、割れ等を生じるなど顕著な劣化・風化が進んでいないかについて、確認・把握を行う。

エ．排水管理

石垣の上面・基部における排水溝が正常に機能しているか、排水されずに湿潤な状態のまま継続することがないか等の点について確認・把握を行う。

特に、石垣上面の排水が適切に行われていない場合には、石垣の裏込め（栗石・砂利層）に土砂が流入し、目詰まりを引き起こすことにより、石垣の緩み・孕みの遠因となる可能性もある。したがって、排水溝が詰まったり、土砂が堆積して埋まったりしている場合には、排水機能の回復のために定期的に清掃を行う。

また、豪雨時の排水状況を確認することにより、現時点での排水系統の最大許容度を把握することができる。

3．石垣カルテの作成・追加更新

(1) 意義・目的

石垣カルテは、日常的な観察による概況把握及び日常的な維持管理の2つの側面を通じて得た基礎情報を踏まえ、さらなる調査研究（基本調査・追加調査）により段階的に収集した情報をも含め、石垣の各区間の現状に関する情報を系統的に整理した資料である[7]。

それは、城跡に存在するすべての石垣の情報を網羅的にまとめた資料といってもよく、次の段階にあたる「石垣の復旧（修理）のための基本計画の策定」に際して基礎的な情報源となるものである。詳しくは84～87頁を参照されたい。

石垣カルテの作成は、石垣の各区間の遺存状況及び破損・変形状況を詳細に把握する上で意義があるのみならず、築造時期・改修時期、各時代の意匠上・技術上の特質を総括的に把握する上でも有効である。

石垣カルテを作成する目的は、城跡の石垣の全体を対象として詳細を把握することにより、石垣の各区間について復旧（修理）の方針を決定し、実際の方法を定め、さらに地震・大雨等の自然災害により崩落等が発生した際に効率的に復旧（修理）するために、石垣に関する重要な基礎情報を蓄積することにある。石垣カルテには、基本調査で得た情報を確実に残すとともに、追加調査によって得た情報を追加していくことが必要である。また、復旧（修理）後の経過観察の成果を踏まえ、定期的に追加更新することも必要である。

7　『史跡等整備のてびき』（文化庁文化財部記念物課監修、同成社、2005）の「技術編3章3節2（pp. 127～129）」では、基礎調査として「①35mm写真撮影と調査票による悉皆的な情報の整理、②破損状況に関する調査、③石材に関する調査、④石積みに関する調査、⑤絵図及び文献等の史料調査、⑥発掘調査」の6種類を掲げ、「①は石垣が複数である場合又は広域に及ぶ場合に、その全体の総括的な把握を目的とするのに対し、②～⑥は①に含まれる各項目の内容を個別に深め、詳細に把握していくことを目的とする。」としている。また、「②～⑥は、石垣修理前に行う調査と石垣修理に併行して行う調査に区分できる。」としている。本書では、後述する「基本調査」が上述の①に該当し、「詳細調査」が上述の②～⑤に該当する。また、⑥発掘調査は本書の第7章「石垣の復旧（修理）」及び第8章「解体修理」において取り扱うこととする。
　本書では、ある城跡の石垣に関する情報を網羅的に蓄積した資料が「石垣カルテ」であると捉え、「追加調査」の成果を随時加えていくことにより、常に進化・発展させていくべきものと位置付けた。したがって、本てびきにおける「石垣カルテ」は、『史跡等整備のてびき』において示した調査票の考え方をさらに発展させたものである。

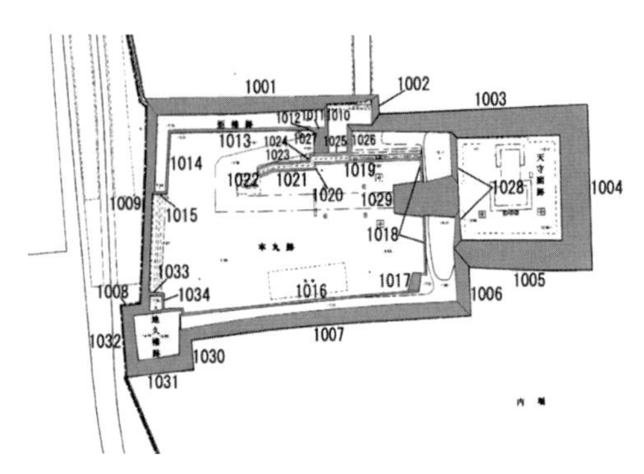

図43　管理用平面図の事例
（史跡高松城跡（香川県高松市））

(2) 総括的事項

石垣カルテには、城跡に存在するすべての石垣の詳細情報が含まれていなければならない。各々の石垣は、個別の城跡及び城跡内の立地・築造年代等によって、さまざまな個性を持っている。したがって、石垣カルテに含めるべき調査の項目・過程は、そのような城跡・石垣の個性に基づき定める必要がある。

石垣カルテの様式は、調査項目等の書式を統一した個票（カード）によるもの又はデータベースのソフトを用いた電子情報によるものなどが考えられる。さらに、復旧（修理）が始まると、その各段階において、順次、内容の追加・更新ができるよう柔軟な様式にしておく必要がある。

(3) 石垣カルテの計画的な作成

石垣カルテの作成は、日常的な観察によって行う概況把握と同様に、城跡の管理にあたる地方公共団体の担当者が自ら石垣を目視・踏査し、その状態を確認・把握することによって行うことを原則とする。

また、石垣カルテの作成の過程において、専門委員会を構成する石垣技術・歴史学・考古学・建築史学・土木工学・地質学・測量学等の専門的知識を持つ専門家・技術者等の助言・支援を得ることは、石垣の保存状況を的確に把握し、作業を効率的に進める上で有効である。

石垣カルテの作成を外部の機関に委託する場合であっても、委託機関に全面的に依存することなく、石垣の管理にあたる地方公共団体の担当者が必ず主体的に作業に関わることが重要である。

(4) 石垣カルテの内容

石垣カルテの作成は、以下のとおり、ア．基本調査、イ．追加調査の2段階に分けることができ、各段階はa．基礎資料の作成、b．石垣に関する情報の収集、c．石垣の評価の3分野から成る。

ア．基本調査

基本調査は、石垣の情報として最低限把握すべき項目から成る。ただし、城跡の特質、今後の復旧（修理）等の整備の見通し及び予算・体制等により、城跡の石垣の全体又は一部を対象として実施する追加調査と並行して基本調査を実施する場合もあり得る（**表5**）。

a．基礎資料の作成

基本調査に必要な基礎資料は、以下の①管理用平面図（位置図）、②立面写真の2種類である。

①管理用平面図

石垣カルテの基本図（管理用平面図）には、日常的な観察を通じて概況把握の段階で作成した城跡の全域における石垣の平面図（全体平面図）を使用することができる（**図43**）。ただし、各石垣の現況が図示されていることが必要であることから、1／500～1／1,000の縮尺が望ましい。概況把握の段階で石垣の各区間に管理番号を設定していなかった場合には、石垣カルテ作成の段階で必ず設定する必要がある。管理番号の設定基準を定めるときの留意事項は、本書の63頁を参照されたい。

②立面写真

石垣の各区間の現況を記録するため、立面写真の撮影を行う。左右の隅角部・入隅部を含めた石垣立面の全体を正面から撮影した正対写真を基本とし、横幅のある石垣では、立面の全体を撮影するため複数枚にわたる撮影が必要となる。デジタルカメラ又は35mmフィルム（カラーリバーサル）等により撮影したものを、手作業又は画像処理ソフトを用いて1枚の画像として繋ぎ合わせることも可能であるが、画面縁辺部に生じた歪みを

表5　基本調査の過程ごとの作業の項目・内容、実施方法等

過程	作業項目	作業内容	実施方法等
a. 基礎資料の作成	①管理用平面図	概況把握において作成した全体平面図をもとにした、管理番号ごとに区分した管理用平面図（1／500～1／1,000）の作成。	全体平面図の活用
	②立面写真	立面の写真を撮影	写真撮影
b. 石垣に関する情報の収集	①石垣の様式	石垣の規模 ●延長 ●高さ	測量（簡易）
		隅角部の様式 ●平面形態（出角・入角・鎬出角・鎬入角・すり付け等） ●立面形状（勾配等） ●石材加工の技法（野面石・割石・切石等） ●石材構成（算木積み［無・角石・角脇石］・間詰め石［量、加工の技法］・縦石積み等）	目視 測量（簡易）
		築石（平石）部の様式 ●平面形態（直線・輪取り等） ●立面形態（勾配等） ●石材加工の技法（野面石・割石・切石等） ●石積みの技法（布積み・乱積み等） ●石材構成（間詰め石［量・加工技法］・鏡積み等）	目視
	②石材	石質（岩石の種類・強度）	目視
	③破損・変形の状況	●破損・変形の内容（緩み・孕み・割れ・抜け落ち・崩れ、天端の沈下等） ●範囲・部位（隅角部・築石（平石）部、天端・基部）・規模	目視 測量（簡易）
c. 石垣の評価	石垣の危険度	崩落の可能性と周辺の利用形態を踏まえた、復旧（修理）の優先度の評価	目視

補正することは困難である。写真撮影は、雑草・支障木が繁茂する時期を避けて行うか、又は伐採・除去後に行う必要がある。また、堀に面する石垣等で仮設の足場を組む必要がある場合には、安全面での配慮も必要である。

b. 石垣に関する情報の収集

石垣カルテの作成に必要な情報には、①石垣の様式、②石材、③破損状況の3つがある。城跡全体を対象として実施した概況把握を通じて作成した平面図等をもとに、上記の3つの分野を構成する各々の作業項目に沿って、詳細な情報を把握することを目的とする。この段階における作業項目は、あくまで目視による観察を主体とするものであるが、場合によっては簡易な測量により把握することが可能な項目も含めることとする（**表6～8**）。

①石垣の様式

石垣の様式[8]に関する作業項目には、以下のとおり「石垣の規模」、「隅角部の様式」、「築石（平石）部の様式」の3つを把握することがある。

石垣の規模　石垣の各区間の延長・高さを計測する。計測方法には、巻尺・箱尺（スタッフ）等による簡易測量、トータル・ステーションによる測量等がある。

隅角部の石垣様式　隅角部の平面の形態（出角・入角・鎬出角・鎬入隅・すり付け等）、立面の形態（勾配等）、石材の構成（算木積みの有無、間詰め石［量・加工技法］、縦石積み[9]等）を把握する。

石材及び技法等の違いを観察することにより、先行する石垣に積み足して改修した範囲等を確認できる場合があることにも留意が必要である。それらを確認した場

8　**石垣の様式の呼称**；石垣の様式の呼称は、明確な共通理解の下に定着しているわけではない。それは、石垣の外観の意匠に基づくものである場合が多く、ひとつの呼称が包括する領域及び個々の呼称の間の違い、各々の石垣の時代的変遷についても厳密でない場合がある。したがって、外観が示す意匠のみならず、高さ・勾配・反り、輪取り等の状況、裏込め（栗石・砂利層）等の石垣背面における技法・工法等も十分に視野に入れ、総合的に石垣の特質を把握した上で呼称及び時代的な変遷の在り方について検討することが重要である。なお、石垣様式の一般的な呼称は第3章（23～38頁）を参照されたい。

9　**縦石積み**；石材の長辺を縦に用いる積み方である。慶長期以前の石垣の角石に見られることが多い。

表6 石垣カルテの事例（表）

石垣番号		地区		位置図
石垣部位		方位		
立地面	平坦面 斜面（　　度）	地盤	岩盤・地山・盛土 胴木・不明	

延長		高さ		
天端 m	裾基部 m	左 m	中央 m	右 m

隅角部	平面形状	立面形状		石材加工技法	石材構成		石材寸法	石材形状・規格性
		勾配	反り					
左	出角・入角・鎬出角・鎬入角・すり付け	度	無・有（天端から　　m）	野面石・割石・切石	算木積み（無・角石・角脇石）・間詰め石（量[　]・加工技法[　]）・縦石積め	角脇石（　個）・やせ角	m×　　m	
右	出角・入角・鎬出角・鎬入角・すり付け	度	無・有（天端から　　m）	野面石・割石・切石	算木積み（無・角石・角脇石）・間詰め石（量[　]・加工技法[　]）・縦石積め	角脇石（　個）・やせ角	m×　　m	

加工痕跡等（表面加工・刻印・転用石・建物跡等）	石質（岩石の種類・特徴・産地等）

築石（平石）部	平面形状	立面形状			石材加工技法	石積み技法	石材構成	石材寸法	石材形状・規格性
		勾配	反り	気負い					
	直線・輪取り	度	無・有（天端から　　m）	無・有	野面石・割石・切石	乱積み・布崩し積み・布積み・谷積み	間詰め石（量[　]・加工技法[　]）・鏡積	m×　　m	

加工痕跡等（表面加工・刻印・転用石・建物跡等）	石質（岩石の種類・特徴・産地等）

破損状況		緩み	孕み	割れ	抜け落ち	崩れ	樹木	天端の沈下	その他	変形の計測	無・有	危険性		
隅角部	天端									観測年・状況		崩落等の可能性		
	中部											周辺の利用形態等から見た危険性		
	裾基部													
築石（平石）部	天端											危険度	1次	
	中部													
	裾基部												最終	

古絵図・古文書等			
既往の発掘調査・研究等			
上部構造物			
築造時期		改修時期	
分類		編年	

見取り図・写真			
調査年月日		調査者	

表7　石垣カルテの事例（裏）

隅角部特記事項
築石（平石）部特記事項
破損要因・その他特記事項
備考
図面・写真その他

表8　石垣カルテの作成過程と記入すべき項目・内容との関係

作業過程	記入すべき項目				記入すべき内容
1．(4) イ．位置図（全体平面図）の作成 p. 65 1．(4) イ．石垣の各区間への管理番号の設定 p. 65 3．(4) ア．a．① 管理用平面図 p. 70	石垣番号				※管理番号
	地区				※郭等
	石垣部位				※郭・犬走・土留め・櫓台・櫓門・門・通路・石段等
	方位				岩盤・地山・盛土・胴木・不明
1．(4) ア．自然的環境 p. 62 3．(4) イ．b．①石垣の立地・規模 p. 78	立地面				※石垣が向いている方向
	地盤				平坦面・斜面（●度）
3．(4) ア．b．①石垣の規模 p. 71 3．(4) イ．b．①石垣の立地・規模 p. 78	規模	延長	天端		●m
			基部		●m
		高さ	左		●m
			中央		●m
			右		●m
1．(4) イ．石垣様式の概要把握 p. 65 3．(4) ア．b．①隅角部の石垣様式 p. 71 3．(4) イ．b．①隅角部の石垣様式 p. 78	隅角部	平面形態	左		出角・入角・鎬出角・鎬入角・すり付け
			右		出角・入角・鎬出角・鎬入角・すり付け
		立面形態	左	勾配	●度
				反り	無・有（天端から●m）
			右	勾配	●度
				反り	無・有（天端から●m）
		石材加工技法	左		野面石・割石・切石
			右		野面石・割石・切石
		石材構成	左		算木積み（無・角石・角脇石［●個］）・間詰め石（量・加工技法）・縦石積み・やせ角
			右		算木積み（無・角石・角脇石［●個］）・間詰め石（量・加工技法）・縦石積み・やせ角
3．(4) イ．b．②寸法・形態 p. 79		石材寸法	左		●m×●m
			右		●m×●m
		石材形状・規格性	左		
			右		
3．(4) イ．b．②加工の技法 p. 79		加工痕跡			※表面加工・刻印・転用石・建物跡等
3．(4) ア．b．②石材 p. 75 3．(4) イ．b．②石質 p. 79 3．(4) イ．b．②産地 p. 79		石質	岩石の種類		※花崗岩・安山岩・凝灰岩・砂岩等
			特徴		※強度・比重・含水率等
			産地		
1．(4) イ．石垣様式の概要把握 p. 65 3．(4) ア．b．①築石（平石）部の石垣様式 p. 75 3．(4) イ．b．①築石（平石）部の石垣様式 p. 78	築石（平石）部	平面形態			直線・輪取り
		立面形態	勾配		●度
			反り		無・有（天端から●m）
			気負い		無・有
		石材加工技法			野面石・割石・切石
		石積み技法			乱積み・布崩し積み・布積み・谷積み
		石材構成			間詰め石（量・加工技法）・鏡積み
3．(4) イ．b．②寸法・形態 p. 79		石材寸法			●m×●m
		石材形状・規格性			
3．(4) イ．b．②加工の技法 p. 79		加工痕跡等			※表面加工・刻印・転用石・建物跡等
3．(4) ア．b．②石材 p. 75 3．(4) イ．b．②石質 p. 79 3．(4) イ．b．②産地 p. 79		石質	岩石の種類		※花崗岩・安山岩・凝灰岩・砂岩等
			特質		※強度・比重・含水率等
			産地		
1．(4) ウ．破損・変形の状況（内容・範囲・部位）の確認 p. 65 3．(4) ア．b．③破損・変形の状況 p. 75 3．(4) イ．b．③破損・変形の状況 p. 79	破損・変形の状況				種類（緩み・孕み・割れ・抜け落ち・崩れ・樹木・天端の沈下・その他）・程度
	部位		隅角部		天端・中部・基部
			築石（平石）部		天端・中部・基部
3．(4) イ．b．③破損・変形の要因 p. 80	破損・変形の要因				※人為的な破却・石材の劣化・植物の根張り・雨水排水・地下水脈・軟弱地盤・過去の不適切な修理・後世の改変・野生生物による破壊等
3．(4) イ．b．③進行の状況 p. 80	変形の計測				無・有（観測年・状況）
1．(4) ア．社会的環境 p. 64 3．(4) ア．c．石垣の評価 p. 75 3．(4) イ．c．②石垣の評価 p. 84	危険性		崩落等の可能性		※崩落等の可能性を段階的に評価
			周辺の利用形態等から見た危険性		※周辺の利用形態等から崩落等により生じる人災や施設の損壊の危険性を段階的に評価
			危険度		※崩落等の可能性及び周辺の利用形態等から石垣の危険度を段階的に評価
1．(4) ア．歴史的環境 p. 63 3．(4) イ．b．④古絵図・古文書等 p. 81 3．(4) イ．b．④既往の発掘調査・研究等 p. 81	古絵図・古文書等				※古絵図（絵画）・古文書（文献）・古写真・木型（模型）等
	既往の発掘調査・研究等				※年度、検出遺構・遺物概略、報告書名、論文名等
	上部構造物				※古絵図・古文書等及び既往の発掘調査・研究等から推定
	築造時期				※古絵図・古文書等及び既往の発掘調査・研究等から推定
	改修時期				※古絵図・古文書等及び既往の発掘調査・研究等から推定
3．(4) イ．c．①石垣の様式・時期 p. 84	分類				※石積み及び石材の特性に基づいた様式分類
	編年				※各様式の編年的整理
1．(4) イ．位置図（全体平面図）の作成 p. 65 1．(4) ウ．全体平面図への表記 p. 65 3．(4) ア．a．①管理用平面図 p. 70 3．(4) ア．a．②立面写真 p. 70	図面		全体平面図		※1／1,000～1／2,500
			管理用平面図		※1／500～1／1,000
			見取り図・写真		※写真はデジタルカメラ又は35mmフィルム（カラーリバーサル）等を使用し、石垣面全体を撮影 ※スケッチ・写真への書き込み
3．(4) ア．a．②立面写真 p. 70 3．(4) イ．a．3次元写真測量 p. 76 3．(4) イ．a．3次元レーザー計測 p. 77	図面・写真その他				※写真はデジタルカメラ又は35mmフィルム（カラーリバーサル）等を使用し、石垣面全体、左右隅角部、築石部、破損箇所、刻印等を撮影
3．石垣カルテの作成・追加更新 p. 69	備考				※補足観察事項、補足図面・写真等
	調査年月日				
	調査者				

合には、立面写真又は立面図上に記録するとともに、過去の修復届・修理記録等の資料との関係を確認することが必要である。

また、入隅部における左面・右面の石材の積み方の違いを観察し、両者が同時に施工されたのか、築造経過に時間差があるのかについて、詳細に検討することも必要である。

築石（平石）部の様式　築石（平石）部の平面の形態（輪取りの有無等）、立面の形態（勾配等）、石材の加工技法（野面石・割石・切石等）、石積み技法（布積み・乱積み等）、石材の構成（間詰め石［量・加工技法］、鏡積み[10]を把握する。

石質及び各種の技法等の違いを観察することにより、先行する石垣に積み足して改修した範囲等を確認できる場合があることにも留意が必要である。それらを確認した場合には、立面写真又は立面図上に記入するとともに、過去の修復届・修理記録等の資料との関係を確認することが必要である。

②石材

石垣の各区間を構成する石材の石質（岩石の種類（花崗岩・安山岩・凝灰岩・砂岩等））を把握する。

③破損・変形の状況

破損・変形の状況に関する作業は、石垣の復旧（修理）の必要性について判断し、その範囲を特定する上で不可欠である。緩み・孕み・割れ・抜け落ち・崩れ、樹木等による破損・変形、天端の沈下[11]等の状態（内容・範囲・部位（隅角部・築石（平石）部、天端・中部・基部））を把握し、それらを立面図上又は立面写真上に記入する（**図44**）。

c. 石垣の評価

上記の作業による成果をもとに、崩落の可能性、地形・地質・水系、過去の修理履歴及び周辺における来訪者の利用形態等から、城跡内における石垣の各区間の危険度を相対的に整理し、復旧（修理）の緊急度・優先度を定める。

石垣危険度の評価は個々の城跡の石垣の復旧（修理）のための基本計画を策定する上で前提となる重要な作業であり、まず石垣の復旧（修理）事業の主体となる地方公共団体の担当者が自ら十分な検討を行う姿勢が必要である。

ただし、この段階での評価は、あくまで担当者が中心となって行う目視による調査の成果に基づいていることも理解しておかなければならない。また、担当者の個人の判断ではなく、調査成果を客観的に分析し、評価に反映させる視点も不可欠である。したがって、専門委員会において評価の妥当性を十分検討することが重要である。さらに、破損・変形の進行及び周辺の環境・利用形態の変化等によって、崩落の可能性は常に変化することにも留意する必要がある。

イ. 追加調査

日常的な観察及び日常的な維持管理の過程を通じて収集した基礎的な情報を記録することにより、第1段階としての石垣カルテの作成は完了する。その後、第2段階の過程では、情報の質を高める観点から、74頁の**表9**に示す作業の項目・詳細、実施方法等に沿って追加調査を行う。

追加調査は、城跡の特質、その後の復旧（修理）を含む石垣の整備の見通し及び予算・体制に合わせ、

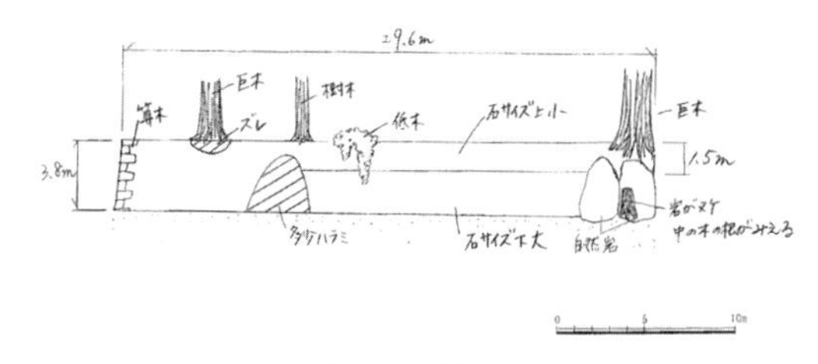

図44　破損状況を図示した事例
（史跡備中松山城跡（岡山県高梁市））

10　**鏡積み**；石材の最も広い面を表とする積み方である。石材の表面の大きさに比べて奥行きが短く、安定性に欠けるが、視覚的効果が大きいことから、虎口など目立つ場所の石垣に見られることが多い。

11　**天端の沈下**；裏込め（栗石・砂利層）の機能低下、石垣の孕み等により発生するもので、石垣全体が「老年期」に入っていることを示し、崩落の前兆現象である場合もある。

表9　追加調査の過程ごとの作業の項目・内容、実施方法等

過程	作業項目	作業内容	実施方法等
a．基礎資料の作成	測量図	3次元写真測量	写真撮影・画像解析
		3次元レーザー計測	測量・データ処理
b．石垣に関する情報の収集	①石垣の様式	石垣の立地・規模 ●立地（平坦面・斜面等） ●地盤（岩盤・地山・盛土・胴木等）	目視 測量 解体調査
		隅角部の石垣様式 ●立面形態（反り［有無・範囲］等） ●石材の構成（角脇石の数・やせ角等）	
		築石（平石）部の様式 ●立面形態（反り［有無・範囲］・気負い等）	
	②石材	石質 ●岩石の種類 ●強度・比重・含水率等	目視 測量 解体調査 理化学分析
		寸法・形態 ●寸法 ●形態・規格性	
		加工の技法 ●石材正面の加工（範囲・方法） ●刻印 ●転用石 ●建物痕跡・火災痕跡・旧地盤痕跡等	
		産地 ●産地	
	③破損・変形の状況	種類・程度 ●内容（緩み・孕み・割れ・抜け落ち・崩れ、樹木による破損・変形、天端の沈下等） ●範囲・部位（隅角部・築石（平石）部、天端・中部・基部）	目視 測量 解体調査
		破損・変形の要因 ●人為的破却・石材の劣化・植生の影響・雨水排水経路・地下水脈 ●軟弱地盤・過去の不適切な修理・後世の改変・野生生物による破壊等	
		進行の状況 ●定点測量 ●クラック・ゲージ等の設置	
	④古絵図・古文書及び既往の発掘調査・研究等	古絵図・古文書等 ●古絵図（絵画）・古文書（文献）・古写真・木型（模型）等	各分野の専門家との連携
		既往の発掘調査・研究等 ●過去の発掘調査報告書・研究論文等	
c．石垣の評価	①石垣の様式・時期	●石積み及び石材の特質に基づく評価 ●改修箇所等における様式間の前後関係、修築記録との照合等による様式の編年的整理 ●石垣が造られた場所の特質（枡形門・御殿・庭園・郭外壁・堀等）と石垣様式との相関関係の評価	専門委員会での検討
	②石垣の危険度	崩落の可能性と周辺の利用形態等を踏まえた復旧（修理）の優先度の評価	

城跡の石垣の全体を対象として実施するのか、一部を対象として実施するのかについて検討する必要がある。

a. 基礎資料の作成

追加調査に必要となる基礎資料には、測量図がある。測量図の作成の方法には、以下の①3次元写真測量、②3次元レーザー計測等がある。

①3次元写真測量

測定対象物を複数の角度から撮影し、撮影した写真電子情報を合成・判読することにより測定対象物を計測する手法である。写真電子情報処理により、正射写真(オ

12　**正射写真（オルソ）**；撮影写真の歪みを補正し、対象物の大きさ・位置を正投影に変換した写真。

ルソ）[12]・等高線・断面図等を比較的容易に得ることができる。3次元レーザー測量に比べて精度がやや劣るものの、一般的なデジタルカメラとトータル・ステーションの測量機材を用いての測量が可能である。

②3次元レーザー計測

レーザー光線を対象物に照射することにより得られる計測点群の情報（3次元座標情報）から、3次元モデルを生成し、測量図の作成を行う手法である。高精度の3次元座標を得ることができるが、測量には専用の測量機器が必要となる。

③両者の比較・併用の視点

3次元写真測量に比較して、3次元レーザー測量のほうが精度は高いといえる。しかし、3次元レーザー測量では、3次元写真測量で得られる石材の質感等の情報を得ることはできない。そのため、城跡又は石垣の性質・状況に応じて使い分けたり、併用したりする視点が重要である（**図45・46**）。

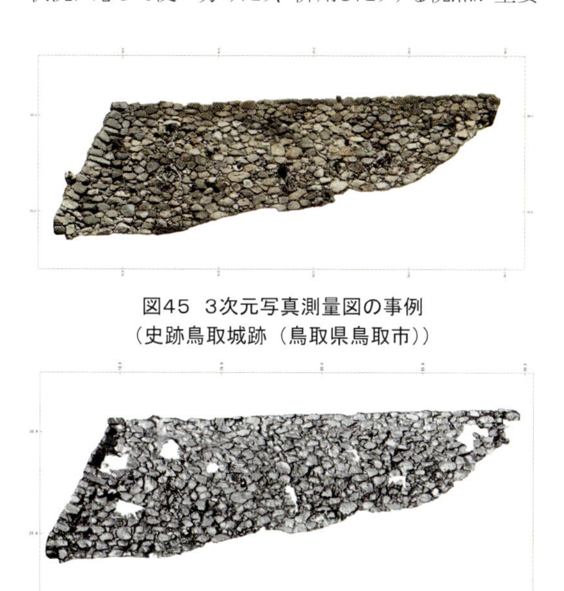

図45　3次元写真測量図の事例
（史跡鳥取城跡（鳥取県鳥取市））

図46　3次元レーザー計測図の事例
（史跡鳥取城跡（鳥取県鳥取市））

特に線画を作成する場合には、測量委託業者から提示された素図に対して、文化財の石垣の観点からの石材観察の成果を踏まえ、校正を行うことが不可欠である。

図根点又は計測点の配点密度等による測量の精度をはじめ、成果品として必要となる平面図・立面図・断面図（垂直・水平断面図）[13]の縮尺[14]、石材の輪郭・稜線、矢穴の位置・形態、刻印、欠損・磨耗の状況、間詰め石などの描画の程度、描画線の様式・太さ等は、仕様書において可能な限り明示しておくことが必要である。

測量の作業は、雑草・支障木が繁茂する時期を避けて実施するか又は伐採・除去後に実施する必要がある。また、水堀に面する石垣で仮設の足場を組む必要がある場合には、安全面での配慮も必要である。

b. 石垣に関する情報の収集

追加調査において収集すべき石垣の情報の項目には、①石垣の様式、②石材、③破損・変形の状況、④古絵図・古文書及び既往の発掘調査・研究等がある。基本調査の段階で作成した測量図をもとに、石垣の各区間における調査項目ごとに情報をより深く詳細に把握する。

なお、以下の①～④の作業項目には、「復旧（修理）の前に行う項目」、「復旧（修理）と並行して行う項目」、「復旧（修理）の後に行う項目」がそれぞれ含まれていることにも留意が必要である。

①石垣の様式

石垣の様式に関して収集すべき情報の項目には、「石垣の立地・規模」、「隅角部の石垣様式」、「築石（平石）部の様式」等がある。

これらの項目には、目視・測量によって把握できるもの以外に、復旧（修理）に伴って初めて把握できるものも含まれており、特に後者については復旧（修理）の進

13　**断面図**；本書では、石垣断面形を表す図面の種類・内容を以下のとおり定める。
垂直断面図：石垣の立面に対し、垂直方向に切った断面図。石垣表面の勾配や反りの形態、石垣表面の垂直方向の特徴を判読・明示するための図面。
水平断面図：垂直断面に直交し、石垣の立面に対して水平方向に切った断面図。輪取り・鎬（しのぎ）角の形態等、石垣表面の水平方向の特徴を判読・明示するための図面。

14　**測量図の縮尺**；個別の石材を特定できるようにするためには、縮尺1／50以上とすることが望ましい。

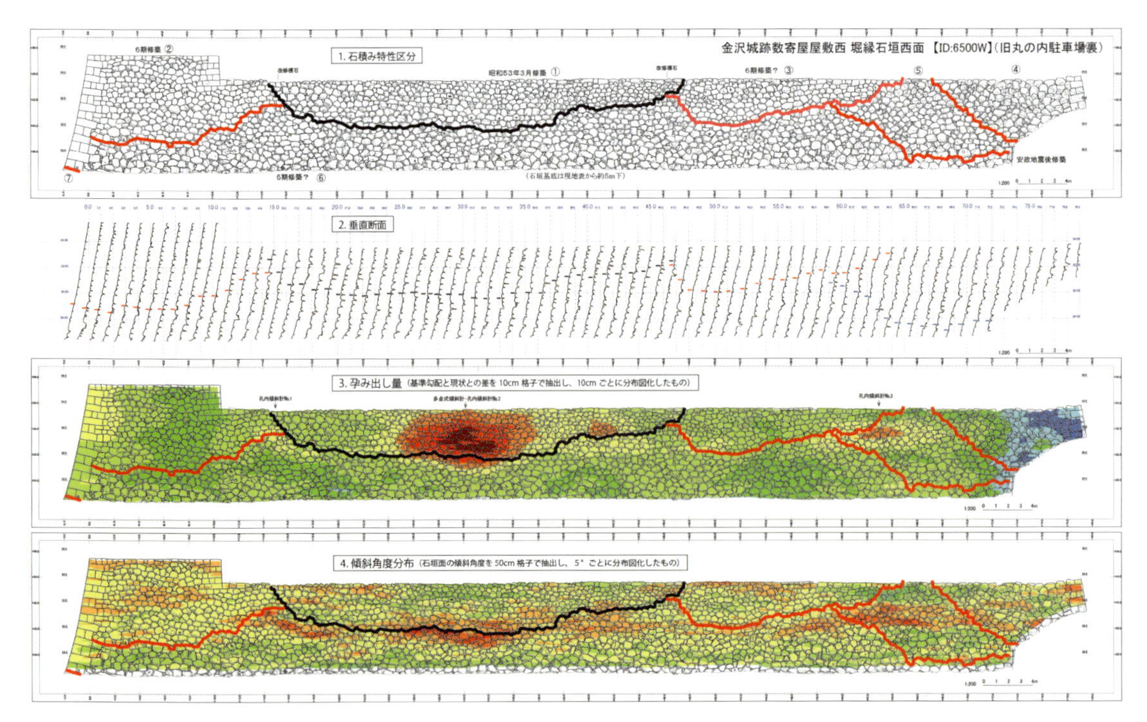

図47　3次元レーザー計測により把握した石垣孕み出し検討の事例（史跡金沢城跡（石川県金沢市））

展に伴い、随時、石垣カルテの内容の追加更新を図る必要がある。

各石垣の規模は、用いられている石材の寸法・形態・石質等と密接に関連しているほか、勾配・反り等は地点によっても微妙に変化している。したがって、1地点においてのみ計測するのではなく、各石垣の特性を的確に把握するために、計測が不可欠な地点を選択したり、範囲を適切に定めたりすることが重要である。

石垣の立地・規模　石垣が平坦面に立地しているのか、斜面等に立地しているのか、どのような支持地盤（岩盤・地山・盛土・胴木等）に立地しているのか等が収集すべき情報の項目となる。基本調査の段階で得た同種の情報を、より正確な数値・範囲に修正することが有効である。

隅角部の石垣様式　隅角部に反りが見られるのか否か、見られるとすればどの範囲にまで及んでいるのか等の立面の形態、角脇石の数量及びやせ角等の石材構成等が収集すべき情報の項目となる。また、基本調査の段階で得た同種の情報を、より正確な数値・範囲に修正することが有効である。

築石（平石）部の石垣様式　築石（平石）部に反りが見られるのか否か、見られるとすればどの範囲にまで及んでいるのか、及び気負いが見られるのか否か等の立面の形態等が収集すべき情報の項目となる。解体修理を要する場合には、石材の寸法・形態、石質、加工、積み方の違いなどを見分けることにより、解体後に積み直し・復旧を行う際の計画線が明らかとなる場合もあることから精査が必要である。また、基本調査の段階で得た同種の情報を、より正確な数値・範囲に修正することが有効である。

②石材

石材に関して収集すべき情報の項目には、「石質」、「寸法・形態」、「加工の技法」、「産地」等がある。

これらの項目には、復旧（修理）の前に目視・測量によって把握できるもののほか、石材の寸法・形態・加工技法の一部など解体修理に伴って初めて把握できるものの2種類が含まれる。特に後者については、解体修理の進展に伴い、随時、石垣カルテの内容を更新する必要がある。

解体修理の過程では、解体される石材ごとに規格・寸法・形態、加工技法、破損状況等の詳細を把握し、石材調査票（本書では特に「石材カルテ」と呼称している。詳しくは157～159頁を参照されたい。）に記録する必要がある。同時に、石材ごとに再使用又は取り替えの区分、取り替えた場合の旧材の取扱及び処理の方法等を記録することも必要である。

同一の城跡であっても、野面石・割石・切石など場所により石材の加工技法に違いが見られる場合があるほか、同一の立面を構成する石垣の区間であっても、位置により石材の寸法・形態、加工の在り方等に違いが見られる場合がある。また、近世の城跡では、特に城下町に面する石垣や虎口に面する石垣等において、比較的規模の大きな加工の行き届いた石材を好んで使うなど、外観を意識した石材の使い方が見られる場合が多いことにも留意する必要がある。

石質　石質に関して収集すべき情報の項目には、花崗岩・安山岩・凝灰岩・砂岩等の「岩石の種類」、「強度」、「比重」、「含水率」等がある。石質に関する情報は、専門家が自然科学的な方法を用いて行う必要がある。これらの成果は、復旧（修理）時に新石材・新材料を選んだり、旧石材・旧材料の取り換えの必要性を判断したりする場合の重要な決め手となる[15]。

寸法・形態　寸法・形態に関して収集すべき情報の項目には、幅・高さ等の寸法、石材の形態・規格性等がある。個別石材の寸法・形態は解体修理に伴って初めて把握できることも多く、解体修理を行う場合には新たに個別の石材を対象として「石垣調査票（石垣カルテ）」（69～75頁を参照されたい。）を作成して把握することとし、復旧（修理）の前段階では石垣の各区間全体の寸法・形態、石材の規格性等を把握する。

加工の技法　加工の技法に関して収集すべき情報の項目には、石材の正面における加工の範囲・方法、石材の表面に残された刻印、転用の痕跡（転用石）石垣の天端における建築部材のあたり等の痕跡、石材表面に残された火災の痕跡、旧地盤面を表す加工の痕跡等がある。解体修理行う場合には、解体時に「石材調査票（石材カルテ）」（157～159頁を参照されたい。）を作成して個別石材の加工技法を把握することとし、解体前の段階では石垣の各区間の全体に見られる加工技法の傾向に主眼を置いて把握する。

産地　石材の石質（岩石の種類等）及び表面に残された刻印等に基づき、石材の供給源となる産地を検討する。産地は一定の区域に限定されているとは限らない。広域又は複数の区域に及んでいる場合があることにも留意する必要がある。その際には、採石場を同定する観点から、採石場で矢穴痕跡が残された石材の探索などを視野に入れる必要がある。最近、兵庫県芦屋市・石川県金沢市・神奈川県小田原市・北海道松前町等において行われた採石場の調査によると、石切丁場・石引き道・採石土坑・採石屑などの遺構の存在が明らかとなっている。これらの採石場では近代以降に採石が継続されてきたところも多く、将来の復旧（修理）における石材の確保の可能性も考慮し、採石の可否及び採石する石材の石質（岩石の種類・強度等）についての情報を把握しておくことが望ましい。

③破損・変形の状況

石垣の復旧（修理）の必要性及びその範囲を検討するために行う破損・変形の状況に関する情報の項目には、破損・変形の「種類・程度」、「要因」、「進行の状況」等がある。

石垣の破損・変形には、豪雨・地震等の自然災害に起因する突発的な崩落があるほか、経年変化により緩やかに進行する緩み・孕み等の変形がある。特に、後者の場合で破損・変形が極めて緩慢に進行するものについては、継続的な定点観測等により変形の過程を正確かつ慎重に把握する必要がある（**図47**）。

石垣の緩み・孕みは、石垣の裏込め（栗石・砂利層）の間隙に土砂が流入し、目詰まりを起こすことにより、

15　**石質の特定方法**；自然科学的な石質の特定方法には、偏光顕微鏡観察、蛍光X線分析、圧縮強度試験、含水率試験等がある。

石垣の力学的調和に乱れが生じた場合に多く発生する。その原因には、もともと石垣の上面に存在した櫓等の建造物が後代に失われ、本来の雨水排水系統に不都合を生じた場合があるほか、後代の復旧（修理）の箇所が周辺の石垣との調和を乱し、緩み・孕みの直接的な原因となっている場合も想定される。したがって、石垣上面における排水経路を確認し、石垣の裏込め（栗石・砂利層）に雨水に混じって土砂が流入するような可能性について検討するとともに、以前に実施した復旧（修理）の範囲とその影響を把握することも必要となる。裏込め（栗石・砂利層）の詳細な状況は解体修理に伴って明らかとなることが多いことから、解体修理の過程では石垣カルテの内容を更新することが必要となる。

種類・程度　緩み・孕み・割れ・抜け落ち・崩れ、樹木等による破損・変形、天端の沈下[16]の種類・程度、及びそれらの範囲・部位（隅角部・築石（平石）部、天端・基部）等が収集すべき情報の項目となる。基本調査の段階で把握した情報に加え、破損・変形の種類をより細かく特定し、種類に応じて程度を明確化する。さらに破損・変形が発生している箇所ごとに、より定量的に把握し、測量により作成した立面図に記入し、復旧（修理）が必要となる範囲を特定する作業が必要である。

破損・変形の要因　破損・変形を引き起こす要因には、人為的な破却、石材の劣化、植物の根張り、雨水排水経路、地下水脈、軟弱地盤、過去の不適切な復旧（修理）、後世の改変、野生生物（イノシシ等）による破壊等が想定され、これらの諸点がすべて収集すべき情報の項目となる。特に、近代以降の城跡では他の土地利用が進み、石垣に負の影響を及ぼす可能性のある数多の改修・改変が行われてきた。それらが原因となって石垣に破損・変形が生じたと考えられる事例も少なくない。したがって、それらの記録を可能な限り収集し、整理・把握しておく必要がある。

破損・変形の要因は、性質により、以下のように「構造的なもの」、「自然的なもの」、「人為的なもの」に区分できる。しかし、多くの場合、破損は単一の要因だけでなく、複数の要因が重なって生じることにも留意する必要がある。整理・把握した破損・変形の要因のうち、図示が可能なものは測量により作成した立面図にわかりやすく記入しておくことが有効である。

「構造的なもの」には、地山・岩盤・胴木などの地耐力低下による沈下、基礎地業の劣化、裏込め（栗石・砂利層）の目詰まり、岩盤・盛土の劣化等がある。発掘調査により石垣の根石の状況を確認したり、ボーリングによる土壌調査、解体調査等を行ったりすることにより、破損の要因を特定できる場合が多い。特に背面又は基礎を成す地盤に主たる破損・変形の要因がある場合には、崩落を繰り返し起こす危険性があるため、過去の復旧（修理）の履歴に関する情報収集に努めることが肝要である。

「自然的なもの」には、地震、建物撤去後の水系の管理不備による水害・浸透水、水堀の水位の変動、寒冷地での水の凍結・融解に伴う石材の劣化等がある。また、石垣の上面や表面に叢生する樹木の根が台風等により大きく揺さぶられ、石垣を破損・変形させる要因となった事例も見られる。

「人為的なもの」には、廃城時の破却のほか、後世における不適切・不十分な改修・補強、石垣周辺での開発等による地形・地質・排水条件の変化等がある。

進行の状況　定点測量[17]、クラック・ゲージ[18]等を設置

16　**天端の沈下**；裏込め（栗石・砂利層）の機能低下、石垣の孕み等により発生するもので、石垣全体が「老年期」に入っていることを示す、崩落の前兆現象のひとつとも考えられる。

17　**定点測量**；トータルステーション等を用い、基準点から対象物を継続的かつ精密に測量することにより、対象物の経年変化の把握を目的とする測量。

18　**クラック・ゲージ**；亀裂の幅及びその変位を計測するための機具の総称。

19　**継続的な観測**；石垣表面の定点観測では変形量が緩やかであっても、背面基盤層の変形（滑動）や地盤の沈下がより進行している場合もある。そのような場合には、石垣の柔構造としての性質が地盤の変形を吸収している可能性があり、限界点に達した時点で一挙に崩落する危険性もある。したがって、地盤に懸念がある場合には孔内傾斜計等による観測を継続的に行うことが望ましい。

することにより、破損・変形の進行状況を把握する。破損・変形を計測する場合、一定の方向への破損・変形の蓄積が観察されるのか否かが重要となるため、一定の期間を設けて継続的に測定することにより経過観察を行い、その成果を踏まえて崩落の可能性に関する評価の機会を適切に定めることが必要である[19]。

特に定点測量の場合には、開始前に成果品（垂直・水平断面図）とその縮尺、必要な基準点の配置の在り方、反射シートの設置位置・数量等を明示する必要がある。

④古絵図・古文書及び既往の発掘調査・研究等

古絵図・古文書及び既往の発掘調査・研究等に関して収集すべき情報の項目には、「古絵図・古文書等」、「既往の発掘調査・研究等」がある。これらの中から各々の石垣に関係する情報を抽出し、その概要を石垣カルテに記入する。

古絵図・古文書等　古絵図（絵画）・古文書（文献）・古写真・木型（模型）等の情報を整理する。

古絵図（絵画）の場合には、描画の対象となった年代に基づき、石垣の存否、位置・形態等の変遷について把握する。描画の対象となった年代が不明な場合も多いが、描かれている内容から年代を推測するとともに、古絵図（絵画）が製作された時期、目的・背景を明らかにすることも重要である。古絵図（絵画）の中には、石垣の総長・高さ・構造・修理箇所等に関する注記が認められるものがあることにも注意する必要がある。

古文書（文献）等の場合には、幕藩の公務日記・普請記録をはじめ、町方の史料等に残された地震等による石垣の崩壊の記録、その後の修理の記録、石垣に認められる修理年代銘・刻印等に基づき、石垣が築造された経緯及び修理の年代等を把握する。

古絵図及び古文書等の調査において留意すべき点は、それらの史料としての信頼性をどのように判断するのかということである。

信頼性の判断に重要となるのは、当該古絵図及び古文書が描画・記述の対象となった城及び石垣の形姿と同時代に作成され、当時の社会で現に用いられ、一定の役割を果たした文書・記録等のいわゆる「一次史料」であるのか、又は後代に何らかの作為・解釈を加えて作成された聞書（ききがき）・旧聞（きゅうぶん）等のいわゆる「二次史料」であるのかについて、適切に判断することである。さらには、それらが原本であるのか、写本であるのかについて、適切に区別することも求められる。

しかし、古絵図の場合には、製作年代の正確な特定が困難であるばかりか、「原本」又は「写本」の区別も困難であることが多い。したがって、描画された城・石垣の内容に基づき、古絵図の年代を推知することが重要となる。古絵図の中には、同時には存在し得なかった城・石垣の形姿が連続的に描画されたものも存在する。そのような場合には、描画された地割（石垣・堀等）及び建造物の中から最も新しい時代に属するものを判読し、古絵図の年代を推知することが重要となる。

また、古文書等の「二次史料」は、編纂された旧記・戦記・聞書・雑記録など歴史書・年代記等多様であり、歴史学・文献史の専門家の指導の下に、資料としての有用性及び限界について確認することが求められる。「一次史料」の「原本」が最も信頼性が高いことは論を待たないが、城・石垣を描画・記述した古絵図及び古文書の中に、そのような史料が残されていることは稀であり、「写本」しか残されていない場合が多い。「写本」の場合には、良質であるのか否か、他に良好な「写本」が伝存しているのか否か、又は当該「写本」の「原本」が知られているのか否かについて、調査を行う必要がある。「一次史料」の「原本」とされているものであっても、調査によって評価が変わる可能性もあることから、常に最新の調査成果を確認する作業を怠ってはならない。

以上のように、古絵図及び古文書等の史料調査には、総合的・多角的な視点の下に慎重な検討が不可欠であり、歴史学・建築史学等の各分野の専門家と十分な情報交換を行うことが必要である。

なお、古絵図及び古文書に注記された石垣の総長・高さは、「間（けん）」を単位とする場合が一般的である。しかし、1間の実長は時代・地域によって異なる場合があり、メートル法に換算する際には検討が必要である。また、石垣の高さを示す寸法が鉛直方向の比高を意味するのか、

コラム⑧　石垣の安定性評価の現状と課題

安全・安心かつ快適な都市の再構築が叫ばれる昨今、城跡の文化的価値と景観美を新たな都市計画の核として活用すべきであることは言うまでもない。一方で、城跡とくにその石垣構造には都市基盤施設としての安全性が第一に要求される。現代の擁壁構造物の中で城跡の石垣に類似していると思われるブロック積み擁壁を例に取ると、道路土工擁壁工指針（社団法人日本道路協会2012）に以下のような規定がある。

・擁壁高さは8m以下を原則とする。8mを超える場合は耐震性の検討が必要。

・ブロック間の結合部はかみ合わせ構造とし、空積み構造は使用不可。

石垣の築石（平石）間にかみ合わせ構造があるかどうかは判断の難しいところではあるが、いずれにしても城跡の石垣が現代の設計指針に従う構造物であるとは到底考えられない。では、現代のブロック擁壁が持つ工学的な問題点は何かというと、

・安定性が施工技術に左右され、耐震性に劣る。

・地盤条件と安定性の関連性が不明確。

・理論的な安全性の確認が困難で、公認された設計法がなく、過去に倒壊事例が散見される（**図1**）。

などであり、城跡の石垣が持つ問題点とほぼ一致する。これを見ても、城跡の石垣の安定性評価を行うことがいかに難しい課題であるかが理解できる。

表1は、現在の石垣の安定性評価手法と工学分野における研究方法をまとめたものである。まず、変形による安定性評価手法として、孕み出し指数（＝最大孕み出し量／孕み出しの生じている部分の石垣長さ（高さ））が知られている（西田・玉野1998）。これは、石垣の変形状況を数値的に表現する方法として非常に簡明で有効である。次に、土圧論による石垣の安定性評価手法が提案されているが、この多くは築石（平石）の形状を正確に表現していないことや、変形量を表現できないなどの問題点がある。そこで、石垣の分離構造が表現でき、かつ変形量を求めることができる有限要素法や個別要素法などの数値解析手法の適用が試みられている。その中でも、個別要素法は分離構造の表現や石垣の局所的な大変形の解析に適している。

石垣の表面に変形が生じる原因には、石材自体の不安定化、裏込め（栗石・砂利層）の沈下、背面の盛土の滑りなどがあり、この中の何が変形を生む原因になっているかを調査により明確にする必要がある。また、石垣構造の安定性評価のためには、常時と地震時に分けて変形誘因を考える必要がある。常時の石垣の変形誘因は、一般斜面の崩壊と同様に降雨による背面土の不安定化によることが多い。一方、地震時にこそ石垣特有の変形が現れるものと考えられる。そこで、地震時の変形特性を考察するために、**表1**の数値解析や実験的手法による研究がなされている。

石垣構造は築石（平石）、裏込め（栗石・砂利層）、背面土層の複合構造であり、それぞれ固有の振動特性が相互に影響しあって、石垣全体の地震時の安定性が維持されている。一言でいえば、石垣全体が柔構造であることがその耐震性を高めており、中でも裏込め（栗石・砂利層）がもつ役割が重要であると思われる。築石（平石）背面にある裏込め（栗石・砂利層）は、地震時に比較的自由に運動できる状態にあるため、背面地山からの地震荷重が築石（平石）に直接作用することを抑制する機能がある。このことは、裏込め（栗石・砂

図1　ブロック擁壁の倒壊（阪神大震災）と城跡（史跡仙台城跡（宮城県仙台市））の石垣の崩壊状況

利層）の厚さと施工方法に関して、今後検討する必要があることを示唆している。

次に、安定性の評価指標を管理基準Ⅰ～Ⅲの3段階とし、その対策方法と合わせて表したものを**表２**に示す。表中の孕み出し指数の値は、玉野らの研究結果（西田・玉野1998）と著者らが実施した解析結果を基にしたものである。

このような管理基準を作成することで、健全性評価と安全性評価から対策工までの維持管理手法の構成が可能となる。

最後に、対策工法について述べよう。石垣の修復に適用しうる土木技術はいくつかあるが、汎用的に使用されている工法は意外に少ない。地山の安定処理にセメントや石灰混合による地盤改良工法が使用されることがあるが、これは基本的には石垣の積み直し時にのみ使用可能な工法である。しかし、現実には解体修理には至らないまでも、変形した石垣の安定化あるいは延命化を目的とした修復技術が求められることが多い。この場合には現存の構造や材料を本質的に改質しないこと、後に全面的な解体修理を実施する場合に元の状態に戻しうる工法を使用することが望ましい。

このような要求を満たす工法として、一般斜面の補強に使用されている補強土工法（**図２**）がある。本工法は築石（平石）のすき間から直径30mm程度の鉄筋補強材を一定間隔（1.5～2m間隔）に打設し、築石（平石）と裏込め（栗石・砂利層）を一体化することで安定性を向上させるものである。小型機械で施工が可能なこと、周辺の石垣への影響を極力控えた施工が可能であることなどの他、補強範囲を築石（平石）と裏込め（栗石・砂利層）までとすることで、地山の損傷を最小限に留める等の利点がある。

表１　城跡の石垣の安定性評価手法および研究方法

手法		既往の研究
経験的手法	目視による判断	—
	孕み出し紙数による評価	西田，玉野ら（1998）
土圧理論による手法		市岡ら（1996），八尾ら（2006）
数値計算手法	有限要素法	玉野ら（2004），田中ら（2006）など
	個別要素法	森本ら（2006），西形ら（2008）など
	不連続体変形法	西山ら（2003），関ら（2004）など
実験的手法	大型モデル実験	山田ら（2004），山本ら（2010）など
	室内モデル実験	八尾ら（2010），西形ら（2008），廣石ら（2012）など

表２　城跡の石垣の安定性評価と対策（山本２０１１より）

区分＼対応	管理基準Ⅰ	管理基準Ⅱ	管理基準Ⅲ
	健全	やや不安定	不安定
	通常管理	観測強化	対策検討
変形モード	転倒モード	孕み出しモード	
孕み出し指数	0～2	2～6	6以上
対策	・目視点検 ・部分的な変形の継続的な観測	・スキャナー等による計測と変形原因の抽出 ・間詰石の補修と充填 ・石垣周辺の地盤調査	・積み直し ・地山改良補強 ・補強土工法 ・石垣基礎地盤の改良

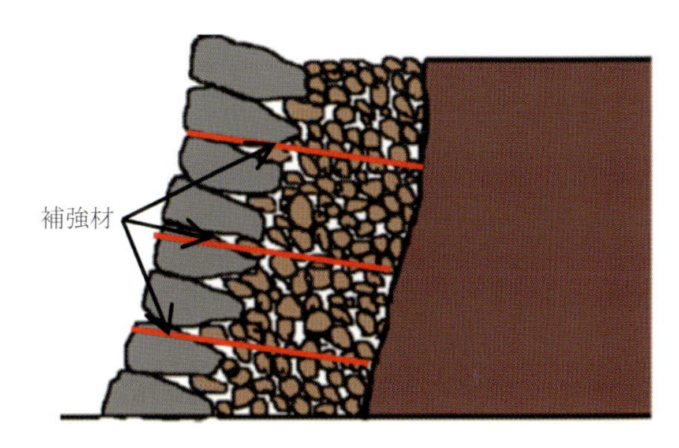

図２　石垣への補強土工法の適用概念図（山本２０１１より）

参考文献

社団法人日本道路協会『道路土工―擁壁工指針（平成24年度版）』2012

西田一彦・玉野富雄「歴史遺産としての城郭石垣の安定性評価方法の工学的提案」『地盤に係わる維持・補修・管理技術に関するシンポジウム』土木学会　1988

山本浩之「文化財城郭石垣の工学的特性と安定性評価手法に関する研究」（関西大学博士論文）2011

法面に沿った高さを意味するのかについても留意が必要である。

既往の発掘調査・研究等　過去の発掘調査報告書及び研究論文等の整理・把握を行う。石垣の周辺において行われた発掘調査の有無を確認し、行われているならばその調査成果と石垣との関係について整理・把握する。発掘調査の成果には地形・地質等に関する情報が含まれていることも多いことから、関連情報を見落とすことのないよう努めることが求められる。

研究論文等では、歴史学・民俗学・考古学・建築史学・土木工学・地質学等の石垣に関わる各専門分野の研究成果を悉皆的に整理検討する必要がある。

c. 石垣の評価

追加調査時における石垣の評価には、主に「様式・時期」、「石垣の危険度」の2種類がある。これらの2種類の評価では、これまでの調査の過程で得た成果をもとに石垣の各区間がもつ本質的価値を再確認するとともに、現況での崩落の可能性、地形・地質・水系、過去の修理履歴、及び周辺の環境・利用形態等から石垣の各区間の危険度を相対的に整理し、復旧（修理）の緊急度・優先度を決定する。

石垣の評価は各城跡における石垣の復旧（修理）・整備の計画を策定する上で重要な作業であり、まず城跡を管理する地方公共団体の担当者が行わなければならない。その際、独断的な評価・判断に陥ることがないよう、専門委員会等による十分な検討を経ることが不可欠である。

①石垣の様式・時期

基本調査で得た成果を踏まえ、石積みの技法及び個々の石材の特質等に基づき、石垣の各区間の様式・築造時期に関する評価を行う。その際には、改修箇所等に見られる様式の違いから相対的な前後関係を類推するとともに、過去の修理記録と照合することにより各々の様式の編年的な整理を行う。また、枡形門・御殿・庭園・郭外壁・堀など石垣が築造された場所、野面石・割石・切石等の石材加工技法、布積み・乱積み等の石積みの技法、縦石積み・鏡積み等の石材構成など、それぞれに見られる特質及び相互の関係について検討することも必要である。

②石垣の危険度

基本調査の段階で行った評価を踏まえ、崩落の可能性、地形・地質・水系、過去の修理履歴及び周辺の環境・利用形態等の変化によって、城跡における石垣の各区間の復旧（修理）の優先度を総合的に評価する。その場合、破損・変形の進行及び周辺の環境・利用形態等の変化により石垣の危険度は常に変化することにも留意する必要がある。

評価の結果は、石垣の復旧（修理）のための基本計画（本書の86〜89頁を参照されたい。）を策定する際の基本情報となる。したがって、城跡の管理・整備にあたる地方公共団体の担当者は、専門委員会の意見を十分に踏まえつつ、評価の決定に携わることが不可欠である。

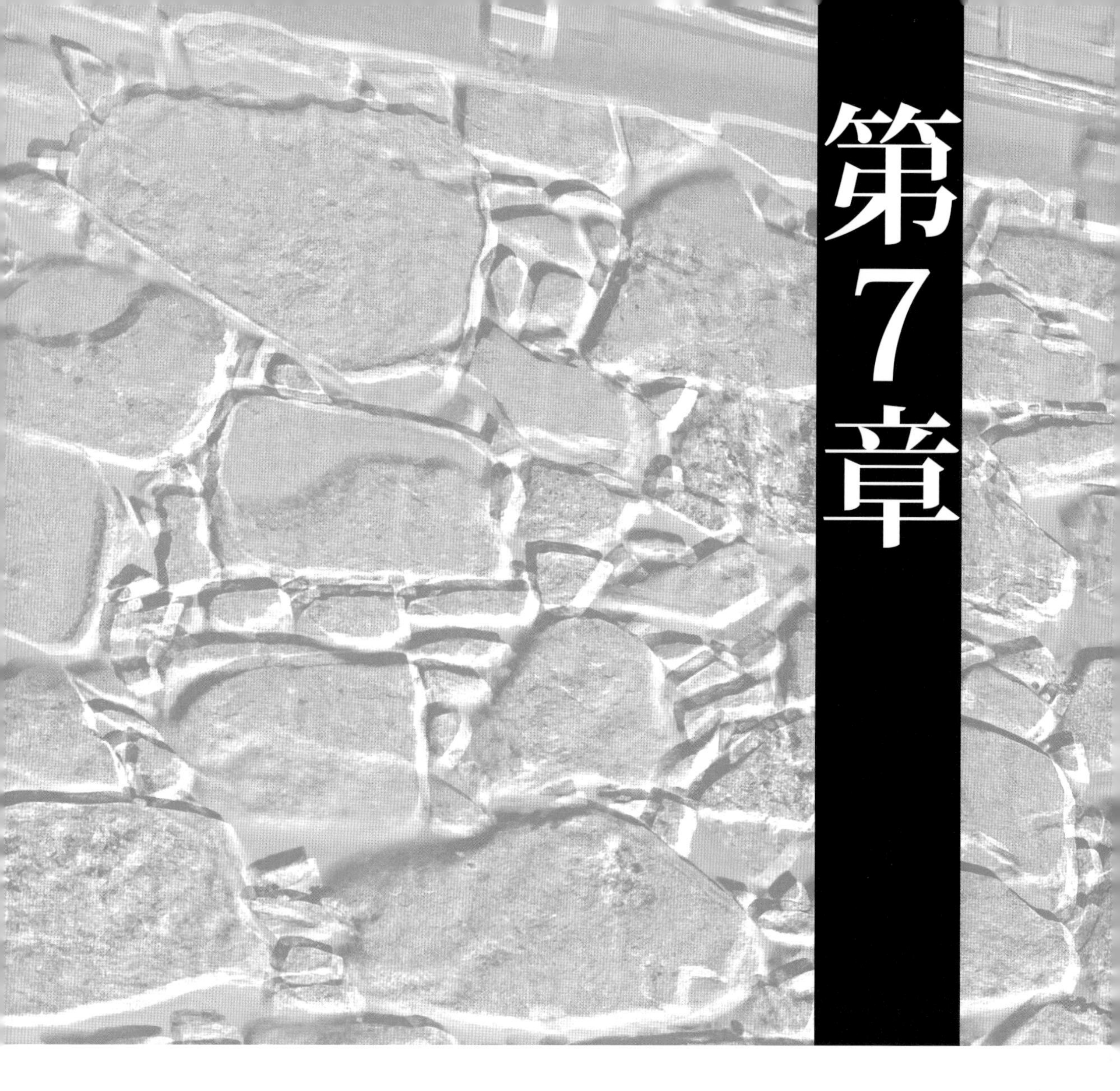

第7章

石垣の復旧（修理）

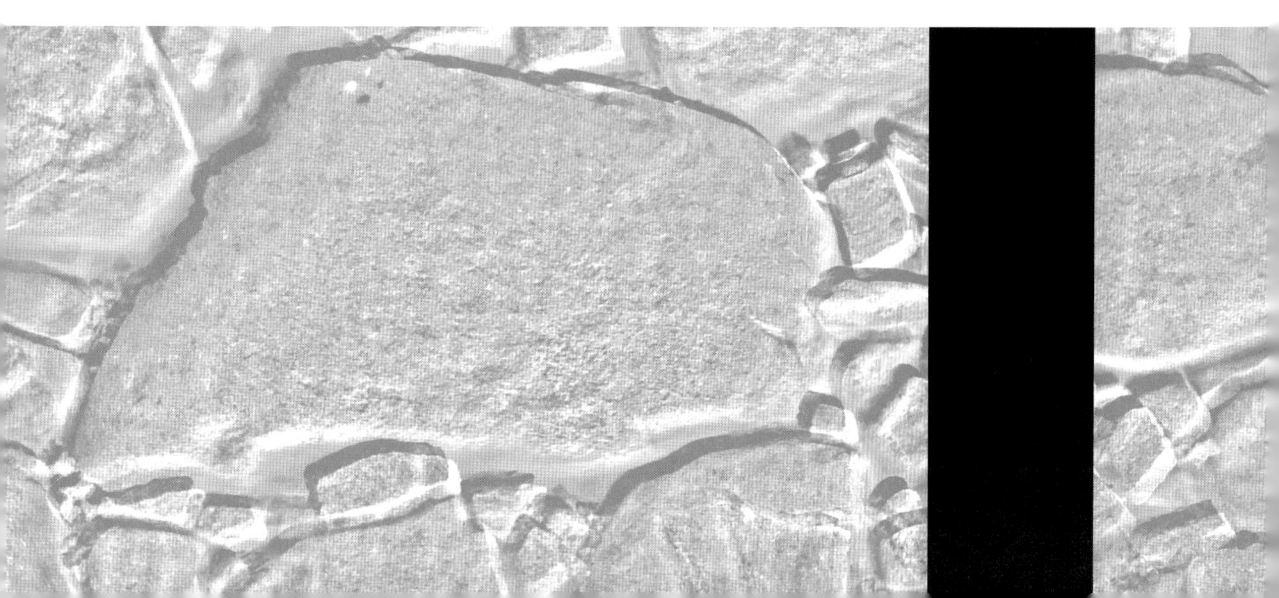

第7章
石垣の復旧（修理）

「管理」の過程から「復旧（修理）」の過程に入ると、まず必要となるのが石垣の復旧（修理）のための基本計画（以下、「基本計画」という。）の策定である（図48）。基本計画には復旧（修理）が必要とされる部分を特定するとともに、各種調査を通じて破損・変形の進行の程度を把握し、その程度により復旧（修理）の方法を示すことが求められる。また、復旧（修理）の方法の選択にあたり、必要に応じて発掘調査（試掘調査・確認調査）が必要となる場合がある。

以下に、

1. 石垣復旧（修理）のための基本計画の策定
2. 多様な復旧（修理）の方法
3. 復旧（修理）前の発掘調査

について、それぞれ解説を行う。

1. 石垣の復旧（修理）のための基本計画の策定

(1) 意義・目的

石垣の復旧（修理）のための基本計画を策定することは、長期間に及ぶことの多い城跡の石垣の復旧（修理）を円滑に推進する上で有効である。

基本計画は、「石垣の管理」の過程で「日常的な観察」を通じて行う概況調査、「日常的な維持管理」を通じて行う雑草・実生木の除去、樹木管理、石材管理、排水管理の成果をはじめ、さらなる調査成果を通じて作成・追加更新された「石垣カルテ」に基づき策定するものである（72〜73頁、**表6・表7**を参照されたい）。

(2) 総括的事項

基本計画には、ア．基本方針、イ．石垣の各区間における復旧（修理）の方針・方法、ウ．実施の方向性

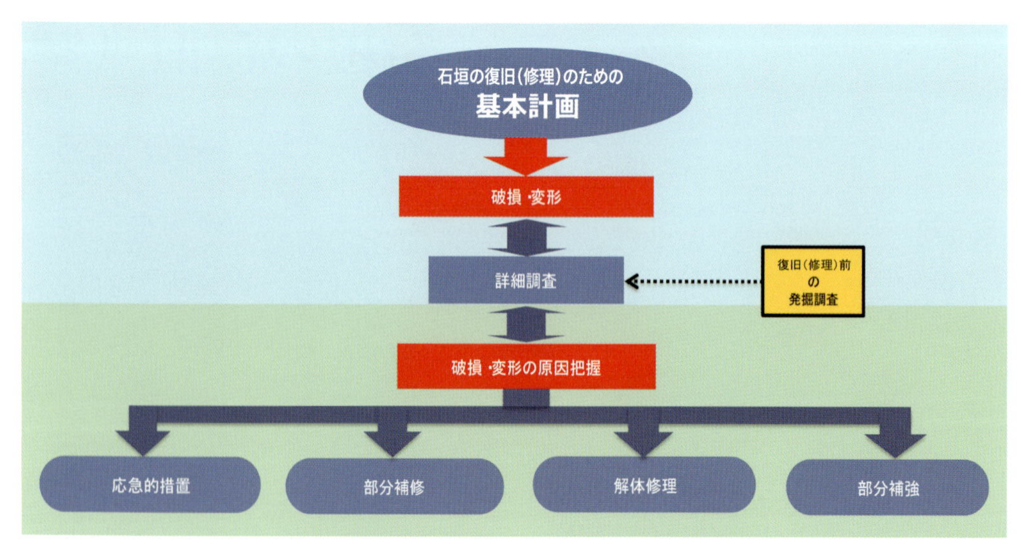

図48　基本計画から各種の方針・方法の選択への過程

表10　石垣の復旧（修理）の基本計画に定めるべき項目、作業の概要・詳細・実施方法等

計画の項目	作業の概要	作業の内容	実施方法等
ア．基本方針	復旧（修理）の基本方針の提示	復旧（修理）の目標・方向性の提示	概況把握～構想における成果の集約 専門委員会での検討 庁内外の関係部局、庁外の関係機関との連携
イ．石垣の各区間における復旧（修理）の方針・方法	① 遺構保存に関する方針・方法の提示	遺構の保存及び取扱いに関する基本的な方針と具体的な計画の提示	
	② 復旧（修理）に関する方針・方法の提示	●復旧（修理）計画に関する基本的な方針及び具体的な方法（優先順位等を含む。）の提示 ●復旧（修理）の技法・工法に関する基本的な方針及び具体的な方法（非解体修理・解体修理）の提示 ●伝統的技法・在来工法・現代工法の導入に関する基本的な方針と具体的な方法（対象・段階・安全性）の提示	
	③ 維持・管理に関する方針・方法の提示	維持・管理に関する基本的な方針と具体的な方法の提示	
	④ 公開・活用に関する方針・方法の提示	●復旧（修理）中の公開・活用に関する基本的な方針と具体的な方法の提示 ●復旧（修理）後の公開・活用に関する基本的な方針と具体的な方法の提示	
ウ．実施の方向性	復旧（修理）の進め方・年次計画、運営体制・経費の提示	●復旧（修理）の進め方・年次計画（短期・中期・長期）の提示 ●運営体制の提示 ●経費（短期・中期・長期）の提示	

等を具体的に定める（**表10**）。

既に城跡の全体又は史跡等の全体を対象として保存管理計画又は整備活用基本構想・基本計画等が策定されている場合には、それらの内容を十分に踏まえ、石垣の復旧（修理）に特化した基本計画を策定する。また、保存管理計画又は整備活用基本構想・基本計画等[1]が策定されていない場合には、石垣の復旧（修理）のための基本計画の策定と並行して、これらの保存管理計画又は整備活用基本構想・基本計画等の策定作業を進めることも必要である。

（3）基本計画の内容

ア．基本方針

個々の城跡の特質等に基づき、石垣の復旧（修理）の方向性を基本方針に定める。基本方針は城跡の全体を対象として石垣のあるべき姿を定めたものであり、石垣整備の理念である以下の5点（①～③は保存面に関する理念、④・⑤は活用面に関する理念）に基づき、各々の城跡の立地、成立の背景、特質を踏まえて具体化しなければならない。なお、石垣整備の理念は、46～47頁において総括的に解説しているので参照されたい。

①石垣の本質的価値の保存

②石垣に関する調査研究の充実と整備の精度の向上

③整備の手法・技術の充実・向上

④石垣の本質的価値を学び理解する場の提供

⑤まちづくりや地域のアイデンティティとしての位置付け

また、基本方針に基づき、以下のイ～キの各項目について記述する場合には、石垣整備の計画・設計の原則・方向性、技術の体系を念頭に置くことが必要である。石垣整備の計画・設計の原則・方向性、技術の体系は、

1　**保存管理計画、整備活用基本構想・基本計画**；　記念物・文化的景観の「保存・活用」に関する課題を整理し、地域の核となる文化遺産の価値を顕在化させ、地元住民、民間団体の文化財保護の活用を一層推進するため、文化庁記念物課が平成25年（2013）・平成26年（2014）の2ヶ年事業として進めている「記念物・文化的景観」マネジメント支援事業において、特に記念物の「保存管理計画」を「保存活用計画」へ再整理することを検討中である。

47～54頁及び48～49頁の**図40**において総括的に解説しているので参照されたい。

イ．石垣の各区間における復旧（修理）の方針・方法

基本方針に基づき、城跡の全体を対象として整備すべき石垣の範囲を明示するとともに、整備後の将来像を示すことが必要となる。そのためには区間ごとの区分を行い、各区間の特性に応じて具体的な石垣の復旧（修理）の方針を定めることが必要である。

区間ごとの区分には、①既存石垣の復旧（修理）を要する区間、②石垣の復元を要する区間、③石垣が所在する周辺環境の改善を要する区間等が想定できる。

これらの各区間が持つ個別の特性に応じ、①遺構保存、②復旧（修理）又は復元、③維持・管理、④公開・活用の観点から、それぞれ具体的な方針を示すことが求められる。

現存する石垣は築城時ではなく廃城時の形姿を示している場合が多く、特に幕藩体制の中で破却された石垣又は近世の技法を示す補強石垣（はばき石垣・腰巻石垣等）等も、他の石垣と同様に本質的価値を示す遺構として評価できる場合がある。したがって、石垣の復旧（修理）又は復元を選択する場合には、特に理由がない限り、廃城時の形態・意匠・構造を基準として復旧（修理）の方針を定めることが適当である。ただし、石垣は廃城以降の時代においても地上に残され、その後の土地利用形態、地震・火災、第二次世界大戦の空襲等による痕跡を明瞭に残しており、いわば土地の歴史を示す記念碑的な存在となっている場合も多い。したがって、これらの点を十分に踏まえつつ、区間の区分及び区間ごとの方針を明示することが重要である。

①遺構保存に関する方針・方法の提示

地上に表出している石垣のみならず、その周辺の地下にも石垣と関係する重要な遺構が埋蔵されていることも多く、それらも対象に含めて確認調査を行い、保存を図る必要があることから、その考え方・範囲・方法を示す。

特に、解体修理を要する石垣の場合には、解体により石垣の周辺の地下に埋蔵されている遺構は失われてしまう。その中には、石垣の上面にかつて存在した建築物の基礎石材又は石垣築造の過程で背後に設置された石造構造物など、石垣の積み直しと並行して復旧が可能な遺構も含まれる。したがって、そのような遺構の特質を十分考慮した保存の考え方・範囲・方法を示すことが不可欠となる。

②復旧（修理）に関する方針・方法の提示

何らかの復旧（修理）の対策を要すると判断された各々石垣について、日常的な観察（概況把握）及び石垣カルテの作成・追加更新の過程で得られた成果をもとに、緊急性に応じて復旧（修理）の優先度に関する具体的な方針・方法を定める。

復旧（修理）はあくまで石垣の本質的価値の保存・顕在化を目的とするものであることに鑑み、解体修理を前提とするのではなく、多様な方法を示すことが求められる。例えば、①石垣の現況を維持する方法、②緩み・孕み等の変形の速度を遅らせる方法、③間詰め石等を増やすことにより強度を高める方法などが想定できる。各々の方法が持つ長所・短所を十分吟味し、専門委員会の意見も加味しつつ、個々の石垣の特質に即して具体的な方針及び選択すべき方法を明示することが必要である。その場合には、作業に関わる関係者間の役割分担を示すことも重要である。

解体修理が復旧（修理）の方法として不可避であると判断された場合には、伝統的技法・在来工法に基づき、既存石材への加工を厳に戒め、交換する石材の数量を最小限に抑制することを原則とする旨を明示し、そのために必要となる技能者及び材料の確保等に関する具体的な方針・方法を定める視点も重要である。

一方で、石垣は安定した構造物としての特性も持ち、復旧（修理）に際して安全性や経済的合理性などが求められる。また、復旧（修理）の後も構造的に安定した状態を維持することが求められることから、現代工法の適用を検討しなければならない場合もある。しかし、文化財としての石垣の復旧（修理）では、原則として現代工法を適用すべきではなく、適用せざるを得ない場合でも、その範囲は最小限かつ試験的でなければならない。そのため、現代工法の適用を検討する場合には、その必要性を厳密に問いかける姿勢が不可欠であり、最終的に必要であると判断された場合にも、その方法・適用範囲の合理性を厳密に説明する努力が求められる。

復旧（修理）における現代工法の用法は、石材の加工、積み直し・復旧等の各段階によって異なる。また、現に存在する石垣を復旧（修理）する場合と復元する場合においても異なる。さらに、復旧（修理）及び復元に際して、現代工法の適用及び真実性の確保の在り方は各石垣の特質によって異なる。特に復元の考え方は、①石垣の一部が現存する場合、②根石のみ現存する場合、③かつて石垣が存在した痕跡はあるが石垣も根石も現存しない場合などの石垣・根石の残存状況、石垣様式・石材に関する調査の成果、古絵図・古写真等の調査の成果等によって大きく異なる。そのため、復元の根拠及び確からしさの厳密な判断が必要となる。

③維持・管理に関する方針・方法の提示

復旧（修理）を実施した石垣のみならず、復旧（修理）を当面必要としない石垣についても、長期的に良好な状態を継続するためには、恒常的な維持・管理が不可欠である。そのため、長期的かつ計画的な維持・管理の方針・方法を示す。特に、根が石垣に直接的な影響を及ぼすことの多い樹木等は、原則として石垣の近接位置への新たな植栽を差し控えるとともに、悪影響を及ぼす可能性の高い現存樹木の移植・伐採、日常的な除草・間伐等の方針・方法を定める必要がある。また、変形の進行状況について継続的な変位量の経過観察が必要とされる石垣の場合には、観察・測量及びそれらの期間等の方針・方法を示す。

④公開・活用に関する方針・方法の提示

石垣整備は複数年に及ぶ場合が多く、大規模な石垣が存在する城跡では、整備の期間が数十年に及ぶこともある。石垣整備は長期に及ぶと同時に、経費面でも大きな支出を伴い、その推進にあたっては住民の理解が極めて重要となる。そのため、整備後に公開・活用するのみならず、整備の途中で復旧（修理）の過程を積極的に公開することが重要であり、公開・活用の全体にわたり方針・方法を示す。

また、石垣の公開・活用にあたっては、構造上の観点から安全面での配慮が不可欠である。人の立ち入りに伴い遺構の破損等が起きないよう施設の整備を行うとともに、復旧（修理）に伴う架設ではあっても城跡の景観に配慮した施設の設置に努めるなど、公開・活用の方針・方法に盛り込む必要がある。

ウ．実施の方向性

石垣整備の事業は長期に及び、良好な状態を継続するために維持管理が不可欠である。一度復旧（修理）した石垣を含め、あらゆる石垣は一定の期間ごとに小規模な復旧（修理）など手を加える必要があることにも留意が必要である。したがって、長期的な課題・改善策をも視野に入れつつ、事業の行程・年次計画・体制・経費等から成る事業の進め方を明示する必要がある。

当面、復旧（修理）が必要となる石垣の場合には、精度の高い行程・年次計画を示し、その後、継続的に着手すべき復旧（修理）の場合には、短期・中期・長期の区分に基づく行程の明示が必要となる。さらに、経費面で大きな支出を伴うことから、実施主体となる地方公共団体の財政部局及び企画部局とのと円滑な協議を行うために、積算に基づく所要経費を示す必要がある。また、中期・長期の行程について経費の概算を示すことは、財政部局及び企画部局と協議する場合のみならず、将来的な行程の展開を模索する上でも有効である。

事業を進める際の体制については、文化財部局、公園部局、観光部局等の関連部局間の連携を保ち、長期的・一元的な事業の推進を図る必要がある。

また、石垣に関連する新たな知見をはじめ、関連技術の開発、社会を取り巻く情勢、事業者の財政状況等、石垣整備を取り巻く諸条件は変化することから、これらに柔軟に対応するとともに、専門委員会において専門的な立場からの検討、指導・助言が継続的に行えるようにするなど、体制を整備・維持することが重要である。

2. 多様な復旧（修理）の方法

石垣の復旧（修理）の方法には、石垣を解体しないものと解体するものの2種類に大別できる。前者は、①石垣に触れることなく維持的に保存すること、②破損・変形の速度を遅らせること、③間詰め石等を増やし強度を高めることなどを目的として、(1) 応急的措置、(2) 部分補修、(3) 部分補強の3つの方法に区分できる。後者は、文字どおり (4) 解体修理の方法である。

これらの (1) ～ (4) の方法をどのように調整し、実施するのかは、石垣の立地・環境、破損・変形の状況など様々な要素を考慮し、石垣整備の理念（本書の46～47頁を参照されたい。）に基づきつつ、専門委員会等における議論を経て決める必要がある。(1) ～ (4) を各々単独で実施する場合があるのみならず、複数を組み合わせて実施する場合も考えられる。復旧（修理）は解体修理ありきで決めるのではなく、様々な方法を視野に入れ、多様な組み合わせについて検討すべきである。

(1) 応急的措置

根本的な解決策ではないが、災害による崩落等の拡大を防ぐこと及び経年による石垣の破損・崩落等を遅らせることなどを目的として行う応急的な方法である。

ア. 立ち入り禁止区域の設置

崩落の恐れがある石垣の周辺に、その影響範囲を想定して人の立ち入りを禁止し、万一の崩落に備えて被害を防止する。架設のバリケードを設置し、立ち入り禁止区域を設ける方法があるほか、灌木等による植栽帯を設けて景観面にも配慮しつつ、立ち入りを制限するなどの方法もある（**図49**）。影響範囲を想定するにあたっては、石垣の立地・規模などを十分に考慮することが必要である。

イ. 破損・変形の要因の除去

石垣の上面付近に設置された転落防止柵及びそれらのコンクリート基礎等の工作物を除去するほか、石垣の表面又は上面付近に叢生し、石垣の安定性に悪影響を及ぼしている植物を除去する（**図50**）。これらは掘削を伴う場合が多く、その影響範囲について発掘調査が必要である。また、石垣の表面又は上面付近に叢生している樹木の根が石垣に食い込んでいる場合には、除根せずに伐採のみを行い、根方の腐朽に伴って徐々に生じる空隙が石垣の安定性に悪影響を及ぼさないかどうか、経過観察を行う必要がある。

図49　石垣の周辺に設置された立ち入り禁止区域
（山梨県指定史跡甲府城跡（山梨県甲府市））

図50　悪影響を及ぼす可能性のある樹木の除去
（特別史跡姫路城跡（兵庫県姫路市））

図51　石垣の周辺の排水の確保
（史跡仙台城跡（宮城県仙台市））

ウ. 排水の確保

健全な排水経路が何らかの原因で機能不全に陥って

いる場合には、その機能を回復する。表流水とともに、浸透水も適切に排水することが必要である。前者には、排水溝などを清掃し、破損した排水溝・吐水口を復旧（修理）することにより、機能の回復を図る方法がある（図51）。また、石垣の上面において陥没が生じた場合には、流入水を防止するために不透水性のシートで被覆する方法がある。往時の排水の経路・機能を回復する方法もあるが、石垣背面をも含め排水経路を把握する必要があることから、主に解体修理の過程で行う。

エ．石垣の表面の保護

石垣の表面からの落石を防止し、石垣を保護するのみならず、来訪者等に対する被害を防止する。間詰め石を追加する方法のほか、落石を防止するためにナイロン製のネットで石垣の表面を覆う方法がある（図52）。石垣の崩壊及び石材の転落を防止するために、ワイヤーロープ及び金属製ネットにより、石垣の表面を完全に覆う方法もある。ただし、この方法は、ネットの機能を十分に確保するために、端部に十分な耐力をもったアンカーを打ち込む必要があるなど、遺構の保存面において課題があることにも留意が必要である。

図52　石垣の表面に設置されたネット
（史跡鳥取城跡（鳥取県鳥取市））

（2）部分補修

石垣の石材に破損箇所が発見されても、石垣の構造に大きな影響を生じないと判断できる場合には、破損石材及びその周囲に部分的な補修を行う。

ア．石材補修

石垣の構造に大きな影響を生じない範囲で石材が破損した場合には、工学的・保存科学的な手法により、破損石材の補修を行う。2つ以上に割れた石材を樹脂系接着材により接合する方法（図53）、金属器具により緊結する方法、不織布などで包んで接着する方法などがある。また、主として切石積みの石垣では、切石の外観を保持するために、端部が破損した石材の空隙に新たな石材をはめ込むなどの方法もある。

図53　石材補修
（山梨県指定史跡甲府城跡（山梨県甲府市））

イ．間詰め補修

石垣が緩み、石材の目地・合端が開くことにより、間詰め石が抜け落ちている場合には、間詰め石を充填するなどの補修を行う。

図54　石垣の前面の補強
（史跡徳島城跡（徳島県徳島市））

（3）部分補強

石材及び背面基盤層・地盤面の盛土等が劣化したことにより、石垣の構造が脆弱化している場合には、劣化箇所とその周辺に部分的な補強を行う。

ア．石垣の前面の補強

石垣が孕み出した場合、その進行を防止するために、石垣の前面にはばき石垣・腰巻き石垣等の補強石垣を

コラム⑨　詰め石による復旧（修理）の事例と留意点

詰め石による復旧（修理）　詰め石による復旧（修理）とは、目地に配された詰め石が抜け落ちている場合に、補充等により補修するもので、特に野面石積みの石垣の場合に用いられる手法である（**図1**）。その目的は、文化財石垣を解体せずに可能な限り本質的価値を維持し保存することにある。

大抵の場合、詰め石は小型で控え長も小さい。したがって、落下しやすい特徴が見られるため、必ずしも詰め石落下が石垣構造にとって崩壊などを引き起こす危険領域に入ったことを示唆するものではない。しかし、放置すると裏込め（栗石・砂利層）及び盛土が流出し、内部の空洞化が進行したり、石垣の変位変形が増長したりする原因にもなりかねない。

精加工の石材を用いた石垣では、詰め石による復旧（修理）の必要性は極端に小さくなるが、部分的に石材が破損した場合には応用的に導入することもできる。

「石を詰める程度なら誰でもできる」という発想ではなく、詰める作業量、本来の詰め石と同等の材料確保、本来の詰め方の特徴、仕上がりのイメージを十分に調査研究し、検証のうえ実施する姿勢が必要である（**図2**）。

作業の進め方　詰め石による復旧（修理）前の準備として、当該石垣の歴史的又は構造的特質を把握する事前調査と測量を踏まえ、専門委員会による検討を実施し、方法の妥当性等を確認する（**図3**）。また、材料の確保の方法についても、この段階で確認しておくべきである。

事前の主たる作業は、規模にもよるが、仮設の作業足場を設置し、清掃・番付作業を行うことである。清掃は、傷みの状態や作業量を見極める重要な作業で、文化財専門職員は石垣の技能者とともに全地点の記録カードを作成し、現況・作業方針を記録する。これは、両者が作業方針を相互に理解するために重要な意味を持つ。

基本的作業には、不安定な詰め石や劣化部分の除却、旧石材の締め固め、新補石材の補充がある。その他、空洞化した石垣内部への裏込め（栗石・

図1　詰め石の復旧（修理）の外観
（山梨県指定史跡甲府城跡（山梨県甲府市））

図2　石垣点検と記録作業
（山梨県指定史跡甲府城跡（山梨県甲府市））

図3　専門委員会による現地の確認・指導の状況
（山梨県指定史跡甲府城跡（山梨県甲府市））

砂利層）の補充がある。

併せて、規模の大きな石材破損等が散見された場合、可能な限り工夫する必要があるが、除却・締め固め・補充も不可能な場合は工業製品を用いた補強を施す必要性も生じることから、そのための準備もしておくことが望ましい。

留意点 最大の留意点は、対象とする石垣にとって詰め石補修が有効な方法であるか否かの見極めである。つまり、石垣の安定性を科学的に証明できる現状が背景にあるかどうかということである。また、大規模な解体修理と比較して安価であるため、本来は解体修理等のより適切な方法を選択すべきところ、経済的な視点に基づく判断により、安易に詰め石による復旧（修理）を選択してしまう可能性は排除しなければならない。

詰め石は、落下しやすく、安易に詰め直した石材が落下で人や物を傷つけることもあることを忘れてはならない。落石回避のために、技術的には控え長がある石材を使用し、重心を石尻側に設けるなど石材の特性や周辺環境なども勘案し、専門委員会、熟練した石垣の技能者との意思疎通を図りつつ、事故防止に努める必要がある（**図4**）。

また、盲点となるのが、小さな詰め石でも、その仕上がり次第によっては本来あるべき石垣の外観を大きく変えてしまうことである。埋設されていた根石周辺の発掘調査成果から、歴史的には詰め石は目地に隙間なく詰められていたと考えられても、復旧（修理）においてすべての目地に詰め石を補充してしまうと石垣の外観は大きく変わり、かつ落下の確率も高まる。復元でないのであれば、必要最低限の作業量に留めるべきである（**図5・図6**）。

専門委員会や石垣の技能者（石工）との意見交換の下に、詰め石落下の原因や補充したことによる有効性を十分に検証しなければならない。

また、詰め石が落下する原因は経年変化、石材の形状、配石の方法など様々であるが、微細な石垣の変形に伴う落下も考慮し、落下個所を発見した場合には原因を十分に検証することが重要である。また、定点観測や日常点検も文化財石垣を保存活用するために重要な作業となる。

図4　詰め石の補充の様子
（山梨県指定史跡甲府城跡（山梨県甲府市））

図5　詰め石の打ち込み作業
（特別史跡姫路城跡（兵庫県姫路市））

図6　手作業による詰め石の補充
（特別史跡姫路城跡（兵庫県姫路市））

コラム⑩　石材の復旧（修理）・補強の事例と留意点

石垣の復旧（修理）において解体調査を実施すると、破損・劣化した著しく不安定な形状又は不安定に配石された石材が発見されたり、石材の再利用を躊躇したりすることがある。

しかし、石垣を構成する石材である以上、健全な状態であれば原位置に復旧し、健全でない状態であっても可能な限り再利用する方法を検討する必要がある。

石材の復旧（修理）・補強を歴史的に捉えると、石材の個体に対する工夫と、石材と石垣との接点に対する工夫がある。特に後者は、構造体としての石垣の強度を増加させる役割も含んでいる。

一方、公共工事等では壊れているものを直すことを復旧と定義し、現に存在するものの強度を増すことを補強と捉えている。このコラムでは、この視点の下に用語の使い分けを行う。

壊れた石材の復旧（修理） 代表例には、石材の割れ・風化があり、歴史的には積み直し時に石材を交換するか、又は破損・風化部位を除却する方法が一般的であった。小規模な復旧で十分である場合、例えば石垣表面の石材が割れたり風化し窪んだりした場合などには、目地の空隙部・破損部位を除却し、パネル状に加工した「化粧石」をはめ込む手法がある。

現在の復旧（修理）では、基本的に再利用の方法を模索することが原則である。例えば、石垣の前面に孕み出しの圧力に抗して抵抗圧力を発生させる「捨て石」、石垣の背面からの支持材として機能する「力石」、根石を前面に出して据える「前出し石」などの伝統的な手法を考慮して再利用する方法もある。

また、セメント系・合成樹脂系接着剤やボルト等による結合がある（図1～図3）。

石材の強度を高めるための補強 石材の強度を高めるのは容易ではない。石材と石材との接点を工夫した補強の方が一般的で、歴史的には石材や周辺の石材を木片又は金属片で連結する「ちきり」（千切りじめ）と呼ばれる方法（図4）、太柄穴（だぼあな）を掘って鉄製の軸を通す方法なども石材間の接点を利用した広義の補強といえる。

現代では、傷等の割れに対してセメント系又は合成樹脂系の工業製品による補強、風化石材に対して行う薬

図1　薬品注入による補強
（山梨県指定史跡甲府城跡（山梨県甲府市））

図2　ボルトによる補強
（山梨県指定史跡甲府城跡（山梨県甲府市））

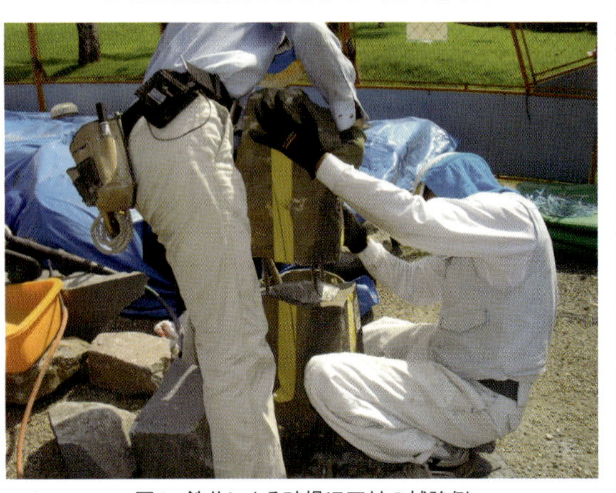

図3　鉄芯による破損旧石材の補強例
（山梨県指定史跡甲府城跡（山梨県甲府市））

剤の塗布・注入・浸透（**図5**）、盛土流出・雨水侵入を防ぐために行う目地パッキングなどがある。

また、規模によってはネット又はワイヤーロープにより外側から補強する方法（**図6**）、変位の激しい石材にはその周辺を鉄筋工法を用いて安定化を図る方法なども考えられる（**図7**）。

留意点　現代では様々な工業製品が発達しているため、補強のための材料・手法は多種多様である。留意点すべきことは、復旧（修理）・補強は必ずしも完全なものではなく、臨時的・緊急避難的な現場即応の対応措置ということである。

したがって、使用する工業製品の特性（耐用年数・劣化条件）は事前に遺漏なく調べる必要がある。石垣を取り巻く諸環境（気候・日照・降雨・気温等社会環境）、石材との相性（強度、風化進行の程度、吸水率等）、仕上がり（色調・風合い）、構造（配石位置・調和）を踏まえ、専門家及び製造業者と協議しつつ総合的に判断する必要がある。また、定点観測及び日常的な点検を並行して行うことも重要である。

図4　チキリによる補強
（史跡金沢城跡（石川県金沢市））

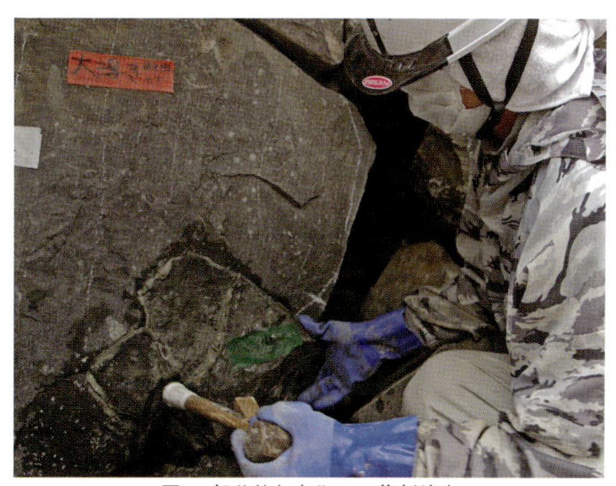

図5　部分的な劣化への薬剤塗布
（山梨県指定史跡甲府城跡（山梨県甲府市））

図6　ワイヤーロープによる補強
（史跡石垣山（神奈川県小田原市））

図7　滑りやすい石材の補強
（山梨県指定史跡甲府城跡（山梨県甲府市））

設置したり、盛土・擁壁・布団籠（**図54**）・捨て石等を設置したりする。これらの新設工作物の中には基部の掘削を伴うものがあることから、遺構の保存に十分留意することが必要である。特に、コンクリート製擁壁は外観の修景に十分な配慮が必要である。また、地盤が脆弱な場合には、新設する工作物の自重によって石垣をさらに脆弱化させてしまう可能性もあることから、事前に設置地盤の強度を把握するために、地質調査が必要となる場合がある。

イ．地盤等の補強

石垣の背面基盤層（盛土・地山）及びその周囲の地盤・岩盤が脆弱な場合には、土木工学的な手法により、背面基盤層（盛土・地山）及びその周囲の地盤・岩盤に対して補強を行う。アンカーを打って地盤の構造補強を行う方法、地被植物等の吹き付け植栽により法面の安定化を図る方法（**図55**）などがある。

ただし、石垣の基盤層及びその周辺の地盤そのものも遺構面であると考えられることから、保存上の観点から実施が適切か否かの慎重な判断を要する。石垣の構造を安定させるために背面基盤層（盛土・地山）の強化を行う方法は、「歴史の証拠」としての石垣の保存措置の一環として実施されるものではあるが、そこには遺構面の損傷という避けがたい課題があることについて認識することが重要であり、損傷を最小限に抑制する手法の検討が欠かせない。なお、石垣の基盤層が斜面地にかかる場合には、『奈良文化財研究所埋蔵文化財ニュース119号　遺跡の斜面保護』の詳細な解説が参考となる。

（4）解体修理

⑴～⑶の方法により、対応が不可能なほど石垣に大きな破損・変形が生じている場合には、石垣の解体修理又は切削を伴う復旧（修理）を行う。石垣を構成する材料のすべてを取り外す「全解体修理」をはじめ、取り外し範囲を破損・変形した部分にのみ限定する「部分解体修理」がある。解体修理は破損・変形を是正する外科手術であり、石垣を健全にする最後の手段であることを肝に銘ずる必要がある。

図55　石垣の基盤層の補強
（史跡松山城跡（愛媛県松山市））

図56　石垣の事前発掘調査
（史跡金沢城跡（石川県金沢市））

図57　石垣の上面遺構の発掘調査
（史跡高知城跡（高知県高知市））

図58　石垣の解体修理に伴う発掘調査
（特別史跡名古屋城跡（愛知県名古屋市））

図59　復旧（修理）前の発掘調査（天端部分）の実施状況（上：史跡金沢城跡（石川県金沢市）と下：唐津城跡（佐賀県唐津市））

石垣天端部分での裏込め（栗石・砂利層）、建物礎石等の遺構及び瓦等の遺物の遺存状況についての把握を目的として実施。

3. 復旧（修理）のための発掘調査

復旧（修理）の過程で必要とされる発掘調査には、①対象とする石垣の現状を確認するための事前発掘調査（以下、「復旧（修理）前の発掘調査」という。）、②復旧（修理）に先行して行う石垣上面の発掘調査（以下、「上面遺構の発掘調査」という。）、③解体修理に伴う石垣背面の裏込め（栗石・砂利層）及び盛土・地山等の基盤層に対する発掘調査（以下、「解体発掘調査」という。）の3種類がある。それぞれの定義・目的は、次のとおりである。

復旧（修理）前の発掘調査　石垣の復旧（修理）のための基本計画を策定した後、基本設計又は実施設計の策定に先だって又は策定と平行して行う発掘調査である。あくまで、復旧（修理）の方針の検討に必要な情報を得るために、現状の把握を目的として実施するものであり、遺構に決定的な悪影響が生じないよう最低限の範囲で行う（**図56・図59**）。

上面遺構の発掘調査　石垣の上面において行う発掘調査である。石垣を解体することにより、失われてしまう石垣上面の櫓・塀等の往時の建築物の礎石・柱穴の痕跡等の遺構の適切な記録を目的として実施する（**図57**）。

解体発掘調査　石垣の解体と並行して行う発掘調査である。解体時に切削の対象となる石垣の裏込め(栗石・砂利層)、各石材の背面付近に設置された介石、排水施設などの石垣の内部遺構、盛土・地山等の背面の基盤層の状況を記録し、石垣の緩み・孕み・崩壊の原因の究明、後代における改修の痕跡等を確認・記録することを目的として実施する（**図58**）。

上記の3種類の発掘調査のうち、本節では以下のとおり復旧（修理）前の発掘調査について解説を行う。上面遺構の発掘調査は135～137頁を、解体発掘調査は137～156頁を、各々参照されたい。

コラム⑪崩壊した石垣の復旧

石垣の崩壊　崩壊の二大要因は大雨と地震である。崩壊は外力への柔軟性を持った構造体が突発的な水圧や震動を契機にその平衡状態を崩し、一気に大変形する現象である。外力への抵抗が弱い状態の石垣で発生しやすくなる。その原因として、構造体そのものの弱みのほか、地盤や環境条件などが関連している。

崩壊の契機（集中豪雨・大地震）　近年の崩壊では集中豪雨による特別史跡名古屋城跡（愛知県名古屋市、平成6年）、長崎県指定史跡島原城跡（長崎県島原市、平成24年、**図1**）、大地震による史跡明石城跡（兵庫県明石市、平成7年）、史跡七尾城跡（石川県七尾市、平成19年）、駿府城跡（静岡県静岡市、平成21年）、史跡小峰城跡（福島県白河市、平成23年）、史跡仙台城跡（宮城県仙台市、昭和53・平成23年）などの事例がある。地震による崩壊はＭ７以上に集中するが、Ｍ５.４で崩れた亀山城跡（三重県亀山市、平成19年）の例もある。東日本大震災においては史跡小峰城跡や史跡仙台城跡で多数の石垣が崩壊した。これらには、いくつかの共通点がある。

図1　長崎県指定史跡島原城跡（長崎県島原市）西側石垣崩壊状況

図2　史跡小峰城跡（福島県白河市）本丸南面石垣崩壊状況

崩壊の原因　第1は構造体そのものの弱みで、練積み石垣の崩壊があげられる。史跡小峰城跡本丸南面石垣（**図2**）は昭和57年、同58年に大雨で相次ぎ崩壊し、すべり面を背面地盤に残したまま練積みで復旧が行われた。史跡仙台城跡中門北石垣も昭和52年に練積みで復旧されていたが、今回大きく変形し解体を余儀なくされた。練積み石垣は壁が面として動いたこと、揺れを吸収する石垣本来の柔軟性を阻害し、大地震では転倒崩壊を招く危険性があることを示した。ほかには、戦前に控えの短い間知石状の石材で復旧され、孕みが生じていた史跡仙台城本丸北西石垣、背面の裏込め（栗石・砂利層）が極端に薄かった史跡小峰城跡本丸西面石垣などの崩壊事例がある。

第2は地盤の問題である。史跡小峰城跡本丸南面石垣は谷地形を深く埋め立てた場所にあり、過去の崩落では排水不良もあって背面地盤が円弧滑りを起こしていた。また、江戸時代以来、修理のたびに最下段列をセットバックして積み直していたように、基礎地盤にも問題を抱えていた史跡仙台城本丸北西石垣でも、旧地形の谷部での崩壊が目立ち、同様の復旧履歴がみられた。地盤の軟弱性や不同沈下、排水機能不全等が石垣に歪みを蓄積した事例といえる。

第3は環境条件である。史跡小峰城跡の月見櫓台や竹の丸南面石垣（**図3**）では、直上にあった石碑・樹木の揺れが崩壊に一定の影響を与えたとみられている。史跡仙台城跡本丸北西石垣（**図4**）は交通量の多い市道に隣接しており、日常的な振動が歪みを蓄積していた可能性が高い。

第4は部分修理により同一石垣面で構造体が不連続な性質をもった場所での崩壊である。振動に対して、不連続な面が相互に異なる挙動を示したことが崩壊の原因とみられる。史跡小峰城跡や史跡仙台城跡の多くの事例が、これにあてはまる。

このように、崩壊は複数の要因が複合的に絡み合って起こると言ってよい。崩壊してしまうと、石垣の本質的価値が一瞬のうちにして大きな負の影響を受けてしまうことから、見学者等の安全を確保するためにも日常的な管理（観測・調査研究・環境整備）を行い、その中で適切な時期・手法を見定めた復旧（修理）が必要となる。その際に参考とすべき石垣の安定性評価に関しては、経験的な総合判断のほか、土木工学の立場から振動実験による考察、統計的手法による孕み出し指数（孕み出し量／孕み出し高さ× 100）、数値解析による個別要素の分析法などの試みがあるものの、複雑な構造体である石垣の解析には課題が多い。

図3　史跡小峰城跡（福島県白河市）竹の丸南面石垣崩壊状況

図4　史跡仙台城跡（宮城県仙台市）本丸北西石垣崩壊状況

石垣の復旧　①崩落石材等の撤去、②解体発掘調査、③設計・積み直しの順に作業を進める。崩落石垣の復旧では、①、②でその挙動と原因の究明を行い、調査成果を③に生かすことを目指す。

石材等の撤去　石材等の崩落状況を観察・記録しながら撤去を行う。その状況は当該石垣の特性及び崩壊の原因・メカニズム等を知る重要な情報源となる。築石（平石）は列状に崩落する例が多く、記録は各石材の原位置の復元に欠かせない。残存石垣面や崩壊斜面は不安定となっており、法面養生など調査の安全にも留意しなければならない。危険性を伴う場合には、解体調査と並行して撤去することもできる。なお、崩壊直後に見学者・通行人が生き埋めになっている可能性がある場合には、人命救助のため緊急に石材撤去をしなければならないが、後に原位置を復元できるよう可能な限り作業の記録を残しておきたい。

解体発掘調査　弛んだ石材を解体する場合には、その範囲を適切に定め、背面も含めた影響範囲での考古学的な調査が必要となる。介石や裏込め（栗石・砂利層）の特徴、土砂の目詰まり等を確認する。石垣基部の発掘では、根石ラインの孕み出しや前方への沈み込みに注意する。基礎地盤に問題がある場合は、過去にも変形・崩壊を繰り返していることが多いことから、注意が必要である。背面地盤や基礎地盤の特性を知るため、ボーリング調査・土質試験など土木工学的な調査を行い、安定性評価のための基礎データを採取する。これらの作業により、石垣構造・地盤条件・環境条件等から崩壊に至った要因を総合的に判断しなければならない。

設計･積み直し　設計にあたっては、石垣様式･構造の特質、伝統技術を踏まえつつ、崩壊要因への対応が必要となる。石垣は背面・基礎地盤を含めた全体が柔構造として安定を保つという考え方からすると、復旧（修理）部分のみを過度に補強することは避けなければならない。残存部分と復旧（修理）部分との境界部に構造上のひずみが生じないよう配慮する必要がある。

その他　災害復旧事業の場合、城跡は都市再生のシンボルとして早期復旧の期待が高まる。通常3年以内とされる災害復旧事業の期間に対して、被害箇所が多い場合には行程の管理が難しく、関係機関との連絡調整や体制整備に留意しなければならない。また、原形復旧の原則、残存石垣（遺構）保存の方針のなかで、崩壊原因の抜本的な改善には至らないことも予想されることから、事業完了後のモニタリングはもとより、長期的な整備計画との照合も必要となる。

参考文献

北日本城郭検討会『未来へつなぐ城郭の歴史―東日本大震災による城郭の被災』2012

(1) 意義・目的

ア．必要性

復旧（修理）前の発掘調査は、石垣及びその周辺に所在する地下遺構の最適な復旧（修理）の方法を基本設計・実施設計へと反映するために、基礎的な情報の把握を目的として行う。石垣整備の方法及び範囲は、その結果を踏まえて決定することとなる。

具体的には、石垣カルテ等に記載した目視による調査所見を踏まえつつ、①石垣及びその周辺の地下に埋蔵

図60　復旧（修理）前の発掘調査（根石部分）
（唐津城跡（佐賀県唐津市））

根石の深さ・遺存状況の確認のために実施した。築石（平石）が割石積みであるのに対し、根石は自然石で、曲輪の造成土上に据えられていることを確認した。迫り出し・沈下などの変位は認められなかったため、比較的良好に遺存しているものと判断される。

図61　復旧（修理）前の発掘調査（石垣基礎部分）
（唐津城跡（佐賀県唐津市））

二段に積まれた石垣の上段石垣基礎部分に設けた調査区である。礫面は下段石垣の裏込め（栗石・砂利）層の上面で、上部には瓦が多量に堆積していた。この段階では、下段石垣への影響に配慮し、上段石垣の根石は未検出であった、体調査と併行して改めて追加調査を実施した。

されている遺構の有無、②遺構が存在する場合には、それらの位置・範囲・規模・構造・保存状態、③石垣の基部又は背面の構造の概要、④破損・変形の原因等に関する基本的な情報を収集する。

イ. 成果の反映

復旧（修理）前の発掘調査の結果、前段階の石垣の一部及びその関連遺構が発見されたり、当初の予想を大きく越えて石垣上面の遺構が残存していることが判明したりする場合がある。それらは城跡の歴史を考える上で重要な遺構であることから、専門委員会に情報提供を行いつつ、それらの望ましい保存方法について検討を行う必要がある。検討の結果によっては、遺構を現状のまま埋め戻して保存し、石垣の復旧（修理）のための基本計画において明示した復旧（修理）の範囲・方法について再検討するとともに、その内容を変更しなければならない可能性が生じる場合もある。さらには、遺構の性質等を詳細に把握するために、追加調査が必要となる場合もある。特に、解体修理を選択する可能性が高い場合には、調査の成果を的確に分析するとともに、それらを基本設計及び実施設計に適切に反映することが重要である。

ウ. 十分な検討期間の確保

石垣の基部又は背面から、古い段階の遺構が発見されることも多い。したがって、石垣の復旧（修理）のための基本計画を策定する段階までに把握した城跡の性質を十分に踏まえ、復旧（修理）前の発掘調査において明らかとなる可能性の高い所見をあらかじめ想定しておくことが重要である。例えば、現状の石垣の背面に前段階の遺構が未確認のまま残されている可能性、文献等から知られる城の改修・破却の可能性などを視野に入れ、あらかじめ事前発掘調査の方法を検討するとともに、新たに発見された成果について関係者間で協議・検討を行う期間を十分に確保することが重要である。

エ. その他の留意事項

復旧（修理）前の発掘調査は、石垣が復旧（修理）を要するような不安定な状況下で実施することとなる。したがって、発掘調査によって、石垣の不安定な状態を助長することがないよう発掘調査区を慎重に設定する必要がある。

特に石垣の基部における発掘調査では、深い部分まで掘り下げる試掘坑（トレンチ）調査の範囲を最低限に抑制することも必要である。留意すべきことは、過去の改修履歴等の痕跡は部分的な試掘坑（トレンチ）で把握しにくい場合があることである。したがって、解体修理が想定されている場合には、復旧（修理）前の発掘調査の限界を認識しつつ、あくまでも解体と並行して行う解体調査における精査を視野に入れた予備的調査として実施すべきものである。

なお、事前発掘調査では、解体時の記録保存に要する期間・経費等を把握し、解体修理の行程との調整を図ることも目的のひとつである。したがって、調査にあたっては、必要な情報をできる限り多く得ることができるよう、試掘坑（トレンチ）の設定箇所等について十分検討することが必要である。

(2) 対象・項目・方法

復旧（修理）前の発掘調査では、最小限の試掘坑（トレンチ）により、効率良く情報を把握することが重要である。特に、裏込め（栗石・砂利層）や整地土の築成状況を把握するための試掘坑（トレンチ）による調査は、石垣その他の遺構の保存にどのような影響が生じるかを十分に考慮しつつ、慎重に進める必要がある（**図60**）。

ア. 石垣の上面

石垣の上面の平場では、①櫓・塀等の建築物に関連する礎石・柱穴等の基礎遺構、②排水溝等の建築物との関係を示す遺構、③焼土層等の石垣の築成に係る変遷を表す遺構、④平場と石垣との関係を示す遺構等（**図61**）が発見されることが多い。特に、石垣の復旧（修理）に関する調査項目には、以下の3点がある。

①石垣の背面を成す裏込め（栗石・砂利層）及び盛土・地山から成る基盤層
②石垣築造に伴って設置された架設等の施設の遺構
③石垣の築造以前の遺構等

なお、解体調査に伴う石垣上面の遺構の取り扱いは

135〜137頁を参照されたい。

イ．根石

石垣の緩み・孕み等の経年変化は、石垣の基底部を成す根石付近にまで大きく及ぶことは少ない。ただし、一見して根石が動いていないように見えても、上部の築石（平石）の孕み又は基盤面の沈下に伴い、根石が前方に傾倒したり、迫り出したりするなど、実際には微妙な変化が見られる場合もあることから、現状の観察には留意を要する。石垣の基底部付近の復旧（修理）前の発掘調査における留意点は以下の3点である。

①前面に捨て石などの補強施設が設置されている可能性があること

②発掘調査により胴木（木製の土台等）が空気に触れ、急速に腐食が進行することにより支持力の低下につながる可能性があること

③発掘調査により石垣前面に掛かっていた土圧が減少し、円弧すべり等により石垣の崩壊を助長する可能性があること

これらの点に十分留意し、発掘調査は緩み・孕みが生じている箇所に限定するとともに、小規模な試掘坑（トレンチ）による調査に留めることが望ましい。特に基礎構造の確認調査は、石垣の基底部に設定した小規模な試掘坑（トレンチ）により行う。それらの調査項目には、以下の8点がある。

①垂直方向の位置（地表面からの深さ）

②水平方向の位置（あご出し）

③用いられている石材の規模・形態等

④押さえのために根石前面に設置したはばき石垣・腰巻き石垣・捨て石等の規模・構造

⑤根石の下方に設置した根固め石・胴木

⑥上部石垣の破損・変形の主な原因となり得る根石の迫り出し・沈下・割れ等

⑦基部・背面の基盤層及びその周辺の地盤の土質、湧水の有無等

さらに、根石の遺存状況が良好であれば、石垣の標準勾配に関する手がかりを得ることも可能である。また、根石を据えた基部の地盤が地山又は盛土のどちらであるか、滑りを起こしていないかどうかを確認するとともに、根石の基部に設置された栗石・胴木等について確認する必要がある。

上記した情報を総合的に検討した結果、復旧（修理）にあたって根石まで解体が必要かどうか、基部の地盤からの再構築が必要かどうかの判断を行う。また、実施設計を行う前に上記に係る発掘調査を実施することが求められる一方、石垣の危険度又は周辺環境の状況によっては、根石を含む基部の発掘調査が実施できないことも少なくない。復旧（修理）前の発掘調査の結果を踏まえつつ、解体修理の実施中においても、危険度が高

図62　水平ボーリング調査の実施状況（唐津城跡（佐賀県唐津市））

天守台石垣の水平ボーリング調査の様子。天守台上部には模擬天守があり、垂直ボーリングが実施できないため、石垣背面の裏込層・盛土・基盤層の状況把握を目的として実施した。築石の空隙を利用し、築石面から延長10mまでの奥行きまで調査を行った。

まっている箇所の解体と並行して基部の追加的な発掘調査を行うことも考えられる。石垣の上半部の解体が進み、崩落の可能性が低減した段階で改めて基部の発掘調査を行い、その成果によって適切に設計変更へと反映させることも必要である。

ウ．石垣（築石（平石））

石垣の構造は、城及び石垣が立地する地形・地質によるのみならず、石垣が築造された時代・地域、城の内部における石垣の位置付け等によって異なる。また、築造に関わった人々の系譜とも深く関連しており、違いとその根拠は一様ではない。事前に石垣の基本構造を把握することにより、特質に最も適した復旧（修理）の方法を検討することが可能となる。

石垣の内部構造は、石垣の上面に設定した小規模な試掘坑（トレンチ）により確認する。その調査項目には、以下の5点がある。

①石材の奥行き
②裏込め（栗石・砂利層）の範囲・材質・組成（粒径）
③石垣築造に伴って地盤面を切削した痕跡の有無
④石垣背面の基盤面を成す盛土・地山の土質等
⑤石垣の破損・変形の原因となる裏込め（栗石・砂利層）の目詰まりの程度

(3) その他の調査方法

石垣の内部構造の概略を把握する上で、以下の調査方法がある。

①ボーリング調査（**図62**）・地中レーダー探査
②石垣の上面において、裏込め（栗石・砂利層）の厚さを推測する探査
③石垣の表面において、石材・裏込め（栗石・砂利層）と背面の基盤層を成す盛土・地山との境界部の位置を推測する探査
④裏込め（栗石・砂利層）の現状をファイバースコープにより確認する調査
⑤排水機能の確認のために、特殊な液体を用いて水の流下経路を確認する調査

これらのうち、石垣の表面に対する水平ボーリング調査は、石垣の表面から裏込め（栗石・砂利層）、その背面の基盤層（盛土・地山）へと移行する状況を調査地点ごとに確認することが可能であり、石材間の空隙が多い場合などの条件を満たす石垣にとっては有効な方法となる。

旧文部科学省庁舎中庭において発見され、復旧（修理）された史跡江戸城外堀跡（東京都千代田区）の石垣

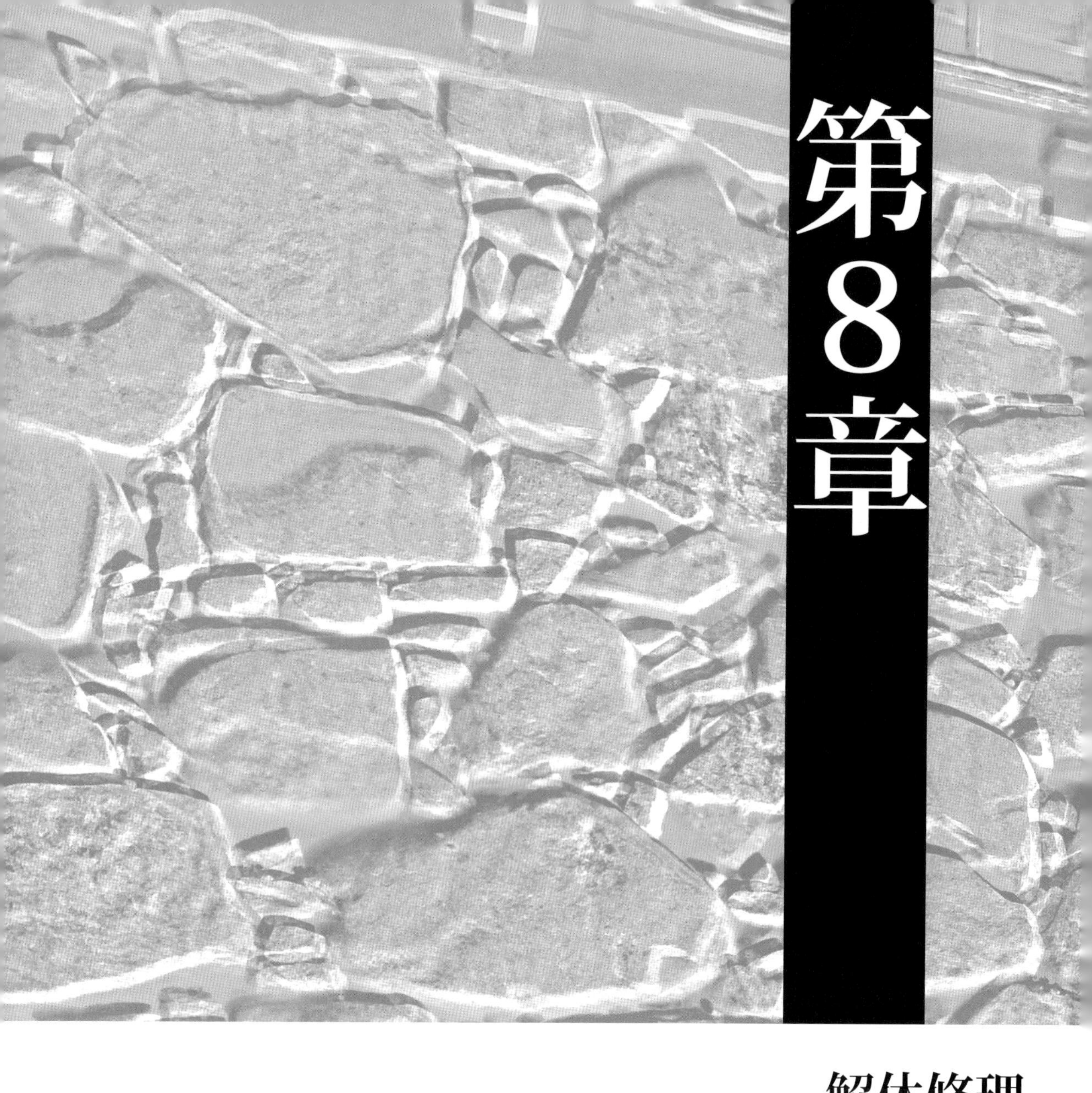

第8章

解体修理

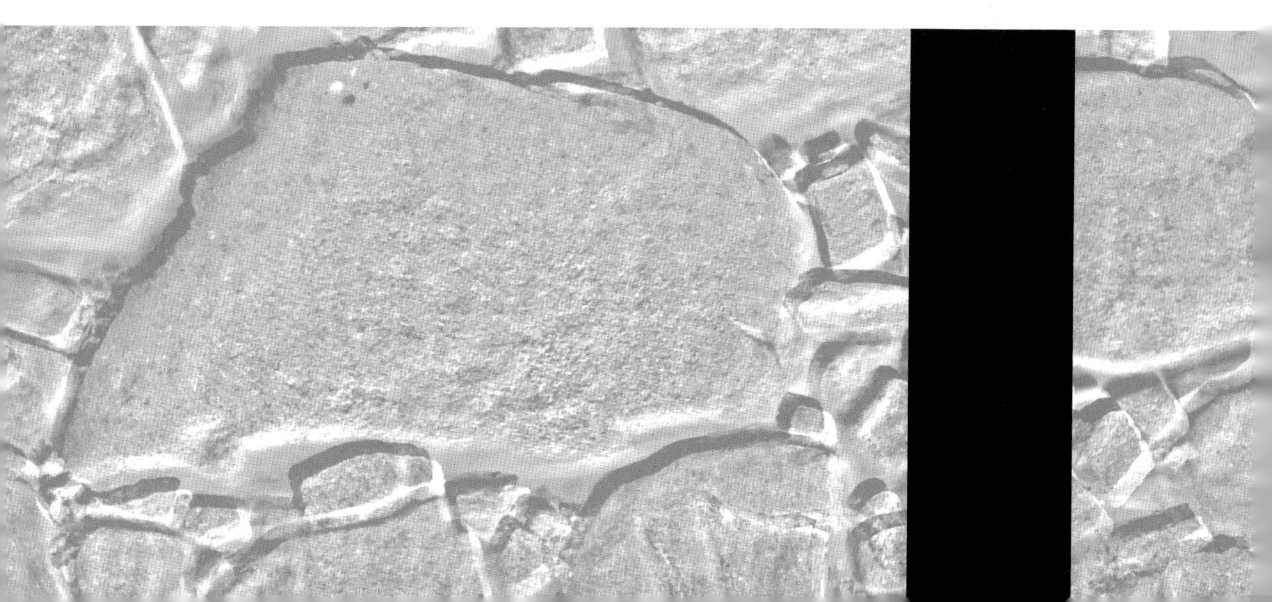

第8章 解体修理

本章においては、石垣の復旧（修理）の方法のうち、特に解体修理に焦点を絞って解説を行うこととする。解体修理の過程は**図63**に示すとおり、①基本設計（106～111頁）、②実施設計（111～122頁）の各段階から、③準備（122～126頁）、④仮設施設の設置（126～130頁）、⑤解体・解体調査（130～159頁）、⑥設計変更（159～165頁）、⑦積み直し・復旧（165～190頁）、⑧天端及び上面の仕上げ（190～194頁）、⑨残石等の取り扱い（195頁）、⑩復旧（修理）報告書（解体修理報告書）（196～202頁）、⑪日常管理への反映（202頁）の各段階を経て完了する。

解体修理は石垣の外科手術であり、複数ある石垣の復旧（修理）の方法の中でも最終的な手段である。したがって、解体修理ありきで石垣の復旧（修理）の方法を検討してはならない。

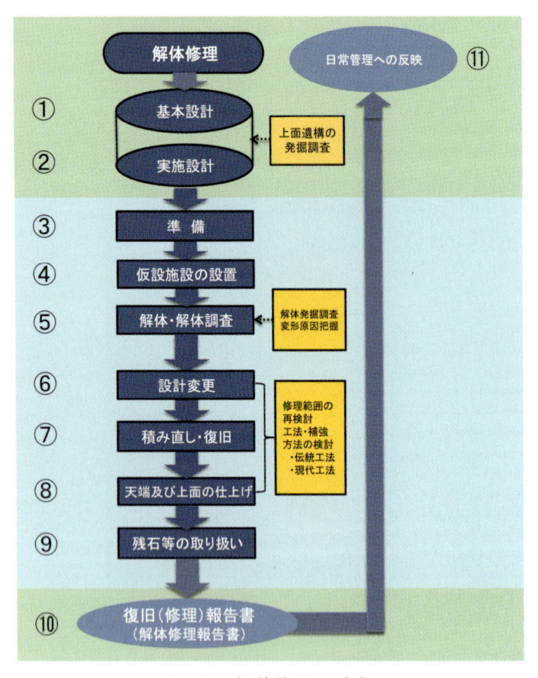

図63　解体修理の流れ

1. 基本設計

(1) 意義・目的

復旧（修理）前の発掘調査の成果を踏まえ、対象とする石垣の復旧（修理）の方針・内容を設計図書にまとめたものが基本設計である。

基本設計は、基本計画の内容を具体化し、実施に移す第一歩となる。基本設計では、基本計画に定めた基本方針に基づき、解体修理の①範囲・具体的方法、②範囲・規模・数量、③進め方、④所要の経費等を設計図書として提示する。

(2) 総括的事項

解体修理の具体的方針・方法の提示　解体修理すべき範囲、積み直し・復旧の目標とする年代、伝統的技法・在来工法及び現代工法の採用の在り方などについて、関係機関・専門委員会等の意見を踏まえ十分な検討を行う。

文化財専門職員の位置付けの整理　文化財担当部局が主体ではない場合であっても、基本設計の策定協議の段階においても文化財担当部局が参画することは当然である。解体修理の実施体制に文化財専門職員をどのように位置付けるのかについて、基本設計段階で合意形成を図っておく必要がある。解体と並行して行う解体調査のみならず、積み直し・復旧にあたっても、文化財専門職員が主体的に関わり、関係機関と調整を図ることができるよう、事業体制の整備を行うことが重要である。

(3) 基本設計に定めるべき事項

ア. 解体修理の範囲・具体的方法

解体修理の範囲の決定　石垣カルテの作成段階における基本調査（69～75頁を参照されたい。）により、石垣の緩み・孕み・き損の状況が顕著で崩壊の危険性が高いと判明した箇所を選び、解体修理が必要であるか否かについて判断する。その際に確認すべき項目は、以下の8点である。

①近世・近代における修理の履歴の有無
②現代の積み直し等による改変の有無
③緩み・孕み・き損の程度
④間詰め石の欠落の有無
⑤樹木の根などによる影響の有無
⑥石垣上面における雨水処理の状況
⑦崩壊した場合の周辺環境への影響
⑧旧地形を推定することによる石垣の背面の構造の想定

解体修理の具体的方法の決定　基本計画に定めた基本方針に基づき、具体的な解体修理の方法を決定する。決定すべき事項には、解体・解体調査の方法、解体後の積み直し・復旧に基準とすべき年代などがある。解体・解体調査の方法を決定する際には、対象石垣がもつ本質的価値の観点から、築造の年代、積み直し・復旧の有無及びその年代、技法上の特質、破却の手法など、歴史的な事実を把握できるようにすることが重要である。

第7章（85～104頁を参照されたい。）においても述べたように、石垣の復旧（修理）の方法には、大きく①応急的措置、②部分補修、③部分補強、④解体修理の4種類があり、それらの中から、石垣の特質、き損の状況、周辺環境への影響等の総合的な検討に基づき、解体修理の方法を選択する根拠について整理する。あくまで伝統的技法・在来工法による解体修理を前提とし、専門委員会の意見等を参考としつつ、最適な方法として解体修理の選択が不可避であることの合理性を説明できることが必要である。

また、解体修理に先行して、あらかじめ石材の取り扱いの方法を定めておかなければならない。裏込め(栗石・砂利層）を含む旧石材・旧材料の再利用、旧石材への再加工の禁止など、第5章に示した基本原則と整合した内容でなければならない。基本原則は47～53頁を参照されたい。

その他、いずれの年代を目標として解体修理を行うのかについても十分検討する必要がある。近世の城跡では、保存管理の目標年代を廃城時とすることが原則となってきたが、近代以降の石垣の改修痕跡も本質的価値を語る上で不可欠の側面であると見なし、解体修理の方法に反映させることも考えられる。

イ. 年次計画

解体修理の対象とする箇所について、年次ごとの実施範囲・規模等を定める。年次計画を定める際には、石垣カルテ作成時の基本調査（69～75頁を参照されたい。）によって把握した復旧（修理）の緊急性の程度を踏まえ、①石垣が崩壊した場合の周辺環境への影響の大きさ、②崩壊の速度等を含む石垣の危険度、③遺構の重要度、④その他の整備計画との関連性などの点から検討する。

ひとつの石垣において解体修理の対象箇所・方法が異なると、全体的な調和の観点から違和感を生む可能性がある。したがって、全体に共通する統一的な方法・基準が必要となる。特に同一箇所を複数年にわたって解体修理する場合には、年次によって隣接区域の積み直し・復旧の方法、石材の加工方法に違いが出ることがないよう特記仕様書に留意事項を明記し、年次を越えて技術水準が維持されるよう技能者（石工）の継続性などの点に配慮することも重要である。

ウ. 解体修理の規模・数量の特定

解体修理の規模　測量によって作成した対象石垣の現状を表す平面図・立面図・垂直・水平断面図のほか、必要に応じて実施した地中レーダー探査・ボーリング調査等の成果も踏まえ、解体修理後の石垣の基準勾配を導き出す。

さらに、測量調査・変位調査等により、緩み・孕み・き損が顕著に確認された範囲を中心として、その周辺部をどこまで解体修理の範囲に含めるのかについて検討を行い、修理範囲を決定する。

その場合、作業の安全性を確保した上で、可能な限り解体修理の範囲を少なくすることが望ましく、解体修理の範囲を安易に拡大することは適切でない。「歴史の証拠」としての石垣の本質的価値を保存・継承するためには、できる限り解体せずに残す範囲を多く確保し、解体修理の範囲を少なくする視点が不可欠だからである。

また、石垣の基準勾配を決定する場合には、解体修理する範囲と解体せずに残すこととした範囲との境界部における勾配の調和に十分配慮する。特に、諸般の事情により、緩み・孕み・き損の顕著な箇所にのみ局限して解体修理を行わなければならないような場合には、境界部に勾配の違いが生じ、面的なねじれが不可避となる場合もある。ねじれによる勾配の変化は、第5章に示した石垣整備の理念及び計画・設計の原則・方向性（47～53頁を参照されたい。）に照らせば、まったく問題がないわけではない。ねじれは新たな崩壊を誘発する可能性もあるからである。したがって、基準勾配に補正して積み直し・復旧を行う場合、どのようなねじれが発生するのかを三次元的に予測するとともに、解体しない範囲の確実な保存と積み直し・復旧後における石垣全体の安定性とを両立させる観点から、どの程度のねじれなら許容できるのかを十分検討することが必要である。

根石の据え直し　根石まで解体する必要があるか否かは、①石垣の緩み・孕み及び根石のズレの程度、②石垣の重量に対する地盤の強度の問題、③裏込め（栗石・砂利層）を流下した雨水の築石（平石）の前面への排水機能の状況等を、総合的に判断して決めなければならない。根石を据え直す必要がない場合又は据え直しが事実上不可能である場合には、根石の補強及びズレの防止の対策として、石垣基部の前面に捨て石を配置したり、ふとんかごを設置したりするなど、現代工法等の利用を視野に入れることも必要となる。

石垣上面の遺構の復旧　①解体に伴って切削する石垣上面の範囲、②取り外しを行う裏込め（栗石・砂利層）の厚さ（奥行き）、③石垣背面の地山・盛土等から成る基盤層の切削勾配などを決定するにあたっては、事前発掘調査によって把握した石垣上面の建築物の礎石等の遺構及び地下に埋蔵されている遺構・遺物の状況のみならず、解体の対象とする範囲の石垣の高さ、石垣背面の構造、土質等を考慮する。

特に、石垣背面の地山・盛土から成る基盤層は、石垣と一体に造成された遺構としての性質を持つものであることに十分留意しなければならない。したがって、地山・盛土の土質が安定していると判断できる場合には、できる限り切削を行わないことが重要である。

また、作業中の安全確保のために、労働安全衛生規則に定める切削の勾配・高さの基準に十分配慮し、必要に応じて仮設工法により切削法面の保護措置を採る。

石垣の解体に伴い、取り外すこととした石垣上面の石造遺構は、事前発掘調査により位置、元の高さ等に関する確実かつ詳細な記録作成を行い、解体修理を完了した後の復旧の方法についても検討を行う。これらの情報は、基本設計・実施設計に確実に反映させる。

範囲・規模の算出　解体の対象とする範囲及び補充に必要とされる新石材・新材料の数量は、測量図をもとに展開図を作成し、平均面積（断面）法、三斜誘致法、又はCAD設計図上で計測して算出する方法が一般的である。また、取り外す裏込め（栗石・砂利層）、切削・埋戻し等の土量は、その範囲を垂直断面図に図示し、平均面積（断面）法により数量を算出する。

範囲の変更　解体が進行する過程では、新たな遺構を確実に記録するために、最小限の範囲で解体範囲を拡大・変更するなど、やむを得ず解体修理の範囲を変更しなければならない事態も発生する。範囲の変更は事業計画の進捗及び事業費にも大きく影響することから、当初の範囲検討の段階から関係機関・専門委員会等とも十分な意思疎通及び調整ができる体制を整備しておくことが必要である。また、あらかじめ範囲の変更が起こり得ることについて、関係機関・専門委員会の理解を得ておくことも必要である。

エ．解体修理の方法

多様な復旧（修理）の方法の尊重　第7章（83～102

図64　伝統的技法・在来工法による石割り（特別史跡名護屋城跡並陣跡（佐賀県唐津市・玄海町））

ノミで矢穴を掘り（写真左）、ゲンノウで矢を叩いて裁断し、割石の新石材を製作する。使用する矢は当時の矢穴の大きさに合わせて製作し、既存石垣と違和感のないよう石面を仕上げる。ノミ・セットウ・ゲンノウ・矢などの道具の製作と補修は鍛冶により行う。矢穴を掘ることはもちろん、石目を吟味し、効率よく割っていく高い技術と豊富な経験が求められる。

図65　表面にノミ調整加工された新石材とその作業状況（史跡金沢城跡（石川県金沢市））

頁を参照されたい。）においても述べたように、復旧（修理）の方法は決して解体修理を前提とするのではなく、①間詰め補強、②盛土・擁壁を用いた腰巻き等による崩落防止、③落石防止ネット等による応急的な安全対策、④石垣の天端における防水対策、⑤樹木伐採等による崩落の予防的対策、⑥鉄筋等の挿入による補強等、解体修理以外にも多種多様な方法が存在し、各々の石垣の状態に応じた適切な方法を選択する視点が極めて重要である。

使用されている石材の石質又は石垣の築造年代により、どのような復旧（修理）の方法が適切であるのかを幅広く検討することも必要である。特に、石垣の特質に関する評価が不十分なまま解体修理を実施することは、率先して遺構の破壊を行うことと同義であることを十分認識し、解体修理以外の復旧（修理）の方法の可能性を常に念頭に置きつつ、検討協議を進める姿勢が不可欠である。解体修理の方法を選択する場合には、最終的な外科手術の方法を選択せざる得ない合理的な根拠を関係者間で共通の認識とすることが必ず求められる。

また、解体修理の範囲内に積み方が後代に改変されている部分が認められる場合には、積み直し・復旧の目標とする石垣の年代設定について検討を行う。

伝統的技法・在来工法に基づく新石材の加工　石垣の石材に加工した痕跡がみられる場合には、解体修理に伴い新たに追加する新石材についても、可能な限り往時の加工方法に基づくことにより、既存の石材との調和を図ることが望ましい（**図64**）。加工の手法が顕著で石垣の特質を語る上で不可欠の要素であるならば、伝統的技法・在来工法又はそれらを踏襲した石材加工方法の採用に最大限配慮すべきである。例えば、①矢穴技法による石割り、②スダレなど石材表面に対するノミ調整（**図65**）、③切石の精緻な敲打など、石材加工にあたっての伝統的技法・在来工法の適用の在り方については、専門委員会の意見を参考として決める必要がある。

また、ノミ・矢などの道具の製作費、それらを使用することによる損耗費、解体修理の過程に及ぼす時間的制約など、所要の経費・時間等の側面からも検討し、具体的な実践例について広く情報を収集する。

オ．基本設計図書の作成

平面図・立面図・断面図（垂直・水平断面図）・標準施工図等から成る基本設計図、経費の概算書、年次計画表等を基本設計図書としてまとめる。その中には、①解体修理の範囲・具体的方法、②規模・数量、③進め方、④所要の経費等を明確に示す。特に、次の段階にあたる実施設計において特記仕様書に示すべき解体修理・石材加工の方法などの項目は、基本設計全体に統一性を持たせるためにも標準施工図[1]として図示することが望ましい（**図66**）。

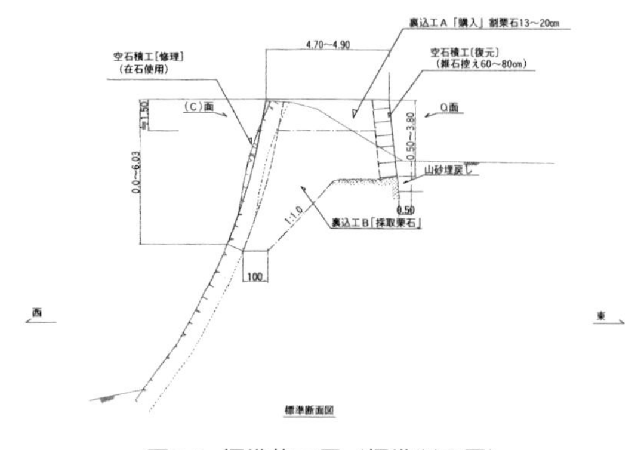

図66　標準施工図（標準断面図）
（特別史跡熊本城跡（熊本県熊本市）

(4) 基本設計の計画的運営

文化財専門職員の役割　基本計画に定めた復旧（修理）の方針に則った基本設計とすることができるように、文化財専門職員が積極的に協議に関わる。特に、解体修理の方法を検討する場合には、石垣が持つ本質的価値の維持・継承の観点から積極的に協議に関与することが求められる。協議に際しては、復旧（修理）前の発掘調査の成果も含め、基本設計に反映させるべき石垣の情報を提示し、関係者間における共有化に努める。また、解体修理の実施主体が文化財部局でない場合は、最初の時点から実施主体の部局とも積極的に連携を図り、綿密な協力体制を創出する。

土木技師、設計監理の業務委託者の役割　基本計画に定めた復旧（修理）の方針に基づき、基本設計図書の作成を行う。文化財担当部局が提供する復旧（修理）前の発掘調査の成果及び専門委員会の判断・見解を十分に理解し、基本設計に反映させる。

技能者（石工）の役割　石垣の特質、想定される破損原因、解体修理の実施上の問題点などに関し、実際の解体・積み直しに従事する技能者（石工）として、基本設計の策定における判断材料を提供する観点から自発的・積極的に意見を述べる。また、選定保存技術の保存団体である文化財石垣保存技術協議会は、必要に応じて技能者（石工）が発言し易い環境整備に努めるとともに、技能者（石工）間での意見集約に努めることも重要である。

専門委員会　基本設計図書を作成する上で、専門的見地から指導・助言を行う。委員には、石垣が持つ「歴史の証拠」としての側面と「安定した構造体」としての側面を調和良く両立させる観点から、石垣技術・歴史学・考古学・土木工学・建築史学・地質学など多角的な分野の専門家を含めることが望ましい。

また、専門委員会の庶務・運営は単一の部局に一元化することが効率的である。ただし、公園担当部局・文

1　**標準施工図**；解体及び復旧・積み直しの標準的な内容・手法を示した図面。例えば、積み直し・復旧の過程において、築石（平石）、裏込め（栗石・砂利層）、背面の基盤層を成す盛土の解体及び積み直し・復旧に係る留意事項、新石材・新材料の規格・加工の方法等に係る標準様式を図示したもの。

図67　専門委員会の開催
（史跡高松城跡（香川県高松市））

化財担当部局など石垣の解体修理に関わるすべての部局が必ず専門委員会に出席・参加し、状況に応じて専門委員からの質問等に応答し、議論の内容を共有できるよう体制を組むことも必要である（**図67**）。

2. 実施設計

(1) 意義・目的

基本設計及び基本設計図書に基づき、解体修理を含む復旧（修理）の実施に必要な材料・方法・経費・期間等の詳細を定めるのが実施設計の過程であり、それらを①設計図、②設計書、③積算書、④特記仕様書により明示したものが実施設計図書である。

石垣の解体修理の実施設計は一般土木工事の実施設計とは異なり、「歴史の証拠」としての石垣の復旧（修理）の側面を持つのみならず、「安定した構造体」の回復・維持の側面をももつ。したがって、実施設計には、石垣を本来の形姿に復旧（修理）するための詳細な方法を示すとともに、伝統的技法・在来工法を基本としつつ、地盤工学・土質力学等に関する幅広い知見に基づき、現代工法をも視野に入れた安定化の方法を示すことが必要となる。

本節においては、復旧（修理）の中でも解体修理に焦点を絞り、①実施設計図書、②方法（工種・工法）、③積算、④仕様、⑤作業運営に係る各々の留意点について解説を行う。

(2) 総括的事項

調査成果の反映　実施設計にあたり最初に重要となるのは、既に実施した詳細測量調査・石材調査・破損状況調査・事前発掘調査の内容について十分確認することである。

特に、解体範囲を検討する際には、その破損状況について正確に理解することが必要であり、積み直し・復旧のための基準勾配を決定する際には、測量調査の成果及び石垣基礎部分における事前発掘調査の成果等を十分踏まえなければならない。

また、構造体としての石垣の現状を把握するために実施した土木工学的な調査成果には、根石の地盤又は石垣背面の基盤層（盛土・地山）の安定性に関する情報が含まれており、解体範囲を特定する上で重要な根拠となることから、それらの十分な理解が不可欠である。

三次元的な視点に基づく復元の視点　石垣は、隅角部を挟んで左右の石垣表面の勾配が異なる場合が少なくないうえに、直線勾配のみならず反りなどの様々な曲線勾配をもつなど、複雑な構造体を成す。また、輪取り・ヤセ角・気負いなど構造的な特質をもつものも多い。さらに対象とする石垣が緩み・孕み・崩壊等により大きく変形している場合には、現状から築造当初の形姿を推定することは容易でない。

実施設計では、上記の情報を分析しつつ、解体修理の基本図である復旧（修理）図を作成する。その際には、積み直し・復旧後の石垣の形姿を三次元的に描き出すことが必要となる。

設計変更への対応　実施設計では、解体調査によって明らかとなる情報に基づき、解体・解体調査、積み直し・復旧の範囲について、見直し及び方法の変更が必要となることが多い。例えば、範囲を拡大する場合には、解体作業そのものが増加するほか、新たに解体する石垣表面の清掃作業、番号記入作業、石垣背面の裏込め（栗石・砂利層）及び基盤となる盛土の掘削作業も増加し、同時に積み直し・復旧の範囲が増加することから、積み直し・裏込め（栗石・砂利層）の復旧の作業等の増加へと影響する。したがって、実施設計の際には、設計変更の可能性を十分に想定するとともに、もし設計変更を要すると判断した場合には機敏に対応できるよう、復旧（修理）に係る複数の作業・方法が相互にどのように関連して進捗しているのかを常に整理・把握しておくことが必要である。

(3) 作業の内容

ア．実施設計図書の内容

設計書・設計図　実施設計に必要な図面として、位置図（**図68・図69**）・全体平面図のほか、①対象石垣の現状を表す現状図（平面図・立面図・断面図（垂直・水平断面図））、②解体の範囲を図示した解体範囲図（平面図・立面図・断面図（垂直・水平断面図））、③積み直し・復旧を行った後の状態を図示した復旧（修理）図（平面図・立面図・断面図（垂直・水平断面図））、④以上の標準的な施工方法を定めた標準施工図、⑤補充すべき新石材・新材料に関する石材等標準仕様図がある。

これらの図面をもとに、(A) 解体・解体調査、積み直し・復旧の範囲・面積、(B) 新石材・新材料にて補充すべき範囲・面積、(C) 裏込め（栗石・砂利層）の取外しに係る切削の数量、(D) 新たに補充する裏込め（栗石・砂利層）の数量などの算出を行う。

さらに、設計図・数量計算書により算出した数量に基づき、代（単）価表を通じて方法（工種・工法）別の積算を行い、経費の算出を行う。石垣の解体修理に見られる独特の方法（工種・工法）及び資材単価については、関係業者から歩掛・単価の参考見積を徴収のうえ、実施設計の参考とする。

現状図　解体修理の対象となる石垣の現状を図化した平面図・立面図・断面図（垂直・水平断面図）に、それぞれ解体修理の必要事項・留意事項を記入したものが現状図である（**図70**）。

平面図には、天端・根石の双方における石材の現状を平面的に図示する。平面図は、現状の平面を詳細に図示するうえで不可欠の図面である。

立面図には、個々の角石・築石（平石）のみならず、それらの隙間の詰め石について、形態・大きさ、加工の状況等を詳細に記載する。石材のズレ・飛び出し・割れ・亀裂・剥離等の状況に関する情報を記載するとともに、交換の必要性及びズレに対する補正の方向・量など、積み直し・復旧に際しての具体的な方法を図示する。

断面図のうち、垂直断面図には、石垣の現況勾配の実測値に基づき、緩み・孕みの状況について図示する。

水平断面図には、平面図をも含め、輪取りの有無、鎬（しのぎ）等の微妙な角度の変化、石材のねじれなどに関し、対象石垣の三次元的な解析に基づく所見を図示する。これらを水平断面図に図示することにより、構造体としての石垣を理解する上での手掛りを提示することができる。

その他、対象石垣と周辺遺構との関係を把握し、解体修理する範囲全体の詳細設計を図示するために、あらかじめ対象石垣を中心とする詳細地形測量図（縮尺1／100又は1／200）を作成する必要がある。

解体範囲図　現状図に図示した石垣の現況に基づき、解体が必要な範囲を平面図・立面図・垂直断面図により図示したものが解体範囲図である（**図71〜図76**）。特に、輪取り等の表現には水平断面図による図示が適している。立面図中には、解体する石材の番号を記入するとともに、解体する範囲の面積、番号記入した範囲の面積、番号記入に先行して行う石垣表面の清掃範囲の面積を算出する。

また垂直断面図中には解体に必要な裏込め（栗石・砂利層）・背面基盤層（盛土・地山）の切削範囲を図示し、土量の算出を行う。

解体範囲の面積の算出には、石垣立面の展開図を作成し、平均面積（断面）法・三斜誘致法等により実面積を算出する方法がある。また、CAD設計図を用いて立面図上で投影面積を計測し、これに石垣の勾配から算出した斜率を乗じて面積の補正を行い、実面積を算出する方法もある。しかし、石垣に反りがある場合をはじめ、孕み・歪み等により石垣表面の変形が著しい場合には、標準的な勾配を求めることが困難であることも多い。したがって、対象となる各々の石垣の現状に応じて、最適の算出方法を検討する視点が重要である。

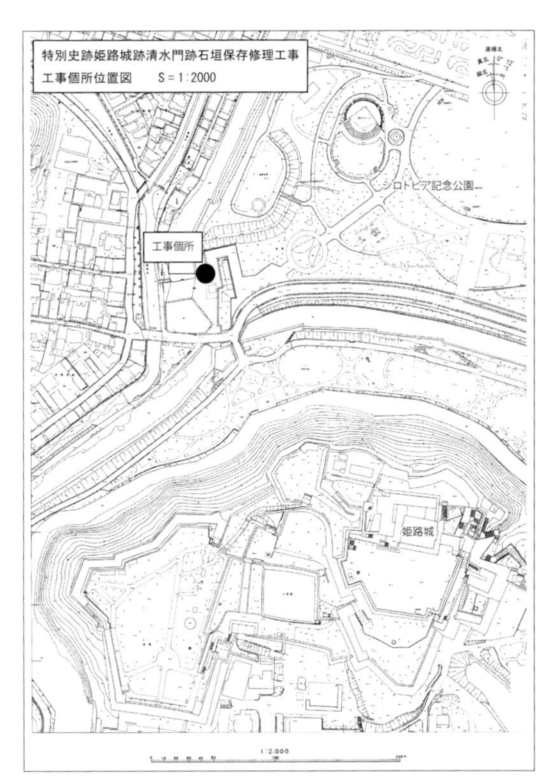

図68　設計図の参考例：位置図
（特別史跡姫路城跡 清水門跡石垣（兵庫県姫路市））

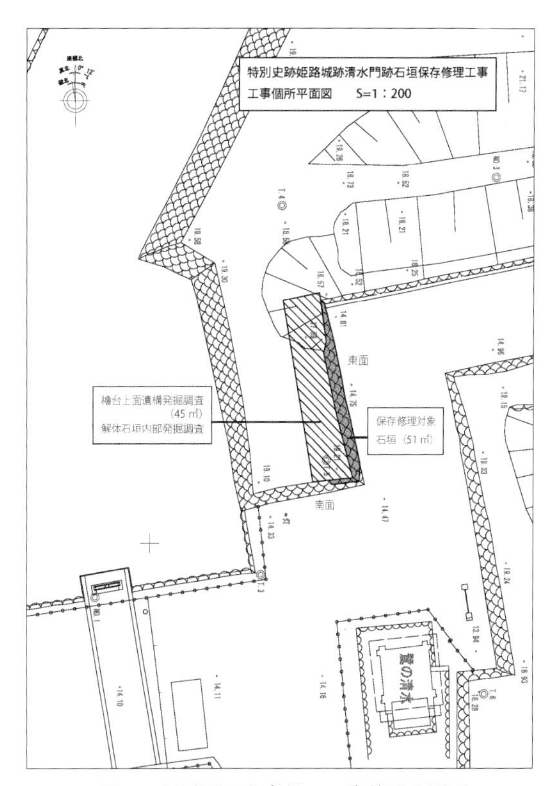

図69　設計図の参考例：工事箇所位置図
（特別史跡姫路城跡 清水門跡石垣（兵庫県姫路市））

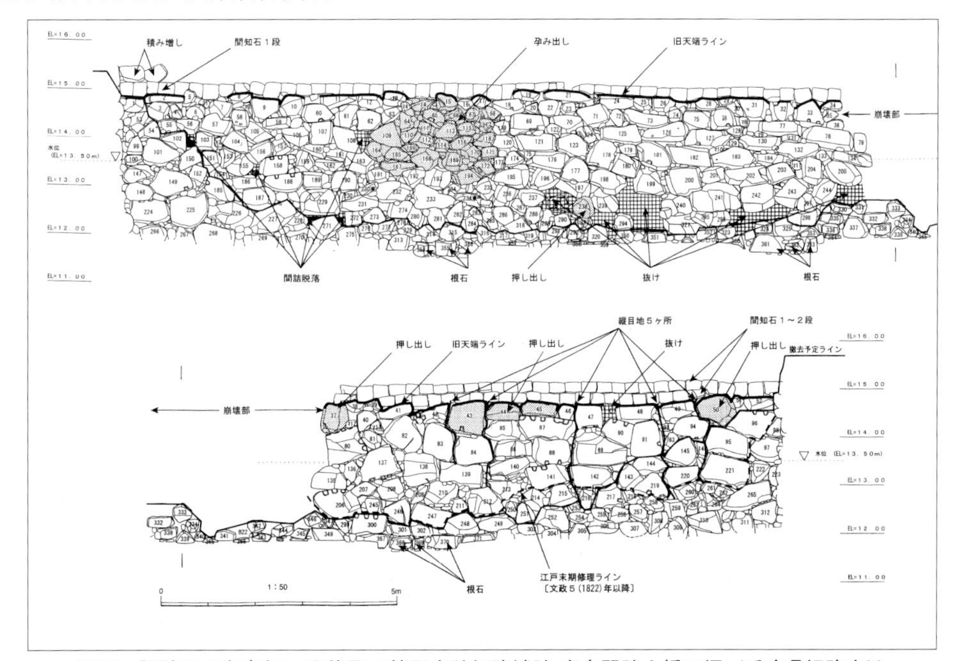

図70　設計図の参考例：現状図（特別史跡姫路城跡 喜斎門跡土橋石垣（兵庫県姫路市））

※「孕み出し」や「抜け」など、石垣の現状を記入する。

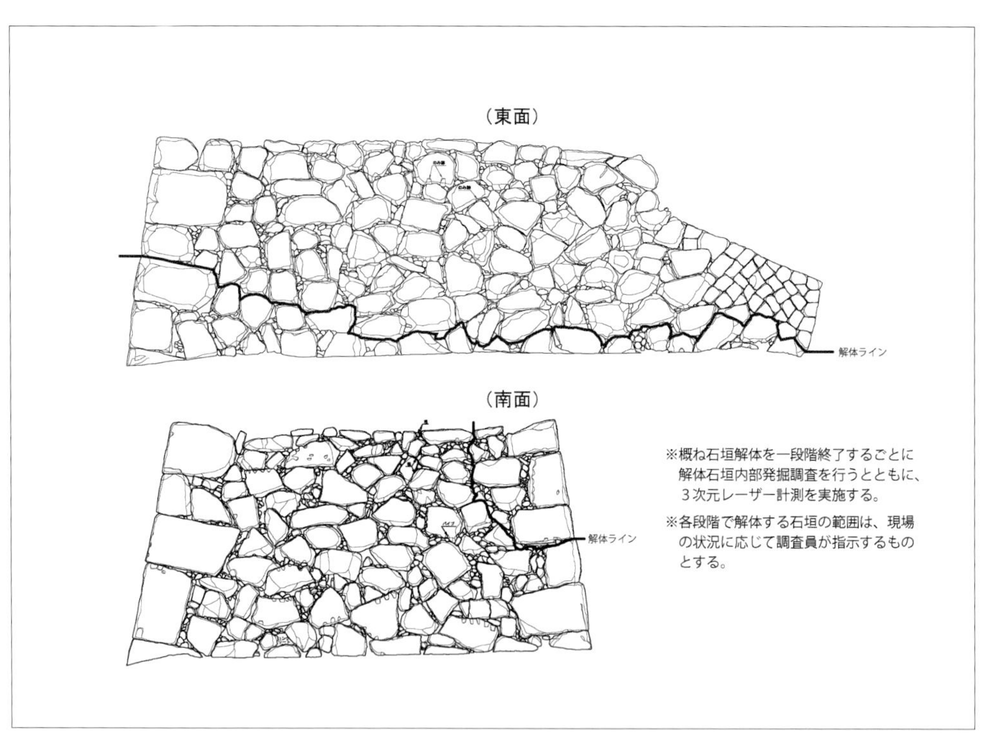

図71　設計図の参考例：解体範囲図①　立面図（特別史跡姫路城跡 清水門跡石垣（兵庫県姫路市））

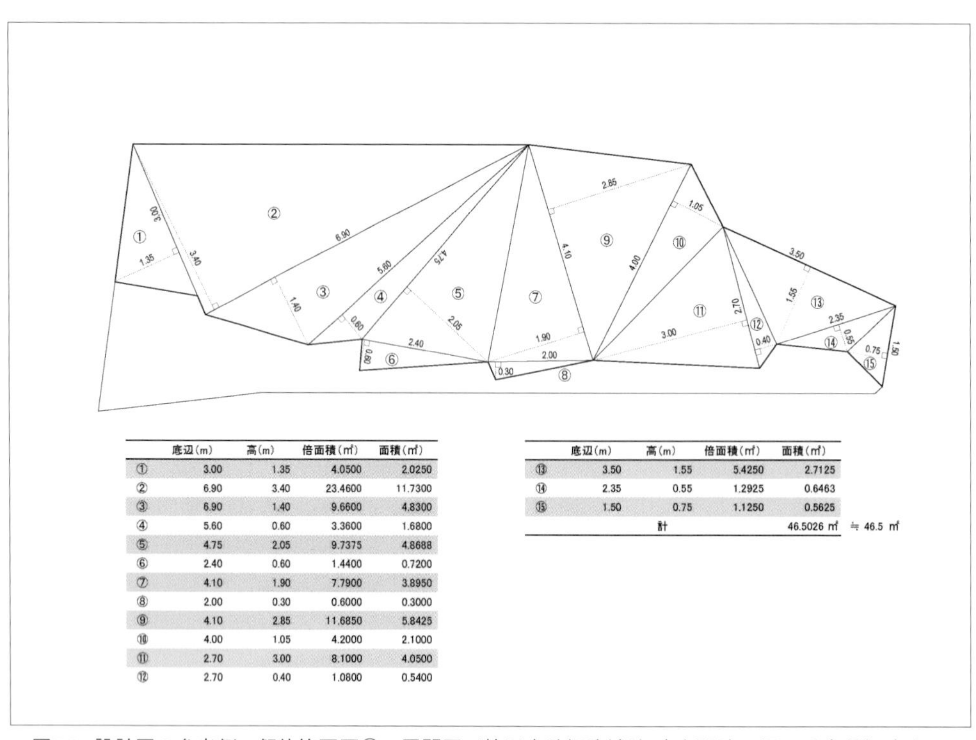

	底辺(m)	高(m)	倍面積(㎡)	面積(㎡)
①	3.00	1.35	4.0500	2.0250
②	6.90	3.40	23.4600	11.7300
③	6.90	1.40	9.6600	4.8300
④	5.60	0.60	3.3600	1.6800
⑤	4.75	2.05	9.7375	4.8688
⑥	2.40	0.60	1.4400	0.7200
⑦	4.10	1.90	7.7900	3.8950
⑧	2.00	0.30	0.6000	0.3000
⑨	4.10	2.85	11.6850	5.8425
⑩	4.00	1.05	4.2000	2.1000
⑪	2.70	3.00	8.1000	4.0500
⑫	2.70	0.40	1.0800	0.5400

	底辺(m)	高(m)	倍面積(㎡)	面積(㎡)
⑬	3.50	1.55	5.4250	2.7125
⑭	2.35	0.55	1.2925	0.6463
⑮	1.50	0.75	1.1250	0.5625
		計		46.5026 ㎡　≒ 46.5 ㎡

図72　設計図の参考例：解体範囲図①の展開図（特別史跡姫路城跡 清水門跡石垣（兵庫県姫路市））

※三斜誘致法による計算

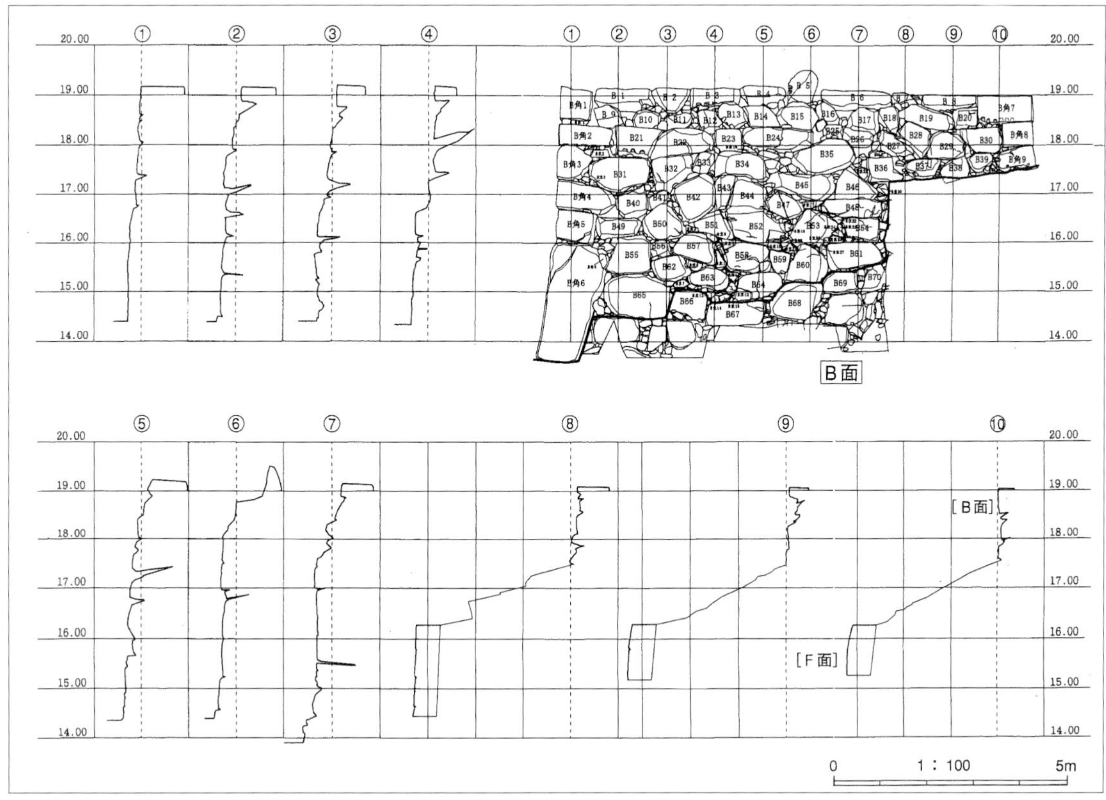

図73　設計図の参考例：解体範囲図②　番付図及び現況垂直断面図（特別史跡姫路城跡 旧太鼓櫓跡石垣（兵庫県姫路市））

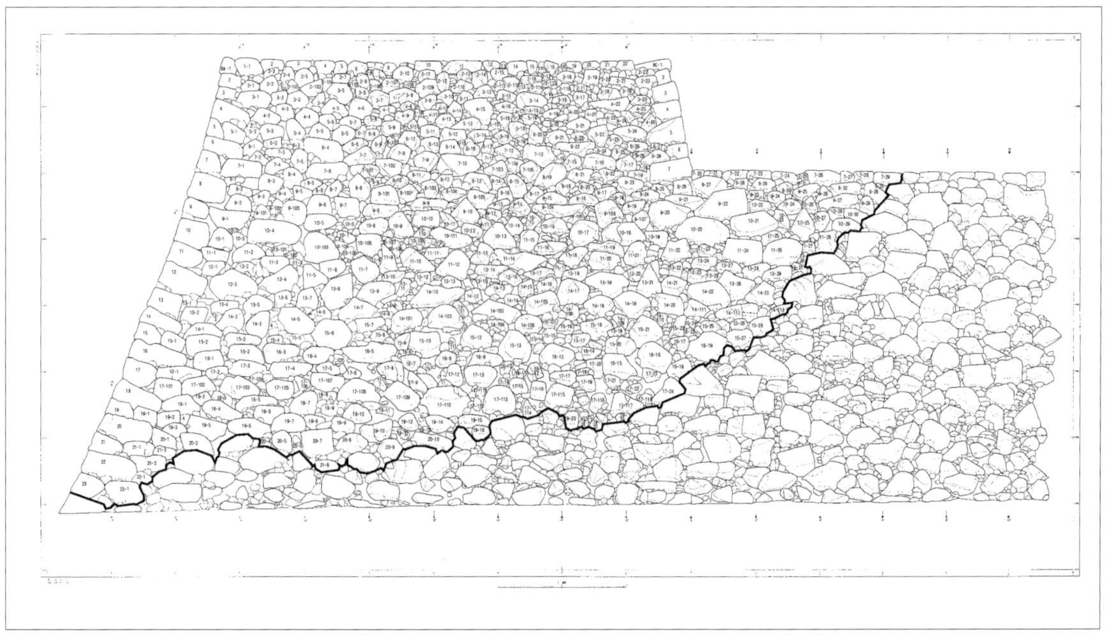

図74　設計図の参考例：解体範囲図③　立面図及び番付図（山梨県指定史跡甲府城跡 稲荷櫓跡石垣（山梨県甲府市））

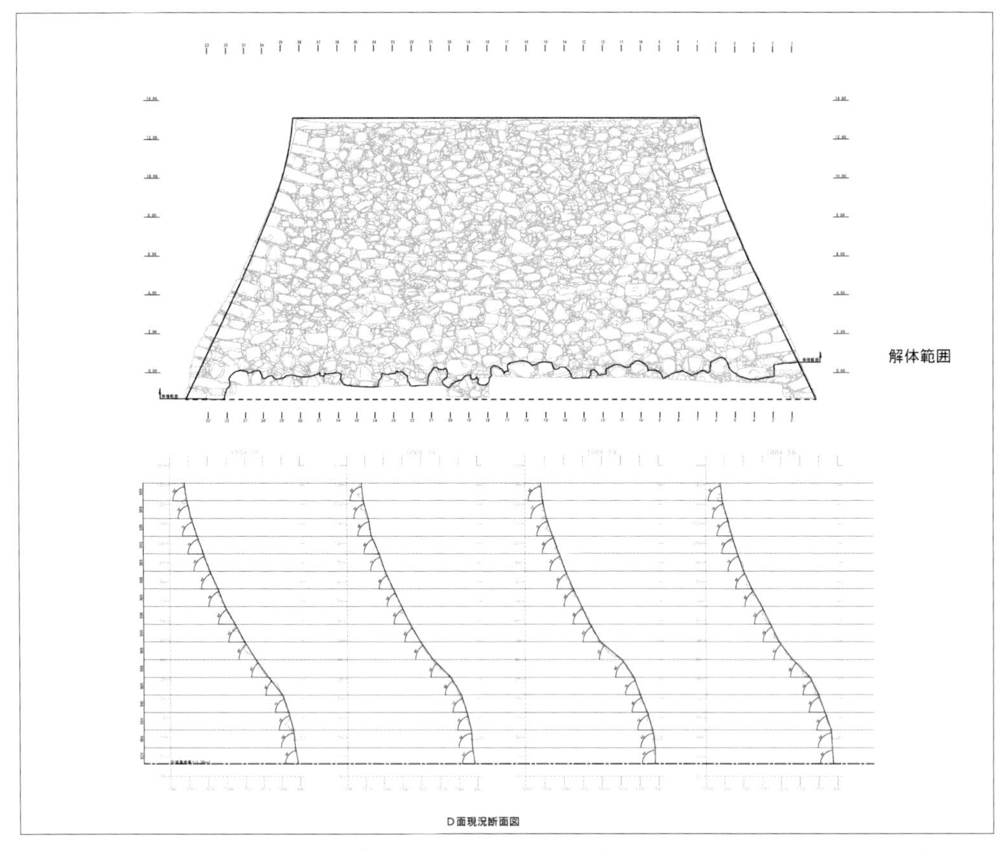

図75　設計図の参考例：解体範囲図④　立面図・垂直断面図（史跡高松城跡 天守台石垣（香川県高松市））

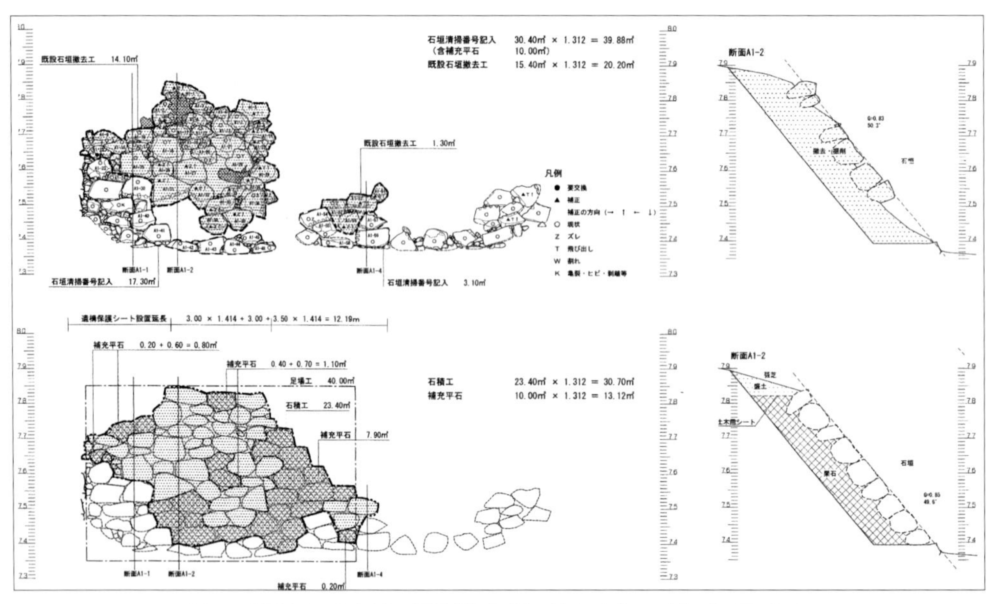

図76　設計図の参考例：解体範囲図⑤（上）と復旧（修理）図（下）
（特別史跡名護屋城跡並陣跡 水手曲輪南面石垣（佐賀県唐津市））

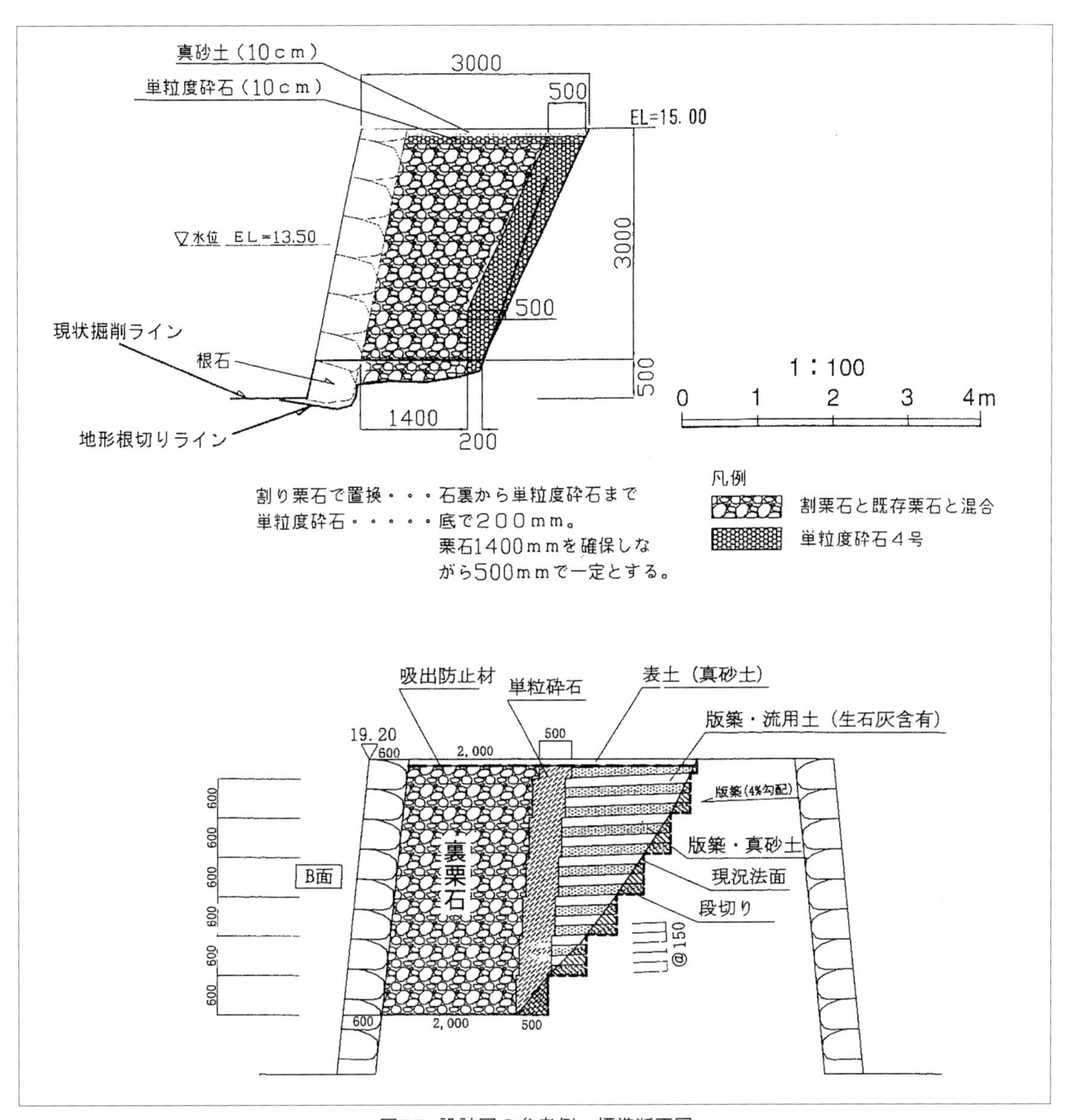

図77　設計図の参考例：標準断面図
（特別史跡姫路城跡 喜斎門跡土橋石垣〔上〕・同旧太鼓櫓跡石垣〔下〕（兵庫県姫路市））

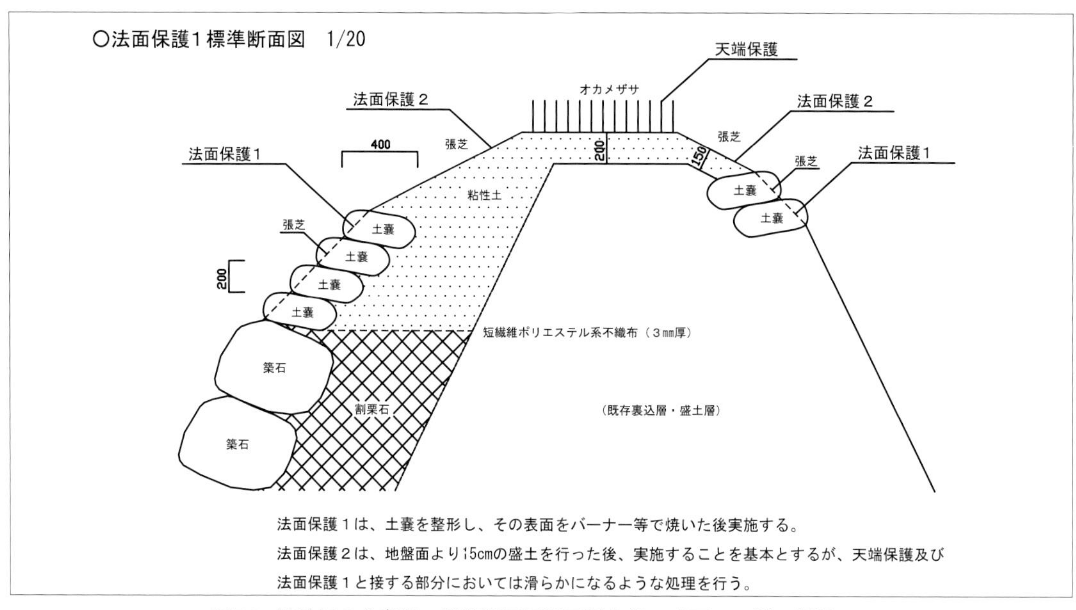

図78　設計図の参考例：標準断面図※石垣上部の法面・天端の保護
（特別史跡名護屋城跡並陣跡（佐賀県唐津市・玄海町））

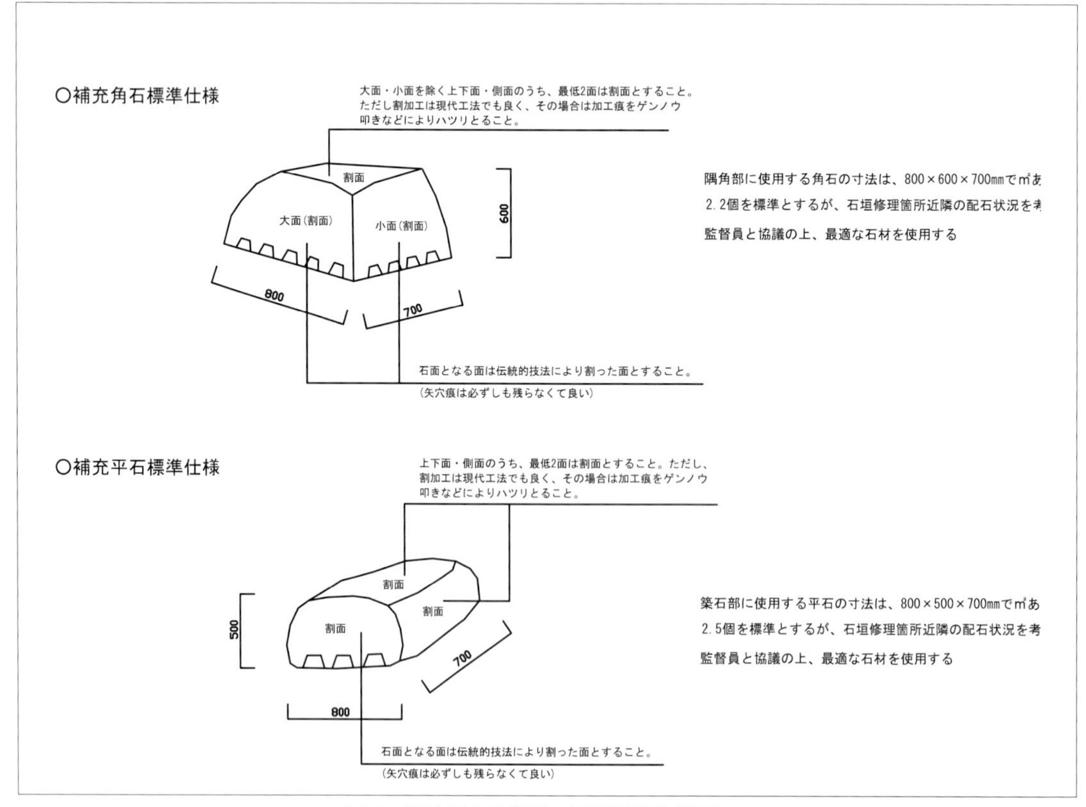

図79　設計図の参考例：石材標準仕様図
（特別史跡名護屋城跡並陣跡（佐賀県唐津市・玄海町））

復旧（修理）図　解体した石材を積み直し・復旧するにあたり、旧石材・旧材料を戻す位置・範囲、補充する新石材・新材料の位置・範囲、石垣の高さ及び角度・反りなどを含む基準勾配を、それぞれ平面図・立面図・断面図（垂直・水平断面図）を用いて図示したものが復旧（修理）図である（**図76下**）。

立面図では、解体した旧石材を積み直す位置及びそれらの範囲を図示することにより、復旧（修理）の全体の面積を算出する。また、新石材を追加する場合には、それらの位置・範囲、石材の形態・規模等も図示し、必要数量の算出を行う。なお、面積の算出方法は解体範囲図と同様である。

垂直断面図では、積み直す石垣の高さ、積み直す際に目標とする修正後の基準勾配（角度・反り）を図示するとともに、積み直しに伴い充填する裏込め（栗石・砂利層）及びその背面の盛土の範囲等を図示することにより、各々の数量算出を行う（**図77**）。

復旧（修理）図は、解体修理に係る数量を算出するための図面であるとともに、積み直し・復旧後の仕上がりの予想図ともなる（**図78**）。

しかし、個々の石材の規格が揃っていない場合をはじめ、石垣が当初の状態から大きく変位している場合なども多いことから、個々の石材の位置・角度を精密に補正して図示することは困難である。実際の積み直し・復旧では、解体・解体調査の過程で得られる詳細な情報も踏まえ、現場合わせにより対処することが求められる。したがって、実施設計の当初段階における復旧（修理）図は、積算において必要な面積・数量の算出を第一義的な目的とするものであり、個々の石材の厳密な配置を示した図面は、解体・解体調査を完了した後に積み直し・復旧に着手する直前に別途作成することが望ましい。

なお、復旧（修理）図は、基本設計の段階で仕上がり予想図として作成することにより、専門委員会における検討及び行政内部における合意形成のための図面として活用することも考えられる。

石材等標準仕様図　補充する新石材・新材料の性質（石質・土質）・規格・加工方法等の仕様を図示したものが石材標準仕様図である（**図79**）。補充する新石材の表情（外観）は積み直し・復旧後の石垣の仕上がりを大きく左右することから、その仕様については石垣の特質を踏まえ、慎重かつ詳細に定める必要がある。特に、加工方法に関しては、伝統的技法・在来工法及び現代工法の使用又はその併用等の具体的な範囲・手法を図示する。

各図面の縮尺　上記した各図面の基本図の縮尺は、対象とする石垣の規模にもよるが、石垣細部の表示が必要となることを考慮すれば、実測を1／20～1／40で行い、最終的に1／40～1／80とすることが望ましい。

設計変更への対応　解体修理の進捗に伴って、当初の想定とは異なる状況が発生し、解体の範囲、勾配の見直し、交換石材の増減等の設計変更及びそれに伴う契約変更が必要となることが多い。したがって、設計変更の積算のために、解体の面積、交換・補充の石材の数量等を適切に管理することが必要である。

特に、設計変更を行う場合の契約変更額の限度は、各地方公共団体の取扱要項により定められている。それらによると、変更見込金額が請負代金額の一定割合を超える場合には、実施中の方法（工種・工法）と分離することが著しく困難なものを除き、原則として別途契約の締結を求めていることが多い。その場合、新たな契約を介することにより、解体修理の行程の一体性が失われ、経費・期間の両面に影響を及ぼす恐れも想定される。したがって、当初の実施設計においては、解体・解体調査の過程で契約変更にまで結びつく事態が発生する可能性を想定し、万一、設計変更が発生した場合にも機敏に対応できるようにしておくことが必要である。

なお、解体修理の過程で数量変更に伴う設計変更・契約変更等の発生する可能性がある場合には、変更要

2　**協議書**；一般の土木工事では、発注者（監督員）と受注者との間の申し合わせは文書を通じて行うこととされており、その書式は「工事打合簿」として様式化されている。両者の間で①段階確認、②指示、③協議、④通知、⑤提出、⑥届出等に係る事項を記載した「工事打合簿」を取り交わすことにより、変更すべき作業内容の相互確認を行う。

因となり得る問題個所を発見した時点で発注者と施工者との間において共通の認識としておくことが重要であり、変更の事実が確定した段階で速やかに協議書[2]を取り交わすことが必要である。変更の対象となった作業は変更契約の締結後に着手することを原則とするが、複数回にわたって変更を行わなければならないような場合には、協議書を取り交わすことにより、変更契約の締結前であっても変更の対象となった作業に着手することが可能となる。これは、変更内容の全体が確定した段階で、変更契約を行うことができることとされていることによる。

イ．積算

所要経費の積算方法　解体修理に係る経費の積算は、通常、都道府県において採用されている単価及び歩掛り・諸経費の積算方法を基準とする。

しかし、文化財としての石垣の解体修理に特化した解体・解体調査、積み直し・復旧、石材加工等の方法を加味した単価を設定する必要もある。その場合、可能な限り土木請負工事費積算基準（以下、「積算基準」という。）及びそれに基づく積算事例集・統一単価等を参考に積算することを基本とするものの、単価の設定が困難なものは、当該石垣の解体修理に必要な事項を特記仕様書に明示したうえで参考見積書を関係業者から徴収し、それをもとに積算を行うこととしている事例も多い。

なお、間接工事費として計上する共通仮設費・現場管理費・一般管理費等の諸経費は、内容が公園緑地の造成整備に係る「敷地造成工」に類似していることから、公園工事の積算方法に基づき算定する場合が多い。

石垣整備に特化した仕様書・代（単）価表　通常の一般土木工事には、石垣の解体修理に類似した方法（工種・工法）として、練石積工における巨石積工及び空石積みによる巨石張工・巨石据付工、又は造園修景における雑割石・雑石積（空石積み）工等がある。しかし、城跡の石垣の解体修理に伴う積み直し・復旧と比較した場合、仕様書・代（単）価表の適用範囲及び積算を行う各項目のうち、①石垣の勾配、②石材の規格、③文化財石垣に通暁した技能者（石工）の有無、④作業の手間等の項目に関して相違が認められる。その中でも、特に④作業に際しての手間は、一般土木工事の仕様書・代（単）価表との決定的な違いである。

手間には、①写真・図面のとおりに正確に積み直し・復旧するため、監督員と協議しつつ、仮積み、積み直し・復旧を繰り返しつつ進める作業、②石材と石材との隙間の形状に合わせ、間詰め石を加工しつつ入れ込む作業、③解体した石材及び新規に補充する石材の管理作業、④解体の過程で発生する発掘調査・記録作業に伴う「作業待ち時間」などが含まれる。したがって、歩掛見積りを関係業者から徴収するにあたっては、あらかじめこのような作業行程ごとの手間を整理し、仕様書の中に盛り込んだうえで先方に適切に示す必要がある。

なお、積算基準においては歩掛の見積りの徴収を3社以上から行うことが原則とされているが、城跡の石垣の解体修理に係る見積りは経験を持つ業者でないと適正な見積りを徴収することが困難である。地域によっては専門の業者が存在しない場合もあることから、徴収する範囲を適切に拡大する必要もある。

解体修理の方法（工種・工法）と設計数量の算出

経費の積算を行う場合に列挙する方法（工種・工法）のうち、土木積算基準書に定めのないものは、石垣解体修理に特化した方法（工種・工法）を新たに設け、その内容を定め設計数量の算出を行う。方法（工種・工法）は石垣の解体修理の状況によって多様であることから、各方法（工種・工法）の内容及び設計数量の算出の考え方を参考事例として204〜206頁に示す。

石工の労務単価　城跡の石垣の解体修理には、文化財石垣の復旧（修理）の経験を持つ技能者（石工）の採用が不可欠である。そのため、解体修理に特化した方法（工種・工法）における文化財石垣保存技術の技能者（石工）の労務単価は、公共工事設計労務単価とは別に関係業者から見積りを徴収のうえ決定することも考えられる。

また、土木工事における特殊な労務単価の場合には、（一財）建設物価調査会、（一財）経済調査会に委託して実態調査を行い決定する方法も採られており、関係業者からの見積り徴収に基づく単価との比較検討を行う場合に有効である。実態調査には全国を対象に行う場合及び地域を限定して行う場合の2種類が想定され、解体修理の対象とする石垣の特質に応じていずれを選択するのかを検討する必要がある。

解体修理の期間の設定　円滑で、効率的かつ経済的に解体修理を進めるためには、適切な期間を設定することが重要である。解体修理のほとんどが屋外作業で行われ、水文気象条件に著しく影響される性質を持つのみならず、数種の行程が並行又は複合して進むことも少なくない。したがって、個々の過程の作業量、相互の行程の組合せ、材料の調達・保管、労力の配分、建設機械等の準備の観点から、総合的に適正な期間を設定することが必要である。

標準的な期間は、通常、各都道府県により設定された「工期設定表」を参考とするほか、純工事費の総計が1億円を超える場合、特殊な工事である場合、現場条件等により「工期設定表」に依り難い場合等は、標準工期算定式に基づき算定を行う方法が一般的である。なお、具体的な工期の算定方法は、各都道府県策定の「土木工事積算資料」等を参照されたい。

特に、文化財としての石垣の解体修理では、解体調査の実施、その結果により生ずる設計変更、伝統的技法による施工、専門委員会との調整等の特殊な事情があるため、一般的な土木工事と比較して期間を要することが多い。したがって、適切な期間の設定に十分留意することが重要である。

ウ．仕様

特記仕様書　解体修理に関する特殊事項について、共通仕様書とは別に特記仕様書を定める。特記仕様書では、一般の土木工事に必要とされる項目のほか、基本設計において定めた具体的な解体修理の方針・方法に基づき、①解体修理の方法（工法・施工）の手順等の留意事項、②補充石材等の材料の規格・加工方法等について必要事項を記述するほか、③文化財監督員の配置、④石垣を実際に取り扱う技能者（石工）の資格要件など、文化財としての石垣の解体修理の観点から必要な事項を盛り込むことが必要である。例えば、①に関しては、石材の玉掛け[3]・据え付け、裏込め（栗石・砂利層）・間詰め石の詰め方等において、依拠すべき伝統的技法・在来工法に基づく適切な作業手順の在り方、②に関しては、旧石材・旧材料の取り扱い方法及び新石材・新材料の適用の基準など、文化財としての石垣を取り扱う上での留意事項を詳細に記述する。特に、作業の方法については図を用いて具体的に説明を加え、発注者である行政の各部局・専門委員会等の関係者間での共通理解を図るのみならず、受注者である施工者・技能者（石工）等に確実に伝わるよう努めることが重要である。

なお、206〜208頁には参考資料として、特記仕様書に定めるべき事項及びその留意事項を掲載したので参考とされたい。

エ．作業の運営

文化財専門職員の役割　実施設計では、解体・解体調査の範囲、積み直し・復旧後の想定、補充すべき新石材・新材料の仕様、裏込め（栗石・砂利層）及び基盤層（盛土・地山）の工法などを詳細に決定するほか、石垣背面の切削による遺構への影響の範囲・程度についても正確な判断が求められる。したがって、文化財担当部局は、解体修理の発注部局及び専門委員会とも一層綿密な調整に努める必要がある。特に、解体修理の期間の設定に関して、解体調査（発掘調査）及び調査結果の検討に要する期間を確保することの必要性について、あらかじめ解体修理の発注部局に理解を求めることが不可欠である。また、解体修理の行程における文化財専門職員の位置付けについても、改めて合意形成の必要がある。例えば、文化財専門職員は解体修理に伴う発掘調査（解体調査）に従事することはもちろんのこと、積み直し・復旧の過程においても、文化財としての石垣の観点から文化財監督員[4]として関与できるよう体制整備することが適当である。

3　**玉掛け**；石材を運搬するために、石材に吊り具（ワイヤーロープ等）を掛けたり取り外したりする作業のことである。作業に従事する者は技能講習の修了資格を要する（労働安全衛生法施行令第20条第16号）。

土木技師、設計監理の業務委託者の役割　土木技師・設計監理の業務委託者は、一般土木工事とは異なる文化財としての石垣の解体修理であることに留意し、文化財担当部局、専門委員会等の関連機関と十分調整を行うことが求められる。特に、遺構に影響を与えない又はできる限り影響の少ない方法（工種・工法）を用いるよう留意が必要である。また、解体調査の結果、石垣内部の状況及び石垣の変位の原因等が判明するのに伴い、当初設計の内容変更又は期間変更が生じる可能性を十分認識しておく必要がある。当初設計の策定段階においても、あらかじめ様々な変更要因が発生する可能性を想定し、文化財部局・専門委員会との意思疎通・共通理解に努めることも重要である。

技能者（石工）の役割　実際に石垣の解体・解体調査、積み直し・復旧に携わる立場から、実施設計の策定時に技能者（石工）が意見を述べる機会を設けることが望ましい。特に、旧石材の状況に基づく石材交換の必要性、新石材の適性など、長年の経験に基づく判断・知見も重要であり、設計監理者は実施設計の策定における判断材料のひとつとして積極的に取り入れていく視点が重要である。

専門委員会　基本計画・基本設計に則った実施設計が行われ、事業が適切に進められるか否かについて、文化財としての石垣の解体修理の見地から、第三者としての詳細な検討を行う。「歴史の証拠」としての側面と「安定した構造体」としての側面の両面において、石垣技術・歴史学・考古学・建築史学等の観点からの具体的な指導・助言が必要である。また、解体・解体調査の結果により、当初設計の内容を変更しなければならなくなる可能性もあることを踏まえ、設計変更の内容について専門委員会の意見を聞くことが不可欠である。

3. 準備

(1) 意義・目的

準備とは、解体・解体調査を実施する直前の作業の全般を指し、必要な設備の設置、準備測量、除草及び樹木の伐採・除根、既存工作物等の撤去等の作業を含む。解体修理に直接関係するものには、①石垣表面の除草・清掃、②解体範囲に含まれる各石材の表面への番号記入、③石垣表面へのメッシュ設置（方眼墨入れ）、④丁張りの設置等に係る作業等がある。

準備の諸作業は、解体・解体調査の前に石垣の表面を詳細に観察できる重要な機会をもたらす。事前に詳細な測量調査を行ってはいても、その実施から既に相当の期間が経過している場合も多く、改めて石垣の表面において変位の進行又は石材の新たな破損などが発見される可能性もあることから、準備として行う石垣の観察は重要な意味を持つ。

(2) 総括的事項

解体直前の最終確認　解体・解体調査に着手する前に石垣の表面の現状を再確認し、実施設計の内容と整合しているか否かを再確認する。また、丁張りが適切に設置されているか否かを確認することも重要である。丁張りの設置作業が完了した時点で、専門委員会を含め関係者全員で確認を行う機会を設けることが望ましい。

文化財石垣の解体修理であることの再認識　解体を行う施工業者に対して実施設計図書及び特記仕様書等をもとに現場説明を行い、解体修理の主旨・目的等を正確に伝える。また、「土木工事安全施工技術指針」[5]等に基づき施工計画[6]及び施工体制台帳[7]等の作成を指

4　**文化財監督員**；解体調査の管理、積み直し・復旧の検討など、文化財である石垣の復旧（修理）の観点から、作業の過程を全般的に掌握する現場監督員の業務を補完する役割を担う。

5　**土木工事安全施工技術指針**；解体の実施にあたり、安全性の確保・向上を図るため、労働安全衛生上遵守又は留意すべき事項について、法令、関連する指針等をまとめた技術指針である。

6　**施工計画**；設計図書に基づき、解体作業を実施するため、作業の各行程を組み合わせて立案する計画である。

7　**施工体制台帳**；直接建設工事を請け負った特定建設業者（作成特定建設業者）が、下請・孫請など工事施工を請け負う全ての業者を監督し、工事全体の施工を管理するため、業者名、各業者の施工範囲、各業者の技術者氏名等を記載した台帳である。

示し、工法等の内容が文化財石垣の解体修理の手法と合致していることを確認するとともに、実施設計図書に沿って、解体調査（発掘調査）を要する事項、安全確保のための条件等を把握・確認し合う。

(3) 作業の内容

ア. 石垣の表面の清掃

解体修理において、石垣の表面に対するメッシュ設置（方眼墨入れ）・番号記入に十分な効果が期待できるようにするために、石垣の表面に付着した土砂・苔・地衣類などの除去・清掃を行う（図80）。その際、石材の表面にキズ等が生じない道具を選び、間詰め石の落下等にも十分注意を払うことが必要である（図81）。また、石垣を間近で確認することができるため、山傷又は微細な亀裂など、潜在する石材の弱点を初期の段階において把握することができるという利点がある。

イ. 番号記入

解体修理は、石垣の緩み・孕み・ズレ等を修正し、再築することを目的としている。石垣の全体に対する配慮のみならず、個々の石材も石垣の構成要素として丁寧に取り扱うことが重要であり、可能な限り元の位置に近い位置に戻すことが必要である。したがって、個々の石材についても形状・寸法などの記録管理のために、解体前に立面図・写真をもとに番号を記入する（図82・83）。また、間詰石にも可能な限り番号を記入する。

図80　石垣面の清掃作業（ブラシ）
（特別史跡名護屋城跡並陣跡（佐賀県唐津市・玄海町））

図81　石垣面の清掃（高圧洗浄機）
（唐津城跡（佐賀県唐津市））

図82　番号付け作業（特別史跡名護屋城跡並陣跡（佐賀県唐津市・玄海町））
水平器により線引きを行い、水平線に合わせ、耐水テープを貼り付ける。

図83　番号付け作業（唐津城跡（佐賀県唐津市））
設計図を確認しながら、テープに番号を記入する。

図84　高所作業車での番号付けの作業
（史跡高松城跡（香川県高松市））

石垣の比高が大きく、簡単な足場では番号付けが困難な場合には、仮設道を設置して高所作業車両を利用することもある。

図85　番号付けの状況（唐津城跡（佐賀県唐津市））

築石（平石）だけでなく、間詰め石にも可能な限り番号を記入する。ここでは築石（平石）と区別して別番号を付しているが、隣接する築石（平石）の番号からの枝番とするなど、築石と関連づけて番号を付す方法も有効である。

図86　メッシュ設置（方眼墨入れ）作業（唐津城跡（佐賀県唐津市））

石面に紐で方眼を組んだ状態。ここでは番号付けも併行して実施した。

図87　方眼墨入れ作業（唐津城跡（佐賀県唐津市））

方眼に組んだ紐をもとに石面に墨入れを行う。

図88　方眼墨入れ状況（唐津城跡（佐賀県唐津市））

ここでは墨打ちの間隔を100cmに設定した。

図89　紐張り及び番号付け状況（唐津城跡（佐賀県唐津市））

方眼墨入れに伴い紐張りを行った状態。この状態でメモ写真撮影を行い、積直しの際の手掛かりとする。

図90　丁張り設置状況（左：唐津城跡（佐賀県唐津市）、右：特別史跡名護屋城跡並陣跡（佐賀県唐津市・玄海町））

左は解体前に設計内容の現地確認のため、積み直し時の目標とする勾配で丁張りを設置したものである。右は積み直し時の基準として設計勾配に基づき丁張りを設置したものである。

ウ．メッシュ設置（方眼墨入れ）

解体・解体調査、積み直し・復旧を行う場合の重要な目安として、番号記入とともにメッシュ設置（方眼墨入れ）を行う（**図84〜図89**）。メッシュ設置（方眼墨入れ）は水平・垂直の両方に行い、個々の築石（平石）に必ず墨線が通るよう設定する。方眼の間隔は50〜100cmを目安とする。また、積み直し・復旧に際して旧状を確認するために、必要に応じて各部分の写真撮影を行う。

エ．丁張り

解体に際して設置した足場等を利用して、実施設計図書（水平断面図等）に示された基準勾配に基づき丁張りを設置し（**図90**）、解体修理の監督員・文化財専門職員・専門委員会の間で確認を行う。

なお、解体修理が複数年にわたり、着手から完成まで統一した丁張りが必要となる場合には、解体修理を行う場所の環境、重機械の稼働、トラッククレーン等の旋回範囲等を考慮し、作業に齟齬が発生することがないよう位置を定める。

（4）作業の運営

文化財専門職員の役割　先に述べたように、準備の段階は解体前の石垣の現状を詳細に観察できる重要な機会をもたらすことから、作業中には可能な限り現場に常駐することが必要である。また、工事施工者に対して、文化財専門職員が文化財石垣の解体修理の観点から、適切に指示を行える体制の確保も必要である。例えば、詰め石がかなり細かく分かれているような場合には、詰め石のひとつひとつが「歴史的な証拠」としての性質をもつことに留意しつつ、どこまで個々の詰め石の位置を重視して番号を記入すべきなのかについて、適切な指示を行うことが求められる。

土木技師、設計監理の業務委託者の役割　実施設計図書に基づき、清掃・番号記入を行う場合の作業面積について監理を行う。また、丁張りの角度・位置が実施設計図書どおりに設定されているか否かの確認を行う。現場の状況に応じて丁張りの角度・位置に微調整を要する場合には、監督員・現場代理人と協議を行う。ただし、丁張りの角度の微調整が繰り返されると、結果的に作業面積の変更が生ずる可能性にも十分留意しなければならない。そのような場合には、変更内容を適切に把握するとともに、設計変更に向けて対応・手続きを取る。

施工者の現場代理人の役割　実施設計図書をもとに、解体修理の各段階における作業について指示を行う。文化財としての石垣の解体修理であることを十分認識し、諸作業を行うことにより、かえってき損が進んだりすることがないよう十分に注意を払うことが必要である。また、石垣の表面の清掃を行った結果、解体を要する範囲又は基準勾配など、実施設計図に示された内容が石垣の

図91　作業進捗状況確認会議
（史跡高松城跡（香川県高松市））

現状と整合しない場合もあり得ることを念頭に置くことも必要である。そのような場合には、実施設計図と現状との相違箇所について、監督員・設計監理者とも情報の共有化に努めることが重要である。

技能者（石工）の役割　解体修理の各段階における諸作業に立ち会い、石垣の表面の現状確認を行う。特に、実施設計図書に示された解体範囲、基準勾配、石材の破損状況等について、現状との比較・照合を行う。実際の解体にあたり、基準勾配及び丁張りの設置個所の確認を行うことは重要であり、技能者（石工）として何等かの変更が必要と判断した場合には、速やかに現場代理人に報告を行う。

作業進捗状況確認会議　準備に伴って把握した解体着手前の石垣の現状については、作業進捗状況確認会議において関係者間の共通理解とするよう努める（図91）。特に、実施設計の内容と現状との相違点が発見された場合に、解体修理の実施中の軽微な変更として対処できるものなのか、設計変更の対象とすべきものなのかについて、速やかに関係機関間において協議を行うことができるよう体制を整えておくことが重要である。

安全管理　石垣の表面の清掃は除草・樹木伐採の作業を中心とするため、実施にあたっては詰め石の落石などに注意を払う必要がある。また、落石が作業区域の外に飛び出したりすることがないよう、適切な余地を置いて確実な構造の仮囲い施設を設置する。

専門委員会　専門委員会は、解体前の石垣の現状及び準備の進捗状況について把握する。そのため、専門委員会を所掌する地方公共団体の担当部局は、作業の進捗状況について専門委員会に周知を図る責任を負う。その他、準備の段階において実施設計との相違が確認された場合には、必要に応じて専門委員会の意見を求めることが適当である。

4. 仮設施設の設置

(1) 意義・目的

仮設施設の設置とは、解体修理の実施に際して一時的に仮の施設・設備を設置する行程である。石垣の解体・解体調査、積み直し・復旧の作業に必要な足場をはじめ、安全確保のための仮囲い、石材置き場としての仮設作業場等の設置が含まれる。

通常、仮設施設の設置は、「請負者による自主施工の原則」に基づき共通仮設費の1項目として計上する方法（工種・工法）であり、特に発注者が必要とする場合には「指定仮設」として別途計上する場合もある。

高所での作業が中心となるため、安全確保のために十分な足場を設置したり、転落防止のための施設を設置したりすることにより、作業に集中できる環境を整える。また、仮囲いの施設は、不慮の落石等により作業場の外側に危険が及ぶことを防ぐために設置するものである。その他、解体した石材の仮置き場を解体の作業場にできる限り近い場所に確保するとともに、運搬車両の経路の設定には見学者への安全にも十分配慮する。

(2) 総括的事項

解体修理に特化した作業への配慮　解体には必ず発掘調査の作業を伴うことから、通常の土木工事とは異なる性質及び作業内容を持つ。したがって、発掘調査の作業を阻害することがないよう、足場・足場板の設置位置等について配慮する必要がある。具体的には、以下の3点についての配慮が不可欠である。

①発掘調査により発生する掘削土砂の搬出が容易で

あること

②検出遺構の写真を撮影する際に、できる限り映らないよう仮設施設の位置を選択すること

③足場を設置した状態でも石垣面の観察が十分可能であること

また、足場の規模・構造については、作業員の安全確保にも十分配慮することも必要である。

(3) 作業の内容

ア. 仮囲い

安全確保に係る施工条件等を充足しているか否かを確認するために、現地調査を行う。仮囲いの設置にあたっての留意事項は、以下のとおりである。

①特に、公園利用者のために十分な広さの通路を確保した上で仮囲いを設置する。

②利用者が解体修理の状況を見学できるよう仮囲いの一部に窓を設けるなどの配慮を行う（図92）。

イ. 仮設作業場

作業を安全かつ適正に実施するために、解体した石材の集積、栗石等の選別、トラッククレーンなど重機類の安全な稼働を行ううえで十分な広さの仮設作業場を確保する。

解体修理の場所の近隣に仮設作業場を確保できない場合には、公園利用者及び観光客等の安全確保及び

図92　工事現場の仮囲いと工事概要説明板の設置
（史跡小峰城跡（福島県白河市））

仮囲いのパネルには解体修理の目的・概要をわかりやすく説明した説明板を設置し、復旧（修理）事業の公開に努める。

図94　石材置き場での管理状況
（唐津城跡（佐賀県唐津市））

石材の番号管理は、テープへの記入のほか墨入れにより行うことも考えられ、石材の保管が長期にわたる場合などは、番号テープの劣化を補う手段として有効である。

図93　工事現場の仮囲いと石材の仮置き状況
（特別史跡熊本城跡（熊本県熊本市））

工事期間中、解体現場・石材仮置場などの周囲を仮囲いで囲い、関係者以外の立入禁止、資材や粉塵の飛散、盗難の防止を図る。

図95　解体現場から離れた別の場所での石材仮置き状況
（史跡福岡城跡（福岡県福岡市））

解体現場と石材仮置き場の間を常時運搬車両が行き来するため、通行の安全に十分配慮する必要がある。

図96　足場設置状況（単管本足場）
（唐津城跡（佐賀県唐津市））

図97　足場設置状況（手すり先行型枠組足場と丁張り設置状況）
（特別史跡熊本城跡（熊本県熊本市））

図98　足場設置状況（手すり先行型枠組本足場、史跡福岡城跡（福岡県福岡市））

重機類の安全な稼働を優先させることにも配慮すべきである。

仮設作業場の設置にあたっての留意事項は、以下の3点である。

①解体した石材は、形状寸法等を記録し、再利用が可能か否かの判断を行うため、適当な間隔を保ちつつ陣木の上に配置する（**図93～95**）。

②裏込め（栗石・砂利層）、盛土等は、再利用することを原則としていることから、選別・仕分け（重機による振るい分けを含む。）のための作業空間を確保する。

③新石材・新材料の集積及び加工の場所の確保は、基本設計・実施設計の段階から考慮することが必要である。

ウ．足場

建設業等における足場（**図96～98**）は、高所からの墜落・転落などの労働災害を防止するため、手すり先行足場[8]を用いることを原則としている。足場の設置に関する留意事項は以下の3点である。

①解体修理に使う足場には、枠組本足場・くさび緊結式足場・単管本足場等がある。

②現地の状況に応じて、解体・解体調査の各段階において、足場設置に係る所要の経費計上が必要となる場合がある。

③設置面積は展開図に基づき、足場の高さ×長さにより算出し、土木工事積算基準及び統一単価により積算する。

8　**手すり先行足場**；足場からの墜落を防ぐため、組み立て時には手すりを先行して設置し、解体時も作業床の取り外しまで手すりを残す足場の設置方法。

(4) 作業の運営（表11）

文化財専門職員の役割　解体した石材を仮置きする場所は、各石材の確認・検査を行う場所となることを十分考慮し、保管位置・管理方法について施工者と調整を行う。

足場は解体調査に伴う裏込め（栗石・砂利層）の発掘調査の作業場として利用することとなるため、作業の効率化が図れるよう足場の位置等について施工者と調整を図る。また、足場の存在が調査時の図面・写真等の記録作業に支障を及ぼす場合も想定されるため、設置の位置等について配慮する。

土木技師、設計監理の業務委託者の役割　各種の通常の監理業務のほか、特に石材の仮置き場の設営に関しては、十分な面積の確保に努め、積み直し・復旧及び解体石材調査を行う際の作業のし易さにも配慮し、機能的・計画的な石材の配置に努める。

また、仮置きされた石材の記入番号を確実に管理することも重要である。仮置きした石材の配置図を作成し、図面上における石材の位置の管理を行うとともに、石材を仮置きした陣木にも番号を記入するなど、記入番号が不明とならないよう確実な対応が必要である。

その他、解体石材の配置にあたっては、積み直し・復旧の際に石材の運び出しが容易となるようバック・ホーなど重機の進入路を複数確保しておくことが望ましい。

施工者の現場代理人の役割　足場等の仮設施設の配置には、監督員の指示の下に、解体調査に伴う写真撮影及び図化等の記録作業の支障にならないよう十分配慮する。また、石材の仮置き場では、余裕をもって保管ができるよう解体石材の配置を工夫するとともに、解体石材調査が行いやすいよう石材の置き方にも配慮する。同時に、詰め石などの小さな石材が紛失することがないよう築石（平石）と関連付けて保管することも重要である。

技能者（石工）の役割　仮置場に解体石材を配置する場合には、作業の進め方を考慮した効率的な配置の方法について監督員・施工監理者・現場代理人と協議を行う。また、足場を設置する場合にも、解体・解体調査、積み直し・復旧の行程を見据えた適切な配置方法について指示を行う。

作業進捗状況確認会議　作業着手前の作業進捗状況確認会議では、解体石材の仮置き方法・運搬方法等について合意形成を行う。いったん石材の仮置きが行われると、容易には修正ができない場合が多いことにも十分な留意が必要である。

安全管理　足場の設置に際しては、足場からの転落・踏み外し、足場の緩み又は鋼管先端の鋭利な部分による怪我など、人身事故に発展する要素も多いことから、定期的な安全点検を励行する。また、仮置場に部外者が容易に侵入したりすることがないよう仮囲いを確実に設置し、維持管理に留意する。特に、解体石材の上に乗ることは転倒による重大事故に繋がる恐れがあることから、史跡公園内での設営が多い仮置場に子どもが立ち入ったりすることがないよう十分な注意が必要である。

専門委員会　専門委員会は、仮設施設の設置が解体調査に配慮したものとなるよう専門的見地から指導・助言を行う。

表11　石垣整備の事業体制における関係者の名称、該当者、それらの位置付け・役割について

関係者の名称	該当者	位置付け・役割
監督員	城跡を管理する都市公園管理部局等の職員（土木技師等）	解体修理等の作業の請負契約の適正な履行を確保するために行う監督実施のため、請負契約締結後、発注部局の収支等命令者により任命される職員。 一般的には石垣の解体修理の事業主体の職員を任命する場合が多く、発注者を代表して受注者に対する指示又は承諾・協議等を行う。建設業法により、受注者側にその氏名を通知する必要がある（第19条の二の2「請負人への通知」）。
文化財監督員	文化担当部局の文化財専門職員	石垣の解体調査、解体修理にあたっての積み上げ・復旧の検討など、文化財としての石垣の解体修理の観点から、作業行程を掌握する監督員の業務を補完するものとして配置される文化財専門職員。
設計者	設計業務受託者（測量・設計コンサルタント等）	発注者に代わり、基本設計・実施設計の業務に従事し、設計図書（設計図・積算書・特記仕様書等）を作成する。 通常の土木設計に関わる知識のみならず、文化財としての石垣の解体修理に必要な知識、土木工学的な知識等と持つ者でなければならない。
施工監理者	施工監理業務受託者（測量・設計コンサルタント等）	作業が設計図書の内容に適合しているかどうかの照合・確認の業務に従事する。監理業務受託者は発注者の監督員が行うべき監理業務を補佐し、連携して作業の品質確保にあたる役割を担う。 また、変更請負契約に協力する業務を行い、変更の必要性を技術的に検討し、変更すべき内容を取りまとめたうえで、変更設計図書案を作成し、監督員に提出する。
施工者	請負業者（建設業者）	石垣の解体修理の請負契約について、発注者と締結した者。
現場代理人	請負業者が配置する請負者の代理人	施工者（請負業者）の代理人として、請負契約の確実な履行のため、解体修理の現地に常駐し、その運営及び取締りを行う。 施工図・施工計画書を作成のうえ、現地において具体的な指示を行い、作業の進捗を管理する。
技能者（石工）	石垣の解体、積み直し・復旧に直接従事する者として、施工者より施工体系に位置付けられた者	単なる作業員職種の区分としての「石工」ではなく、文化財石垣の保存技術を持つ石工を技能者（石工）と定める。 城跡等の石垣の伝統的技術・在来工法を理解した上で石垣の解体、積み直し・復旧に直接関与し、旧石材の再利用の可否、新石材の適否等の判断にあたり、技能者（石工）の観点から積極的に助言を行う。
専門委員会	専門家・研究者	石垣の復旧（修理）に指導・助言を行う委員会。発注部局が設置する。 石垣の調査・研究に関わる石垣技術・考古学・歴史学の観点のみならず、石垣の安定化の方法、保存の方法等を検討するため、土木工学・建築史学・地質学など、多角的な研究分野の専門家から成る委員会を設置することが望ましい。

註
1）この表は、解体修理を中心とする石垣整備の事業体制において、①関係者の名称、②該当する者、③位置付け・役割を整理したものである。
2）特に、事業主体が都市公園管理部局等であり、文化財担当部局がこれに協力して実施する場合を例示している。
3）設計業務・監理業務は業者への委託を想定している。

5. 解体・解体調査

(1) 意義・目的

解体・解体調査は、考古学的な発掘調査の手法により、石垣の上部から1段ごと及び1石ごとに解体しつつ、石垣を構成する築石（平石）等の石材、裏込め（栗石・砂利層）、背面の基盤層を成す地山・盛土、基礎を成す木製土台等の諸要素、及びこれらの相互の諸関係の実態把握及び記録を進め、内部及び基礎を含めた土木構造物としての総合的な特性の把握を行う行程である。同時に、石垣の内部に発生している変形の諸症状を確認し、最終的に解体修理の手法を選択せざるを得なくなった要因を分析し、より適切な実施設計へと近づけるための最終行程でもある。

解体・解体調査の意義と目的は、以下の3点に要約することができる。

ア. 石垣の本質的価値を構成する諸要素についての詳細把握・記録

石垣の本質的価値は、「歴史の証拠」と「安定した構造体」の2つの側面から成る（40頁を参照されたい。）。外観を観察しただけでは、石垣の機能・役割及び築造の行程を示す「歴史の証拠」としての詳細、「安定した構造体」を成す材料・技法等を、総合的かつ詳細に把握することは難しい。これらの点は、解体・解体調査を行うことにより初めて明確となる。しかし、いったん解体した石垣を完全に元の状態に戻すことは不可能であり、「歴史の証拠」としての価値の顕在化と「安定した構造体」としての価値の維持は、相互に矛盾した性質に満ちている。したがって、石垣の本質的価値の態様を正確に記録に留め、将来に保存・継承することが極めて重要となる。具体的な記録の対象は、①場所ごとの石材の選択・加工、②裏込め（栗石・砂利層）、③石垣背面の地山・盛土等から成る基盤層、④根石等の基礎構造、⑤過去の修理の痕跡、⑥解体の範囲内にかつて存在した建築物その他の工作物の遺構・遺物等である。考古学的な発掘調査の技術・方法を通じてこれらの調査・検討を行い、客観的で正確かつ詳細な記録を作成する。

イ. 積み直し・復旧のための調査・記録

解体に伴う発掘調査により把握した石垣の意匠・形態・構造は、積み直し・復旧を通じて健全な状態を回復することが可能となる。解体する時点の石垣は破損・変形の状態にあり、石垣に緩み・孕みが生じることによって、個々の石材が当初の位置関係から多少なりとも移動した状態にある。移動の方向・量は外観調査の段階においても把握することが可能であるが、復旧の対象とすべき健全な状態での位置関係は、石材の正面の形状・奥行き（控え）及び上下・左右の石材との接点等の観点から、解体の過程において総合的に検討すべきものである。解体する時点の石垣の現状は破損・変形した状態にあるということを念頭に置きつつ、各石材の本来あるべき位置関係を検討するとともに、積み直し・復旧に役立つ情報を適切な方法で確実に残す必要がある。

ウ. 石垣の破損・変形の状態に関する総体的な把握及びその要因の特定

石垣カルテ作成時の基本調査（69～75頁を参照されたい。）により把握した石垣の破損・変形は、解体調査において石材を1段ごと、1石ごとに取り外す過程において、石垣の内部の状況とともに詳細に把握する。石垣の破損・変形の状態はもとより、石材の破損の状況、裏込め（栗石・砂利層）の緩み・孕み、裏込め（栗石・砂利層）への土砂の流入状況等、石垣内部における変異の性質・範囲を把握し、個々の破損・変形が相互にどのように関連しているのかについて検討する。解体調査を通じて破損・変形の状態を総合的に把握することは、破損・変形を引き起こした要因を分析する上で大変重要な情報をもたらす。解体調査の結果を踏まえ、実施設計の段階において決定した対策工法を再検討し、対策の必要性又は方法（工種・工法）の妥当性を再確認することが必要となる。

(2) 総括的事項

解体・解体調査は、石垣の文化財としての本質的価値を調査し、記録に残すとともに、当該石垣が解体修理を要することとなった破損・変形の要因を解明し、適切な対策を講じるために必要な情報を取得する最後の行程である。解体修理の対象となる石垣及び対象範囲に含まれる周辺の遺構は、いったん解体した場合、当初の遺構の状態を完全に元に戻すことはできなくなる。石垣は、①築石（平石）等の石材、②裏込め（栗石・砂利層）、③石垣背面の地山・盛土から成る基盤層の3要素が不可分の調和的関係の下にひとつの構造体を成しており、石垣の意匠・形態、基本的な構造・技法等は復旧できても、裏込め（栗石・砂利層）及び背面の地山・盛土から成る基盤層を含めた石垣全体の諸関係を完全に再現することはできないからである。

したがって、石垣の解体とは、復旧（修理）における一行程であるのみならず、石垣の持つ本質的価値を顕在化させ、記録し、後世に伝えるための最後の機会となる極めて重要な調査段階でもある。そのような認識を関係者の全員が共有することが最も重要である。特に、解体調査を担当する文化財専門職員は、積み直し・復旧を担当する監理者のみならず、技能者（石工）とも緊密な意思疎通及び連携・協力を行い、必ず現場に立ち会って石垣の構造等に関わる情報を確実に記録するとともに、文化財としての石垣の復旧（修理）に関する専門的な観点から、監理者及び技能者（石工）に適切な指示を行うことが必要である。

なお、発掘調査については、『発掘調査のてびき―集落遺跡発掘編／整理・報告書編―』、『発掘調査のてびき―各種遺跡調査編―』（文化庁文化財部記念物課監修 同成社 2010・2012）に詳しく解説されているので併せて参照されたい。本章においては、発掘調査に係る事項のうち、石垣の解体修理に関係の深いものに重点を置いて解説を行う。

(3) 解体・解体調査の計画的運営

ア．作業運営の確認

石垣の解体を計画的かつ安全に進めるため、着手に先立って現地における作業運営について関係者間で確認することが必要である。石垣の解体は、発掘調査及び土木工事の両面の性質を持つことから、両者をどのように調整し、円滑に進めるのかが最も重要な点である。そのため、全体的な作業行程をはじめ、各段階の作業の内容・分担・手順、作業に要する時間、安全管理、その他の留意事項等について、事前に検討・整理することにより、適切かつ効率的な作業の遂行に努めることが求められる。

イ．作業の運営

作業の運営　解体・解体調査の作業関係者は、解体調査を担当する地方公共団体の文化財専門職員、設計管理を担当する土木技師又は設計監理業者・測量業者・施工業者・技能者（石工）等、多岐にわたることから、現地作業の円滑な運営には、それぞれの役割分担の明確化と相互の意思疎通が欠かせない。

文化財専門職員の役割　文化財専門職員は、解体調査（解体に伴う発掘調査）を自ら監理・遂行し、石垣の本質的価値を把握するとともに、適切に記録する。必要な調査を確実に進めるためには、解体修理の行程における解体の段階の重要性を施工業者及び技能者（石工）等に対して丁寧に説明し、解体そのものが発掘調査であり、解体・解体調査が一体であることを現場に徹底させる必要がある。関係者の理解・協力を得るためには、調査の必要性・項目・方法・所要期間、解体作業手順との関連性等について事前に関係者に説明し、共通理解を得ることが重要であることを忘れてはならない。

土木技師、設計監理業者の役割　地方公共団体の土木技師、設計監理業者は、解体の遂行全般について監理を行う。積み直し・復旧の適切な設計監理には解体中の情報収集が不可欠であるとの認識に立ち、解体・解体調査の推移に絶えず目を向け、当初の実施設計と現場における作業進捗との整合性を検証することが重要である。解体の作業を通じて積み直し・復旧に係る新たな情報が得られた場合には、設計変更を含めた適切な対応策を速やかに検討し、関係者と協議を進める。

施工業者の現場代理人の役割　施工業者の現場代理人は、解体の作業責任者として、解体調査を担当する文化財専門職員、解体を担当する技能者（石工）及び作業員等、現地作業に従事するすべての関係者と緊密に連絡を取りつつ、解体に係る一連の作業の円滑かつ安全な遂行を指揮監督する。

技能者（石工）の役割　技能者（石工）は、技能者としての専門的な知識と経験を生かし、解体の過程及び解体後における石材の取り扱いについて現場で直接に指揮監督を行い又は作業そのものに従事する。解体の対象となる石垣は、破損・変形したことにより石材相互の本来の位置関係を既に失っているため、技能者（石工）が自らの目で現状を観察し、破損・変形する以前の位置関係を見定めることが精度の高い積み直し・復旧を行う上で極めて重要である。また、解体調査においても、実際に石材を取り扱う技能者（石工）から見た遺構に関する所見を文化財専門職員と共有することにより、文化財石垣保存技術の総合的な把握及び記録作成に相応の役割を果たすことが期待される。

作業進捗状況確認会議　関係者の意思疎通を円滑に行うためには、作業の進捗状況を相互に確認し合う会議の定例化が効果的である。作業進捗状況確認会議[9]では、一定期間における作業の行程・手順及び次の行程を円滑に進めるための準備の進捗状況を確認するとともに、計画段階では予期できなかった新たな事態への対処方法等について協議する。作業進捗状況確認会議における協議結果によっては、設計変更等に展開する場合もある。最終的に作成する石垣復旧（修理）報告書に解体修理の経過を記載する上でも有益な記録となることから、必ず会議録を作成することとする。

安全管理　解体の作業を進める上では、安全管理に関する配慮が極めて重要である。解体の作業には様々な危険が伴う。特に、注意を喚起すべき危険要因には、足場の不安定な高所又は急傾斜地での作業であることによる墜落、裏込め（栗石・砂利層）の崩落、クレーン等による石材解体移動時の落石、栗石等の人力撤去時の怪我等がある。安全な作業を実施するためには、労働安全衛生法及びその関連の法令・規則（巻末の参考資料を参照されたい。）を遵守し、さまざまな作業の段階において安全を確保するための管理体制を整備することが、関係者への安全教育にとって必須の事柄である。作業進捗状況確認会議の場及び始業に際してのミーティング等の場を通じて、関係者が安全に対する意識を喚起することに心掛けることが大切である。

(4) 解体・解体調査の準備

ア. 測量基準点の設置

解体・解体調査の作業においては、対象となる場所及び遺構・遺物の存在する位置を正確かつ客観的に記録することが不可欠である。公共測量の成果は、一般的に平面直角座標系に基づくことから、発掘調査の記録もそれに準じることが原則である。

測量基準点は、解体作業の対象地の近辺に2点以上設置する必要がある。これらの基準点は水平位置を表す基準点であると同時に、高さの水準点としての役割をも兼ねることが多く、解体・解体調査から積み直し・復旧まで使用可能な状態を保てるように、設置場所の選定及び埋設杭の材質にも留意する。外部委託を行う場合には、公共測量作業規定[10]を使用する又はそれに準じた規定を定めるなどして、必要な精度が保てるよう方策を採る必要がある。

イ. 現況地形測量

解体調査の事前測量には、計画段階で実施する石垣立面測量に加えて、解体前の現況地形測量が必要である。現況地形測量は、連続する一連の石垣における解体修理個所の位置（立地）、石垣周辺の遺構の状況、その他解体修理の対象となる石垣周辺の地形・植生等の環境等の記録を目的とする測量であり、それに見合った測量範囲を設定する必要がある。城跡によっては、近世初期の破却に伴って意図的に石垣を取り崩し

9　**作業進捗状況確認会議**；一般に「工程会議」とも呼ばれている。

10　**公共測量作業規定**；測量法第33条に基づき、公共測量を実施する地方公共団体等の測量計画機関が、国土交通大臣の承認の下に、当該公共測量に関し観測機械の種類、観測法、計算法等の詳細を定めたもの。

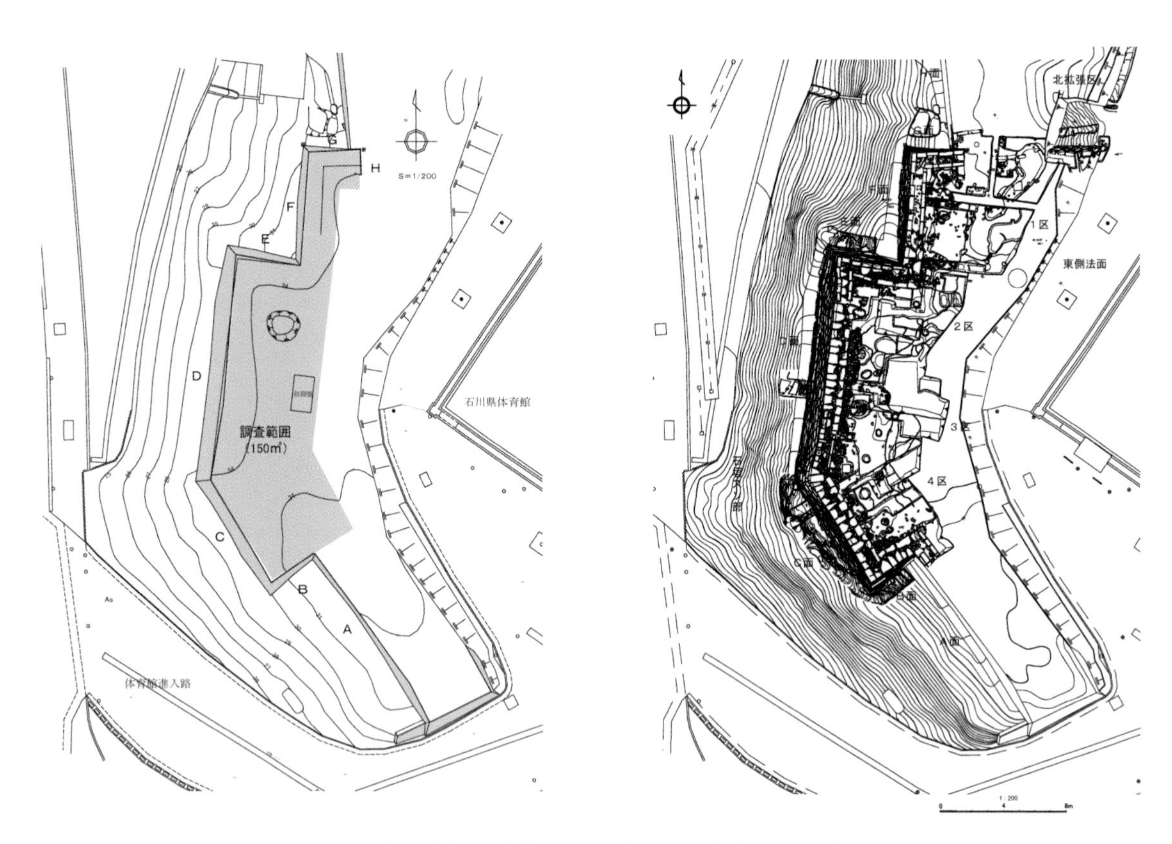

図99　現況地形測量図と遺構平面図（史跡金沢城跡（石川県金沢市））

左は解体調査の計画段階で作成した現況地形測量図（原図1／100、トータルステーション測量）。右は上面遺構調査時に作成した遺構平面図（原図1／20、写真測量）

た事例などもあり、石垣及びその背面の崩壊した状態の記録こそ、現況記録としての重要な意味を持つものである場合があることにも留意すべきである。

測量方法には、平板測量があるほか、トータルステーションを用いた電子平板測量等があり、縮尺1／100又は1／200程度の図面を作成することが多い（図99）。現況地形とともに、樹木・工作物等を含めた石垣の立地環境の全体を測量することが望ましい。

ウ．支障物の撤去

発掘調査等の支障となる樹木・工作物等は、必要最小限の範囲で事前に撤去する。その際、地下遺構に影響を与えないよう留意が必要である。樹木は伐採のみ、工作物は地上部の撤去のみに留め、除根又は基礎の撤去は発掘調査の段階において行う。特に、石垣の直近の場所に成育している樹木は根が石垣に食い込んでいることが多いため、無理な除根は石垣に悪影響を与えることにもなりかねない。解体の進行に合わせて、樹根と石垣の破損・変形との関係を検証しつつ作業を進めることは、破損・変形の要因に関する分析にも有益である。

エ．発掘調査区の設定

実施設計に基づき、発掘調査を実施する範囲に発掘調査区を設定する。発掘調査区の内部には、遺構・遺物の位置を記録するために木杭を用いて方眼グリッドを設定する。グリッドの方位を平面直角座標系に合わせるよりも、石垣の軸線に合わせたほうが作業は容易である。石垣解体時の断面図作成の基線も、グリッドの方位と一致させることが適当である。

(5) 上面遺構の発掘調査

石垣の解体修理に伴い切削を要する範囲については、事前に発掘調査を実施しなければならない。発掘調査を計画的に実施するためには、基本計画の策定段階で実施した絵図文献等の資史料調査及び復旧（修理）前の発掘調査等の結果を踏まえ、想定し得る遺構の種類、遺構面の深さ、土層の構成等について着手前に十分に検討しておく必要がある。

また、復旧（修理）前の発掘調査で遺構の存在が確認できなかった場合においても、調査範囲が面的に広がることにより、部分的な調査坑（トレンチ）による調査では把握できなかった遺構が発見される場合もある。復旧（修理）前の発掘調査段階での遺構検出の有無に関わらず、解体に要する切削範囲の全体を発掘調査の対象に含めることが必要である。

石垣上面において発掘調査の対象となる遺構には、まず城が機能していた時代の遺構があり、さらには築城に先行する遺構、城の廃絶後の時代の遺構の計3種類がある。そのいずれの場合においても、石垣の解体修理後に復旧を要するか否かは調査・記録の方法に影響することから、専門委員会等において事前に検討し、取り扱いの方針・方法を決定しておくことが求められる。

ア．近現代の遺構の発掘調査とその撤去

近現代の遺構には、城が廃絶する過程で形成された遺構と、廃絶した後の造作により形成された遺構の大きく2種類がある。

城の廃絶過程で形成された遺構には、不要となった建築物の撤去に伴い瓦等の建築材料を廃棄した遺構及びその堆積層、掘立柱建物及び塀・柵等の工作物を除却した際の柱又は控柱の抜取穴等の遺構がある。

城の廃絶後に形成された遺構には、城跡を利用した軍隊施設の整備に伴う塀・柵等の区画施設、石垣に接して新築した兵舎等の建築物の基礎及び給排水施設等の附属施設などの遺構がある。

土地利用の在り方が変化した結果、新たに地盤の嵩上げ又は削平を伴う整地が行われ、石垣周辺の地盤の環境が変化した事例もしばしば認められる。発掘調査においては、城が機能していた段階と現況との間の地表面・地形の関係を明らかにするとともに、周辺環境の変化が石垣の保存状態に悪影響を与えた可能性についても検討する必要がある。

イ．往時の建築物関連遺構の発掘調査と解体

石垣とその周辺に存在した城の建築物その他の工作物の遺構の多くは、石垣の解体に伴って失われてしまうことから、事前に発掘調査を行い、確実に記録することが必要である。

往時の建築物の基礎遺構　石垣上面に存在した往時の建築物の遺構の代表例は、櫓・長屋等の大型の建築物である。これらの多くは石垣の上面に土台となる横材を置く構造を持つ。例えば、石垣の天端に外壁を支えるための角柱状の横材（葛石等）、高さを調整するための板材（地覆石等）のような専用石材を設置する事例である。専用石材を伴わない場合であっても、天端石の上面に何らかのに加工痕跡が残ることもあり、留意を要する。

建築物の内部の基礎遺構には礎石がある。礎石は上面が平坦な自然石を用いたものから、石垣の石材を転用したもの、方形に切石加工されたものに至るまで、その形態・大きさは多様である。礎石の上面に残された刻線又は墨付等の痕跡から柱の位置を読み取ることが

図100　建築物の基礎遺構（史跡福岡城跡（福岡県福岡市））

石垣の上面で塀の控え柱の柱穴を検出。柱穴は直径約1.5m、深さ約1.0mあり、約1.1m間隔で並ぶ。新旧2時期の重複を確認した（福岡城上之橋御門跡）。

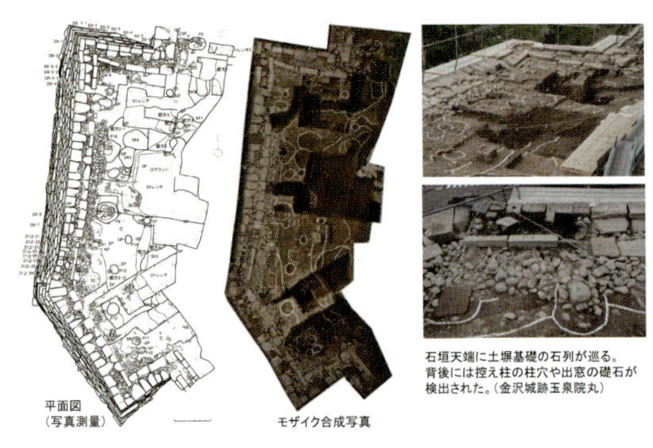

図101　石垣上面の遺構と記録例
（史跡金沢城跡（石川県金沢市））

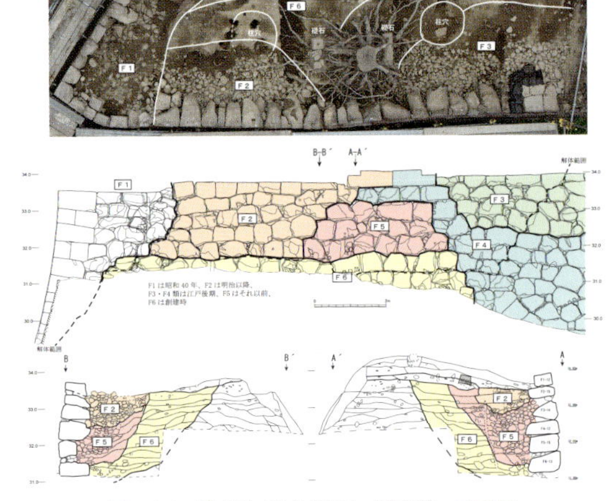

図102　遺構に残る復旧（修理）の履歴
（史跡金沢城跡玉泉院丸（石川県金沢市））

石材加工の違いと背面覆土の掘削痕跡から5回の復旧（修理）を確認した。

できる場合があるほか、変色・表面剥離等の被熱痕から建築物が火災に遭ったことが判明することもある。したがって、解体前に現地で礎石上面を慎重に洗浄・観察し、記録することが求められる。礎石が失われている場合であっても、礎石を据え付けるための根固めの礫、礎石の据え付け穴、礎石を撤去した際の抜き取り穴が残されている可能性があり、慎重に検出作業を行う。

石垣上に櫓等の大型建築物が存在しなかった場合でも、塀・柵等の遮蔽施設を伴うことがあり（**図100**）、その痕跡の有無を確認する必要がある。木造の骨組みを伴う土塀・板塀の場合には、石垣上面の据え付け痕跡に加え、控柱の遺構にも留意する（**図101**）。

その他、建築物の外周には、軒先から落ちる雨水及び地表面の流水を受けるための石組み溝又は礫を帯状に敷き込んだ溝状遺構が巡っている場合がある。これらは石垣と同様に解体調査を実施し、構造上の特質、築造方法、部材の加工状況等を確認する。

建築物の履歴　建築物の遺構に関する調査では、遺構の履歴を見極めることが重要である。石垣は城が築造されてから長期間にわたり存続してきたのに対し、石垣上の木造建築物は幾度かの修理・建て替えを経てきた可能性が高い。建築物の根本修理においては、石垣の天端付近を積み直したり、礎石を据え直したりすることも珍しくなく、場合によっては火災等により失われた長屋等の大型建築物を再建せずに土塀に替えるなど、建築物の種類自体も変化していることがある。したがって、検出した礎石・柱穴等の個々の遺構が必ずしも最終段階の遺構であるとは限らないことを念頭に置きつつ、複数検出した建築物の遺構の共存関係・建造時期等について検討することが重要である。遺構検出面が裏込め（栗石・砂利層）の上面である場合には、礎石又は掘立柱の据え付け穴・抜き取り穴等の埋土を明確に認定することが難しく、慎重な観察が必要となることから、あらかじめ余裕をもった調査期間を確保しておくことが望ましい。

復旧のための措置　解体に伴って取り外しを余儀なくされる遺構のうち、建築物の礎石、その周囲の石組み溝・礫敷溝等の遺構は、石垣の積み直し・復旧後に原位置に復旧することが原則である（147～156頁を参照されたい。）。そのため、石垣と同様に、解体前に部材への番号記入及び方眼墨入れ等を行い、原位置と照合が可能なように記録を行いつつ、個々に取り外しを行う。特に、複数の石材が積み重なっているような遺構の場合には、1段ごとに必要な情報を記録しつつ1石ずつ慎重に取り外す。これらの石材は、石垣に用いられている石材とは石質が異なっていたり、風化等で劣化し脆くなっていたりすることから、取り扱いには注意を要する。場合によっては、保存のための強化措置が必要な場合もある。

ウ．石垣の復旧（修理）履歴の確認

石垣上面の遺構調査における今ひとつの重要な事柄

は、対象とする石垣が過去に解体修理された際の痕跡の有無を確認し、もし痕跡を確認した場合には、その範囲を把握することである。

過去に解体修理が行われている場合には、①裏込め（栗石・砂利層）の材料・粒径の違い、②石垣上面の整地層の有無等を手がかりとして、切削の範囲を特定することが可能となる。

石垣の復旧（修理）の履歴は、復旧（修理）前の発掘調査（97～103頁を参照されたい。）の段階においても石材の積み方の変異又は石材の違い等からある程度読み取ることが可能であるが（**図102**）、解体調査の段階において石垣背面の切削面を検出することにより、その全体を把握することが可能となる。現在はひとつの石垣を構成してはいても、いったん解体修理が行われた範囲とそれ以外の範囲との間には築造時期の違いがあるため、解体調査の過程では石の積み方及び石材加工等の違いに十分留意し、出土遺物の取り上げにあたっても相互の混入を避けるよう慎重な対応が求められる。

（6）解体調査

ア．準備

実施設計図書に示した①石垣表面の清掃、②石材への番号記入、③解体範囲への方眼墨入れ等については、解体調査の着手前に作業を完了しておく必要がある。その他、解体調査の準備の過程では、以下の点に留意する。

石垣背面における石垣1段ごとの断面土層分層　石垣の解体は、石垣の1段ごとに行うことが基本である。石垣の1段分は解体・解体調査におけるひとつの作業単位となることから、石垣の背面における断面土層の分層を適切に把握しておく必要がある。背面の断面土層の分層を行うことは、石垣の築造時における石積みの行程を遡ってたどることにほかならない。

しかし、石垣は必ずしも1段ごとに整然とした成層を成しているとは限らない。場所によっては1段が2段に分かれたり、2つの段が統合されて1段となったりすることがしばしば認められるからである。その場合、解体の過程における石の取り外しの順序を踏襲するとともに、段ごとの個々の石材の解体順序についても、築造の段階における石の積み方の順序を遡ってたどることが必要となる。

石垣の1段ごとの区分を立面図上に色分けして表示するなど、解体の作業時における混乱をできる限り避けるよう工夫するとともに（**図103**）、各石材に対する番号記入

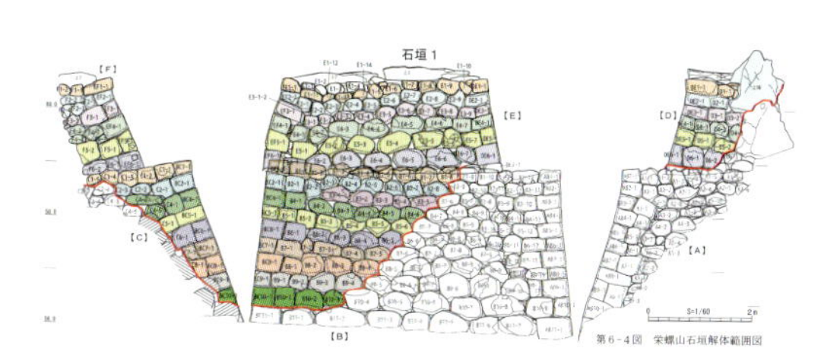

図103　解体する段の分層と番号記入の例（特別名勝兼六園（石川県金沢市））

図104　解体前の個別写真撮影（史跡金沢城跡（石川県金沢市））

石の正面全体に加えて、カメラ位置を移動して上下左右の石の接点・隙間を正面から撮影する。

も1段ごとの区分を踏まえた番号の順序とすることが望ましい。

解体前の写真撮影　解体に着手する前には、石垣細部の写真撮影を行う（**図104**）。写真は、カメラを構える位置によって写り込む情報が微妙に異なる。奥行きのある各石材の隙間・重なり具合等を正確に記録するためには、多様な位置・方向に基づく写真を複数撮影しておくことが必要となる。

解体に着手する前の状態を正面から撮影した複数の部分写真が、積み直し・復旧に際して参考となる場合が多い。撮影は、解体のために設置した仮設足場等を利用し、個々の石材に正対して行うことを基本とするが、正面から撮影するのみならず、上下左右の石材との接点・隙間にも注目し、複数の角度から撮影することが望ましい。

同時に、カメラの位置を移動させつつ、ビデオによる動画を撮影することも有効である。

解体断面図の作図位置　石垣の外面から背面の裏込め（栗石・砂利層）、地山・盛土から成る基盤層にかけての断面図（垂直断面図）は、解体修理の対象とする石垣の構造を正確に把握するための図面であり、解体調査時に作成が必要な基本図面のひとつである（**図105**）。

断面図の作成の目的は、石垣を構成する築石（平石）等の石材、裏込め（栗石・砂利層）、地山・盛土から成る基盤層の諸要素がどのような層位関係の下に組み立てられているのかを確実に記録することにある。したがって、概念的な模式図の作成ではなく、現地において観察しつつ、石垣の構造を的確に表す精密な実測図の作成を目的としており、あらかじめ作図すべき適当な位置・地点を見定めておくことが重要である。

作図の範囲は、解体範囲の下端までを含め、一連の断面図を作成することを原則とする。最終的に公開する石垣復旧（修理）報告書においては、石垣上面の遺構から基底部の根石までを含めた全体の断面図の合成が必要な場合もある。

断面図を作成する位置は、原則として石垣の立面測量時に併せて作図した垂直断面図の位置と同じ位置とし、石垣面に直交するように断面を設定して作図することが望ましい。

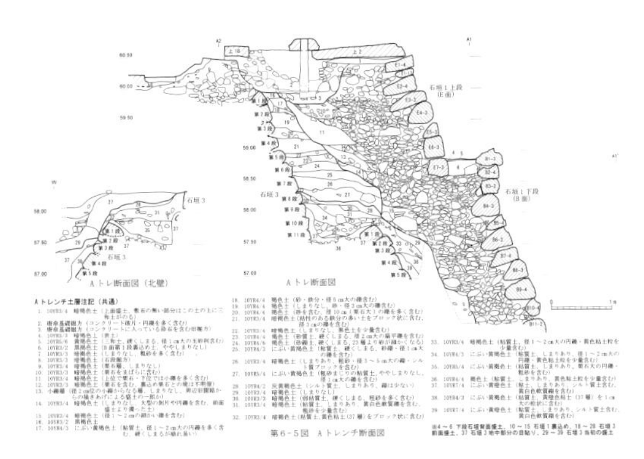

図105　石垣解体断面図の例
（特別名勝兼六園（石川県金沢市））

石垣の解体と並行して、石積みの1段から数段の間隔で断面図を追記していく方法を採用する場合には、解体の進行と同時に計測誤差が生じることがないよう、断面図作成の基準となる遣り方を設けるなど、安定した基準点・水準線の維持について工夫が必要である。

石垣上面における発掘調査等により、解体の対象とする範囲において、過去の石垣解体修理に伴う切削の痕跡を平面的に検出した場合には、それらの痕跡を断面図に含められるよう断面図の作成位置を設定することが望ましい。

ひとつの面を成す石垣には、最低1箇所の断面図を作成することが必要である。しかし、作成した断面図が当該石垣の標準的な断面の様相を示しているのか、又は部分的に独特の断面の様相を示しているのかを検証するためには、断面図作成の位置を複数設定し、相互の比較を行うことが必要となる。作図作業には労力・時間を要することから、解体作業の進捗に影響を与えないよう石垣及び背面の遺構の特質、解体調査の面積、作業期間・体制等を考慮し、断面図作成の目的を的確に達成することが可能な位置・箇所の選択に努めることが肝要である。

イ．作業の流れ

解体・解体調査の過程では、石垣の1段1段を作業の

図106　解体調査の各過程（史跡金沢城跡（石川県金沢市））

左上：裏込め（栗石・砂利層）及び盛土の掘削、右上：裏栗石の精査、左中：裏込め（栗石・砂利層）の撤去、右中：石材背後の部分写真撮影、左下：石材上面の番号記入、右下：断面図の作成

基本単位として、取り外し・記録・解体を繰り返し行う。作業の流れは、①調査坑（トレンチ）による断面図の作成、②裏込め（栗石・砂利層）の取り外し、③石材（築石（平石）等）の露出・清掃、④番号記入、⑤記録（断面図の追記・写真撮影）、⑥石材（築石（平石）等）の取り外しを基本として進める（**図106**）。

①調査坑（トレンチ）の壁面を整形した上で断面図を作成し、②裏込め（栗石・砂利層）を取り外し、石材（築石（平石））を露出させる。③露出した石材（築石（平石））の洗浄・清掃を行い、詳細に観察した後、④石材の正面に貼り付けた番号標に従って石材の上面にも番号を転記する。転記に使用する塗料については、石材を取

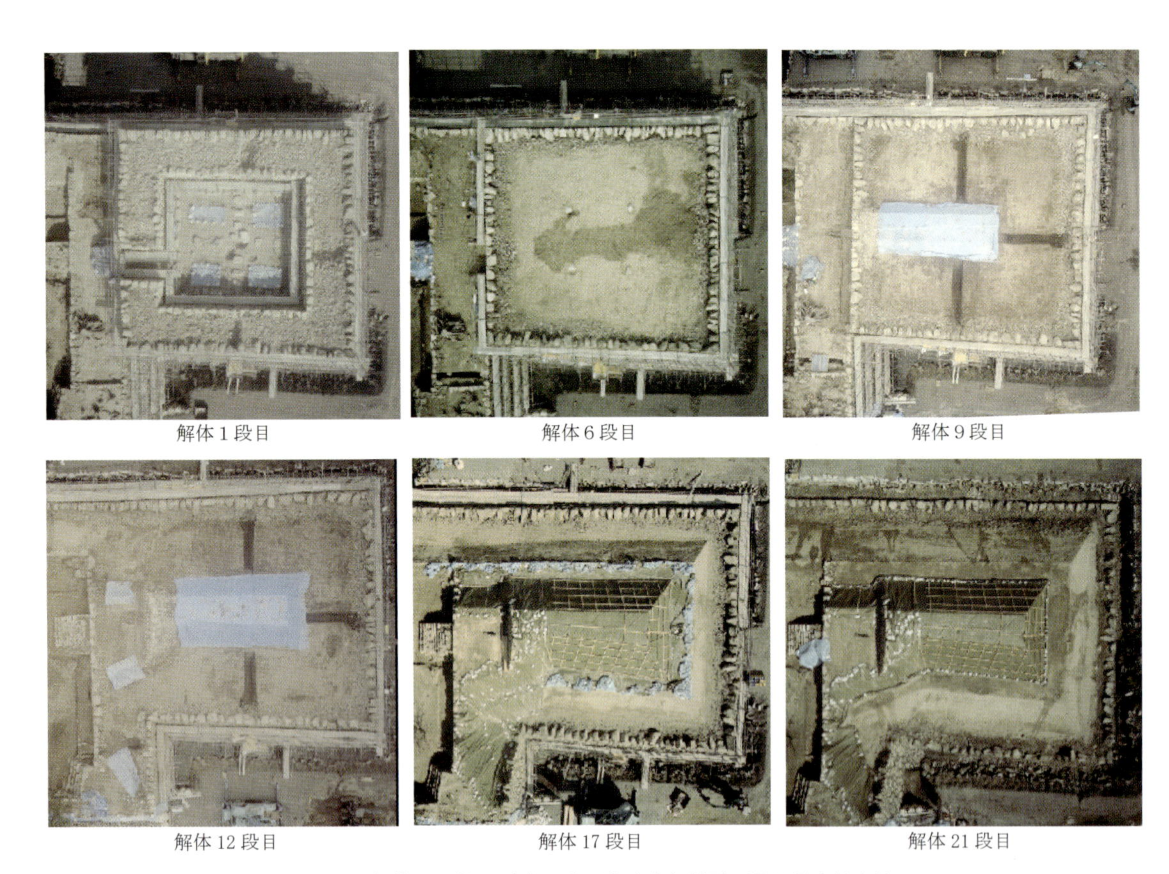

図107　解体1段ごとの垂直写真（史跡高松城跡（香川県高松市））

り外した後の保管時に剥落しないこと及び解体現場で取り扱いが容易であることに加え、将来の再復旧（再修理）に役立つ情報を現地に残す観点から、土木工事用に耐水性を改善した墨汁等の長期保存に耐える材料が適している。⑤解体に着手する前には、現場環境等に応じて、細部の写真撮影、ビデオ映像の撮影、空中写真測量（**図107**）、3次元レーザー計測等による測量図化等のうち、最適の方法よる正確かつ客観的な記録作成が求められる。⑥石材（築石（平石））の取り外しにあたっては、石材（築石（平石））を傷つけたりすることのないように、吊具の材質等に配慮しつつ、1石ずつクレーン等で慎重に吊り上げる。取り外し後には、石材（築石（平石））の直下に見られる石材間の接点及び飼石（介石）[11]の状態等を記録する場合もある。

ウ．解体調査時の確認事項

a．石垣の規模・形状

石垣の全体的な規模・形態の特質は、石垣カルテ作成のための基本調査（69～75頁を参照されたい。）又は測量図の作成（76～77頁を参照されたい。）の過程で得られた情報に基づき、解体調査に着手する以前に十分な検討を加え、把握しておくことが必要である。

また、石垣の現況は解体修理を必要とするほど破損・変形が進んだ状態にあることから、解体修理以前の外観の特質が破損・変形する以前からの本来のものであるのか、破損・変形の影響によって生じたものであるのかについて、判断が困難な場合もある。例えば、やや高くした隅角部に向かって石垣の天端付近の壁面が緩やかに上方に迫り上がる「気負い」をはじめ、隅角部

11　**飼石（介石）**；石材（築石（平石））の固定及び支持を目的として、控え（奥行き）の中程（胴）又は末端（石尻）に据え置く石。

に向かって石垣の天端付近が緩やかに前方に迫り出す「輪取り」は石垣が持つ本来の特質であるが、石垣の破損・変形に伴う天端の沈下又は隅角部の迫り出しの影響により類似の様相を呈することもあるため、石垣細部の変位状況等を把握する過程で見極めが重要である。

b. 天端

天端の構成　城跡の石垣の天端は、石垣の最上部を平坦に揃えるための石材及び背後の裏込め（栗石・砂利層）の上面を被覆する整地土等から成る。

石垣の天端は、石垣が築造された当時の状態を保ちにくい部分である。城が機能していた時期には、建築物等の建て替えに伴い、天端の石材の交換・追加はもとより、石垣の部分的な解体修理が行われる場合も少なくない。廃城後においても転落防止柵等の工作物の設置又は樹木の植樹等、様々な改変が行われてきた場所でもある。地震の発生時には、上部からの荷重がない部分であるため、ズレが生じ易く、降雨時には表流水の影響も受け易い環境にある。天端の解体・解体調査においては、そのような性質を十分念頭において遺構を観察することが肝要である。

天端の石材　石垣の天端には、角柱状又は板石状の切石等、天端に専用の加工石材を伴う場合とそれらを伴わない場合の2種類がある。加工石材を伴う場合には、石垣上にかつて存在した建築物その他の工作物の土台等の枘穴、上面を平らに調整した加工痕跡、天端石の結合に用いる「チキリ」と呼ぶ金属板などが確認されることがある（**図108**）。加工石材を伴わない場合であっても、建築物その他の工作物の土台に関わる痕跡を精査する視点が重要である。

天端の整地土　櫓等の大型建築物が現存又はかつて存在していた石垣の天端には、裏込め（栗石・砂利層）及びその背後の盛土層が広がっている場合が多い。しかし、塀・柵等の比較的軽微な区画に係る工作物が現存又はかつて存在していた石垣の天端には、粘質土等から成る整地層によって最上面が舗装されている場合がある。そのような整地層が、建築物の周辺の化粧の機能のみならず、石垣の裏込め（栗石・砂利層）に対して降雨による表流水が急激に流入することを避ける防水層としての機能をも持っていたと考えられる場合には、石垣の積み直し・復旧に際して上面の整地層の復旧を検討する必要がある。

天端・上面の変形　天端・上面の変形に関しては、天端の石材の配列及び背後の整地面の状態に着目する。天端の石材の乱れには、迫り出し・後退・横ずれ等の水平方向の動きをはじめ、沈下・浮き上がり等の垂直方向の動きがある。天端の石材は上部からの荷重がなく動きやすい状態にあるため、地震等の衝撃により急激に変形したものであるのか、強風等による高木の揺れ

図108　石材を結合する金属製の「チキリ」（特別史跡江戸城跡（東京都千代田区））

江戸城では、細川家による明暦3～万治元年（1657,58）の本丸中之門修築の際、チキリや鎹で石材を連結する手法が多用された。天端石に限らず切石積み石垣の各所において、チキリ穴を穿つ石材が確認されている。金沢城でも鉛チキリの類例がある。

図109　石垣天端の樹根（史跡金沢城跡（石川県金沢市））

石垣天端の樹木が石垣の保存に悪影響を与えることはよく知られている。写真の樹種はエノキで、細い根が裏込め（栗石・砂利層）の隙間に深く入り込んでいた

又は樹根の生育等の影響により時間を経て徐々に変形したものであるのか等について、石材が移動している方向及びその程度、樹根の広がりの状態等を詳細に観察し、事前に想定された要因が現地の実態に適合しているかを検証する必要がある。樹根は上面遺構調査に障害があるため、速やかに整理・除去するのが通例であるが、解体修理に伴う発掘調査では樹根と変形要因との関係を確認・記録したうえで整理・除去することが求められる（**図109**）。

地震により強く揺さぶられた石垣の場合には、裏込め（栗石・砂利層）が沈下して背後の基盤層である盛土・地山との境界に不整合が生じ、天端・上面の整地土面に地割れ又は沈下等の発生することが知られている（**図110**）。解体調査では、石垣の天端・上面に往時の建築物等の遺構が認められない場合であっても、天端・上面の整地土面を精査し、石垣の変形に関わる痕跡の緻密な探索に努めることが求められる。

石垣の破損・変形の要因の把握に向けた情報収集は、石垣の天端・上面の調査の段階から始まっていることを忘れてはならない。

c. 隅角部

隅角部（出角・入角）の構成　石垣の隅角部には、出角と入角の2種類がある。出角は石垣構造上の要所とされ、角石・角脇石・角尻石等の専用の石材を伴い、それらの構成・配置・形状・寸法規格・加工等に係る

図110　天端・上面の変形（史跡金沢城跡（石川県金沢市））

変形した石垣上部の天端・上面が沈降し、土塀基礎石が傾いている。整地土は局所的に陥没し、腐植土が堆積していた。

技術的・意匠的な特質は、当該石垣の時代性・地域性・技術系譜等と密接に関わっている。入角に専用の石材を伴うことは稀であるが、1段ごとに組み合う石材（築石（平石））相互の関係及び各々の石材（築石（平石））の加工の状態等に基づき、左右から接する2面の石垣の築造順序又は改修履歴等が判明する場合もあることから、注意を要する場所である。

石材構成・配置　隅角部を構成する石材の構成・配置は、解体に着手する前の外観調査の段階で基本情報を収集していることから、解体の段階では外観からの把握が困難な①各石材の背面の形状、②奥行きの寸法、③設置の方法、④加工の手法・範囲等について確認することが重点となる。角石と角脇石との長さの差を埋めるために角脇石の石尻に石材（捨て石）を据え置くなど、

図111　角石の据付（史跡金沢城跡（石川県金沢市））

角石の背後からクサビ形の石片を敷き込み、堅牢に固定した事例である。

図112　角石下面の調整材（史跡金沢城跡（石川県金沢市））

切石の角石を据え付けるにあたり、鉄製敷金やクサビ状の石片を挟み込む。

外観からは確認できなかった材料・手法が明らかとなることも少なくない。それらの石材にも新たに番号記入を行い、積み直し・復旧に備えることが必要である。

角石の据付　出角が交互に角石の長軸を振り替えて積み上げる算木積みの手法に依っている場合には、角石の長軸（石尻）方向及び短軸（角脇石）方向の2方向に下りの傾斜を付け、隅角部が上方に向かってやや迫り上がるように設置されていることが多い（**図111**）。解体に際しては、どのような方法により傾斜を微調整し石材を固定したのかについて確認が必要である。

調整材　石材の微妙な座りを調整するため、石材の下面に楔状の調整材を挟み込んだ事例がある。調整材には、断面が楔形の小割石又は栗石を打ち欠いた剥離片等の石材を用いるほか、切石に加工された角石等に対して金属製の敷金を用いることも少なくない（**図112**）。これまでの調査では、鉄製又は銅製の楔形金属板を使用した事例（史跡仙台城跡［本丸北石垣］（宮城県仙台市）、特別史跡江戸城跡［中の門石垣］（東京都千代田区）、史跡金沢城跡［二ノ丸東石垣］（石川県金沢市））、鎹形に鍛造成形した専用の金属板を使用した事例（同上）、鋤先等鉄製農具の転用品等を使用した事例（特別史跡江戸城跡［中の門石垣］（東京都千代田区））が、それぞれ報告されている。切石積みの石垣の場合には、隅角部に限らず築石（平石）の部分においても敷金を使用した事例（史跡金沢城跡［二ノ丸東石垣］（石川県金沢市）、特別史跡大坂城跡［玉造口石垣］（大阪府大阪市））が確認されており、切石材の設置には敷金が多用されていた実態が知られる。

石垣の築造の過程で調整材を石材側面（胴部側面）から差し込む場合、隣接する石材を据え置く以前に作業を終える必要がある。調整材の位置・向き等を作図することは、石材が積まれ、石垣が築造されていく順序について検討する上でも大いに役立つ。

調整材は、積み直し・復旧の過程で再利用する場合、出土品として取り上げて保管する場合など、材質や保存状態等を踏まえ適切な取り扱いを要する。いずれの場合にも、解体の過程で必要な記録を作成し、番号を記入して取り上げておくことが求められる。

石材加工　切石に加工された角石の場合には、据付に際し石垣の勾配に合わせて成形を行っていることがある。石材の据え付けに伴って付加された加工の痕跡と石切丁場で石材を製作する際に付加された痕跡とを識別するには、鑿筋の方向、加工面の精粗及びその範囲等の違いが手掛かりとなる。また、加工に伴う石材の剥離片が築石（平石）周辺の裏込め（栗石・砂利層）に混入しているか否かも確認する必要がある。

また、隣接する石材相互の接合（合端）の状態については、接合の位置・幅・加工方法等を観察する。例えば、角石と角脇石との接合部（合端）、角脇石と築石との接合部（合端）における石材の加工方法には時代による変化が認められることから、石垣の築造年代及び改修年代を検討する際の重要な情報となる。

据付痕跡　角石等の上面には、据付に伴う加工の痕跡が残されている場合がある。「梃子穴」がその代表的な例で、金梃子を使って角石の据付位置を微調整するために、梃子先の支点として直下の石材の上面に穿った小穴である。梃子穴は、切石積の石垣の築石（平石）にも認められる場合がある。梃子穴と石材の重なりについて正確な記録を作成することは、石垣の築造の過程を的確に再現する上で重要である。解体後の石材調査では見落とし兼ねない小さな痕跡であるため、解体の段階において観察に努めることが求められる。

このような石材の据付に係る各種の痕跡については、その種類・位置を立面図に図示するとともに、必要に応じて直上及び直下の石材との平面的な位置関係を作図することが望ましい。また、痕跡の細部の写真撮影を行うことも忘れてはならない。

隅角部の破損・変形　石垣の出隅部は複数の方向から外観を観察できることから、破損・変形の状態・要因を把握し易い場所である。状態の詳細は既に解体以前に把握しており、その結果は実施設計に反映したはずであるが、解体・解体調査時には、石垣の内部への破損・変形の波及の状態、外観からは確認できなかった石材背面の破損・変形の有無等を把握することが必要となる。両者を通じ、破損・変形の全体像を把握することにより、原因の分析に資する情報の全容を把握することができる。角石等の破損は、石垣が浮動し、石材と石材との接点にかかる荷重の均衡が損なわれ、特定箇所に圧力が集中することによって発生すると考えられる。したがって、解体時に圧力が集中した位置・方向を特定し、破損・変形をもたらした石垣の変動の方向及びその影響範囲を把握することにより、変動の発生源及びその要因を分析することが可能となる。

d. 築石（平石）

1段ごとの石材の配置　石垣の外観は、築石を1段ごとに積み上げる技法・意匠によって決まる。積み上げ・復旧の技法・意匠には、①使用する石材の高さを揃えることにより、各段の上面の横目地を概ね水平とし、石材を成層に積み上げる「布積み」、②寸法・形状が不揃いな石材を用いることにより、1段ごとの石材の高さを揃えずに積み上げる「乱積み」、③両者の中間的な積み方として「布崩し積み」等がある。石材個々の規模・形状のみならず、加工・据え付け・詰め石の各方法等の組み合わせにより、積み上げの技法・意匠が決まり、石垣の外観へと反映する。

築石（平石）の解体調査では、石垣の立面図を用いて1段ごとに分解し、各段における石材の配置を平面・断面の双方から重層的に把握し、記録を作成する。

確認を要する項目には、石材の①形態・寸法、②加工の方法、③据え付け又は固定の方法、④隣接する石材との接合方法、⑤据え付け又は固定の順序等がある。

形態・寸法　築石（平石）の石材は、原則として正面の面積が大きく、背面に向かうほど断面積が小さく整形されている。外部から見える石材の正面と石垣の内部に隠れる控えの部分では、加工の範囲・手法が異なることも多い。したがって、解体時には石材の向きを念頭に置き、形態・寸法、加工の方法の特質を観察する。また、設置された位置や段の層位による寸法・形態の傾向を確認することも重要である。特に、築石（平石）の石材の控えの寸法は、石垣の安定性とも関連する要素として石垣の特質の評価に欠かせない項目のひとつである。

加工の方法　石材の据え付けに伴い、石材の座りを良くするために、支障となる瘤を除去するなど表面の一部を加工している場合がある。そのような場合には、周辺の裏込め（栗石・砂利層）に加工作業等に伴う剥離片が混入している可能性があるため、注意して観察することが必要である。剥離片と石材との接合関係を確認することにより、加工の詳細な手順を把握することが可能となる場合もある。

隣接する石材との接点を加工し、接合面を整える合端加工も据え付け時に行われる作業である。特に、隙間無く石材を密着させて積み上げる切石積みの石垣では必須の作業であり、史跡金沢城跡［五十間長屋下石垣］（石川県金沢市）のように、合端加工を行う位置・範囲、仕上げの方法等の違いに基づき、時代による石垣の意匠・工法の変化を確認した事例もある。

据え付け又は固定の方法　築石（平石）は、本来、1石ずつぐらつかないよう安定させつつ設置するものである。このことを念頭に置きつつ、据付方法及び石材間の接点の状態等を確認し、記録に残すことが必要である。

直下の石材と接する部分は、その平面的な位置に関する情報を正確に図上に記録するとともに、双方の石材に接点を明示（マーキング）することにより、積み直し・復旧に際して現場での接点の確認が容易となる。

石材の控えを支える「介石」は、石材を安定的に据え付ける上で重要な役割を担う。積み直し・復旧に際して可能な限り正確に再現できるよう写真等により現状を記録する。

その他にも、控えが短い石材の背後に補強のための石材を設置した事例、隅角部と同様に敷金等の金具を使用した事例、石材間に硬質の礫の剥離片を挟み込んだ事例、粘土質の土壌を敷き詰めた事例など、石材を安定的に据え付け固定するために様々な方法が採用されていたことが知られている。

隣接する石材との接合の方法　隣接する石材は必ずしも接合しているとは限らない。接合していない場合は、石垣の緩み又は石材の脱落など変形したことによる二次的な現象であるのか、変形する以前から見られた当該石垣に固有の技法であるのか、又は両者の要因が複合して表れた結果なのか等について、据え付け又は固定の方法とともに検討し見極める必要がある。接合している場合は、接合に伴う加工の有無、加工されている場合にはその位置・範囲・方法等を確認する。

据え付け又は固定の順序　石材の据え付け又は設置に関連する諸要素を詳細に検討すると、石材の設置順序が判明することがある。特に、石材の下面に挟み込まれた調整材の位置が偏在している場合、片方の石のみに合端加工を施している場合等においては、石材の設置順序が関係している可能性があるため、現地において十分検討する必要がある。石材の設置順序が確認できれば、石垣の築造時における手順・過程をより詳細に把握することが可能となる。場合により、作業に携わった技能者（石工）の細かな所作又は意図を推測できる可能性もある。石垣の解体は、そのような可能性を確認できる最後の機会であることに十分留意すべきである。

築石（平石）部の破損・変形　隅角部と同様、外観の観察により把握した破損・変形の所見を踏まえ、破損・変形の全容及び石材破損の状態を確認する。その際、樹根及び背面・上面からの浸透水などの外的要因の影響を考慮するとともに、石垣自体が持つ技術上の特質・制約と石垣の破損・変形との関連性を慎重に検討することが重要である。例えば、現代では不適切とされる逆さ石[12]等の不合理な石材の配置が見られたり、石材の控えの長さが足りないなど寸法の不足が認められたりしても、それらは石垣の歴史上・構造上の特質を示すひとつの要素であるから、安定性を確保するために形態・構造を変更しても良いかどうか、慎重に判断することが必要である。

破損している石材も、破損・変形が認められる範囲内における位置及び破損の程度、剥離片が認められる場合には、その大きさ・数量等を写真撮影により記録し、破損が石材自体の劣化に起因するものなのか、石垣の破損・変形が進んだことにより波及的に発生したものなのかを判断することが必要である。破損・変形の状態の記録及びその原因に関する所見は、積み直し・復旧時に補修又は再利用が可能か否かに係る判断の根拠を示す上でも重要である。

e. 石垣背面の内部構造を表す諸要素

裏込め（栗石・砂利層）　石垣の裏込め（栗石・砂利層）は、石垣が安定したひとつの構造体を成す上で重要な要素である。裏込め（栗石・砂利層）には、①築石（平石）に対する背後からの土圧を軽減する緩衝帯としての機能、②水はけを良好に保ち、築石（平石）に水圧が掛からないようにする排水の機能、③築石（平石）の石尻を固め安定させる機能等を持つ。また、④地震発生時には、揺すられて沈下することにより、築石（平石）

12　**逆さ石**；石尻である艫（とも）を下げずに、艫の上端が石垣の正面側に面する石面の上端よりも上がった状態で積まれた石材のこと。

に伝わる背面からの振動を軽減する効果もあるとされている。

解体調査において確認を要する項目は、以下のとおり材料に関する事柄及び築造に関する事柄から成る。

まず、裏込め（栗石・砂利層）には、①河川下流域等において採取した円礫、②河川上流域又は丘陵部の採石地等において採取した角礫、③石材の加工に伴って発生した屑石等があり、それぞれ粒径に大小がある。栗石・砂利層の特性は基本的に採取地の地質環境等によって決まるが、石垣の立地環境により意図的に使い分けが行われていたり、時代により使用された栗石・砂利層が変化していたりするなどの違いが見られる。

例えば史跡篠山城跡［二の丸石垣］（兵庫県篠山市）のように、同一の石垣であっても、裏込め（栗石・砂利層）の位置・層位によって特性の異なる裏込め（栗石・砂利層）を使い分けている事例があるほか、史跡二本松城跡［本丸石垣］（福島県二本松市）及び史跡金沢城跡［玉泉院丸石垣］（石川県金沢市）のように、裏込め（栗石・砂利層）の特性の違いによって過去の修理の履歴及びその範囲を確認することができた事例も少なくない。したがって、解体の過程においては、裏込め（栗石・砂利層）の特性について確認・記録を適切に行う必要がある。

試験結果によると、粒径の異なる砂利を混合した場合、砂利層の空隙が減少し、締め固めの程度が向上することが明らかとなっている。そのため、石垣の裏込め（栗石・砂利層）においても、同様の効果を期待した築造方法が用いられているのか否かを確認する必要がある。

裏込め（栗石・砂利層）の特性を記録するために、一定範囲をサンプリングし、種類・形態・粒径・重量等を計測する方法が用いられている。複数の異なる地点・層位からのサンプリングの結果を比較検討することが望ましい。

裏込め（栗石・砂利層）の築造方法に関しては、①築石（平石）及び裏込め（栗石・砂利層）の築造の過程における相互の連動性、②裏込め（栗石・砂利層）の平面的な広がり、③裏込め（栗石・砂利層）と背後の地山・

図113　修築記念石（史跡金沢城跡（石川県金沢市））

石材の背後の栗石中に据え置かれた修築記念石。「鋤始」「鋤始」

盛土から成る基盤層との関係などの点に留意する必要がある。また、史跡仙台城跡［本丸北石垣］（宮城県仙台市）、史跡金沢城跡［五十軒長屋下石垣］（石川県金沢市）のように、裏込め（栗石・砂利層）の一部に整地土を伴う硬化面が確認された事例では、裏込め（栗石・砂利層）の築造時に材料等の搬入のために使われた作業通路の跡であった可能性が指摘されている。

裏込め（栗石層・砂利層）には、瓦又は石製品の破片が混入することも少なくない。これらは石垣の築造と直接関係する遺物ではないが、石垣の築造年代を検討する上で重要な資料となる。

また、石垣の築造に直接関係する遺物が出土した事例も稀ではない。史跡丸亀城跡［帯郭南石垣］（香川県丸亀市）、史跡仙台城跡［本丸北石垣］（宮城県仙台市）、史跡松山城跡［槻門石垣］（愛媛県松山市）のように、裏込め（栗石・砂利層）から石垣を築造した際に使用した可能性のあるノミ及びハンマー等の鉄製道具類が出土した事例があるほか、史跡金沢城跡［五十軒長屋下石垣］（石川県金沢市）のように、石垣の築造に着工した際の「鍬始」の記念石が裏込め（栗石層・砂利層）の中に安置されていた事例（**図113**）、史跡松山城跡［黒門跡石垣］（愛媛県松山市）、唐津城跡［本丸南石垣］（佐賀県唐津市）のように、地鎮等の祭祀に関連する墨書土器又は墨絵を描いた礫等の遺物が裏込め（栗石・砂利層）から出土した事例も知られている。したがって、裏込め（栗石・砂利層）を解体する際には、発掘調査と同様の慎重な作業及び注意深い観察が求められる。そのような遺物を発見した場合には、地点・層位を正確に記録して取り上げることが必要である。

盛土　裏込め（栗石・砂利層）のさらに背後には、地山・盛土から成る基盤層がある。解体調査においては、これらの基盤層と裏込め（栗石・砂利層）との接合の状態を確認することが重要である（**図114**）。例えば、裏込め（栗石・砂利層）の末端が面的に基盤層へと変化する場合には、石垣の築造に先行して造成された盛土又はその背後の地山を切削して石垣を築造したことがうかがえる。また、裏込め（栗石・砂利層）の末端と背面の土砂層が交互に入り組み、鋸歯状に堆積している場合には、両者の施工が同時併行で進んだことを示している。これまでの各地の解体調査の結果によると、石垣の下半部においては盛土を切削して裏込め（栗石・砂利層）を設置し、上半部においては盛土及び裏込め（栗石・砂利層）を同時施工で行った事例の多いことが判明している。

過去に解体修理が行われた石垣の場合には、解体修理に伴う切削により、盛土と裏込め（栗石・砂利層）との関係を示す土層断面が失われてしまっている可能性が高い。断面土層観察においては、そのような切削の痕跡を確認することができる。ただし、過去の解体修理に伴う切削の範囲が小さい場合には、元の裏込め（栗石・砂利層）と背後の地山・盛土から成る基盤層との関係を確認することが可能である。逆に石垣と盛土の築成が同時に進行した場合であっても、裏込め（栗石・砂利層）の厚みが一定であれば、裏込め（栗石・砂利層）と背後の基盤層との境界域における互層状堆積が不明瞭である場合もある。このように、石垣の外観から判断される築成の年代観も含め、総合的に築成の過程を検討する視点が重要である。

図114　裏込めの堆積状況（史跡金沢城跡（石川県金沢市））
石垣から離れると盛土が増え、栗石と互層を成す。

盛土の土質及び保存状況等は、簡易貫入試験による締固めの程度を確認することをはじめ、含水比・粒度組成等を把握すること等、積み上げ・復旧の方法を検討する上で有用である。したがって、これらの項目に基づく調査は解体の過程で実施することが望ましい。

石垣の内部構造を表す諸施設　解体の過程では、石垣の背後から内部構造に関わる様々な施設を発見することがある。石垣に伴う施設には、概ね以下の4種類がある。

①石垣の上下の曲輪の雨水・下水を導き、堀へと排水する石組み暗渠
②背面の盛土の中に礫を筋状に埋設した暗渠
③ある一定の範囲に面的に礫層を埋設した暗渠等の排水施設
④解体修理に際して切削した法面を養生し、背面からの土圧の軽減にも効果があるとされる石積み遺構等（**図115**）

いずれの場合にも、石垣を築造した際の行程との関係を確認することが必要である。また、石垣の積み直し・復旧の過程では、これらの諸施設を原位置に復旧することが前提となるため、取り外しに際して適切な記録の作

図115　裏込め内部の石列（史跡福岡城跡（福岡県福岡市））

上之橋御門の石垣では、裏込め内部から石垣面と直交する石列が検出された。約2.4m間隔で規則的に配置されており、裏込めを隔壁構造とすることで安定を図った施設であろうと推定されている。

図116　石垣内部に埋め込まれた石垣（史跡仙台城跡（宮城県仙台市））

17 世紀半ばに築造された石垣の内部から、17 世紀前半の石垣が検出された。

成及び部材の保管に努めることが重要である。

史跡仙台城跡［本丸北石垣］（宮城県仙台市）、山梨県指定史跡甲府城跡［銅門石垣］（山梨県甲府市）、特別史跡大坂城跡［本丸石垣］（大阪府大阪市）、史跡岡山城跡［本丸中の段石垣］（岡山県岡山市）、史跡丸亀城跡［帯曲輪南石垣］（香川県丸亀市）、特別史跡名護屋城並陣跡［本丸西石垣］（佐賀県唐津市・玄海町）のように、石垣普請の途上で発生した設計変更をはじめ、城主である大名の交代に伴う城の改修等の理由により、現存する石垣に先行して築造されたと考えられる古い時代の石垣が現存石垣の内部に埋め込まれた状態で発見された事例がある（**図116**）。

また、史跡盛岡城跡［腰曲輪ハバキ石垣］（岩手県盛岡市）、史跡金沢城跡［河北門石垣］（石川県金沢市）のように、石垣以前に造られていた土塁等の区画施設が発見された事例があるほか、史跡松山城跡［槻門石垣］（愛媛県松山市）のように、築城以前に存在した古墳などの遺構が発見された事例も知られている。

これらの諸施設の遺構は、石垣の背後に埋没することにより保存が図られてきたものであり、城の歴史を伝える重要な資料である。したがって、それらの保存に十分配慮することを前提としつつ、適切な記録作成を行い、解体修理に伴ってそれらの保存に悪影響を与えることがないよう配慮することが不可欠である。必要に応じて、設計変更等を検討することも必要となる。

石垣内部及び背面の保存状態と要因　石垣の内部及び背面の調査では、裏込め（栗石・砂利層）の目詰まり、背面の基盤層を成す盛土等の土質の特性が主な確認項目である。

裏込め（栗石・砂利層）の目詰まりとは、栗石・砂利層の空隙に雨水・湧水とともに土が流入することにより、裏込め（栗石・砂利層）が本来持っていた通水性が阻害されている状態を指す。その結果、背面・上面から浸透する雨水・湧水が裏込め（栗石・砂利層）に滞留することにより水圧が増し、地盤の含水比が高まることによって土粒子に浮力が生じ、地盤が膨張又は滑動して石垣を背面から圧迫する力が作用し、石垣に破損・変形を引き起こすものと考えられている。

解体調査により、裏込め（栗石・砂利層）の空隙に土が詰まっている状態を確認した場合には、その土質に着目することが重要である。軟弱な粘土が堆積している場合には、背面の基盤層を成す盛土から浸透水とともに流入した土粒子が裏込め（栗石・砂利層）に付着し、経年により肥厚した結果であると判断できる。粘土は裏込め（栗石・砂利層）の透水性を著しく低下させ、石垣の破損・変形の原因となる。

一方、砂質土又は砂礫土が堆積している場合には、雨水・湧水により背面の基盤層（盛土・地山）が浸食

図117　裏込め特性調査（山梨県指定史跡甲府城跡（山梨県甲府市））

裏込め（栗石・砂利層）の種別（円礫・割石）、材質（岩石種）及び粒径の構成等を調査する。木枠等で範囲を定めて礫の全点を採取し、現地で仕分けする。

されるなどの場合を除き、多様な原因が想定できる。例えば、別の原因により生じた石垣の破損・変形の結果として、天端・上面から裏込め（栗石・砂利層）にかけて亀裂・陥没が進んだ可能性が想定されるのをはじめ、緩み・孕みを生じた部分から土砂が流入した可能性が想定できる。同時に、石垣の築造時に必要な作業場を造成するために、締め固めの効果を高める「目潰し」として意図的に砂質土又は砂礫土を充填した可能性も想定できる。さらには、栗石を節約するために裏込めの一部を土砂で埋めた可能性、過去の解体修理に伴う切削又は天端・上面の切削等を行った結果、土砂が混入してしまった可能性等についても検討を要する。

同時に、斜面の土留め擁壁として機能している石垣の場合には、解体調査時に石垣の背面を成す基盤層（盛土・地山）の特質を把握するために、土質試験を行うことが望ましい。土質試験の目的は、破損・変形が発生している範囲が石垣のみに限定されているのか、背面を成す基盤層の斜面の動きと連動した現象であるのかを的確に見極めることにあり、対策の要否はもちろんのこと、対策の方法を検討する際に重要な情報となる。土質試験は、解体時の切削面から採取した攪乱を受けていない土壌を試料として採取し、外部の土質調査機関等に室内試験に発注して行う。採取する位置、試料の数量、試験の項目は、現地の状態を踏まえ、地盤工学の専門家等の指導・助言の下に行う。

裏込め（栗石・砂利層）の背面を成す地山・盛土の断面観察に際しては、断層の有無を確認することが重要である。本来は連続的に築成されていた盛土に断層が認められた場合には、破損・変形の原因が石垣の構造又は基底部の土壌の沈下等に起因するのではなく、断層を含む石垣背面の不安定な基盤層（盛土・地山）が微妙に動くことにより、石垣を背後から押し出している可能性も想定できる。その場合、地山・盛土に含まれる断層は滑動に伴う滑り面（**図118**）として捉えることが可能であり、石垣の復旧（修理）のみならず、背面の基盤層（盛土・地山）を安定させる対策についても検討を要する場合がある。断面の土層観察を行う場合に

図118　背面盛土の断層（史跡高松城跡（香川県高松市））

石垣の背後約5.0～5.6mの地点で、天守台石垣に沿ってコの字形に巡る盛土の断層が検出された。断層面は約70～75°で傾斜し、高低差は約3.0～3.5m、土層のずれは10～14cmであった。大地震によって発生した盛土の滑り面と考えられている。

は、過去の解体修理に伴う人為的な切削面と地震等に伴って発生した滑動による滑り面とを混同することがないよう、慎重に見極めることが必要である。

f. 基底部

これまでの解体調査では、地盤が安定した岩盤（地山）又は緻密で堅固な土質である場合には、特に基礎となる施設を設置することなく、地盤を整形した後に直接根石を設置し、その上に築石（平石）を積み上げた事例の多いことが判明している。しかし、地盤が強固でない場合には、地盤補強のための基礎地業を行った事例が多いことも判明している。

胴木　基礎地業の代表的な工法は、根石の直下における胴木（土台木）の敷設である。胴木は、強固でない地盤において石垣の重量の分散を図り、不等沈下による陥没を防ぐ役割を担う施設である。丸太1本を杭の打ち込みによって地盤に固定した単純な構造のものから、角材を継ぎ手によって連続させた縦木とそれに直行する横木とを組み合わせて地盤に杭打ち固定した構造のものまで、地域・時代によって様々な事例等が確認されている。

捨て石　根石又はその直下の胴木の基部に礫層を敷設した「捨て石」も、地盤支持力を改善する技法のひとつである。史跡岡山城跡［本丸内堀石垣］（岡山県岡山市）のように、沖積層の軟弱地盤において胴木の直下及びその周辺に大量の捨て石を敷設した事例があるほか、史跡金沢城跡［河北門石垣］（石川県金沢市）のように、根石の直下に根固めとして敷設した事例等が確認されている。

掘り込み地業　岩盤をはじめとする強固な地山など、支持力の高い地盤上に石垣を築造する場合には、整地した地盤面に「根切り」と呼ぶ切削又は溝状の掘り込み地業を設けた上で根石を据えていることが多い。その場合、根石の直下に捨て石を施して根固め又は高さの調整を行っていることが判明した事例もある。

基底部に発生した変化の状況　解体を必要最小限の範囲に限定することを原則とする文化財石垣の解体修理においては、石垣の上部の築石（平石）を解体したとしても、基底部の根石までを広く解体範囲に含めることは一般的でない。それは、往時の「歴史の証拠」である遺構の観点から、石垣をできる限り手つかずのまま後世に伝える視点が重要であるとの考え方による。さらには、築造の後、幾百年もの長期間が経過してもなお安定した状態が維持されてきたことに対する信頼性に基づくものでもある。

しかし、長期間にわたって進行した石垣の破損・変形又は不安定化が基底部の変形・変質に起因していることが明らかとなった場合には、基底部を含めた根治的な解体修理が不可避であると判断されることもあり得る。地盤を含めた石垣基底部の状態は、構造体としての石垣の安定性を確保する観点からも重要であり、根石に発生する不等沈下の可能性の把握及びその要因の分析については確実に実施する必要がある。

基底部の変状　解体修理は最低限の範囲で実施することを原則としており、根石を解体範囲に含めることは一般的ではない。それは石垣が築造された元の位置を維持することが石垣の本質的価値の保存のために重要だと考えられるからであり、同時に長年月を経た根石は既に十分な圧密沈下により安定的な状態にあると理解できることによる。しかし、解体・解体調査を行うか否かに関わらず、基底部の根石及び根石周辺の変形・変質の把握は、石垣の破損・変形の原因を分析する上でも重要である。

根石の破損・変形には、破損自体をはじめ、沈下・回転・迫り出し等がある。石垣上部からの荷重の影響を受けて根石が沈下する現象は、石垣の築造とともに徐々に進行し、完成後は安定に向かうとされている。したがって、沈下は直ちに石垣の安定性に悪影響をもたらすとは限らない。しかし、解体修理を要するほどに破損・変形が進んだ石垣では、根石が前倒・横倒れするなどの不均等な沈下が発生し、根石そのもののみならず上部の築石（平石）の迫り出し又は破損を併発して深刻な状態に至っていることが少なくない（**図119**）。

基底部付近における解体調査では、根石に発生した破損・変形の種類・程度・範囲等を把握する。石材の

図119　基底部の変状（特別史跡名護屋城跡並陣跡（佐賀県唐津市・玄海町））

石垣の根石ごと崩れた石垣。崩壊の原因は、石垣裾の人為的な掘削と裏込めの目詰まりと考えられている（前田利家陣屋跡）。

迫り出しの程度・範囲は、石面に沿って糸を張ると目視しやすい。沈下しているか否かは、根石の上面の傾斜角度を見分けつつ判断する。沈下に伴って前倒した根石の前面は石垣本来の勾配よりも急角度に変化していることから、積み直し・復旧の勾配を検討する際の根石の取り扱いに注意が必要である。

根石の周辺施設として、胴木の保存状態を確認する。また、石材の劣化又は位置のズレの有無等も確認する。確認することにより、かえって胴木又は根石の保存に悪影響を及ぼすことのないよう調査坑（トレンチ）位置、調査の方法等を慎重に検討することが肝要である。また、根石が据えられている基盤層（盛土・地山）の保存状態も確認が必要である。石垣基底部の根石周辺の土砂が流失し、本来は盛土で覆われていた根石が剥き出しになっていることが想定できる場合には、石垣と同時に基底部の地盤面の含め復旧（修理）が必要となる。

上部の荷重が集中する石垣基底部に破損・変形を起こす原因は、一般に石垣が立地する地盤面の硬さや排水などと関連が深い。解体調査時に根石に直近の位置で簡易貫入試験を行うなどして支持地盤の強度を測定し、安定性を客観的に把握する工学的手法も用いられている。一方、基盤層（盛土・地山）の条件が類似し

コラム⑫　石垣解体時の工学的調査

城跡等の石垣は立体的に視認できる遺構として現存しており、解体修理時には石垣の持つ「歴史的証拠」としての価値を保つことが求められる。一方で、現在もなお「安定した構造体」としての価値の保持も求められる。

工学的調査の必要性　城跡等に用いられている空積みの石垣では標準的な設計方法が存在しないため、これまでの整備では工学的な安定性に関する検討が十分でないままに施工を行うことが少なくなかった。そのため、単に変状発生前の状態に復することだけを考えて整備が進められた事例や、遺構の安定性を重視するあまり、現代工法による安易で過剰な補強が加えられた事例も見受けられた。しかし、発掘調査及び工学的調査の成果に基づき、石垣の特性・変状について多面的に検討することは、石垣を構造体として理解する上で重要である。そうすることにより、石垣の「歴史的証拠」としての価値を引き出すことが可能となり、その結果を基に伝統的な工法を最大限採用したうえで、十分かつ必要最小限の補強で安定性を確保できる設計・施工を行うことも可能となる。

解体前の調査の種類　石垣解体前の調査として、弾性波探査・電気探査などの物理探査及びボーリング調査（**図1**）等により、内部の状況を確認することができる。また、常時微動測定による石垣の相対的な健全性の判定も今後期待されている。これらの調査及び石垣の定点観測によって、復旧（修理）の時期・方法の判断材料を得ることも可能となる。なお、石垣のモデルを震動台上に造り、震動実験を行い、地震時の石垣の挙動を知るという試みも行われている。

定点観測　解体修理を行うこととなった場合、まず築石（平石）に対する工学的調査として、石垣の定点観測を行うことが挙げられる。石垣はその自重によって、基礎地盤に大きな荷重がかかっており、これにより基礎地盤が沈下することもある。築石（平石）に反射対標等を設置し、解体に伴い光波測量を行うことにより、その挙動を知ることが可能となる。また、積み直し・復旧時に同様の観測をすることにより、その安全性を確認することも可能となる。築石（平石）は周辺の多くの石材からの荷重を受けており、全般的に圧縮されている。

ひずみ計測　石垣の解体に伴い、こうした荷重が除去されると、応力は圧縮から引張へと変化する。解体に伴い、この状態をひずみ計によって測定することにより、石材にどのように荷重が作用しているかを知ることができる。積み直し・復旧時に同様の測定を行うことにより、築石（平石）に安定的に荷重がかかっているかどうかの判断も可能となる。

石材に関する各種の調査　石材の強度については、割れ石からサンプルを採取し、測定することが可能である。従来、石材を再利用できるか否かの判定は、石工の経験による目視・打音診断により行ってきたが、近年ではコンクリート用聴診器又は強度試験機等を用いる試みもみられる。

割れ石から採取したサンプルを用いて化学分析又は顕微鏡観察を行うことにより、石材の産地を特定することも可能である。

栗石については、空隙比（栗石間にどの程度の隙間があるのか）や安息角（積み上げたときに崩れることなく安定を保つ斜面

図1　ボーリング調査（史跡丸亀城跡（香川県丸亀市））

図2　土質試験サンプル採取状況（史跡丸亀城跡（香川県丸亀市））

の角度）を実験等によって測定することが可能である。

土質試験　盛土・周辺地盤では、土のサンプルを採取して土質試験を行う方法が多く用いられている（**図2**）。土の粒度分布・含水比・透水性・せん断強度等を知ることができる。これらをもとに積み直し・復旧時には最適含水比での締固めが可能となり、盛土を効果的に再利用することも可能である。また、強度補強の必要性を検討することができ、補強が必要な場合には補強の程度を知ることが可能となる。

ボーリング・その他の調査　さらに、ボーリング調査により、解体範囲以下の土壌の状況を調査すること、平板載荷試験により地盤の支持力等の情報を得ること等ができる。これらの方法より情報量は少なくなるが、簡易貫入試験や簡易支持力試験等を用いることにより、安価で容易に調査を行うことも可能となる（**図3**）。

なお、発掘調査における盛土の断面調査では土層の色・質を観察・記録するが、これに加えて山中式土壌硬度計を用いて固さを測定することもできる。断面観察時の気象条件及び検出後測定までに要する時間によって測定値にばらつきは出るが、簡易に土の締め固めの程度を知ることができる。

調査成果の総合化　以上のような調査によって、築石（平石）・裏込め（栗石・砂利層）・盛土・地山から成る基盤層の物性を数値化することが可能となる。これらの数値化されたデータと考古学的調査に基づき作成された詳細な断面図等を組み合わせることにより、石垣の正確な断面の情報を得ることができる。これらを総合し、FEM（Finite Element Method＝有限要素法）等の数値解析等を行うことにより、構造体としての安定性が評価できるほか、地震時の石垣の動き等も推定できる（**図4**）。

文化財分野と工学分野との連携　工学的調査は日々技術が進歩し、今後も石垣の特性を知る上で、重要な調査手法となると考えられる。我が国固有の技術で築かれた土木構造物である石垣の本質的価値を理解し、それを後世へと正しく継承する上でも、石垣整備における文化財分野と工学分野との連携が不可欠である。

図3　簡易陥入試験（史跡高松城跡（香川県高松市））

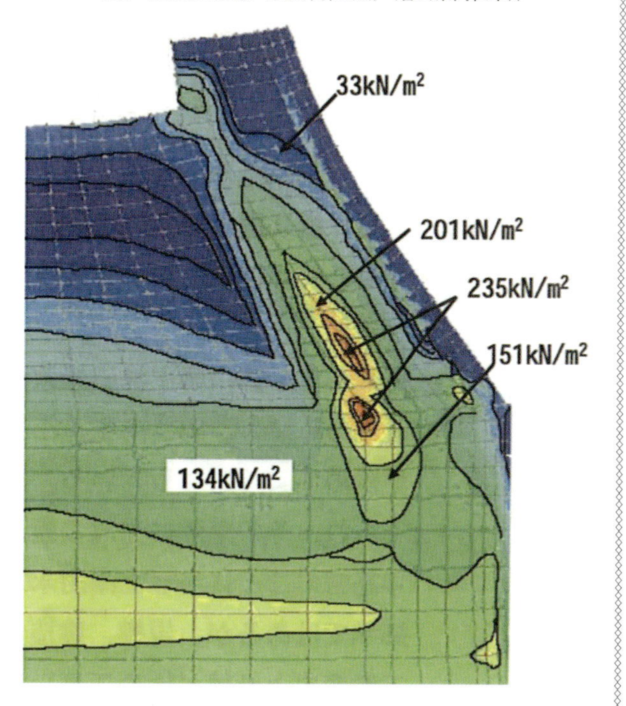

図4　FEM 解析によるせん断応力の強度分布の一例
（史跡高松跡（香川県高松市））

参考文献

西田一彦ほか「高松城天守台修復における地盤改良技術の適用にいて」『第10回地盤改良シンポジウム論文集』日本材料学会　2012年
高松市・高松市教育委員会『史跡高松城跡整備報告書第7冊　史跡高松城跡（天守台）－石垣解体・修理編－』2013年

コラム⑬　解体調査で知る石垣の構造と履歴

城跡の石垣の解体調査によって、石垣の基部又は背面からは、先行して築造された石垣及びその構造に関わるさまざまな埋設遺構等を発見することがある。

城跡の石垣は修復が繰り返し行われてきたものが多く、築城当初の形状・構造を維持したまま現存しているとは限らない。徳川幕府による城の統制は、石垣の縄張（プラン）変更に強い規制を及ぼしていた一方、修復にかかる石の積み直しや土木工法についての具体的な指示に関する記録は乏しい。個々の城の修復に至った状況に応じ、先行する石垣築造方法にも変更が及ぶ場合が多かったものとみられ、石垣の基部・背面から様相の異なる埋設施設が発見されることからも理解できよう。

土木構造物としての石垣に見る細部の手法　石垣は、鉛直方向に積み重ねられた石材とその背面の裏込め（栗石・砂利層）から成る構造をもつ。土木構造物としては、築石（平石）、周囲に配される介石、裏込め（栗石・砂利層）、補強のために敷設される捨て石、盛土・地山等で構成される。基部には、最下段の根石の下に胴木が敷設されることもあり、石垣の上部・背面からの通水施設を内部に埋設し、構造補強のためにさまざまな方法が採られている。

一般的に築造の年代・変遷・構造は、石面の形状、石積みの様相、石材の材質、加工及び矢穴・刻印等の表面観察による情報から評価されることが多いが、過去に修理の履歴を持つ石垣の場合には、石材の再利用の状況をはじめ、石垣背面の埋設遺構、出土遺物、各種の記録等を十分に検討することが重要となる。

石垣の機能　城の石垣は、郭の縁辺部を取り巻く石積みの壁体として、土塁・堀とともに入城する者の動線を規制し、防御及び視覚上の効果を期待して設置されている。土木構造物として石垣は、盛土・切り土により、旧地形を大規模に造成した郭の法面を被覆し、外壁を支える「擁壁」としての機能を付与して築造され、現在に至っている。

修復の痕跡が見られる石垣　修復した石垣の場合には、修復段階におけるさまざまな状況、担当者の技量、採用された技術、使用された石材等による制約によって、同じ城跡内でも、石の積み方に違いが生じていることが多い。城跡の石垣は、幕末までに複数回、さらに近代以降にも修復が行われた可能性があることから、各種の記録、城内外の石垣との比較・照合等、参考となる情報収集を行い、石垣築造の土木技術等の採用されている方法を確認しなくてはならない。

図1　2時期の旧石垣（史跡仙台城跡（宮城県仙台市））

現在の石垣の背後にある旧石垣　解体修理の対象となる現存石垣に先行する石垣を「旧石垣」と呼ぶ。その背面構造をみてみると、旧地形又は石垣基部の地盤による制約、解体修理に至った変形の原因、石垣修復とともに採用された背面の土木工法、旧石垣の存否又は既設土木施設の再利用等によって多様な施設を伴っていることがある。発見された遺構が、現存の石垣に伴う背面の埋設施設である場合、先行する旧石垣に伴う場合、さらには旧石垣の施設を現存の石垣が再利用している場合、先行する各時代の遺構を埋設している場合等、多様な観点から石垣と埋設遺構との関係を検討することが重要となる。

旧石垣の事例　石垣の解体等に伴って発見された旧石垣の事例としては、史跡仙台城跡（宮城県仙台市）のⅠ期・Ⅱ期石垣（図

図2　新旧2時期の排水施設（史跡仙台城跡（宮城県仙台市））

1・**図2**)、山梨県指定史跡甲府城跡（山梨県甲府市）の裏石垣・地中石垣、特別史跡大坂城跡（大阪府大阪市）の豊臣期の石垣、史跡岡山城跡（岡山県岡山市）の埋没石垣、史跡丸亀城跡（香川県丸亀市）の地下石垣、特別史跡名護屋城跡並陣跡（佐賀県唐津市・玄海町）の埋没石垣などがある。

旧石垣の残存状況　旧石垣は、石垣普請の途上で発生した設計変更、城主である大名の交代や縄張変更に伴う城の改修、石垣崩壊に伴う復旧（修理）や再築造等に伴って、現存の石垣の基部又は内部にさまざまな形状で埋没している。いずれの場合も、往時の石垣の復旧（修理）に際して解体・撤去せずに、一定の機能を「期待」して存置された「構造体」と評価されるべきで、意識的に埋設「保存」され、構造的には「再利用」されている遺構であると言ってよい。旧石垣は、各城における石垣築造技術の変遷を顕著に示す重要な遺構であり、原則的には解体せずに現状保存・再埋設されるべきものである。

石垣に伴う施設の種類　石垣に伴う施設としては、①石垣上部の郭の雨水等を下部の郭又は城外の堀等へ導水する開渠又は暗渠の石組遺構、②石垣背面の盛土に礫を筋状に設置した暗渠、③盛土の一定の範囲に面的に礫層を埋設した暗渠の排水施設等（**図2**）が発見されており、石垣上部の郭に浸透する降水を石垣外部に導く排水系統を設置し、埋没している谷地形に集まる地下水を石垣背面から下部に導く通水施設を埋設している。また、石垣内部には、④築造に際して「仮設物」として設置された石段・石組み、一定の規模で裏込め（栗石・砂利層）又は盛土を支えるために積み上げられ、そのまま残置・埋設された石垣状の遺構などがある。これらの遺構の評価は定まってはいないが、石垣背面からの土圧軽減及び施工上の効果があるという見解がある。史跡仙台城跡の「階段状石列」（**図3**）や山梨県指定史跡甲府城跡の「裏石垣」など、各城の石垣普請の工法の違いによって遺構の形態にも多様性が認められる。⑤史跡仙台城跡の盛土層数面で確認された硬化面は、石垣背面から石垣築造の現場まで石材を搬入するために締め固められた石曳きのための「通路遺構」と理解されているほか、史跡高松城跡（香川県高松市）天守台では旧石垣が地震等で崩壊した際の「地滑り」痕跡を盛土内において確認している。

さらに、近世に城が築造される以前の遺構を検出する事例も多い。史跡盛岡城跡（岩手県盛岡市）の前身となる福士氏の不来方（こずかた）城期の土塁遺構等、先行する城の区画施設が発見されている。史跡松山城跡（愛媛県松山市）では、古墳などの遺構が発見された事例もある。史跡仙台城跡では、戦国時代の山城であった千代城段階の虎口（こぐち）遺構（**図4**）や通路遺構及び竪堀等を埋設して近世期の石垣が築造されている。

図3　階段状石列（史跡仙台城跡（宮城県仙台市））

城の石垣は、城が機能していた時期には、天守・櫓・門等の建造物と一体となった城の構成物として、権力の象徴又は防御上の重要な施設としての意味を保ち続けていた。幕末以降、建造物が破却・焼失によって再建されなくなり、城が公園や観光地・学校・官公庁等に変容した後も、石垣は敷地の擁壁として維持・補修され、その機能を期待され続けている。

一方、石垣の管理を担当する部署の組織的な改編や、石垣がもつ歴史的価値・伝統技術に対する評価の希薄化も相俟って、城跡の石垣は近年、多くの場所で「老朽化」が際立ってきている。

東日本大震災の被災石垣　2013年3月11日に東日本大震災が発生し、東北地方を中心に甚大な被害を及ぼした。地震による城跡の被害も大きく、岩手県以南、関東地方に至るまで、太

図4　千代城跡虎口（史跡仙台城跡（宮城県仙台市））

平洋側の城跡の石垣が随所で被災した。

甚大な被害があった史跡小峰城跡（福島県白河市）は、丘陵上に築かれた平山城の形式の城跡で、総延長約2kmのうち、10箇所(総延長160m)の石垣が崩落した。被害規模の大きかった本丸南面の石垣（**図5**）は、長さ50m、高さ10m程の石垣のほぼ全面が、基部から約2／3の高さの位置で「く」の字状に折れ曲がり、前方に倒壊した。近年の復旧（修理）で使用したコンクリートにより、地震の衝撃を石垣全面で受けた可能性が高いと推定されている。近年の復旧（修理）の記録が保存年限を過ぎたため保管されておらず、本来の石の積み方様相等の復旧（修理）に課題を残している。

図5　本丸南面石垣崩落状況（史跡小峰城跡（福島県白河市））

一方、解体に伴う石垣背面の精査により、史跡小峰城跡本丸一帯の造成は、16世紀前半以降、蒲生氏の会津支城時代までと遡ることが明らかとなった。被災した各地の城跡の石垣調査と同様、石垣の構造・変遷についても調査成果が期待されている。城跡の石垣は、解体修理や解体調査により新しい知見や情報が得られることから、我が国の伝統技術の時代的変遷を内包している貴重な土木遺産と評価であると言ってよい。管理団体である行政が中心となり、石垣が持つ伝統美と築城段階から、更新され続けてきた土木的機能を維持し、その技術史的な価値を守り、未来に伝えられるような石垣の保存管理の仕組みを利活用のプログラムとして創出していくことが今日的な課題である。

参考文献

仙台市教育委員会『仙台城本丸跡1次調査—石垣修復工事に伴う発掘調査報告書—』（4分冊）2004・2005・2006・2009年
北日本近世城郭検討会『東日本大震災による城郭の被災』2011年
北日本近世城郭検討会『東日本大震災による城郭被災の復旧と建造物』2013年

ている場合であっても、石垣の破損・変形の内容は一様ではなく、状態を詳細に見極めることにより原因を複合的に把握する必要がある。

g. 裾部

基底部まで解体修理が必要であるか否かに関わらず、解体修理後に行う修景整備に先だって、石垣裾部の発掘調査を必要とする場合がある。石垣の裾部では、石垣の築造後に設置された排水溝又は石段等の遺構はもとより、石垣の築造の過程で発生した石材加工に伴う屑石の堆積層、仮設足場等の設置に関わる柱穴、築造後の化粧整地層など、石垣の築造に直結する各種の遺構を検出する場合があるので注意が必要である。

(7) 石材等の取り外し・保管

ア. 解体・取り外し

石材等の解体・取り外しは、発掘調査の一過程でもあり、ひとつひとつの石材に対して慎重に行う必要がある。

取り外しの作業にはクレーン等の機械を使用することが通例であり、石材に吊り縄を掛けて垂直に持ち上げてから旋回し、所定の場所にて下ろす。石材に吊り縄を掛ける際には、石材下面の詰め石又は介石を極力動かさないよう慎重な作業が求められる。吊り縄には、石材の荷重に耐え得る規格のワイヤーロープ又は堅牢な布製の帯を用いる。ワイヤーロープを使用する際には、石材とワイヤーロープとの間に板材や厚手の布を挟むなどして

13　**玉掛け**；石材を運搬するために、石材に吊り具（ワイヤーロープ等）を掛けたり取り外したりする作業のことである。作業に従事する者は技能講習の修了資格を要する（労働安全衛生法施行令第20条第16号）。

図120　石材の取り外し（史跡金沢城跡（石川県金沢市））
クレーンの先端に取り付けた秤で、石材の重量を計測する。

石材を損傷しないよう配慮が必要である。玉掛け[13]を行う場合、石材を吊り下げた際にクレーンとワイヤーロープとの間にバネ秤を挟み、石材の重量を計測することも有効である（**図120**）。

解体・取り外しの過程における不手際は、重大な事故に繋がりかねない。吊り縄の点検、確実な玉掛け、クレーンの旋回範囲内への人の立ち入り制限等の観点から、安全管理を徹底すべきことは言うまでもない。

イ．運搬・保管

解体・取り外した石材は、運搬車等に積み込んで保管場所へと運搬する。その際には、振動等により石材が損傷することがないよう適切に養生された荷台に平積みして運搬することが望ましい。

保管場所では、石材を積み重ねずに平置きするのが適当である（**図121**）。保管場所において石材調査を行う場合には、十分に観察できるよう石材の間隔を空けて配置しておく必要がある。

解体修理の規模によっては、石材の保管が長期間に及ぶこともあり得る。そのような場合には、遮光性のあるシート等により石材を被覆・養生し、紫外線の影響による番号記入及び方眼墨入れの劣化を避けることが必要である。また、寒冷地では冬季の凍結による破損対策も必要となる。

(8) 解体石材の調査

ア．事前準備

図121　石置き場での保管
（史跡仙台城跡（宮城県仙台市））

解体した石材は、事前に準備しておいた保管用の作業場へと移動する。移動に際しては、石垣のみならず、それを構成する石材も文化財であることに留意し、破損しないよう慎重に運搬する必要がある。また、作業場において保管する際には、石材の安全な保管のために石材の直下に胴木を敷くのみならず、その後に実施する石材調査のことを見越して番号順に方向を揃えて配置しておくことが重要である。

解体した石材は、その後の石材調査及び積み直し・復旧等の作業を効率よく進めるために、解体の直後又は作業場への移動後に、高圧洗浄機等を用いて洗浄を行う必要がある。

石材の表面に番号標が張られて明示されている場合には、運搬又は洗浄に際して剥がれてしまう危険性があるため、解体の過程又は遅くとも作業場に移動した段階で各石材の表面に番号の墨書等を行うことが望ましい。墨書番号の位置・方向を統一することにより石の判別が容易となり、その後の作業を効率的に進めるうえで有効となる。

イ．石材調査票（石材カルテ）の作成

解体石材の調査は、解体した個別石材の現状を必要項目に沿って系統的に石材調査票（石材カルテ）に整理することによって行う（**図122**）。整理項目は①各石材の寸法・材質等、②加工技法等、③破損状況等の3点から成り、それらを踏まえ、④石材の再利用の可否に関する判断を記述する。その過程では、個々の石材に表

れている特質を総合化することにより、当該石垣の築造時期又は改修時期、各時期の意匠上・技術上の特質を明らかにしようとする視点が重要である。

割れ・亀裂が認められるなど、築石（平石）等としての再利用が困難であると判断された石材は、最終的に適切な大きさに破砕し、裏込め等の石材として再利用せざるを得ない場合も想定される。そのような場合には、石材調査票（石材カルテ）の作成が当該石材を調査する最後の機会となり、石材調査票（石材カルテ）に整理した情報が代替となる新石材の選定・加工の重要な基準となることから、特に留意して石材調査票（石材カルテ）の作成を行う必要がある。なお、石垣の技能者（石工）及び文化財専門職員が分担して石材調査票（石材カルテ）の作成を行う場合には、事前に分担領域を明確化するとともに、作成した石材調査票（石材カルテ）を一元的に管理できるよう相互の調整が必要となる。なお、石垣調査票（石垣カルテ）の作成段階における石材の調査項目については、67〜73頁にも記述しているので参照されたい。

a.　寸法・材質等

寸法・材質等の整理項目には、①各石材の幅・高さ、控えの長さ等の寸法、②重量、③石質（岩石の種類・強度等）等を含む。また、石材調査票（石材カルテ）の作成過程では、各石材の形状・質感を把握するために写真撮影を行う。特に、築石（平石）等としての再利用が困難だと判断された石材の寸法・材質等の情報は、代替の新石材を選定するにあたっての重要な基準となる。

b.　加工技法等

加工技法等の整理項目には、①石材の表面に施された加工痕跡の有無がある。確認された場合には、矢穴・ゲンノウ割り等による成形加工、打剥・ノミ・すだれ等の

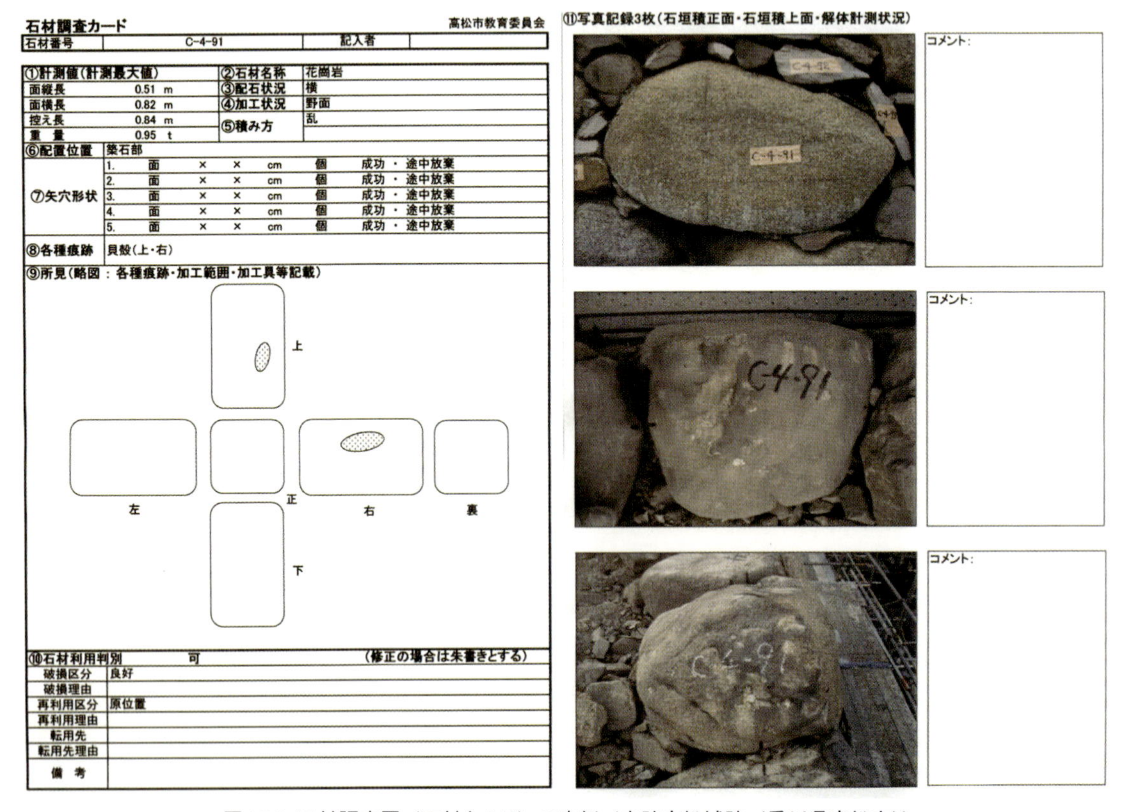

石材調査カード　　高松市教育委員会

石材番号	C-4-91	記入者	

①計測値(計測最大値)		②石材名称	花崗岩
面縦長	0.51 m	③配石状況	横
面横長	0.82 m	④加工状況	野面
控え長	0.84 m	⑤積み方	乱
重量	0.95 t		

⑥配置位置	築石部
⑦矢穴形状	1.　面　×　×　cm　個　成功・途中放棄
	2.　面　×　×　cm　個　成功・途中放棄
	3.　面　×　×　cm　個　成功・途中放棄
	4.　面　×　×　cm　個　成功・途中放棄
	5.　面　×　×　cm　個　成功・途中放棄
⑧各種痕跡	貝殻(上・右)

⑨所見(略図：各種痕跡・加工範囲・加工具等記載)

上　左　正　右　裏　下

⑩石材利用判別	可　（修正の場合は朱書きとする）
破損区分	良好
破損理由	
再利用区分	原位置
再利用理由	
転用先	
転用先理由	
備考	

⑪写真記録3枚(石垣積正面・石垣積上面・解体計測状況)

コメント:

コメント:

コメント:

図122　石材調査票（石材カルテ）の事例（史跡高松城跡（香川県高松市））

調整加工など加工痕跡の種類に関する整理項目を明示する。②矢穴の有無、③割付線の有無も整理項目に含まれる。さらに、④転用石であることを示す痕跡、⑤火災による被災の痕跡、⑥建築物等の部材のあたりの痕跡等も含まれる。

加工痕跡に係る整理項目の記述にあたっては、経年による風化痕跡及び割れ又は岩石が持つ本来の節理等と人工的な加工痕跡とを正確に見分けることが重要である。また、石材調査票（石材カルテ）の作成過程では、加工痕跡等の詳細を把握するために写真撮影を行う。加工痕跡に関する情報は、石垣の築造時期や改修時期、各時期の意匠上・技術上の特質、補充する新石材に施すべき加工方法等について検討するうえで重要である。

c. 破損状況等

破損状況等の整理項目には、①割れ・亀裂・剥離の有無及びその位置・規模、②山傷の有無及びその位置・規模、③風化の痕跡、④逆石[14]、寄艫[15]、控えの長さが短いなどの形態に関する問題等が含まれる。

石材調査票（石材カルテ）の作成過程では、破損状況等を詳細に記録するために写真撮影を行う。破損状況等に関する情報は、当該石材を築石（平石）等として再利用することの可否を判断するうえで極めて重要である。

d. 石材の再利用

上記した3つの整理項目に基づき、各石材の再利用の可否について総合的に判断する。

築石（平石）等として積まれてはいたものの、石材調査の結果、原位置での積み直し・復旧が困難であると判断された石材についても、解体した石垣のどこかの場所で再利用できるよう努めることが原則である。例えば、適切な大きさに分割することにより、相対的に小さな築石（平石）として補充したり、築石（平石）の位置を背後から調整するための介石又は裏込め（栗石・砂利層）として使用したりする方法が考えられる。また、解体した石垣には再利用できなくとも、来訪者に対して加工技法等の特質を伝えるための展示品として利用したり、同一の城跡における他の石垣の解体修理に用いるために保管したりすることも考えられる。このような原則を踏まえ、石材の取扱に関して独断的な判断に陥ることがないよう監督員・文化財専門職員・技能者（石工）等の関係者間で十分な協議を行うとともに、専門委員会の意見も十分踏まえることが不可欠である。

また、再利用が難しいと判断された理由、その後の再利用の方法等について、石材調査票（石材カルテ）に記録することも必要である。

6. 設計変更

(1) 意義・目的

一般土木工事における設計変更とは、施工の途上で自然的・人為的な条件が変化するなどのやむを得ない事情により、当初の設計内容と解体修理の進捗との間に違いが生じた場合に適切に行う実施設計の内容・工期等の変更を指す。

石垣の解体修理においても、上記のような事態が発生した場合には、「歴史の証拠」としての石垣の保存及び「安定した構造体」としての石垣の維持の双方に留意しつつ、実施設計の内容・期間等の検討・変更を適切に行うことが必要である。

基本設計・実施設計に先行する発掘調査は、遺構の保存の観点から必要最小限の範囲で実施したものであり、石垣の現状把握の観点から、その成果は十分でないことが少なくない。したがって、解体の途上で行う発掘調査（解体調査）の過程で、①石材の破損の程度、②石材の積み方の安定度、③根石のズレ、④基盤層（盛土・地山）の脆弱化などの点が明らかとなり、それらの成果を十分吟味した上で、当初の設計内容を変更し

14 逆石（さかいし）；築石（平石）の控え尻（艫（とも））を石面の上辺よりも高い位置に置く積み方。石材の主軸が前のめりに傾斜した状態になるため、不安定な積み方であるとされている。

15 寄艫（よりとも）；石尻である艫が左右どちらかに大きく偏っている石材のこと。

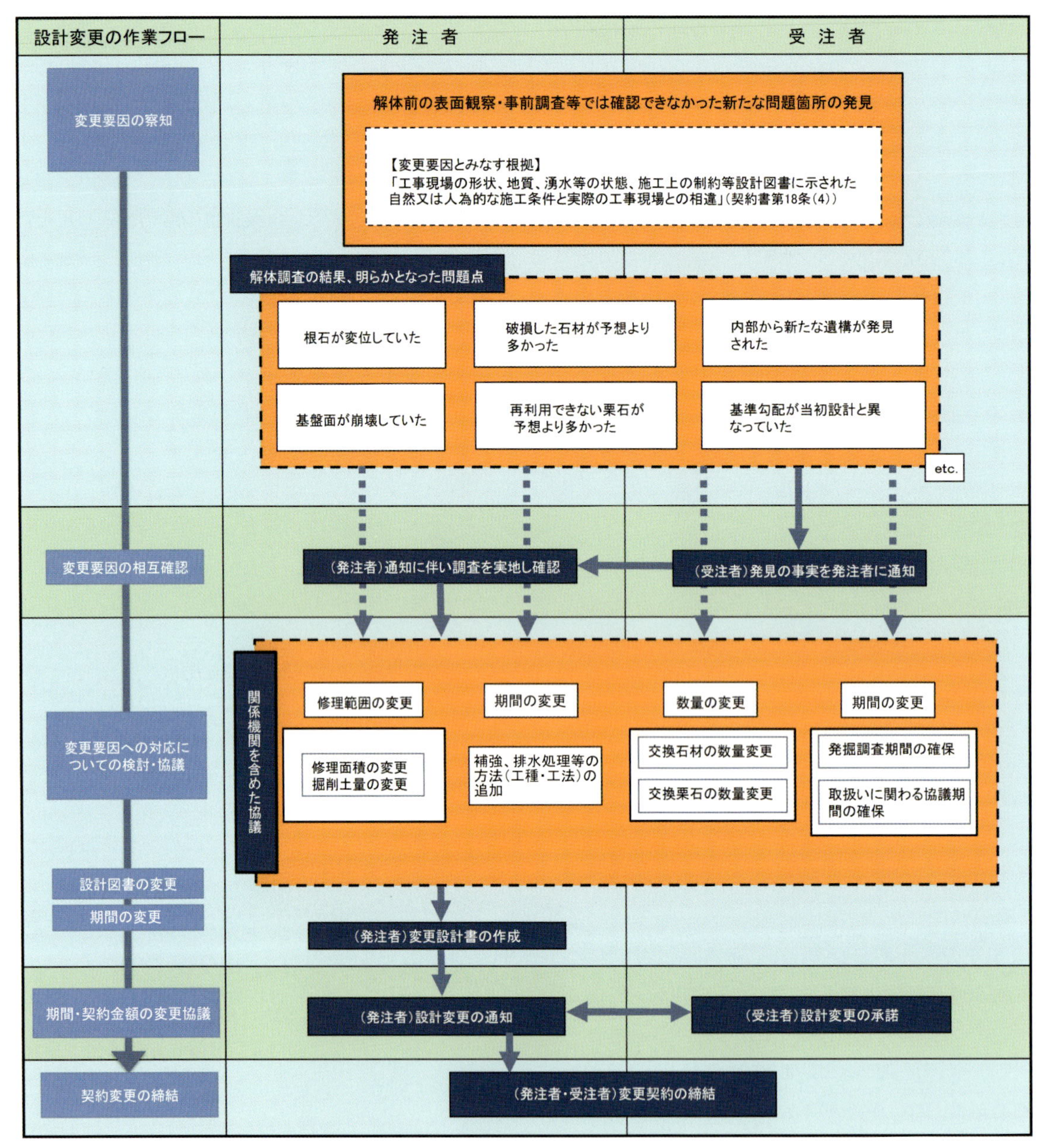

図123　設計変更の流れ（フロー図）

なければならない（図123）。

一般土木工事における設計変更は、「建設工事請負契約書」において取り扱いを定めることとされているほか、各地方公共団体が定める設計変更ガイドラインにおいても受注者・発注者の双方の留意事項及び具体的な事例が明示されているので十分参考とされたい。

本節では、上記の諸点にも部分的に言及しつつ、特に石垣の解体修理において発生する設計変更の特質、変更を行う場合の手順、留意点等に焦点を絞って解説することとしたい。

(2) 総括的事項

一般土木工事において設計変更の対象要因とされているのは、①設計図書の内容の不一致、②設計内容と進捗状況との相違、③発注者による変更の意思、④工事の一時的な中断などである。これらのうち①又は②の場合には、まず受注者と発注者との間で書面による設計変更協議を行う。受注者が設計図書に示された内容と現場における工事の進捗状況との間の相違について認知した時点で発注者に報告・確認の請求を行い、それに基づき発注者は設計図書の変更・訂正を行う。さらに、必要に応じて受注者と工期・契約金額の変更について協議を行うこととなる。

これに対して石垣の解体修理において対象となる設計変更では、解体によって確認した新たな事実・情報により、当初の実施設計の内容を改める必要が生じたことが主たる要因となる。石垣の解体修理における設計変更の協議も、一般土木工事における設計変更の協議に準じて行うが、文化財石垣の特質に基づき、遺構保存の観点から変更要因の整理が必要となる場合、構造体としての石垣の強度確保の観点から変更要因の整理が必要となる場合の2種類が想定できる。したがって、石垣の解体修理における変更要因の整理・確認にあたっては、発注者・受注者ともに一般土木工事とは異なる配慮を行うことが求められる。

(3) 変更の具体例

解体修理の進行に伴い、内容に関する変更が必要となる具体例は以下とおりである。

ア．解体・切削の範囲に関する変更

○事前発掘調査の段階では、崩壊の危険性があるなどの理由により十分に確認することができなかった石垣基底部の根石について、解体調査時に再確認したところ石材のズレ・破損等が発見されたことから、根石までを含め解体範囲の拡大を余儀なくされた場合。

○根石が位置する基盤層（盛土・地山）が、築造当初の構造的な欠陥又はその後の自然的・人為的な要因により崩壊・流出している状況が確認された場合。

○外見上は大きな損傷が確認できなくとも、土質調査の結果、積み直し・復旧に際して安定が確保できないと判断され、基盤層（盛土・地山）まで切削の範囲を拡大し、石垣の基礎部分の根固めを行う必要が生じた場合。

○解体・解体調査に伴って石垣の背面を切削する過程において、①新たに暗渠排水の遺構、②石垣を背後から補強・支持するために築造された石垣、③現在の石垣の背後に埋没した前代の石垣、④築城以前の各種の遺構等が確認されたことにより、それらの保存のために切削の範囲・工法等について再検討が必要となった場合。

○解体を終了した時点で積み直し・復旧後の石垣の勾配を再検討したところ、積み直し・復旧を行う部分と対象外の残存部分との境界における勾配の歪みが予想外に大きくなることが判明し、基準勾配の再検討により必要数量を見直す必要が生じた場合。

○石垣の安定性を確保するために歪みが軽減されるまで解体の範囲を拡大するなど、解体修理の範囲を再考することが必要となった場合。

イ．石材の交換・取替に関する変更

○解体石材の調査の結果、石垣の表面の観察では確認できなかった石材の破損が発見された場合、又は築石（平石）の奥行き（控えの長さ）が極端に短いなど、積み直し・復旧に再使用するには強度上の問題があり、新石材への交換を余儀なくされた場合。

○当初設計には、解体した裏込め（栗石・砂利層）を洗浄し、粒度を調整した後に再利用することを予定していたが、劣化した栗石・砂利層が想定外に多く、新材料を追加する必要が生じた場合。

ウ．勾配及び積み直し・復旧の方法に関する変更

○石垣の緩み・孕みが大きかったことから、事前調査では築造当初の勾配及び積み直し・復旧の方法を十分に検証することができなかったが、解体・解体調査により明らかとなった根石等に基づき基準勾配を再検討し、改めて石垣復旧（修理）図・石垣完成予想図を作成したうえで、積み直し・復旧に関する設計を行う必要が生じた場合。

コラム⑭　石垣復元勾配の検討

石垣は、孕み・緩みが顕著な場合に限り解体修理を行う。解体修理では、基準勾配を決定して積み直しをするが、解体修理を担当した人間は、この基準勾配の設定について、大なり小なり頭を悩ませた経験があると思う。

史跡高松城跡（香川県高松市）の天守台石垣の解体修理では、現況勾配図及び横断図を1m毎に作成し、孕みを修正して基準勾配を設定している。

また、倒木によりき損した史跡丸亀城跡（香川県丸亀市）の石垣は野面石積み石垣（**図1**）の使用石材が小さかったため、解体修理に先立ち三次元レーザー計測により、延長約38mに現況勾配図を解体修理範囲内で50cm毎に35本、解体修理範囲外では1m毎に22本の計57本、高さ約4mに対し横断図は高さ50cm毎の計7本を作成した（**図2**）。

図1　史跡丸亀城跡（香川県丸亀市）の野面石積み石垣の倒木によるき損状況

これらの現況勾配図から基準勾配を設定し、孕みを把握し修正を行う。基準勾配を各現況勾配図に重ねて、高さ毎の座標を横断図に当てはめ、石垣横断の通りを確認し、問題がなければ、その基準勾配を採用した。シノギ角の南側で7分7厘（52度）、北側で7分（55度）の一定勾配に設定でき、解体前の丁張り確認により天端がほぼきれいに通ることが判明したことから解体を開始した。

解体調査では、裏込めの栗石内から江戸時代以降の遺物が出土した。根石の調査では、地中にある石垣の勾配がほぼ5分3厘（62度）となっており、地上の石垣との間に勾配の違いが見られた。また、鎬角の根石から上3段目には矢穴のある割石が配置され、慶長期の野面石積み石垣でなく、修理された石垣であることが判明した。

このような同一の石垣に見られる勾配の相違をどのように取り扱うのかは大きな問題である。地中部分の勾配で修理をすると天端が前に迫り出してくる。石垣高も解体前と比較して高くなり、捩れが生じる。逆に、割石部分から7分7厘や7分勾配の基準勾配で積み直し・復旧すると、地中部分の5分3厘の勾配と摺り合わせをしなけれ

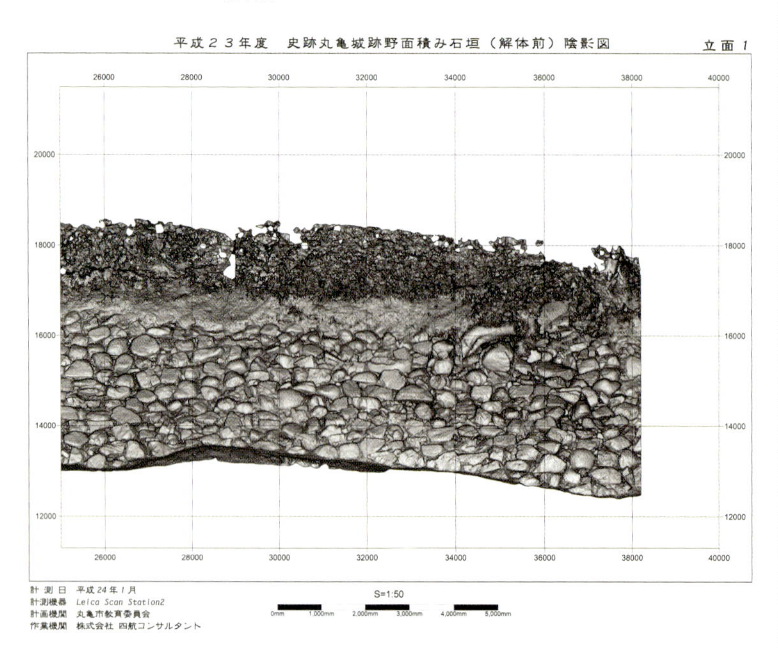

図2　史跡丸亀城跡（香川県丸亀市）野面石積み石垣の三次元レーザー計測図
（『史跡丸亀城跡野面積み石垣修理工事調査報告書』丸亀市教育委員会2014より転載）

ば、勾配の折れが生じてしまう。基準勾配の設定及び石垣の年代観をめぐり専門委員会で議論となった。

委員会では様々な意見が出されたが、地中部分の石垣は慶長期の古い石積みが残り、割石より上が復旧（修理）による積み直しと判断された。地中部分の勾配も保存すべき貴重な情報を伝える証拠であると評価し、積み直し・復旧の範囲を拡張せず、取り外した地中部分の石垣は57度から62度の範囲で積み直し・復旧し、解体しなかった石垣と摺り合わせ、地上部分は当初の基準勾配の下に積み直し・復旧を行った（**図3・図4**）。

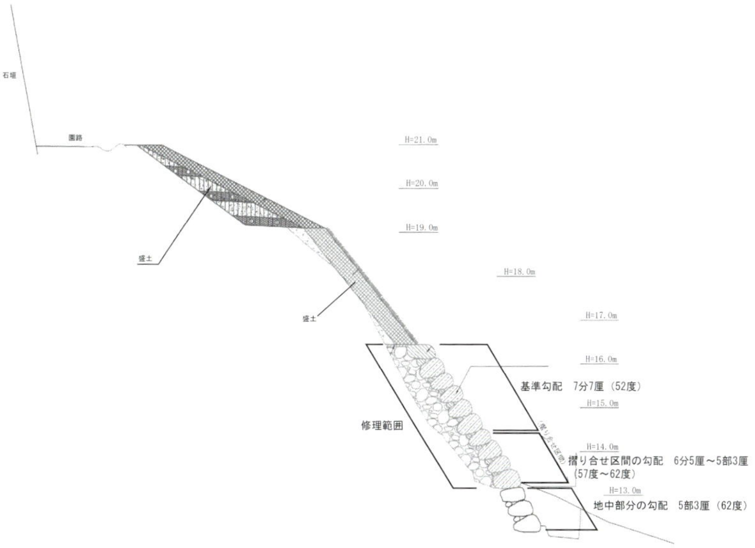

図3　史跡丸亀城跡（香川県丸亀市）野面石積み石垣修理標準断面図
（『史跡丸亀城跡野面積み石垣修理工事調査報告書』丸亀市教育委員会2014より転載したものに加筆修正）

史跡高松城跡の天守台石垣修理では事前の根石の調査が重要であると報告されており、根石を確認した上で、根石からの基準勾配を設定しないとやり直し・手戻りが生じる場合があると指摘されている。石垣が孕みによる原因でき損しているのであれば、根石から天端まで通した基準勾配を設定して積み直し・復旧を行う必要があることを史跡丸亀城跡の事例でも確認した。

また、築造後に復旧（修理）が行われ、途中から異なる勾配で積み直された石垣も歴史的事実を示していることから、勾配を保存する必要があると考えられる。極端な段差又は捩れが生じることが予想される場合には、解体した範囲と解体しなかった範囲との境界部の周辺において摺り合せを行い、段差又は捩れを極力少なくすることも必要である。

図4　復旧（修理）後の史跡丸亀城跡（香川県丸亀市）野面石積み石垣

解体調査により、築造後の復旧（修理）が確認され、勾配に相違がある場合には、どのように積み直し・復旧するのか十分に議論し、基準勾配を決定する必要がある。

参考文献

第6回全国城跡等石垣整備調査研究会実行委員会『第6回全国城跡等石垣整備調査研究会記録集』2009
高松市教育委員会『史跡高松城跡（天守台）－石垣解体・ 修理編－』2013
丸亀市教育委員会『史跡丸亀城跡野面積み石垣修理工事調査報告書』2014

エ．盛土の土質に関する変更

○裏込め（栗石･砂利層）の背面の基盤層を成す盛土･地山の切削に伴い、その土質・強度等に問題があり、同様の土を再利用することが困難であることから、土質改良等が必要となった場合。

オ．その他

○解体の結果、根石が脆弱であったり、裏込め（栗石・砂利層）への浸透水が石垣の前面に流出する際に石垣の孕み出しを助長したりしていることが判明したため、伝統的技法・在来工法又は現代工法を問わず、根石の補強又は裏込め（栗石・砂利層）における新たな排水処理が必要となった場合。

(4) 設計変更における留意点

ア．変更に対応した実施設計書の作成

前述のように、解体修理では解体調査の結果によって設計変更及び設計図書の変更が必要となる場合が少なくない。したがって、当初の実施設計図書（実施設計図･数量計算書・特記仕様書等）の作成にあたっても、設計変更の可能性を常に念頭に置くことが必要である。

例えば、石垣の解体範囲を変更することは、積み直し･復旧の範囲を変更することと同義であり、それに伴って充填すべき裏込め（栗石・砂利層）及びその背後の盛土の数量が変化するとともに、石垣の表面の清掃及び番号記入すべき範囲も変化する。また、積み直し・復旧における基準勾配の修正は石垣の表面積の算出にも影響するほか、取り替えを要する石材の増加により、調達すべき新石材･新材料の数量も変化する。したがって、当初の実施設計図書の作成にあたっては、これらの設計変更の可能性を考慮し、設計変更に機敏に対応できるよう、復旧（修理）に係る各作業の方法（工種･工法）の関連について整理することが必要である。

イ．変更設計図書の作成

変更設計図書の作成要領・留意事項については、各地方公共団体がガイドラインを定めている場合が多く、文化財としての石垣の解体修理についても当該ガイドラインに準じることが適当である。しかし、(1) においても述べたように、石垣の解体修理において生じる設計変更の要因は解体・解体調査を通じて新たに把握した様々の状況に基づく場合が多い。したがって、変更設計図書の作成にあたっては、変更前・変更後の範囲・位置が十分把握できるよう作図に留意するとともに、変更設計において通常必要とされる設計変更理由書のみならず、変更が必要となった要因の発生の把握から検討協議を経て設計変更の決定に至る経緯、合議体制の在り方等に至るまで、変更の理由・内容について詳細に示すことが必要である。

例えば、解体の範囲を変更することが必要となった場合には、変更する範囲を詳細に図示することが必要である。旧石材から新石材への取り替え・補充により数量が増加した場合には、積み直し・復旧の完了後に旧石材を再利用した位置・方法等を確実に特定できるよう図示し、変更に至った経緯についても図面上で把握できるよう作図に留意すべきである。

完了後に作成する石垣復旧（修理）報告書では、設計変更に至った要因、検討・協議の内容・経過等を適切に公開する。

(5) 作業の運営

文化財専門職員の役割　解体は解体調査と同時に進行することから、文化財専門職員は変更要因となる可能性のある裏込め（栗石・砂利層）の状況、石垣の内部構造を表す排水施設、石垣の背後に埋蔵された前代の石垣等の有無など、遺構の状況の的確な把握に努める必要がある。また、「歴史の証拠」としての石垣の保存と「安定した構造体」としての石垣の維持は不可分の関係にあることから、解体・解体調査の実施の過程では、全体の行程を掌握する監督員とともに文化財担当職員が常駐して状況の把握に努めることが必要である。

土木技師、設計監理の業務委託者の役割　設計変更においては、根拠を示した変更設計図書の作成が必要となる。前項においても述べたとおり、変更に至る要因を設計図書（設計図・数量計算書・特記仕様書等）に

的確に反映させることが必要である。また、当初設計図書の作成にあたっても、解体調査の過程で石垣の背後から内部構造の施設を発見した場合、それらの保存・復旧（修理）のために設計変更の可能性を考慮した内容とするとともに、設計監理の業務委託者は遺構の状況を含め施工状況を常に把握し、機敏に設計変更に対応できるよう備えることが求められる。

施工者の現場代理人の役割　設計変更は、①変更要因の認知、②発注者・受注者による変更要因の相互確認、③設計図書の変更・訂正、④期間・契約金額の変更協議の手順の下に行う。施工者の現場代理人は、作業進捗状況確認会議において工事監督員・文化財専門職員・設計監理者とともに工事の進捗・内容について協議を行い、変更要因となり得る可能性のある事柄、設計変更が生じた場合の手順等について、共通理解を図ることが重要である。

技能者（石工）の役割　施工者の現場代理人と同様に、解体・解体調査の進捗の過程で常に設計変更の要因となる可能性のある事柄について留意する。さらに、①変更要因に直結する石の積み方に関する問題点、②解体・解体調査の過程で把握した裏込め（栗石・砂利層）に関する所見、③石材の破損の程度に基づく取替の可能性に関する判断等について、技能者（石工）の観点から現場代理人に報告を行う姿勢が必要である。

作業進捗状況確認会議　設計変更に際し、変更に至る過程について正確に記録しておくことが重要である。作業進捗状況確認会議では、解体・解体調査の進捗に伴って常に変化する現場の状況を報告・検討協議するとともに、会議録及び行程の打ち合わせメモ等の協議記録類を正確に作成することも必要である。

専門委員会　解体・解体調査において認知した石垣の新たな問題の位置・性質によっては、解体修理の方針・方法を根本的に再検討しなければならない場合もある。例えば、①解体調査の過程で保存を要する重要な遺構を発見した場合、②当初設計の基準勾配を変更する必要が生じた場合、③基礎部の根石等の根固め部分又は背面の基盤層（盛土・地山）が予想以上に損傷していた場合などにおいては、基本計画・基本設計で定めた基本方針を根幹から再検討しなければならない事態も想定される。したがって、専門委員会においては、設計変更の要因となり得る遺構の状況について情報共有に努めることが重要である（図124）。

図124　解体修理の方針を定める専門委員会の開催
（山梨県指定史跡甲府城跡（山梨県甲府市））

7. 積み直し・復旧

(1) 意義・目的

積み直し・復旧とは、解体及び解体調査を行った石垣について、実施設計の内容に基づき、再び築石（平石）、裏込め（栗石・砂利層）、その背後の盛土等を一体的に積み上げ・復旧を行う過程をいう。

積み直し・復旧は、解体調査の成果等により明らかとなった石垣の形態・意匠その他の特質を十分に踏まえ、実施設計において示した解体修理の具体的な方針・方法を実現し、最終的に積み直し・復旧を行った後の石垣の形姿を城跡の本質的価値を伝える「歴史の証拠」として明示・公開する重要な行程である。積み直し・復旧の原則は、伝統的技法・在来工法により旧石材を元の位置に復旧しつつ、構造体として安定した石垣の本来の形姿を取り戻すことにある。

積み直し・復旧に着手するのに先だって、日常的な行程の管理方法、各種作業の進め方に係る法令・規則等の情報について整理しておくことが必要である。さらに、

図125　作業の合間に伝統的技術について理解を深める
（山梨県指定史跡甲府城跡（山梨県甲府市））

図126　再利用する旧石材の点検
（山梨県指定史跡甲府城跡（山梨県甲府市））

解体修理に係る知識・経験、それらを共有できる体制の維持、関係者間における連携の在り方についてもいっそう重要となる。

積み直し・復旧の過程においても、他の過程と同様に安全性の確保、経費の効率的な執行、技術の品質維持、材料の正確な取り扱い、運営体制の維持などの観点から、例外なく関係法令・規則に準拠しなければならない。また、他の行程と同様に、特定の個人の価値判断に基づき積み直し・復旧を行うことを厳に慎み、関係者間の共通認識の下に、専門委員会の意見を十分踏まえ、合議の下での実施に努める。

(2) 総括的事項

伝統的技法・在来工法の尊重／現代工法の利用　積み直し・復旧は、伝統的技法・在来工法に基づくことが原則である（**図125**）。それは、事業の効率性・経済性の観点から、運搬・加工などのすべての過程において、昔ながらの技法・手法に基づき実施しなければならないということではない。期間・予算、当該石垣の特質などを十分考慮しつつ、伝統的技法・在来工法を尊重すべき行程又は現代工法に依拠すべき行程等を適切に区分し、双方を組み合わせて積み直し・復旧の作業を進める。

現代工法は、あくまで伝統的技法・在来工法による積み直し・復旧では対応しきれない部分に限定して補助的に利用するものであり、過度に頼ることは慎むべきである。文化財としての石垣の安定性を数値として把握する手法が確立されていない現時点においては、多くの石垣が数百年にもわたり、崩落することなく強固な構造体として維持されてきたという歴史的事実を尊重することが重要であり、石垣の構造計算又は安全率の試算の結果のみを根拠として積み直し・復旧の方法を決めてしまうことは適切でない。数値結果のみに依拠し、安易に現代工法を選択するならば、もともと石垣が持っていた構造体としての特質を変質させてしまう危険性を孕むことになりかねないからである。したがって、慎重な議論を通じて、選択すべき方法の決定を行う。

旧石材・旧材料の使用・再使用・転用　解体した築石（平石）の旧石材、裏込め（栗石・砂利層）、その背後の盛土などの旧材料は、石垣を構成していた重要な要素（材料）であることから、元の位置への積み直し・復旧を原則とする。

解体調査により築石（平石）としての再利用が不可能であると判定された旧石材は、樹脂等による保存科学的な補強又は金属材料による支柱を挿入するなどの補強の方法を検討する。それらが困難である場合には、適切な大きさに破砕し、当該石垣の裏込め（栗石・砂利層）、築石（平石）下部又は背面の介石・間詰石等として、極力再使用又は転用するなどの方策を採る（**図126・127**）。

間詰石・裏込め（栗石・砂利層）、盛土などの旧材料は、元の位置を厳密に踏襲した再利用が困難であるが、

図127　石材の強度・傷等の合同確認
（山梨県指定史跡甲府城跡（山梨県甲府市））

図128　新石材の加工作業
（山梨県指定史跡甲府城跡（山梨県甲府市））

可能な限り材料・材質等の観点から特質を活かした配置に努める。

旧石材への調整・加工　原則として、旧石材の表面に対して新たな調整・加工を行ってはならない。築石（平石）と築石（平石）との間に新石材を補充する場合又は当該新石材と周囲の旧石材との接点を確保する場合には、必ず補充する新石材に対して調整・加工を行う（**図128**）。現状の石垣の状態が、縦目地[16]など構造的な観点から忌避すべき積み方であっても、それが当該石垣の特質であると判断された場合には、旧石材を元の位置に戻すことを念頭に置きつつ、背面における補強の構造を工夫するなど当該石垣の安定的な構造の補完に努める。

積み直し・復旧において特に留意すべき石垣の部分　積み直し・復旧に着手する前に、実施設計に示された積み直し・復旧の方針、方法（工種・工法）及び石材の取り扱いに係る留意点等について十分確認する。特に、特質が端的に表われる石垣の構造は積み直し・復旧の完成度に大きな影響を及ぼすことから、途中の段階において仕上がりを点検しつつ進める。

石垣の形姿を決する勾配、輪取り・気負い等に留意することは特に重要であるが、誇張して積み直し・復旧を行う必要はなく、実施設計に示された事項に従って正確に進める。

石垣の基部を成す根石の留意点は前章までに既述したが、新たに根石を設置する場合又はやむを得ず据え直しを行う場合にも、地盤となる地形及び遺構の一部を成す整地土等を必要以上に損傷することは避けなければならない。

隅角（入角）部及び鎬（しのぎ）は、石垣の形姿の中でも特質を端的に表し、最も目立つ部分であり、石垣の築造年代又は技術を象徴する重要な部分でもあることから、積み直し・復旧には細心の注意を要する。同時に、構造体としての石垣の観点からは、石垣の内部からの土圧又は上面から架かる石材の荷重により応力が発生し、変位・変形が生じやすい部分であることも認識し、積み直し・復旧に着手する前に課題の整理を行い、対処方法を検討しておく。

築石（平石）は、個々の石材と隣接する石材との接点を確保することにより、面としての強度を確保できることから、石材ごとに合端及び接点を点検し、確実に安定していることを確認する。しかし、野面積みの石垣の場合には、もともと築石（平石）と築石（平石）との接点が著しく少ないことも多い。旧石材は元の位置への積み直し・復旧を原則とするが、合端・接点の少なさを補完するために、新石材の控えの長さを長く取るなど、構造上の弱点を解消する方法を検討することも必要である。

関係者間の留意事項　積み直し・復旧の過程は、文

16　**縦目地**；団子積み・重箱積み等のいわゆる「重ね積み」により、2石以上にわたって垂直方向に目地が連続する状況を指す。最下部の石材に荷重が集中することから、石材の破損・変形が発生しやすいと考えられてきた。

図129　天端石と仕上がりの高さ調整
（山梨県指定史跡甲府城跡（山梨県甲府市））

化財専門職員をはじめ、都市公園担当部局の職員、施工者、技能者（石工）、設計技術者、専門委員会の委員である専門家など、様々な機関又は分野の関係者が相互に関わり合いつつ進行する。その中でも、石垣がもつ本質的価値の継承の観点から、石垣の積み直し・復旧の過程を信頼性の高いものとするためには、文化財専門職員及び文化財担当部局が果たすべき責任は大きい。積み直し・復旧は解体修理の後半における山場を成し、他の過程にも増して関係者間における連携が必要となる。そのため、作業進捗状況確認会議における意思疎通・調整作業が不可欠である。

積み直し・復旧に関わるすべての関係者が、相互の課題及び不明点等を率直に話し合える環境づくりも重要である。関係者の各々が契約の内容に基づき自らの役割を理解し、相互の補完に努める姿勢・雰囲気が大切である。

(3) 作業の手順・内容

積み直し・復旧の過程は、概ね次に記すとおりである。

足場等の仮設施設の設置に係る準備を終え、方法（工種・工法）及び旧石材・旧材料及び新石材・新材料の取り扱い・方法を定めたうえで、積み直し・復旧の行程に着手する。

新石材・新材料の調達・加工の作業には早めに着手し、積み直し・復旧の着手時には概ね新石材・新材料の調達を完了し、調整・加工も遅延が生じない程度の段階まで準備しておくべきである。また、積み直し・復旧の過程で石材が割れるなどの不測の事態が発生した場合に備え、予備の新石材の確保にも努める。

積み直し・復旧は以下の①～⑨の手順の下に行うが、特に⑥～⑧の過程は繰り返し行うこととなる。これらの過程では、必ず文化財専門職員等の関係者が丁張りに基づき旧石材の位置・勾配等を常に確認する作業を行う。④は作業場が離れている場合もあることから、調整・加工の作業に柔軟に対応できるよう工夫する（図129）。

①実施設計の内容確認

②丁張りの設置及び点検（全体の丁張りを設置）

③旧石材・旧材料の点検（保管期間中の破損及び番号等の点検）

④新石材・新材料の調達及び調整・加工（予備材料を含む新材料の調達及び新石材の加工）

⑤地盤・根石の設置（地盤改良・補強及び根石の設置・据え直し）

⑥積み直し・復旧（旧石材の位置確認、新石材の配石と調整）

⑦裏込め（栗石・砂利層）の設置（材料の点検、設置の方法（工種・工法）の点検）

⑧背面の基盤層を成す盛土（材料の点検、設置の方法（工種・工法）の点検）

⑨天端及び上面の仕上げ（実施設計において定めた高さの確認）

(4) 積み直しにおける関係者の役割と連携

文化財専門職員の役割　特に積み直し・復旧の過程で重要なことは、解体調査の過程で明確となった石垣の情報に基づくものとするために、文化財専門職員が行う判断・指示を適切に反映させることである。そのためには、文化財部局が関与できる体制を強化するとともに、文化財監督員を配置するなど、組織体制と権限を整えることが必要である。

積み直し・復旧の過程においても、前段階である解体・解体調査を担当した文化財専門職員が継続的に担当することが望ましい。それは、解体・解体調査の過程で得られた石垣の歴史上・構造上の特質に係る情報を最もよく把握し、それらを積み直し・復旧の過程において可能な限り反映させる役割を担うのが文化財専門職員だからである。積み直し・復旧の過程の関係者は行政機関から技能者（石工）に至るまで多岐にわたるが、総合的なチームワークの下で文化財専門職員が果たす役割は極めて大きい。したがって、文化財専門職員は現地に常駐することが原則であり、積み直し・復旧の過程の全体及び諸課題を常に把握するとともに、特に文化財部局の立場から適切な対応を選択する上で調整役の役割も果たさなければならない。

積み直し・復旧の過程では、旧石材・旧材料及び新石材・新材料等の取り扱いをはじめ、勾配など積み直し・復旧後の石垣の形態・意匠、積み直し・復旧の手順、石垣の内部構造に係る遺構の復旧など、複雑な実務と個々の局面における細かな判断が求められる。発掘調査とは異なり、文化財専門職員にとっては不慣れな点も多いことから、各種の方法（工種・工法）に通暁する他の関係者との意思疎通を大切にし、意思疎通ができる環境を積極的に創り出す努力が重要である。

都市公園部局等の職員（土木技師など）の役割　解体修理の発注を担当する者は多様であり、都市公園部局等が発注者である場合も多い。そもそも石垣の解体修理では、実施設計・積算・発注・監理の各段階において標準的な建設工事の仕様にあてはまらない部分が多く、一般的な土木工事とは様相を異にすることを常に念頭に置くことが重要である。したがって、都市公園部局等の職員は、積み直し・復旧の進捗に絶えず目を配り、行程・方法（工種・工法）、材料、各種検査、予算執行、安全管理などの観点から、解体修理の特殊性を十分踏まえ、解体修理の適切な執行に努める必要がある。

また、都市公園部局等の職員は文化財としての石垣の積み直し・復旧であることを念頭に置き、都市公園としての安全性の観点から過度に現代工法に偏ることなく、常に現代工法と伝統的技法・在来工法との調和・組み合わせに配慮した方法（工種・工法）を模索・提案する姿勢で臨むことが必要である。積み直し・復旧の過程で発生する諸課題及び即応すべき事案について、文化財専門職員及び施工者と協力して処理できるよう日常的な連携に努める（図130）。

図130　作業関係者との意見交換
（山梨県指定史跡甲府城跡（山梨県甲府市））

施工者の役割　施工者は、文化財としての石垣の積み直し・復旧であることを念頭に置き、一般的な土木工事の石積みとは性質を異にするものであることを十分理解したうえで、現地における作業責任者としての任を果たさなければならない。

また、施工者は関係法令に定められた事項及び仕様書に記述された事項等を遵守し、特に安全衛生の励行、危険の予防、行程の円滑管理、予算の適正な執行、作業手順の円滑管理等に務める役割を持つ。

専門委員会をはじめ各種の検討の場には必ず参加し、解体修理を担当する文化財専門職員はもとより、技能者（石工）その他の関係者間における緊密な連絡・情報共有に努める。

技能者（石工）の役割　技能者（石工）は、その専門的な知識・経験を生かし、積み直し・復旧及びそれに伴う石材の取り扱いの実務について、現場で直接指揮監督し、日常的に実際の積み直し・復旧の作業に従事する。

また、当該石垣の解体・解体調査に携わった技能者（石工）は、自らの目で解体・解体調査の現状を観察し、石垣が変形する以前の位置関係を専門的な見地から見定めていることが多い。したがって、積み直し・復旧に際しても、技能者（石工）の知識・情報を最大限活かすことが必要である。止むを得ない事情により、解体・解体調査に携わらなかった技能者（石工）が積み直し・復旧を担当する場合には、積み直し・復旧に着手する前に、解体及び解体調査の成果に関する情報・留意点を自ら把握する努力が求められる。

積み直し・復旧は、技能者（石工）の技能・見識が最も要求される過程である。作業の原則は、あくまで文化財としての石垣の積み直し・復旧であることをわきまえ、構造上の強度を改善することをも視野に入れつつ、旧石材・旧材料などを本来の位置に戻すことにある。したがって、技能者（石工）は文化財専門職員と連携を密にし、技能者（石工）としての所見を躊躇することなくなく伝達し、進んで議論に加わる姿勢が重要である。

設計者及び監理者の役割　設計者及び管理者は、実施設計に定めた積み直し・復旧の具体的な方針・方法、解体及び解体調査の成果を踏まえて設計変更が行われた場合には変更後の実施設計に示された具体的な方針・方法等に基づき、実際の積み直し・復旧の行程を実施する。したがって、設計者及び監理者は、特に文化財としての石垣の取り扱いに通暁していることが前提であり、そのうえで積み直し・復旧に至るまでの解体・解体調査の経過及びそれらの成果を的確に理解し、文化財専門職員等の関係者と十分に意思疎通に努める。

実施設計に示した事項が具体的な形姿となって表れてくる積み直し・復旧の段階においても、想定外の事柄又は現場の諸事情により実施設計の内容について見直しが迫られることもあり得る。そのような場合においても、設計者は自ら又は特定の者の経験・感覚を頼りに積み直し・復旧の作業を進めることを戒め、行程に関わる関係者と十分に協議を行い、より広い視点から文化財としての石垣の積み直し・復旧の観点から最善の提案を行うことに努めなければならない。

本来、監理は常時実施することが望ましいが、諸条件により実施できない場合には、効果的又は可能な限り積み直し・復旧の現場に足を運び、諸課題を的確に把握・処理する必要がある。また、着手前に、連絡網の整備、課題等の発生時における対応の在り方、日常的な点検の方法、関係者の役割分担等を明確化し、積み直し・復旧の円滑な体制を確保する。

専門委員会の役割　積み直し・復旧の過程において専門委員会が果たす役割は大きく、その広い見識を踏まえ、積み直し・復旧の理念及び具体的な方針・方法の再確認、変更を要する場合の参考意見等を提示するとともに、様々な観点からの技術的な指導・助言を行う。

具体的には、①作業の進捗状況・進め方、②旧石材・旧材料の取扱方法、③新石材・新材料の選択の方法、④背面の基盤層である盛土・地山の復旧の方法、⑤現代工法の利用の方法、⑥積み直し・復旧の部分の構造等の各項目について点検又は確認を行い、指導・助言を行う。また、記録の方法及び技術・技能の使い方に関する指導・助言のほか、設計変更を行う場合の協議なども含め、専門委員会に求められる役割は多岐にわたり、点検・確認、指導・助言、協議は随時発生し得るものと理解しなければならない。

文化財専門職員を含め、積み直し・復旧の関係者は専門委員会の指導・助言等を真摯に受け止め、的確に対応する姿勢が重要である。また、専門委員会からの指導・助言は参考情報であり、あくまで方針・方法を選択・決定するのは主体である地方公共団体であることを十分認識することも必要である。

作業進捗状況確認会議の役割　積み直し・復旧の段階においては、材料及び建設機械の搬入・搬出並びに関連する作業など多種の方法（工種・工法）が複雑に絡み合って進行する場面がある。また、作業の進め方又は安全管理などに関する諸課題も多く発生するため、特に関係者間の意思疎通は不可欠である。

このような積み直し・復旧の現場における指示・伝達を確実に行うためには、定期的かつ確実に作業進捗状況確認会議を実施することが効果的である（**図131**）。作業進捗状況確認会議は文化財専門職員、都市公園部局の職員、施工者、技能者、設計者、関連の方法（工種・工法）の担当者等により構成され、それぞれの立場から進捗状況、今後の予定、課題・注意事項等を報告し、協議を行う。

図131　作業進捗状況確認会議
（山梨県指定史跡甲府城跡（山梨県甲府市））

作業進捗状況確認会議は、関係者間における担当作業の単なる「報告」の場ではない。短・中期的な作業の進め方、発生が予測される諸問題等を関係者が共有し、それらに対する解決策を事前に協議することにより、作業進行を円滑化し、意思疎通しやすい現場環境の創造にもつながる。

なお、作業進捗状況確認会議における議論は、専門委員会の意見も踏まえ設計変更等に反映させる必要があるほか、最終的に解体修理報告書に経過をまとめる上で有益であることから、必ず会議録を作成する。

積み直し・復旧の過程では、構造材である石垣の築石（平石）等の石材、飼石・捨て石等を含む詰め石、裏込め（栗石・砂利層）、背面の基盤層を成す盛土にそれぞれ使用されていた旧石材・旧材料を再利用し、解体以前の状態に積み直し・復旧を行うことを原則する（147〜155頁を参照されたい。）。

石垣の基部に設けられた胴木・木杭等の構造材についても、同様に再利用することが原則である。根石の直下の胴木等が腐朽し、将来にわたり石垣の安定的な構造に決定的な負の影響を及ぼす可能性は低いと考えられるが、何らかの原因により部分的に腐朽が進み、不安定化している場合には、最小限の範囲に限定して胴木等の取り替えを行う。取り替えに伴う切削の範囲、取り上げの際に留意した点を正確に記録し、取り上げた後の遺物としての取り扱い方法も正確に記録する。

解体・解体調査の過程で石垣内部から発見された構造材以外の鎹（かすがい）等の金属製品又は石造物等の歴史的価値を持つ出土遺物は適切に取り上げ、その後の記録作成・公開の方法等を定める。

しかし、旧石材を再利用することにより劣化の進んだ旧石材が摩耗し、積み直した後に本来の築石（平石）の機能を維持できない可能性が高いと判断された場合には、やむを得ず交換を検討しなければならない。その場合、交換する新石材の材質・形態、表面の風合い等は旧石材と同等とし、積み直し・復旧後の構造・外観に影響が生じないようにすることが原則である。専門委員会の指導・助言を踏まえ、取り替え又は存置のいずれを選択するのか、及び交換する新石材の選択の基準を着手前に定めておく必要がある。

積み直し・復旧の過程は、伝統的技法・在来工法を尊重したものでなければならない。期間又は事業経費に対する影響をも加味しつつ、どこまで伝統的技法・在来工法に依拠した積み直し・復旧が可能なのかは実施設計・設計変更の内容に盛り込まれていることではあるが、実際に作業を行う段階においても常に再確認が必要である。

法令に基づく規則及び安全性の確保の観点から、現代工法の利用を検討しなければならない場合も十分想定されるが、原則として伝統的技法・在来工法に基づく積み直し・復旧を追求すべきであり、現代工法はあくまで補助的な方法として位置付ける視点が重要である（161〜162頁を参照されたい。）。また、専門委員会でも十分に協議を行い、実際の現代工法の使用の方法について議論することも必要となる。

(5) 石材の取り扱い

ア. 旧石材

解体する前に用いられていた石材を「旧石材」という。解体した旧石材は再利用することが原則であり、不用意に新たな加工を行うことなく、原位置への復旧に努めなければならない（152〜155頁を参照されたい。）。旧石材の劣化・損傷の程度により、やむを得ず交換しなければならない場合を除き、旧石材を交換することなく積み直し・復旧を行う方法が最善である。

また、城跡が都市公園に指定されている場合には、公園整備の過程で石垣の旧石材が公園内の別の施設等に転用されてしまったような事例もあることから、転用石の所在を確認するとともに、それらの回収・確保の可能性についても検討する。

劣化・損傷が進んだ旧石材は、心棒・接着剤等により補強し、耐力を確保できるようになる場合もある。

石材の特質は、それらが形成された風土等の諸条件により異なる。したがって、専門委員会の指導・助言を参考として、補充すべき新石材の選択基準を定め、解体・解体調査の段階から関係者に周知しておくことが望ましい。

a. 旧石材の再利用の判断及びその方法

旧石材が再利用できないと判断される原因には、次の3点が考えられる。

①劣化・破損（破断、明確な割れ）

②損傷（山傷・節理・ヒビ）（**図132**）

③控えが極端に短く、再利用した場合に著しく不安定となってしまう可能性のある石材

これらの点が見られる旧石材を再利用できるか否かの判断は解体・解体調査に連動して行い、その完了時点で再利用を行うか否かの判断及びその方法等を確定させることが可能となる。積み直し・復旧の過程では、それらの判断方法に基づき作業を進めなければならない。

旧石材を再利用するか否かの判断は、原則として文化財職員の責任の下に目視により行う。しかし、山傷・節理などの見分け方に熟練した知識・経験が不可欠となる場合もあることから、石材の特質に通暁した専門委員会の専門家及び技能者（石工）等に助言を求めることが必要である。その結果として決めた再利用の可否及び理由は、個々の石材調査票（石材カルテ）に記録する。石材調査票（石材カルテ）に記録すべき内容は69〜75頁を参照されたい。

b. 強度検査

旧石材が再利用に耐え得るか否かを判断する場合には、旧石材の健全性を科学的に把握する方法も尊重しなければならない。

その中でも最も代表的なものは圧縮試験である。ただし、この方法は石材に加圧して破壊に至る過程を確認する試験であるため、再利用できない旧石材を使用する必要がある（**図133**）。

より簡便な方法には、打音検査がある。ハンマーを用いて一定の強さで石材の表面を叩き、音の変化により石材の強度・異変を探る検査である。打音の変化は捉えやすく、同時に複数の人間が確認できることから、現場の検査方法として簡便かつ有効である。また、打音には目に見えない傷又は風化痕跡なども顕著に影響し、その範囲も特定しやすいという長所がある。

現段階では、個々の旧石材の中心部までの様相を探る簡便な方法が存在しないため、熟練者による目視・打

図132　再利用直前に確認された旧石材の傷（確認時）
（山梨県指定史跡甲府城跡（山梨県甲府市））

図133　石材試験用のサンプル
（史跡高松城跡（香川県高松市））

音検査等を組み合わせて判断することが最も現実的である。

超音波・X線・レーダーにより石材の中心部まで観察する非破壊検査方法もあるが、高額な経費を要し、実施の簡便さに欠ける。したがって、固有の特質を持つ旧石材で、新石材への取り替えの判断が困難であると考えられるものに限定して実施することが適当である。

c. 破損した旧石材の接合・補修

旧石材の中には、破損してはいるものの、単純な割れであることから再利用が可能だと判断できるものもある。積み方又は旧石材の特質等を観察することにより、破損の原因を推測し、強度上の問題がないと判断できる場合には、心棒・接着剤を用いて接合・補修のうえ再利用することも考えられる（図134）。

野面石又は加工石の区分を問わず、割れ方が単純である場合には接合・補修を行いやすい。接合・補修の長所は、旧石材を積極的に再利用したうえで原位置に積み直し・復旧を行うことが可能となる点である。全国的に新石材の確保が困難となりつつあることから、できる限り旧石材を利用するという点で有益である。しかし、旧石材を接合・補修して再利用し、その後の経過観察によって有効性が確認された事例は少ないことにも留意が必要である。

旧石材の接合・補修した部分が石垣の表面近くに位置する場合には、積み直し・復旧の後に気象条件の影響を受けやすく、接着剤の劣化が早く進行する可能性もある。その結果として、落石が発生する可能性も十分考慮しなければならない。規模の大きな旧石材の接着は想像以上に困難を要することが多く、接合面にズレが生じたりすることもあるため、補修作業には十分な技量が求められる。

図134　石材の接着
（史跡高松城跡（香川県高松市））

最近では、接合・補修を確実にするために、接着剤とボルト等の金具を併用した事例がある。また、不織布等で包み接着剤で固定する方法もあるが、あくまで応急的な措置である。

上記のような接合・補修の方法は、専門委員会の指導・助言を踏まえつつ、関係者間において適否及び作業の手順等を明確化する。さらに、経費面・安全性等も考慮しつつ、接合・補修の方法の最終的な選択を判断する。

d. その他の残石

城跡には、石垣の築石（平石）として使うために集められたものの、どの石垣のどの位置に使おうとしたのかが不明であったり、集められた年代が明らかでなかったりする石材が単独又は集合して遺存することがある。これらの石材は、由来を十分に確認したうえで新石材と見なし、同一の城跡における石垣の積み直し・復旧に再利用することが考えられる。

しかし、原因が人為的な破城によるのか又は自然的な営力による破損なのかを問わず、石垣の周辺に崩壊した結果として石材が散在している場合には、それらの原位置が不明であっても、散在している状態そのものに歴史的意義があると評価できることも多い。また、逆に散在した石材を周到に整理・判別することにより、崩壊の原因を明らかにしたり、限りなく旧状に近い状態を再現したりすることが可能な場合もある。したがって、石材を他所に移動したり、再利用したりする前に、現状に至る経緯を把握する作業を怠ってはならない。

e. 旧石材に対する調整加工とその時期

解体した旧石材は石垣の重要な構成要素であることから、原則として積み直し・復旧時に「はつり」等の調整加工を行ってはならない（167頁を参照されたい。）。加工を行うことにより、旧石材の形態が変わり、結果的に原位置への復旧が困難となってしまう可能性が高くなる。そのため、文化財としての石垣の解体修理の許容範囲を逸脱してしまう恐れがあるからである。

しかし、劣化等で強度が低下した旧石材を再利用することにより、石垣全体の安定性に疑義が生じる可能性がある場合には、やむを得ず調整加工を要することもあり得る。例えば、解体した旧石材を原位置へと戻す際に、隣接する石材とのあたりが確保できず、据え方が不安定となってしまうような場合には、最小限の範囲で調整加工が必要となる。また、将来的に落下の原因となる風化・劣化した部分又は山傷・節理が認められる部分等がある場合には、安定性の確保のために当該箇所を最小限の範囲で除去する場合もある。やむを得ず調整加工を行う場合には、1石ごとに作成する石材調査票（石材カルテ）に調整加工を施さなければならなかった理由、その規模・範囲等を記録し、調整加工の前後の状態を証明する写真を添付しておくことが必要である。

調整加工を行う場所・時期は、目的によって異なる。劣化又は風化している部分を除去する場合には、旧石材の保管場所において実施することができる。しかし、あたりを確保するために石材の表面に行う調整加工は、積み直し・復旧の過程で当該石材を原位置に仮置きしたうえで、最低限の範囲を確認した後に実施する。

旧石材への調整加工に関する方針、調整加工すべき部分の特定方法、記録の作成方法等は、専門委員会の指導・助言の下に、実施設計の段階で定めておく。

イ. 新石材

解体調査の結果に基づき、再利用が困難であると判断された旧石材に代わり、積み直し・復旧に使用される新しい石材を「新石材」と呼ぶ。文化財としての石垣の解体修理である以上、新石材は形態・石質、表面の風合い等の面において旧石材と同等であることが重要である（**図135**）。

近年、求める石材の調達が困難となりつつあり、地域によっては採石そのものが禁止されていたり、同一の石質であっても色調・風合い等が微妙に異なるものしか産出しなかったりする場合がある。

図135　新石材の調査作業（交換旧石材との対比）
（山梨県指定史跡甲府城跡（山梨県甲府市））

新石材の形態・石質、表面の風合いは、積み直し・復旧を行った後の石垣の外観に大きな影響を与える重要な要素であり、もし解体修理の全過程における適切な時期に必要な石材の確保が困難となれば、積み直し・復旧の作業を遅延させ、場合によっては解体修理を中断せざるを得なくなる場合も想定される。したがって、設計者は基本計画又は基本設計の段階から新石材の調達の見通しを立てるとともに、実施設計の段階から選択基準及び購入時期等について定めておくことが肝要である。

a. 新石材の選択の基準

新石材の選択は、解体・解体調査に取りかかる前から準備に着手し、解体が完了するまでに終えなければならない。また、解体調査と並行して石材の調達を進めなければならない。したがって、基本計画の段階において新石材の選択の基準を定め、途中で解体調査の成果も反映させつつ、随時、選択した新石材の点検・見直しを行う。早期の段階から専門委員会の意見を聞き、関係機関との十分な意思疎通に努める。選択基準を定める場合には、以下の3点を中心として、b〜fに示す点を十分考慮する必要がある。

旧石材の岩石組成　旧石材の岩石組成は石垣の外観に影響を及ぼすとの観点から、旧石材に見られる独特の岩石組成（雲母・長石等）を新石材の選択にあたっての基準とした事例がある。

石材の控えの長さ・安全性　一般的に、石材の控えの長さ又は強度等の安全性の観点から新石材の選択の基準を定めている場合が多い。新石材の控えの長さは旧石材のそれと同等であることが原則（165頁）であるが、控えの長さが十分であれば石垣内部の摩擦係数も上昇し、地震又は円弧滑りなどに対する強度が高まるとの観点の下に、旧石材と同等又はそれ以上の長さを持つものを新石材として調達した事例もある。なお、新石材を十分に調達することが困難である場合には、石垣の各段における旧石材の控えの長さの平均を新石材の控えの長さの選択基準として定めた事例があるほか、旧石材の控えの長さの3分の2までの長さを許容範囲として定めた事例もある。

外国産の石材　旧石材と同質の材料を求める観点から外国産の石材を調達する方法もあるが、事前にその可否を慎重に検討すべきである。

b. 新石材の強度検査

新石材は、積み直し・復旧の後にも破損・劣化することなく、石垣の構造を永く維持できる安定したものでなければならない。また、候補となる複数の材料が存在する場合には、極力強度のある材料を選ぶことが必要である。

現時点では、新石材の強度を判別・保障する簡便な方法が整っているとは言い難い。すべての新石材に非破壊検査を行うことは、経費の点から非現実的である。また、採石業者が発行する「産地証明書」などは、必ずしも個々の新石材の強度を保障するものではない。

強度を把握する具体的方法には、現場における目視確認・打音確認・圧縮強度試験（**図136**）などがある。また、蛍光X線分析・吸水量試験を実施する場合もある。少なくとも目視確認及び打音確認はすべての新石材を対象として実施し、時間的・経費的な余裕がある場合には圧縮強度試験を併用する方法が一般的である。

なお、通常は旧石材の強度よりも新石材の強度のほうが大きいことから、積み直し・復旧を行う範囲に旧石材と新石材が混在することは石垣の構造的な均衡の観点から好ましくないのではないかとの指摘もあり、引き続き検討を要する。

c. 予備石材の必要性

積み直し・復旧に際しては、再利用できない旧石材と同じ分量の新石材を用意しなければならない。さらに、積み直し・復旧の過程を円滑にするためには、単に同じ分量であるのみならず、予期せぬ事態に備えて常に予備の石材を準備する（**図137**）。積み直し・復旧の過程において発生する予期せぬ事態とは、①新石材として準備した石材に新たな節理又は山傷等の難点が発見され、使用に耐えないと判断された場合、②加工の作業中に破損するなどしたため交換する必要が生じた場合などである。

また、取り替えを要する石材の比率にもよるが、本来充当すべき場所に準備した新石材の寸法が合わないなどの問題が生じる場合もある。その対応策として、段階的に新石材の大きさを変更しつつ調達を調整する方法もあり得る。

図136　シュミットハンマーによる新石材の強度試験
（史跡高松城跡（香川県高松市））

図137　予備石材の確保
（山梨県指定史跡甲府城跡（山梨県甲府市））

特に、野面石は統一した規格性がなく、必要とする寸法の新石材の確保に苦慮したり、隣接する旧石材との合端の確保に労力を要したりすることも多いことから、選択が可能な予備石材をできる限り多く確保できるよう探索に努めることが望ましい。また、誰がどの程度の予備石材を準備するのか、それらが不要となった場合にはどのように処理するのか（195頁を参照されたい。）を決めておくことも必要である。将来的に必要となる新石材の分量を想定し、調達が可能な採石場を確保している地方公共団体もある。

d. 隅角部等の新石材の確保

新石材の確保に関して特に留意すべき石材の種類として、隅角部を成す角石、天端の石材、築石（平石）部において特徴のある使われ方をする鏡石などがある。

算木積みの隅角部の角石に新石材を用いる場合には、特に風合いや出来映えが目立つことから、取り替える旧石材の質感・表面仕上げ等を十分に反映したものとする。角石の確保が特に重要な理由は、規格が大きいことによる石材の希少性に加え、角部に集まる応力に配慮して、節理があるなど潜在的な難点を回避しつつ石材を選ぶ必要があるからである。

特に野面石の場合、類似する形態・風合いの新石材に巡り合うのは稀であることから、早い段階から候補となる石材を広く探索・確保することに努める。加工石の場合には、候補の中から選び出したのちに実寸の加工へと入るが、その途中で新たな山傷・節理が発見されたり、加工中に破損したりする可能性もあることにも留意する。

天端の石材は、積み直し・復旧の過程の最後に積まれる石材である。実施設計の段階で仕上りの天端の高さが決まっていることから、外観を決める石材の形態・風合いのみならず、厚みも重要な要素となる。天端から2～3段下の石材の積み直し・復旧を行っている段階から、天端の石材の仕上りの高さを見越して積み直し・復旧の作業を進めることが大切であり、最終的に天端の石材によって仕上がりを調整できるよう新石材の調達に努める。

その他、象徴的かつ独特の形態を持つ鏡石などの石材は調達に困難が予測される場合もあることから、できる限り早い段階から新石材の探索等の準備作業を進める。

図138　新石材の隅角部作業事例
（山梨県指定史跡甲府城跡（山梨県甲府市））

e. 新石材の確保とその時期

新石材の確保に際しての留意点は、第1に選定すべき新石材の量が解体調査の結果に基づき決定されることである。第2には、石材の形態、控えの長さ、加工の状況は解体しなければ詳細な情報を得ることができないことから、新石材の確保に関わる全体像を把握できるのは解体調査後になるということである。

したがって、特に解体と積み直し・復旧が同一の行程で発注された解体修理では、新石材の選択の作業を解体調査と平行して行う。一方、解体と積み直し・復旧を区分して発注した解体修理では、解体調査によって明らかとなった新石材に関する情報の引き継ぎを確実に行い、新石材の確保の時期を解体と積み直し・復旧のどちらの行程で実施するのかについて明確化する。

新石材の確保の時期に関わる課題には、根石など解体調査の最終段階で取り外した石材が再利用できないことが判明した場合、積み直し・復旧の行程の当初の段階で当該部分の新石材が必要となることが挙げられる。また、野面石積みの石垣の新石材の場合には、加工石材とは異なり、表面の形態・風合いにも配慮しなければならないため、調達に一層の困難が生じる。したがって、解体修理の早い段階で新石材の調達に着手することは望ましい。

f. 新石材の加工と時期

旧石材への加工は厳に戒める必要があるのに対し、新石材への加工は自由度が高い。石材の交換比率にもよるが、積み直し・復旧に関わる様々な制約・要請事項を新石材において解消することが可能であり、新石材の加工には工夫できる余地が多分にある。

特に、目地の空隙が極端に少ない切り込み剥ぎの石垣では、石材と石材とのあたりの微調整がミリ単位で求められるため、新石材に対する加工が不可欠となる。

新石材の加工では、寸法・表面加工・風合いなどの側面において、再利用できない旧石材に可能な限り近似させるよう努める。

表面加工の痕跡は、石垣の外面を成す旧石材の表面のみならず、旧石材の天地左右にも加工又は調整の痕跡が残存している場合もある。また、野面石積み等の石垣では目地が大きく開き、石材の側面にも加工の痕跡が見られる場合がある。これらに対しては、どこまで加工を行うのか、積み直し・復旧の進め方及び所要の経費も含め、事前に専門委員会の意見を聞き、決めておく必要がある。

g. 石材加工

加工に必要な道具及び加工の方法は、旧石材・新石材を問わず、各城跡で検証された伝統的技法・在来工法に従って選択することが望ましい。しかし、実際には積み直し・復旧の進め方及び所要経費の制約等から、現代的な道具で加工することも多い。しかし、現代的な道具で加工するのは粗割りから仕上げ直前までとし、石材の表面仕上げは現代的な加工道具による痕跡が残らないよう配慮し、旧石材の表面加工と同等に仕上げる。

また、文化財石垣保存技術の継承を目的として、あえて機械化される以前の伝統的技法・在来工法を用いて加工する試み、往時の矢穴の形態を模造する試みなども行われている。

(6) 基部

ア. 土壌改良・補強

地盤が脆弱である場合には、根石の基部において、客土・締め固めなどの土壌改良を行ったり、新たに工作物を設置して石垣を安定化したりするなどの補強を行う。

土壌改良の可否は、土木工学的手法を併用しつつ、脆弱地盤と石垣の変位・変形との因果関係を究明できるか否かによる。土壌改良は遺構面の切削を伴っており、石垣基部の遺構保存と石垣自体の構造上の安定との間にある乗り越えがたい矛盾を孕んでいる。したがって、両者の因果関係を明確に説明できない限り実施してはならない。やむを得ず実施しなければならないときは、切削の範囲を最小限に抑制し、周辺の遺構に与える影響にも十分配慮しなければならない。もちろん記録の作成には万全を期する必要がある。

土壌改良を要する事例は、①石垣の基部が堀・河川・海・湿地・湧水・旧河川など、水による影響を過度に受けやすい立地環境にある場合、②急勾配の崖地又は粘土質など石垣の基部に地形・地質による大きな制約がある場合、③隣接する鉄道・道路等により常に振動を受けやすい環境にある場合などである。

補強の伝統的技法・在来工法には、石垣の基礎部に木製地中梁・捨て石・蛇籠・胴木・木杭などの工作物を設置するなどの方法がある。解体修理を行う原因が脆弱な地盤にある場合には、石垣の解体時に上記のような補強施設の有無を確認する調査が必要である。確認された場合には、同等の地盤補強の手法を踏襲することが原則である。145～146頁を参照されたい。

しかし、伝統的技法・在来工法では十分に補強できない場合には、現代工法を使うことを検討しなければならない。現代工法には、急勾配補強盛土・補強盛土・地盤補強・地山補強の各方法がある。急勾配補強盛土・補強盛土ではジオテキスタイル・鋼材・コンクリートの使用、地盤補強では表層地盤の補強又は杭工法、地山補強では法面補強などの手法がある。

図139　根石の据え直し
（史跡小田原城跡（神奈川県小田原市））

いずれの場合においても、石垣自体の重量、石垣が立地する地形・地質等の自然的環境、来訪者への対応及び周辺の交通施設等の社会的諸条件を踏まえ、専門委員会の意見を参考としつつ、土壌改良及び補強の必要性・方法（工種・工法）・材料・範囲等を決めなければならない。

イ．根石の据え直し・取り替え

孕み出しなどの石垣の変位・変形が、根石自体の劣化・脆弱化に原因があり、据え直し・取り替えを要する場合がある（図139）。事前に変位・変形の原因をある程度想定するとともに、当該根石の周辺を含む石垣基部の発掘調査及び土質試験を行い、その結果を踏まえて据え直し・取り替えの可否を検証しなければならない。その結果、根石の解体・据え直しを行う可能性が想定された場合には、範囲・方法等について専門委員会及び関係機関・部局と十分協議する。

根石は石垣の基部の位置を示す「原標」ともいうべき証拠であり、その位置を安易に変更してはならない。しかし、発掘調査により、根石が著しく劣化・据え付け方法に弱点があり、石垣の変位・変形の原因となっている可能性が確認された場合には、原位置への据え直し又は新石材への取り替えを行い、安定させることが必要となる。ただし、据え直し・取り替えを行う根石は劣化又は脆弱化したもののみに限定すべきであり、その他の安定した状態を保持していると見られる根石まで解体・据え直しを波及させてはならない。また、発掘調査の際には、根石列における輪取りの技法、上方の築石（平石）よりも根石を少し前に出して据え付ける艫出しなどの技法の有無にも留意が必要である。

堀・河川等の水面下の地盤又は湿潤で軟弱な地盤に据えられた根石の発掘調査及び解体修理には、水の処理が大きな課題となる。一時的にでも止水できなければ解体調査・解体修理は困難であり、適切な方法（工種・工法）の下に実施できない恐れもある。したがって、計画・設計の段階からその可能性を想定しつつ議論しておくことが肝要である。

根石が据え付けられている地盤が人工的な盛土であるのか、自然の地盤又は岩盤であるのかも重要である。一見して根石が安定しているように見受けられても、現状の実見又は発掘調査の所見によっては据え直し・取り替えの必要性を検討しなければならない場合もある。したがって、たとえ自然地盤であっても過信することなく、根石がどのような位置・角度の下に据えられているのかを慎重に見極めて判断する。

ウ．根石の元の位置・据え付け方法の特定

根石の旧石材を据え直したり、新石材に取り替えたりする場合には、十分な根固めを行う必要がある。据え直す場合には、発掘調査により根石がもともと据えられていた位置を特定する。根石列に輪取り又は艫出しが見られる場合には、全体の調和を考慮して据え直し・取り替えの対象となる根石の元の位置を特定しなければならない。安全性・強度に配慮するあまり、元の位置とは異なる位置に据え直したり、健全な根石まで取り外したりすることは、厳に戒めなければならない。

関連事項は基本設計における「解体修理の規模・数量の特定」の項目においても記載しているので、107～108頁を参照されたい。

エ．根石の据え直し・取り替えに伴う地盤の補強

根石の据え直し・取り替えに伴って行う根固めの方法は、地盤の土質及び湧水の状況に影響を受けることもあるが、原則として発掘調査の成果に基づき、伝統的技法・在来工法を尊重すべきである。

図140　盛土への石灰混合
（史跡高松城跡（香川県高松市））

近年、各地の調査事例によると、伝統的技法・在来工法に基づく多様な補強方法が確認されており、その効果が見直されつつある。例えば、根石の沈下を防ぐために基部に設置する胴木・縦杭、根石の移動を防ぐために根石の前面に設置する捨て石・蛇籠などが代表的な方法である。解体修理の対象とする石垣の特質を十分考慮しつつ、これらの伝統的技法・在来工法を援用することについても検討の余地がある。

一方、土質・湧水の状況が悪く、解体修理後に再び変位・変形が生じる可能性が高い場合には、先述のとおり根石及び根固め部分の直下にあたる土壌の客土・改良（**図140**）及び排水設備の設置など、現代工法の使用も考慮しなければならない。根石は石材の中でも最も荷重が架かる位置にあたり、現代の工業製品等により補強した旧石材を再使用する場合には、それが根石としての強度に耐え得るものか否かの慎重な判断を要する。新石材は選択基準（174～175頁を参照されたい。）に基づき調達することとなるが、可能な限り安定し控えの長い石材を準備することが必要となる。

(7) 裏込め（栗石・砂利層）

ア．積み直し・復旧の考え方

裏込め（栗石・砂利層）の厚さ、それらの岩質・形態・直径等の個体情報など、解体しなければ裏込め（栗石・砂利層）の詳細な全体像を把握することはできない。また、土木工学の分野では、裏込め（栗石・砂利層）の構造力学上の意義が評価されているわけではない。したがって、解体調査を通じてその役割・機能を文化財の観点から的確に検討・評価し、積み直し・復旧に反映できるよう努める。

解体により発生した栗石・砂利層の旧石材は一度取りはずしたうえで他所にて保管し、積み直し・復旧に際して再利用することとなる。近年、全国各地の城跡で行われた解体調査によると、栗石が隙間に流れ込んだ土壌により目詰まりを起こし、石垣背面の地山・盛土から成る基盤層の含水率が上昇し、石垣に過度の土圧が架かることによって変位・変形の原因となっている事例の多いことが報告されている。これらの成果を踏まえ、栗石・砂利層の保管期間を有効に使い、洗浄することによって付着した泥・土を取り除き、再使用後の目詰まりに備えようとした事例もある。洗浄の方法は様々であるが、スケルトンバケット又はジェット噴流による洗浄などの方法が各地で行われている。また、経年により裏込め（栗石・砂利層）が流出し、解体時に発生した栗石・砂利の総量では積み直し・復旧に不足する場合もある。したがって、栗石・砂利層として補充する新石材の購入は積み直し・復旧に着手する前に確実に完了させることが重要である。

例えば、解体調査の過程で裏込め（栗石・砂利層）が円礫により構成されていることが判明しているにもかかわらず、強度を確保する観点から摩擦力が期待できる角礫の新材料へと交換したり、目詰まりに配慮してすべてを粒径の大きな新材料に交換したりした事例も過去には見られた。しかし、「歴史の証拠」である石垣の性質に鑑み、できる限り旧石材を残す観点から、それらの再使用が原則であることを肝に銘ずる必要がある。

旧石材を再利用する場合であっても、裏込め（栗石・砂利層）の復旧には多様な方法が採られてきたのが実態である。裏込めの構造力学的な位置付けが証明しきれていないこととも関連して、実際には旧石材とは異なる粒径の新石材を混ぜ込んで旧石材よりも高い透水性を確保しようとする方法、旧石材とクラッシャーなどの砕石を互層に転圧して強度と透水性を確保しようとする方法

図141　積み上げ・復旧前に行う裏込めの試験的な実施
（山梨県指定史跡甲府城跡（山梨県甲府市））

図142　背後の盛土中の排水対策（補強）
（山梨県指定史跡甲府城跡（山梨県甲府市））

などが用いられてきた。これらの方法は、現代工法の分野に属するものである。文化財としての石垣の解体修理である以上、安易に現代工法に依拠することなく、解体調査の成果を踏まえ、伝統的技法・在来工法を尊重する姿勢が強く求められる。

イ．旧石材の再利用の基準

裏込め（栗石・砂利層）の再利用は、主に文化財専門職員又は専門委員会が判断している場合が多い。しかし、円滑な作業進捗を行うために、施工者・設計業者等が判断しなければならない場合、技能者（石工）が判断しなければならない場合等もある。旧石材の再利用を統一的に行うためには、計画段階から専門委員会との協議の下に再利用の基準を定めておく必要がある。

ウ．新石材の選択基準と強度等の確認

補充する新石材は、解体調査の成果を踏まえて選択する。選択に考慮すべき項目は、岩石種・産地・形態・粒径などである。また、粒度分布・透水性・摩擦力に配慮する考え方もあり、必ずしも同質の材料であることが補充材を選択する際の決め手にはならないこともあることから、どのような石材を補充材として用意するのかを決めておく必要がある。

裏込めの栗石の全体的な強度を探る方法には、圧縮試験・平板載荷試験・粒度試験・透水試験等がある（図141）。圧縮試験は強度を探る方法として有効ではあるが、試験結果はあくまで土木工学の観点に基づく評価であり、石垣が築造された時代の技術を強度の側面から評価するものではない点に留意が必要である。

エ．補強の方法（円弧滑り・排水等）

土木工学の分野では、石垣において裏込め（栗石・砂利層）が持つ構造力学上の位置付けを明確にできないことから、石垣は自立不可能な土木構造物だとの評価が一般的である。築石（平石）部、裏込め（栗石・砂利層）、背面の基盤層である地山・盛土の3つの要素から成る石垣は、数百年もの長期間にわたり、その独特の形態・意匠・構造を維持し続けてきたという事実が、土木工学の分野でまったく評価されていないのは今後の大きな課題だと言ってよい。

ただし、①裏込め（栗石・砂利層）の厚さが極端に薄い、②背面からの湧水が多量である、③裏込めの栗石・砂利層の石質により劣化が顕著である、④石垣が立地する脆弱地盤と石垣の高さとの相関関係により石垣の変位・変形が引き起こされていると考えられるなど、復旧する裏込め（栗石・砂利層）に最低限の補強を検討しなければならない場合があることにも留意が必要である（図142）。裏込め（栗石・砂利層）が円礫から成り、摩擦力を期待できない可能性がある場合には、円礫の再利用を原則とするものの、最低限の範囲で角礫を混和するなどの補強を検討することも必要である。

石垣が盛土の法面に直接築造され、裏込め（栗石・砂利層）がほとんど存在しない場合、大量の瓦片など栗石・砂利層以外の材料を代用して裏込めを行っている場合など、個々の事例の特質を十分に考慮しつつ、補強の可否及び最適の方法を慎重に検討する。

a. 伝統的技法・在来工法の使用

現時点では、裏込め（栗石・砂利層）の補強を目的とする明確な伝統的技法・在来工法は確認されていない。しかし、石垣を築造する以前の谷地形が石垣背面の盛土からの顕著な湧水の原因となっている場合に、当該箇所の裏込め（栗石・砂利層）の厚みを拡大して排水機能を強化したり、裏込め（栗石・砂利層）への盛土の流入を防ぐために裏込め（栗石・砂利層）と盛土との境界部に石を積み上げて遮水したりした事例がある。

裏込め（栗石・砂利層）の幅を広げる方法は、透水性の向上又は目詰まりの防止には有効かも知れないが、解体修理の対象範囲の全体に実施すると、石垣背面の盛土に対する切削量が増加し、遺構の保存の観点からも大幅な改変を生じるため望ましくない。裏込め（栗石・砂利層）と背面の盛土との境界に石を積み上げる方法は、どの程度の有効性があるか未検証であるが、湧水に伴って裏込め（栗石・砂利層）に流入する土砂の量を減らすことは可能である。しかし、伝統的技法・在来工法の延長として、盛土及び裏込め（栗石・砂利層）の復旧に際して天然の植物素材の透水マットを敷き込むなどの方法には議論の余地がある。何れの方法も、裏込め（栗石・砂利層）を補強するというよりも、目詰まりの防止、排水機能の改善に重点を置いた方法であると言ってよい。

また、裏込め（栗石・砂利層）と背後の盛土が交互に築成され、互いに入り組んでいる場合、解体によって両者の関係が寸断されてしまうことがある。過去には、このような入り組んだ状況を正確に復旧するのは困難であると判断され、確実に記録を作成したうえで一律に栗石・砂利層により裏込めの復旧を行った事例も存在した。個別の事例の特質・状況等を十分に踏まえ、できる限り往時の技法の復旧を試みつつ、それが困難である場合の対応の方法を整理・記録しておくことが重要である。

図143　新石材（裏込材）の採石地確認
（山梨県指定史跡甲府城跡（山梨県甲府市））

b. 現代工法の使用

現代工法による裏込め（栗石・砂利層）の補強には、連続繊維補強土壁工法[17]を用いる方法がある。この工法は、背面の盛土と裏込め（栗石・砂利層）とを繊維層により水平方向に一体化する方法で、円弧滑りなどに有効であるとされている。しかし、盛土の内部に設置するソダ敷き等の方法を除けば、明らかに現代の材料を用いた現代工法であり、その使用には慎重な議論と判断が求められる。

また、裏込め（栗石・砂利層）の粒度分布を整えるために、クラッシャーなどの砕石との交換又は混合を行ったり、裏込め（栗石・砂利層）の旧石材とクラッシャーを互層に転圧したりする方法も用いられている。クラッシャーは転圧しやすく、変形も少ないことから好まれる傾向にある。しかし、クラッシャーは空隙比が小さく、目詰まりを起こしやすいという難点も持つ。転圧クラッシャーにより裏込めを堅牢なものに仕上げると、裏込め（栗石・砂利層）の緩衝機能を低下させ、地震時に変位・変形を生みやすくするなどの疑義もある。何の方法を採用する場合においても、十分な議論と検証は欠かせない。

オ. 新石材の確保

解体調査の成果に基づき同質の裏込め（栗石・砂利層）の材料を求めるのは、石垣の新石材と同様に困難となりつつある。

17　**連続繊維補強土壁工法**；盛土中に補強材を敷設し、垂直又は垂直に近い壁面を築造するための土留め構造物を設置する手法を補強土壁工法という。そのうち、盛土内に水平面状に敷設した高分子素材の繊維と盛土材との摩擦力による引抜抵抗力等の効果により、土留めの効果を期待する工法を連続繊維補強土壁工法という。

特に城跡周辺の山域・河床等では、自然環境の保全の観点から採石が禁止されていることが多く、計画・設計の段階から新石材の確保の見通しを立てておくことは重要である（図143）。

(8) 盛土の復旧

ア．復旧の考え方

石垣の背後の盛土も、事前の土質試験により土壌の特質の一端を把握することは可能であるが、その全容の詳細は解体しなければ把握することができない。解体修理を要する場合には、解体調査を通じて明らかとなった盛土の役割・機能、構造・性質等を積み直し・復旧に的確に反映することが必要である。

盛土の復旧は、築石（平石）及び裏込め（栗石・砂利層）の積み直し・復旧と並行して行う。復旧の方法・作業を示した作業手順書を準備し、それに基づき実務を遂行する。

イ．再利用基準

解体調査で切削した石垣背面の盛土は石垣を構成する要素のひとつであることから、再利用することが原則である。特に盛土が版築等により突き固められている場合には、その組成及び突き固めの方法等を踏まえ、積み直し・復旧することが求められる。

盛土の再利用に関する判断は、全国の他事例における再利用の実態及び土質試験の結果等に基づき文化財職員が原案を作成し、専門委員会の意見を聞いて行うことが望ましい。例えば、以下の3点を考慮して盛土の再利用基準を定める必要がある。

〇含水率（転圧作業を円滑に行うことができるか。）

〇混入物（樹木の根等の有機質が、どの程度含まれているか。）

〇強度（ボーリング調査等による土質試験の結果、許容できる強度であるか。）

ウ．補強の方法

盛土の積み直し・復旧では、解体時に発生した旧材料を再利用し、解体前の強度を維持し又はそれ以上の強度に改善することを基本とする。

積み直し・復旧後の盛土に求めるべき強度は、土壌の材質、石垣の規模、地形、湧水、修理後における建造物の復元等の可能性によって異なる。基本的には土質試験を経て決定することとなるが、石垣の変形・変質の原因が盛土の潜在的な強度不足にある場合は復旧の方法について十分検討しなければならない。

解体・解体調査時に切削した盛土の一部を供試体として試験を行った結果、通常の転圧では十分な強度を確保できないことが判明した場合には、伝統的技法・在来工法を加えた補強について検討する。例えば、発生材に石（生）灰を混和するなどの方法もそのひとつである。しかし、石灰は粘性土のみに効果がある限定的な補強方法であることにも留意が必要である。「敷そだ」は、土壌の転圧面に莚（むしろ）又は樹木の枝葉を敷き、転圧する伝統的技法・在来工法である。また、旧材料の盛土の含水率が高い場合には、転圧面に砂を散布し、含水率を低減・調整する方法を用いる。

現代工法には、様々なものが実用されている。そのうちの代表的なものは土壌改良の固化剤の使用で、セメント系のものと石灰系のものがある。土壌の性質によって効果に違いがあるため、必ず試験の結果を踏まえて決める。連続繊維補強土壁工は、化学製品である網状の敷布を盛土内の水平方向に敷き詰め、築石（平石）・裏込め（栗石・砂利層）・盛土の3者を水平方向の層状に一体性を持たせ、安定化を図る方法である。また、地下水が石垣の変形・変質に影響を及ぼしている場合には、盛土内に排水設備を設置する方法がある。

その他の現代工法には、旧材料である土壌の粒度などの特性を把握し、同質の新材料で不足分を補う方法、盛土自体を新材料に交換する方法もある。

エ．材料の確保

盛土は転圧等により目減りすることから、新材料の補充を要する場合が多い。積み直し・復旧に要する土量

18　**転圧による盛土の目減り**；土質により、ほぐし率及び締固め率が異なるため、再利用した盛土の目減りの量を考慮することが必要である。最大20パーセントの増量を見込んでおくと安心である。

は、解体・解体調査により切削した盛土の総量に比して約20％多めに見積もっておくと安心である[18]。新材料は旧材料と同質のものを選ぶべきであるが、土石採取の規制などにより入手が困難な場合もあることから、できる限り早い段階から新材料の確保に着手することが望ましい。

(9)　築石（平石）の積み直し・復旧

ア．積み直し・復旧の方法及び「作業手順書」の作成

築石（平石）を中心とする旧石材の積み直し・復旧は、築石（平石）を安定させる詰め石、石垣の背面の裏込め（栗石・砂利層）、背面の基盤層を成す盛土などの復旧の作業と連動して行う。その過程では、使用すべき機材が多岐にわたるのをはじめ、文化財及び積み直し・復旧の行程に関わる様々な管理作業、専門委員会との意見調整などの作業もあり、適正な作業管理が必要である。そのため、積み直し・復旧に携わる者は、特記仕様書に定められた方針・方法を正確に理解するとともに、労働安全衛生法[19]、建設業法[20]等の関連諸法令に定める事項を順守しつつ、適正な作業管理に努めなければならない。特に文化財専門職員は、土木工事共通仕様書に定めた施工計画書の内容を確認するのみならず、作業実務の手順を理解しなければならない。

したがって、実施に当たっては明確な作業の方法（工法・工種）を記した作業手順書を整え、実務担当者間において内容を共通の理解とする必要がある。作業手順書に定めるべき事項は、イに示すとおりである。

イ．禁止・協議事項の明示

文化財石垣の解体修理では、積み直し・復旧において安易に行ってはならない事項がある。これらの事項は、城跡及び石垣ごとに違いがあるため、専門委員会及び関係機関とも十分に協議し、実務担当者間において共通理解とすることが重要である。

図144　日常的な作業点検（解体前との比較）
（山梨県指定史跡甲府城跡（山梨県甲府市））

○旧石材への加工
○旧石材の転用
○旧石材の位置の変更
○石材、栗石、盛土、胴木など旧材料の交換
○補強に関すること
○解体修理の範囲に関すること
○設計図書に関すること
○検出遺構の取り扱い

ウ．積み直し・復旧における日常的な確認

積み直し・復旧の段階では、特に日常的な現場管理（図144）が重要となる。その理由は、文化財としての石垣の仕上がり、技術の用い方、旧石材・旧材料及び新石材・新材料の取り扱い方法が、実施設計等に基づき適切に執行されているか否かの確認が常時求められるからである。特に、石材の原位置への積み直し・復旧に係る課題はもちろんのこと、①勾配、②輪取り・気負い、③目地・あたりなど石垣の特質を表す箇所の仕上がりに関する常時の管理・確認を怠ってはならない。

a．勾配

設置した丁張り[21]により、常に基準勾配を確認する。積み直し・復旧時には、設置した足場の各段から築石（平

19　**労働安全衛生法**；労働災害の防止のための危害防止基準の確立、責任体制の明確化及び自主的活動の促進の措置を講ずること等により、職場における労働者の安全と健康、快適な職場環境の形成を促進することを目的とする法律である。

20　**建設業法**；建設業を営む者の資質向上、建設工事の請負契約の適正化を図ることによって、建設工事の適正な施工を確保し、発注者を保護するとともに建設業の健全な発達を促進することを目的とする法律である。

21　**丁張り**；石垣又は基盤層（盛土・切土）を完成させるために現地に目安として設置する定規である。等間隔に設置した木杭及びそれらに水平又は斜めに打ち付けられた貫板等により構成される。石垣の場合には、根石の前端から積み直し・復旧する築石（平石）の基準勾配に沿って設置する。

石）に対する横方向の通視も利くことから、丁張りと丁張りとの間の中間地点では、適宜、水糸を張りながら基準勾配と実際の仕上がりとの間に齟齬が生じていないかどうかを目視にて確認を行う。

b. 輪取り・気負い

輪取りは、石垣を正面から水平方向に見た場合に下方に湾曲する構造を指し、積み直し・復旧の過程では曲線状に石材を据えていくこととなる。

輪取りによる湾曲を復旧する場合には、丁張りと丁張りとの間の水糸が直線に張った状態にならないよう留意が必要である。特に丁張り間の中間地点では、あらかじめ作成した湾曲の程度を数値として算出した調整表に基づき、輪取りの仕上がりを管理しなければならない。

基準点となる丁張りの設置間隔が広いと、輪取りの曲線は乱れやすくなる。丁張りの設置間隔を狭くすれば、基準点の数が多くなり、結果的に整った曲線を復旧しやすくなる。しかし、丁張りの設置箇所数を多く取ると、経費面が増大するのみならず、日常的な作業にも支障を来すことにもなりかねない。

また、輪取りの形態は、石垣の高さによって異なっていたり、出隅部又は入隅部の付近で急激な変化曲線を描いていたりする場合も想定される。したがって、輪取りのある石垣の積み直し・復旧の場合には、輪取りの本来の曲線を確認する方法に工夫が求められる。

丁張りと丁張りとの間において、輪取りによる変化点を補完的に把握すべき場合には、丁張り間に水糸を張るなどして基準線を定め、積み直し・復旧すべき石垣と基準線との距離を確認するほか、必要に応じて補助的な丁張りを設置する方法も有効である。

上下2段から成る石垣には、上段と下段で異なる2種類の輪取りが認められることもある。たとえ、定めた基準勾配及び輪取りを正確に踏襲して積み直し・復旧を行ったとしても、視覚的に不自然な仕上がりになることもあることから、全体の仕上がり・調和に十分な配慮と点検を怠らないよう努めることが重要である。

気負い[22]は、石垣隅角部の天端から数段程度下方までの区間において、石材を上方及び前方に跳ね上げるように据え付ける方法である。その高さ・範囲は様々であるが、狭いため個別に補助的な丁張りを設けるなどの工夫が必要である。

また、石材の据え方が、天端より数段程度下の範囲より据え方に変化させる事例もあることから、解体以前の状況を図面や写真で確認しつつ作業を進める。

気負いの仕上げには、特に石垣の天端の高さとの調整が必要となる。したがって、積み直し・復旧の最終段階に入った段階で関係者と再確認し、天端を成す笠石から3段程度下方に達した頃から、特に気負いに関する仕上げを見越して作業を進める。

c. 目地・あたり

石垣の安定した強度を確保するために、個々の石材相互の接点としてのあたり、石材と石材との間の目地・合端、石材の表面の傾きなどを日常的に点検する。

通常、技能者（石工）はあたりの確保を当然の行為として実践しているが、玉掛けの作業においてワイヤーロープ等を外す際のわずかな動きによりあたりが確保できなくなってしまうことがある。あたりが存在しなければ石材が浮動し、将来的に落石の原因となったり、石材の挙動から生じる構造体の変形へと影響したりする可能性もあるため、留意が必要である。

また、伝統的技法・在来工法の観点から忌避するべき手法の下に築石（平石）が積まれている場合には、その手法自体も当該石垣の特質として捉え、積み直し・復旧に反映することが原則であるが、石材及び石垣の安定性を改善する観点から、外観には影響しないよう背面に捨石を配置するなどして新たなあたりの確保に努めることも必要である。

例えば、近世以来、忌避されてきた手法に縦目地がある。団子積み・重箱積み等のいわゆる重ね積みにより、2石以上にわたって垂直方向に目地が連続する状況を指す。この手法が忌避すべきものとされてきたのは、最

---

22 **気負い**；石垣の天端を成す石材が、水平ではなく両側が上方へ反り返った曲線になっているもの。

下部の石材に荷重が集中し、石材の破損・変形を発生しやすいと考えられてきたからである。

解体前の状態において縦目地の存在が確認されているならば、それに従って積み直し・復旧を行うことが原則である。しかし、積み直し・復旧の作業の進行に伴い、石材の位置の微調整又は補充石材による影響等により、縦目地が偶発的に発生してしまうことがある。このような現象は、精密加工の石材を用いた切石積みの石垣よりも、粗加工の石材を用いた野面積みの石垣などにおいて生じやすいことから、留意が必要である。

d. 各石材の仕上がりの標高

各石材の仕上がりの標高は、実施設計図書において明示されている。しかし、野面石積みの石垣では精密に加工された切石積みの石垣とは異なり、当初設計と比較して仕上がりに高低差が生じやすい。このような微妙に生じた高低差が完了後の検査の段階で問題視されることがないよう、許容できる仕上がりの誤差の範囲等を特記仕様書に明記しておく。

実際の作業では、天端を成す石材のみによって実施設計図書に示された石垣天端の標高を調整することは極めて困難であることから、積み直し・復旧が天端の石材から3段程度下方にまで達した頃から仕上がりの標高を管理し、調整に努める。

エ. 足場

足場は、積み直し・復旧を含む解体修理の期間中、作業の進捗に連動して設置・除却を行う（**図145**）。石垣に悪影響を及ぼしたり、安全面で問題を生じたりしないよう、設置の位置・方法に十分注意する。

また、積み直し・復旧の過程で使用する旧石材・新石材、道具、作業関係者など、足場には相当の荷重が架かる。したがって、事前に荷重を算定し、十分な強度を確保しなければならない。実際の作業において、上段の足場と下段の足場で作業が重複して進行したりすることがないよう、足場上における安全な作業の進め方を徹底する。

なお、足場を固定するために杭などを打つ場合には、地下遺構の保存に十分配慮し、石垣の表面の一部に

図145　足場の設置
（山梨県指定史跡甲府城跡（山梨県甲府市））

足場の支点を確保する場合には、石材のき損及び積み直し・復旧の作業の支障とならないよう留意する。

オ. 丁張り

石垣の積み直し・復旧の位置を特定する手法には、柱材及び貫板等の部材から成る「丁張り」を石垣の前面に設置する従来の方法のほか、測量座標値はレーザーにより個別の石材の位置を特定する方法がある。それぞれの手法には管理方法、設置位置、構造、遺構への影響などの観点から課題もあることから、石垣の立地・特質等に応じて使い分ける視点が重要である。

積み直し・復旧の規模が大きい場合のほか、積み直し・復旧の範囲に出隅又は入隅の部分が含まれている場合には、設置すべき丁張りの位置・構造を十分検討することが必要となる。特に比高のある石垣の場合には丁張りの規模も大きくなることから、堅牢な材料を用いるとともに、常に丁張りの勾配が精度高く維持されているか否かの確認も行う。設置した丁張りの規模が大きくなれば、クレーンを用いた石材の移動等の作業に支障となることもあり得る。したがって、作業環境に応じた設置の位置・管理方法等についても留意が必要である。輪取り・気負いが顕著である場合には、必要に応じて設置箇所を増やすなどの対応を行う。また、出隅の積み直し・復旧を行う場合には、石垣の延長線上に当たる位置に、見通しを考慮して今一つの丁張りが必要となることもあり、事前にその可能性を確認しておく必要がある。

丁張りの基礎部分を地中に打設又は埋め込む場合に

図146　丁張りを基準とした確認作業
（山梨県指定史跡甲府城跡（山梨県甲府市））

は、事前に地下遺構への影響を確認する。遺構が存在するため基礎部分を地下埋設できない場合には、コンクリート造の独立基礎を地表面に置くことにより丁張りを設置する。この手法は可動式で再利用にも適しているなど便利ではあるが、構造上の安全性を確保した上で設置することが重要である。施工者は、積み直し・復旧の作業に着手する直前までに天端や出隅又は入隅の部分まで丁張りを設置し、積み直し・復旧の完成形について文化財専門職員及び監督員の確認検査を受けなければならない（**図146**）。また、施工者は、丁張りが積み直し・復旧の作業の基準となる重要な施設であることを深く認識し、個々の丁張りが正しい位置・形態を保持しているか否かについて日常的に管理する。

丁張りは実施設計に基づき設置するものであり、石垣の形態に係る特質を反映したものである。もちろん、検査・確認も受けている施設である。したがって、現場の判断で自在に変更できるものではない。変更の必要が生じた場合には、事前に専門委員会の意見を聞くことが原則である。専門委員会は、実施設計に示された構造が複雑である場合には、必要に応じて現地確認を行い、適切な丁張りであるか否かについて点検を行う。

カ．旧石材

a．原位置への積み直し・復旧を行うための情報の管理

実施設計図書等に基づき解体した石材を正確に原位置に戻すためには、解体時に各石材に付された番号・墨打ちの情報をはじめ、石垣の立面・断面（垂直・水平断面）測量図、各石材の座標、写真等、解体前及び解体時の記録類に示された情報を適切に管理し、読み解き、それらを総合的に積み直し・復旧の作業へと反映させなければならない。

旧石材に付された番号は、記録類から旧石材の原位置を特定し、誤りなく積み直し・復旧が行われるまで個体管理を行う上での基礎的な情報である。

解体前に旧石材の表面に付されたメッシュの方眼墨線は、解体時に所定の方法により垂直方向又は水平方向の方眼に付された基準線である。双方の基準線に基づき、個々の石材の上下・左右の位置・傾き等を確認しつつ、積み直し・復旧の作業を進める。その場合の留意点は、墨による基準線が解体時の旧石材がどの程度の変形を受けているのかを点検することである。

原位置の情報を管理するために、基本的かつ不可欠の記録類として測量図がある。現在は、積み直し・復旧の作業の過程でデジタル機器を活用するなど、測量図の使用方法も多様化しているが、設計図書などに出力された測量図もなお有効である。それは、作業関係者と頻繁に協議する作業現場では、原位置への管理・作業に関する情報を素早く記録し、図示しながら作業方針の合意・共有化を図れるなどの利便性があるからである。

座標により原位置の情報を管理する場合には、解体前に個々の旧石材の輪郭を表す複数の測点を定め、トータルステーションなどの測量機材により座標値を把握し、それらに基づき旧石材の原位置への積み直し・復旧を行う。座標による原位置の情報管理を行うことにより、精度の高い積み直し・復旧が可能となるが、測点数が多くなると管理の作業効率が低くなるほか、旧石材の表面にいくつもの測点（標識）の設置が必要となるなどの煩雑さも生じる。したがって、積み直し・復旧の範囲が数石程度の小規模である場合のほか、一定の面積・段数など領域を定めて用いる場合等には有効な方法である。特に精密な加工石材から成る切石積みの場合には、１mm単位での位置の特定が必要となるため、座標に基づく位置の管理は極めて有効である。

解体前に撮影した写真は、旧石材の原位置を視覚的

図147　図面類による確認
（山梨県指定史跡甲府城跡（山梨県甲府市））

に把握する上で有用性が高い。特に、周辺の石材・詰め石・飼石との位置関係、石材の傾き等について、有効な情報を視覚的かつ簡便に確認することができる。

b. 伝統的技法・在来工法による簡便な補強

積み直し・復旧では、旧石材が部分的に破損していても、補修し再利用することが望ましい。個々の石材の状態を詳細に見極め、破損等の程度により再利用の可否を判断するとともに、再利用する場合には補修の方法・材料を検討する。補修の方法・材料は伝統的技法・在来工法に基づくことを原則とするが、性質に応じて現代の技術・製品の使用を視野に入れることも必要である。

伝統的技法・在来工法に基づく補修の方法・材料の具体例は、以下に示すとおりである。

自然石であるか、粗加工・精密加工であるかを問わず、破損等により控えの長さが短くなってしまった石材の場合には、当該石材の背面に不足した長さを補うように補強石材としての「力石」と呼ばれる新石材を補充する方法がある。「力石」は、裏込め（栗石・砂利層）及び背面の基盤層を成す盛土の方向から働く土圧への押さえの役割を果たすのみならず、上下・左右に隣接する石材との接点を増やし、石垣を安定させる役割をも果たす。また、破損等は見られないが、もともと控えの長さが短い旧石材を再利用する場合にも有効である。

その他、精密加工の石材から成る石垣で、石材の一部が破損又は欠落している場合には、元の石材の形態に合わせて板状の新石材を嵌め込む方法があるほか、石垣の前面に捨て石を配置して安定性を確保する方法、根石を前面に出して据えることにより石垣の安定化を図る「前出し石」[23]の方法等もある。

このように、現代の工業技術・製品等に頼らずに行える旧石材の伝統的な補修方法が存在することにも十分な思慮が必要である。

c. 詰め石・飼石等の工夫

詰め石は石垣表面の目地に充填するための石材であり、飼石は石垣の内部で築石（平石）の尻（艫）又は胴（脇）に配置され、位置によって尻飼石又は胴飼石とも呼ばれる。

築石（平石）等の他の石材と比較すると、詰め石及び飼石は総じて小さく、構造材としての主たる役割はもたない。しかし、詰め石は積み直し・復旧の後の石垣の外観に影響するため、解体時から配置方法・特質等を十分に把握し、積み直し・復旧にはその再現に努める必要がある。また、飼石は個々の石材を安定的に固定する役割を持つことから、主たる構造材ではないものの、石垣の構造の安定性に大きな意味をもつ。したがって、積み直し・復旧に携わる者は、このことを十分に理解したうえで作業に臨むこととし、小さな石材であるからといって詰め石・飼石を安易に取り扱ってはならない。

詰め石は野面積みの石垣に顕著に見られるが、加工石材の使用が一般化しても必要に応じて使われてきた。本来は目地に詰める性質の石材であるから、築石（平石）の配置後の作業として考えられがちであるが、築石（平石）の角度の調整を行ったり、大きさによっては構造材に準ずる役割を兼ね備えていたりする場合もある。したがって、築石（平石）と同時に積み直し・復旧の作業を進める必要がある。

飼石も同様に石材を安定的に据えるために必要な材料であるから、築石（平石）と同時に積み直し・復旧の

23　**前出し石**；原則として、積み直し・復旧に際して根石を動かしてはならない。しかし、劣化又は破損した根石の構造上の機能を回復させ、石垣全体の安定性を確保することが不可欠である場合には、当該根石を「前出し石」のように前面に迫り出した形態に据え直したり、新石材を同様の手法の下に据えたりすることも検討しなければならない。

図148　現地において専門委員から指導を受ける（史跡小田原城跡（神奈川県小田原市））

作業を進めなければならない。

キ．新石材

詰め石と飼石（かいいし）には、解体に伴って発生した旧石材を再利用する。しかし、小さな石材であるため割れ・風化等が進行しやすく、個々の石材の管理が困難である。さらに、築石（平石）が原位置に積み直し・復旧されても、その位置が解体の前後で微妙に変化すれば詰め石又は飼石を原位置に復旧することが困難となることもあり得る。

a．図面・写真等による確認

新石材は旧石材とは異なり、基準となる墨線などはなく、あたりの確保もできていない。また、仮置きをしつつ最適な位置・寸法を確認し、必要に応じて加工調整をしなければならないなど、旧石材とは異なる作業と留意点がある。したがって、写真及び測量図により解体前の状態を踏まえ、新石材の収まりを確認しつつ、積み直し・復旧の作業を進める必要がある。特に写真は、旧石材との位置関係及び目地の状態等を点検・確認をするのに有効である（**図147**）。

b．新石材の加工と調整方法

積み直し・復旧時における石材の交換率が高いほど新石材の加工に要する作業量が増加し、行程に及ぼす影響は大きくなる。また、現場での仮置きを経て、再加工又は微調整などの手間も発生する。

したがって、加工の手順・方法・程度等について、専門委員会との綿密な調整が不可欠である（**図148**）。解体調査の以前から必要とされる新石材の形態・規模等が判明している場合には、可能な限り早期に加工・調整に着手することが望ましい。また、解体調査の最終段階において旧石材の交換の必要性が判定された場合には、積み上げ・復旧の過程の初期の段階から新石材の調達・加工・調整に着手できるよう配慮することも必要である。

新石材の加工は、作業効率の観点から現代的な道具を用いて行うのが一般的である。しかし、文化財としての石垣の積み直し・復旧であることから、交換する旧石材に見られる加工の痕跡・矢穴等について十分調査し、往時の加工の道具・方法及びその特徴を読み取り、可能な限り新石材へと反映することが望ましい。

さらに、石垣の外観も重要であり、ルートハンマー等による現代的な加工痕跡が石垣の表面に露出することがないよう留意する。露出しない部分の取り扱いの方法については、作業の期間・予算等の制約も勘案しつつ定めておく必要がある。また、墨書等により、旧石材と判別できるようにすることも不可欠である。

新石材は、取り替える旧石材の形態・規模・性質、加工の方法等を適切に反映させたものでなければならないが、同時に積み直し・復旧の過程で生じる誤差を調整する役割ももっている。それは、旧石材には新たな加工を施してはならないという原則があるため、優先的に原位置へと積み直し・復旧を行うが、あたりの確保などは新石材において調整する必要があるからである。特に切石の場合には、旧石材の原位置への戻り具合を見定めつつ、個別の石材又は石垣の各段において数mm単位での微調整を行わなければ収まらないことも多く、新石材での加工が唯一の調整方法となる。

新石材の加工方法は現場での仮置きを経て最終的に決まることから、現場での調整と仕上げに要する行程・時間にも十分配慮しつつ、調達・納品の時期を定める工夫が必要である。

c．詰め石・飼石（かいいし）等の工夫

詰め石は、構造的役割を持つものと化粧的役割を持つものに大別できる。

前者は石材荷重を補助的に受けたり、目地に発生する規模の大きな空隙に投入されたりするもので、それらの復旧は築石（平石）の積み直し・復旧の作業と連動して行う。位置・大きさ等により、間石又は合石と呼称されることもある。後者は、結果的に築石（平石）の荷重を直接受けることもあるが、石垣の目地を埋めるもので、構造材としての性質はもたない。

前者は、野面石積みの石垣及び打込み接ぎの石垣の特徴でもあるから、積み直し・復旧にあたっては石材の配置・使用方法の特徴を把握し、新石材を用いた積み直し・復旧の作業の過程に反映することが望ましい。

特に、野面石積みの石垣では、立面積の全体に対して詰め石の占める割合が大きく、積み直し・復旧後の外観に多大な影響を及ぼすことから、新石材の形態・規模・色調・風合いに十分な配慮が必要である。さらに、切石積みの石垣では、劣化・破損した旧石材の表面の部分に、目地の形態に合わせて板状の詰め石を嵌め込む必要があるものをはじめ、詰め石にも築石（平石）と一体の表面加工を必要とするものも存在する。したがって、詰め石の新石材の調達・加工に要する作業量・時間にも注意が必要である。

飼石は、石垣内部で石材の側面や尻にあたる艫に用いられ、個々の石材を安定させる伝統的な技法・材料であることから、解体調査の成果を踏まえ、新石材を用いる場合にもその特徴を反映することが望ましい。

ク．作業のやり直し・手戻り

a．作業のやり直し・手戻りの防止

積み直し・復旧の過程では、公開までの期間・経費に関する制約があり、厳密な行程管理が求められる。このような状況下において、再度解体を行うなどのいわゆる「手戻り」と呼ばれる作業のやり直しは行程・経費に大きな影響を及ぼすため、極力避けなければならない。

したがって、関係者は、作業のやり直し・手戻りが発生しないよう積み直し・復旧の現場の点検を行い、抑止する手立てを講じなければならない。

具体的には、日常的な点検方法を強化する以外に、１～2週間に1回程度の割合で現場関係者による現場点検日を設けるなどの方法が有効である。

また、関係者間で積み直し・復旧の方針を共有することをはじめ、積み直し・復旧への意識啓発を目的とする現場内研修・実地研修なども、やり直し・手戻りを防止する有効な方法であるが、関係者が常に課題を話し合える環境・体制を創り出すことが最も重要である。

b．やり直し・手戻りの基準

やり直し・手戻りは発注者・施工者の双方にとって望ましい作業ではなく、規模が大きければ経費にも係わることから、両者間でトラブルとなりやすい。原因の多くは、やり直し・手戻りに関する基準が明確でないことによるものであり、専門委員会の意見を聞きつつ関係者間でやり直し・手戻りを行う場合の目安を決めておくことが必要である。もし、やり直し・手戻りに着手しなければならない状況が発生してしまった場合には、現場関係者間において問題点・解決策を共有し、再発防止に努める仕組みも重要である。

c．やり直し・手戻りの防止のための日常的な管理方法

やり直し・手戻りを防止するための日常的な管理方法として、次の諸点に留意することが有効である。特に、監理者は定期的に全体的な仕上がりの状況を確認しなければならない。また、技能者（石工）も1石ごとの積み直し・復旧の作業を完了した時点で仕上がりを点検するのみならず、その周辺及び1段の積み直し・復旧の作業を完了した時点で広い範囲での仕上がりを点検することも必要である。

ただし、積み直し・復旧の作業の進捗に伴って足場も増設されていくことから、全体の仕上がりを確認できるのはすべての作業が完了し足場を撤去した後のこととなる。したがって、途中の段階において、積み直し・復旧が完了した石材と上下左右の石材との位置関係、勾配・輪取り等を常に念頭に置き、以下の諸点に留意しつつ作業を進めることが肝要である。

○個々の旧石材が原位置に積み直し・復旧されているか

○積み直し・復旧を完了したひとつの石材の仕上がりのみならず、やや広い範囲での仕上がり・収まりの

状況を見据えているか

○勾配・輪取り等が設計どおりであるか

○新石材の形態・規模、加工の方法等が適切か

○詰め石等にも配慮しているか

○強度・安全性に配慮しているか

○施工者及び技能者（石工）が、常に解体前の状況を把握・確認しているか

○忌避すべき積み方を踏襲する場合には、補完・補強への工夫を行っているか

ケ．その他

a．解体修理範囲と範囲外との調整・調和の方法

解体修理の範囲を最低限に抑制したために、孕み出した箇所、勾配の歪みが見られる箇所、旧石材の破損した箇所等が解体修理の範囲外に残されてしまうこともあり得る。細かな孕み・破損が見られる箇所を取り込むと、解体する範囲が大きくなり過ぎてしまうことにも十分留意し、解体修理すべき最小限の適切な範囲を見極めることが不可欠である。

また、解体修理の範囲と範囲外との境界部付近において、石垣の勾配に微妙な違いが生じてしまうこともある。このような事態は、解体修理の範囲を最小限に抑制すればするほど発生しやすい。実施設計の段階において、境界部付近の石垣勾配の調整・調和の方法について十分検討しておくことが肝要である。

b．新石材の明示の方法

新石材に対しては、新石材であることを明示しなければならない。例えば、新石材の正面以外の表面に解体修理の年度を①墨書する、②刻印する、③穿孔し樹脂等を埋め込む等の方法がある。ただし、旧石材に対しては、転用等の特殊な石材を除き上記の方法による明示は行わない。

また、新石材自体への明示のみならず、石材調査票（石材カルテ）及び解体修理報告書にもその旨を記載し、照合できるようにしなければならない。

8．石垣の天端及び上面の仕上げ

(1) 意義・目的

石垣の天端及び上面の仕上げは、解体した石材の積み直し・復旧の後に、基本計画に定めた基本方針に基づき、石垣の天端及び上面の排水機能の確保及び舗装等の仕上げを行う行程である。

天端及び上面の仕上げの目的は、降雨・凍結等の気象条件、樹木の根等の影響、遺構面への人為的な攪乱等による影響から、解体修理を完了した石垣を保護することにある。さらに、遺跡としての石垣とその周辺環境を適切に整備・管理する観点から、復旧（修理）前の発掘調査及び上面遺構の発掘調査の成果に基づき、石垣の上面において検出した遺構を露出展示又は平面表示等の手法を用いて明示し、見学者が安全かつ快適に石垣を観察できる場を提供することも目的とする。なお、復旧（修理）前の発掘調査は95～101頁を、上面遺構の発掘調査は133～135頁を、それぞれ参照されたい。

天端及び上面の仕上げに際しては、文献調査及び復旧（修理）前の発掘調査・上面遺構の発掘調査の成果に基づき、石垣が築造された時代にできる限り配慮した技法を採用することが望ましい。ただし、基本計画及び保存管理計画等において廃城に伴い石垣の天端が人為的に破壊された破城などの状態を維持し又は明示することを定めている場合には、現状の石垣及び落石の状態を安定的に維持するための措置を執るとともに、芝等の地被植物によって被覆修景することが求められる。

石垣を取り巻く環境により、石垣の天端及び上面の仕上げの方法（工種・工法）は多様である。例えば、天端まで残存していた石垣の積み直し・復旧後の標準的な仕上げの方法は、①天端への石材の設置、②目詰まり防止層・不透水層の設置、③被覆土の締め固め、④石垣上面の遺構の復旧、⑤張芝等である。また、特に石垣が都市公園内に存在する場合には、転落防止施設等の設置が必要となることも多い。天端及び上面の仕

上げの方法は画一的なものではなく、石垣の積み直し・復旧を行った後の石垣の状態を長期的・安定的に維持するとともに、復旧（修理）前の発掘調査及び上面遺構の発掘調査の成果、史跡等の整備基本計画に定めた活用の手法等を多面的・総合的に反映させ、最適な整備方法を採用することが肝要である。

(2) 仕上げにあたっての基本的な留意事項

石垣の天端及び上面の仕上げに際しては、解体修理した石垣を確実に維持できる方法を選択することが重要である。その場合、石垣に悪影響を及ぼす危険性の高い雨水等の排水系統の整備及び植栽樹木の管理について、特に留意しなければならない。

ア．排水系統の整備

天端及び上面における雨水等の排水機能が十分でないと新たな水道（みずみち）が形成され、盛土・覆土の流失又は裏込め（栗石・砂利層）の目詰りを誘発するおそれがある。それを防止するためには、石垣の内部に雨水等が直接流入しにくい天端及び上面の構造を確保するとともに、表流水及び浸透水を適切に処理できる排水系統の確保が不可欠である。

排水に関する代表的な施設には、建築物の雨落溝等の排水溝、暗渠・会所等がある。発掘調査において本来の排水に関する遺構が判明している場合には、それらを復旧（修理）又は整備し、排水機能を回復させる方法が理想的である。ただし、石垣の上面の建築物等が既に失われている場合には、雨落溝等の排水施設が当初の機能を十分に果たせないこともあり得ることから、新たに排水施設を設置することも必要となる。本来の排水系統が不明である場合には、現時点における雨水の流れ方を確認したうえで、必要に応じて新たな排水施設を整備する必要がある。また、近代以降の公園整備等に伴う改変が本来の排水機能を阻害し、石垣の保存上悪影響を及ぼしているような場合には、阻害要因の改善策を講じることが必要となる。

仕上げの方法には、①裏込め（栗石・砂利層）を露出した状態で整備する方法、②三和土等により舗装・整備する方法、③真砂土・張芝等により被覆・整備する方法等があり、多様である。舗装は材料・工法によって石垣内部への透水性に違いがあることから、復旧（修理）前の発掘調査及び上面遺構の発掘調査により判明した往時の天端及び上面の状況又は現時点における周囲の整備状況等との整合性を図りつつ、排水施設との組み合わせの下に効果的な排水機能を確保できるように方法を選択する必要がある。

イ．新たな樹木植栽及び既存樹木の管理の在り方

石垣の天端及び上面に存在する植物の場合には、樹木の根が石垣全体を圧迫したり、個々の石材に亀裂又は破砕を誘発したりする可能性があるほか、ツル性植物が石材の表面を覆っている場合には当該ツル性植物が分泌する化学成分により石材の劣化が進んだりするなど、石垣に影響を与える可能性が高い。そのため、特に石垣の天端及び上面には保存の観点から樹木を植栽しないことが原則である。

しかし、転落防止柵等を設置する代わりに、石垣の天端にかつて存在した土塀等の遺構表現の手法として灌木類を列植したり、遺構の被覆保護のために薄く盛土を行ったうえで張芝等を行ったりした事例もある。

また、廃城以降、土塁・石垣の上面には実生による樹木が叢生したり、修景の観点からマツ・サクラ等の樹木が植樹されたりしてきた事例も多い。植物の根が解体修理を行った石垣に悪影響を及ぼす恐れがある場合には、伐採・移植等の適切な措置を執ることが必要である。都市公園等の樹木は修景上の観点が重視されがちであるが、石垣に対する影響を最大限に考慮し、既存樹木の取り扱い方法、新たな樹木植栽の位置・手法等に関しては慎重に検討しなければならない。

石垣の周辺地域における整備・管理の一環として樹木植栽を行う場合には、当該樹種が生長した際の樹高、根張り及びその深さ、生育環境等に関する情報を正確に把握し、可能な限り石垣への影響が少なくなるよう植栽の樹種及びそれらの位置について慎重に検討することが必要である。特に、中高木は成長に伴って樹幹・根が石垣に悪影響を及ぼす危険性が極めて高くなるた

め、石垣の天端及び上面に植栽すべきではない。植栽樹種の選択にあたっては、周囲の植生等を考慮して在来種を選ぶ視点も重要である。

既存樹木の管理方法には、剪定・枝打ちのほか、伐採・除根がある。石垣の天端及び上面付近に生長した樹木を伐採した後に当該樹木が枯死した場合には、根が腐食・空洞化して石垣の構造上の安定性に重大な影響を及ぼすおそれがあり、注意を要する。

以上のことから、基本計画においては、石垣の天端及び上面への新たな樹木植栽をできる限り差し控え、既存樹木が石垣に与えている影響を経過観察により把握し、それらの伐採・除根を含め長期的な視点から最適な樹木管理の方法を定めておくことが必要である。

(3) 作業の内容

石垣の天端及び上面における標準的な作業の内容・留意点は、以下のとおりである。

ア. 天端の石材の設置

天端の石材の高さは、石垣の破損により本来の位置より低くなっていたり、落下等により石材が欠落していたりすることも多い。そのような場合には、天端の石材が残存する箇所の状況、発掘調査により明らかとなった天端の石材に関する情報、古写真に写っている往時の天端の石材の状況等に基づき、本来の天端石の高さに復旧する必要がある。その場合、天端の石材を石垣の隅角部に向かって弧を描くように徐々に高く据える気負いの手法の有無にも留意が必要である。

また、石垣の天端及び上面が後代に嵩上げされるなどの改変の経緯が確認された場合には、改変前の状態に復旧するのか、改変後の形姿を維持するのかについて、検討が必要である。前者の場合には、取り外した石材を適切に保存又は再利用することが必要となる。後者の場合には、説明板等により改変の範囲等について情報提供を行うことも必要となる。いわゆる破城など、城の廃絶に伴って石垣の天端及び上面を意図的に破壊したことに歴史的な意義が認められる場合には、あえて天端の石材を復旧しないことが望ましい。

イ. 裏込め（栗石・砂利層）の目詰まり防止層等の設置

石垣の天端及び上面に薄く盛土・覆土を行う場合には、それらが裏込め（栗石・砂利層）に流入して目詰まりを起こしたり、特定の水道（みずみち）を形成したりすることのないよう、盛土・覆土と裏込め（栗石・砂利層）との間に目詰まり防止層又は不透水層の設置を検討することが必要である。三和土等の非透水性の材料を用いて石垣の天端及び上面の舗装を行い、雨水等の表面排水が十分に機能している場合には、必ずしも目詰まり防止層・不透水層の設置の必要はない。なお、発掘調査により、城が機能していた時代に設置された目詰まり防止層・不透水層の状況が明らかとなっている場合には、当該手法に基づき復旧することが望ましい。目詰まり防止機能は、盛土・覆土から裏込め（栗石・砂利層）の間に土砂が流入しないよう不透水層を設けた上で、その上面に細かな砕石層を設けるなど、可能な限り伝統的な材料・技法に依ることが望ましい。ただし、裏込め（栗石・砂利層）及びその上面の盛土・覆土の状況に応じて、不織布マット等[24]の使用を検討することも必要である。その場合には、裏込め（栗石・砂利層）の上面全体に隙間なく不織布マット等を敷き詰める必要がある。不織布マットには植物繊維を用いた天然素材のもの及び化学繊維等を用いた人工素材のものの2種類があり、透水性・耐久性を考慮して選択する。選択に際しては、基本計画に示した伝統的技法・在来工法及び現代工法の取り扱い方針との整合を図ることが重要である。

目詰まり防止層・不透水層を設置した場合には、被覆盛土等の流失が発生していないことを随時確認するとともに、必要に応じて目詰まり防止層・不透水層の機能の経過観察を行い、その結果に基づき定期的な維持・管理作業を行わなくてはならない。

ウ. 盛土・覆土の締め固め

復旧（修理）前の発掘調査において、往時の建築物

24 **目詰まり防止のための不織布マット**；通常、石垣の背面の盛土が堀の水により洗掘を受けて流出するのを防止する観点から、「吸い出し防止材」の名称の下に広く知られている。

の床面が三和土等により突き固められているなど、石垣の天端及び上面の仕上げの状況が判明した場合には、伝統的技法・在来工法により往時の状態を復旧・再現することが望ましい。三和土舗装は真砂土等に消石灰・苦汁を混和して転圧する伝統的技法・在来工法であるが、十分な強度・耐久性が得られるよう実験により混和比・転圧法を確認したうえで実施する必要がある。

さらに、石垣の天端及び上面に復旧した往時の建築物の礎石、排水溝等の遺構の維持を目的として、それらの隙間を薄く土により被覆し、その上面を張芝により整備した事例もある。

盛土・覆土に使用する土の種類・厚さ等は、復旧（修理）前の発掘調査の成果又は復旧する遺構の状況を参考として決定する。覆土上に張芝等を行う場合、土質によっては肥料の混合が必要となる。なお、復旧（修理）前の発掘調査において、天端及び上面の盛土・覆土が石垣の排水不全の原因となっていることが判明した場合には、盛土・覆土とともに暗渠排水施設の設置など補完策が必要となる場合もある。

盛土・覆土の締め固めは通常一辺10～20cmの単位面積で入念に行い、面積、仕上げの厚さ、土質によって人力又はバイブロコンパクター・タンパ等の機械による手法を使い分ける。実施に際しては、機械の接触によって石垣の天端石又は礎石・排水溝等の石造遺構を破損したり、振動によって石垣に悪影響を及ぼしたりすることのないよう注意する。

エ．石造遺構の復旧

復旧（修理）前の発掘調査及び上面遺構の発掘調査により検出した石造遺構は、石垣の解体修理後に復旧することを原則とする。

石垣の天端及び上面における石造遺構の復旧の方法には、もとの礎石・敷石等を地表に露出させて復旧する方法（**図149**）と遺構を被覆した上に新たな石材等を用いて表示する方法の2種類がある。遺構の性質・保存状態により、露出して復旧することの可否又はその有効性を十分に検証したうえで方法を選択する。

石造遺構の復旧には、復旧（修理）前の発掘調査及び上面遺構の発掘調査の実測図等に基づき、旧石材を元の位置に正確に据え付ける。解体修理によって石垣の緩み・孕みが修正されたのに伴い、天端及び上面の平面形態・高さ等が変化している場合には、復旧すべき石造遺構の位置も補正する。専門委員会において石造遺構の復旧方法・位置を十分に検討し、補正の方法・根拠等を石垣復旧（修理）報告書に明記する。

元の礎石・地覆石等の石造遺構が失われている箇所に新石材を補充し、場合によっては舗装材の材質・色彩等に変化をもたせ、建築物その他の工作物の平面規模・形態・間取り、時代による変遷、建築物等の重複関係を平面的に表現するなどの整備手法も有効である。複数の遺構が重複している場合には、上層遺構が確認されなかった個所に高低差を設け、低い箇所に下層遺構を表示するなどの整備手法もあり得る（**図150**）。

図149　石垣上面（天端）の検出礎石の露出展示（特別史跡姫路城跡埋門（兵庫県姫路市））

図150　石垣上面（天端）の2層にわたる検出礎石の露出展示（史跡鳥取城跡（鳥取県鳥取市））

また、天端及び上面において検出した石造遺構以外の遺構の中には、火災の痕跡など上述の方法では正確な復旧又は表現が困難なものもある。また、櫓・土塀等の往時の建築物その他の工作物の遺構の場合には、平面的に遺構を表現するだけでは見学者に本来の建築物の形姿を伝えるのが困難である。そのような場合には、石垣の天端及び上面付近の適切な位置に、イラスト・復元図等により往時の建築物の形姿を判り易く示した説明板・表示板等を設置することが有効である。

オ. 張芝

真砂土等により石垣の天端及び上面を被覆・整備した場合には、降雨又は凍結による上面の浸潤・攪乱を防止するために張芝を行う。張芝には、ノシバ・コウライシバ等の在来種を用いることを原則とする。

カ. その他

上記の整備方法のほかに、①人の立入制御及び転落防止のための門扉・柵等の施設、②案内板・表示板等の情報提供及び誘導のための施設の設置、③照明設備の設置などがある。城跡の多くは都市公園としても公開・活用されていることから、人が快適に憩い休息できるよう便益施設・安全施設の設置に配慮することも必要である。それらの整備に際しては、公園管理部局との協力連携の下に、①～③の種類・数量・規模・材質・色調等の検討が必要である。例えば、①については、人工的な柵の周辺にオカメザサ・ハマヒサカキ等の灌木類を植栽することにより、外観を緩和・遮蔽するなどの整備手法もある（図151・152）。

図151　オカメザサによる転落防止植栽
（特別史跡名護屋城跡並陣跡（佐賀県唐津市））

図152　ハマヒサカキによる転落防止植栽
（特別史跡名護屋城跡並陣跡（佐賀県唐津市））

(4) 作業の運営

作業の運営にあたり標準とすべき関係者の役割分担は、以下に示すとおりである。

文化財専門職員の役割　基本計画に定めた方針に基づき、天端の高さをはじめ、天端の石材の積み直し・復旧、石垣の上面の石造遺構の復旧、その他の遺構の表現等の方法について指示を行い、進行・完了の内容を確認する。

土木技師、設計監理の業務委託者、施工者の現場代理人の役割　作業の進捗状況を常に把握し、安全管理、進行・材料等に係る各種の検査を行う。

技能者（石工）の役割　技能者（石工）は専門的知識・経験・技能を生かし、天端の旧石材の積み直し・復旧及び新石材の加工・積み上げを行う。また、作業の過程において技能者（石工）の観点から確認した天端の石材の特質等について、施工者の現場代理人に報告を行うことが必要である。

作業進捗状況確認会議　文化財専門職員、土木技師、設計監理の業務委託者、施工者の現場代理人、技能者（石工）は、定期的に作業進捗状況確認会議を開催し、各々の関与する作業の進捗状況を共有し、課題への対応の方策について協議する。

専門委員会　天端の石材の積み直し・復旧の高さ・手法等について、専門的な視点から指導・助言を行う。

9. 残石等の取り扱い

解体修理の終了時に発生の可能性のある余剰石材（以下、「残石等」という。）には、大別して以下のＡ～Ｃの3種類がある。これらの石材も文化財としての石垣を構成する要素であることを認識し、適切に取り扱う必要がある。

A）破損等により積み直し・復旧に使用できなかった築石（平石）

B）設計変更等により余った裏込め（栗石・砂利層）の材料

C）設計変更等により余った土

残石等の処理には、①同一の城跡における別の石垣の復旧（修理）に活用する方法、②同一の城跡における石垣の復旧（修理）以外の整備に転用する方法、③城跡外の処分場へと搬出し、処分する方法等が考えられる。

残石等は文化財石垣の構成要素の一部であることから、安易な廃棄・処分は避けるよう努めなければならない。通常は上記の3つの処理方法のうち、①を筆頭に②・③の順に適切なものを選択することとなる。

①は、残石等を仮置き場に保管し、同一の城跡内の別の地点における石垣の復旧（修理）において同種の石材の交換・補充が必要となった場合、必要に応じて加工のうえ再利用する方法である。その場合には、個々の残石等を確認できる程度の広さを持った石材の仮置き場の確保及びその管理が必要となる。近年は、国内各地の採石場の減少により、解体修理の対象とした石垣の石材と同質・同量の石材を確保することが困難となりつつあることから、できる限り残石を利用することが望ましい。

図153　矢穴のある石材の屋外における展示
（史跡金沢城跡（石川県金沢市））

②は、解体修理を行った石垣の近隣する位置において、復旧（修理）の過程で発見された刻印・矢穴のある石材・転用石等を展示したり、築石（平石）・栗石を活用して石垣の構造の実体模型を作成・展示したりするなど、当該石垣に関する情報を見学者に提供する場合に再利用する方法である（図153）。

やむを得ず盛土等を搬出・処分する場合又は残石等を石垣の復旧（修理）以外の目的に利用する場合には、廃棄物処理法、建設リサイクル法等の適用を受ける場合もあることから、事前に適用法令を確認し、適正に対応する必要がある。

10. 復旧（修理）報告書の作成

⑴ 目的・意義

解体修理を含む復旧（修理）の完了後には、報告書を作成し公刊・公開しなければならない。

報告書の名称は、解体修理のみならず、他の多様な復旧（修理）の手法を採用又は組み合わせて実施した場合も広く含め、通常、城跡の名称及び石垣の名称を冠して「史跡○○城跡△△石垣復旧（修理）報告書」と命名することが多い（**図154**）。しかし、本書においては、そのような多様な復旧（修理）の手法を想定しつつも、根治療法である解体修理を中心に解説していることから､以下において単に「報告書」と記述する場合には、特に｢解体修理報告書｣を指していることと理解されたい。

報告書の作成・公刊は、行政上の実績の記録・報告を目的とするのみならず、経過・成果を公表するために必要不可欠の手段である。報告書には、以下の役割があることを認識することが必要である。

各種調査成果の記録資料としての役割　解体修理を行うことにより、石垣の形態は変化するのみならず、石垣の天端及び上面に遺存する遺構、解体する以前に行われてきた復旧（修理）に関する各種の痕跡、破損・崩壊の履歴を表す証拠等の情報は失われることとなる。また、石垣の地盤、背後の基盤層（盛土・地山）の特質等の情報も、切削によってその全部又は一部が失われることとなる。したがって、解体に伴って実施する発掘調査及び土木工学的調査によって把握したすべての情報を細大漏らさず正確に記録し、その成果を報告書にまとめ公表することが不可欠となる。

解体修理の経緯を示す資料としての役割　解体修理においては、解体する以前の状態に復旧することを原則とするが、新石材・新材料を補充したり、各種の補強等を行わなければならなかったりするため、解体前の状態に完全に復旧することはもちろんのこと、それ以前に石垣が築造・改修された元の状態に復旧することも極め

図154　解体修理に伴う調査報告書の事例

て困難である。そのため、①緩み･孕み等の破損の程度、②解体修理の過程で実施した考古学的な発掘調査及び土木工学的な調査研究の成果、③補強が必要な場合には、その方法に関する検討の過程、④実際に採用した補強の方法・範囲等、⑤解体修理後の石垣の状態等を報告書にまとめる必要がある。

継続的な経過観察の起点としての役割　解体修理の方法・範囲は十分な議論に基づき決定したものではあるが、あくまでも解体修理の時点で最善の方法・範囲と判断し、選択したものである。したがって、それらの検討･議論の経緯に関する正確な情報も報告書に記述し、後代においてその適否の検証をできるようにしておくことが重要である。さらに､解体修理により積み直し･復旧を行った後の形姿に関する情報を報告書に掲載することにより､将来的に破損・変形が生じた場合にも、それらの程度・原因を推測する際の基礎資料とすることができる。

他の事例の参考資料としての役割　報告書に記録した情報は､将来的に同一の城跡における石垣の復旧（修理）にも資するのみならず、その公開・活用・共有を通じて、広く他の城跡における石垣の復旧（修理）にも参考資料となる。

⑵ 総括的事項

報告書の作成作業は、解体修理に携わった地方公共

目　次

図155　石垣解体修理報告書の目次の事例
（石川県金沢城調査研究所・石川県土木部公園緑地課『金沢城跡石垣修築工事報告書―玉泉院丸南西石垣―』2010を参考に一部改変）

団体の職員が総括的に担当することを原則とする。その中でも、復旧（修理）前の発掘調査、解体発掘調査の成果に係る章節は、地方公共団体の文化財専門職員が担当することが不可欠であり、報告書作成の総括的担当に文化財専門職員があたることもあり得る。さらに、土木工学的な各種調査に係る章節又は設計・実施に係る章節は、当該分野の専門家又は設計・施工業者等の協力の下に執筆分担することも必要である。

報告書は公表することにより広く国民に公開・活用される性質のものであるから、解体修理の完了後、可能な限り早期に刊行しなければならない。

(3) 報告書に記載すべき主な内容

ア．城跡の概要

城跡の全般に関わる基本情報として、①城跡の成立・沿革・廃絶等の歴史的変遷、②周辺の地域を含む地形・地質等の地理的環境、③周辺の地域に所在する関連の遺跡等、④現在の城跡の利活用の状況等について簡潔に記述する。

また、石垣に関連する事項として、城跡によって残された史料の多寡はあるものの、①石切丁場の存否又はその現況、②築造に関わった石工の系譜、③石工の技術の変遷等について、可能な限り記述する必要がある。近世の城跡の場合には、城主の国替え等によって石垣築造技術が変化している可能性をはじめ、天下普請等によって築城技術が伝播し、それ以前の築城技術から変容を遂げている可能性も想定される。したがって、築城に携わった人物が他の城の築城にも携わった可能性がある場合には、全国的な視点の下に城跡の石垣の普請・復旧（修理）に係る情報を踏まえるとともに、同一の領国内において行われた他の城跡の石垣の築造に関する調査成果に注目することも重要である。

また、④城跡の史跡等への指定保護の状況、⑤歴史的景観等の保護の状況、⑥城跡の保存管理計画の策定状況とその内容、⑦都市公園としての管理の状況、⑧関連の法令による行為規制の状況等についてもまとめる必要がある。

イ．石垣の概要

城跡の中でも特に石垣に関する基本情報として、①解体修理を行った石垣の城跡内における位置・役割、②絵図・古文書・古写真等から読み取れる石垣の情報、③既往の発掘調査及び復旧（修理）に関する記録等、④解体修理を行った石垣の歴史的変遷、⑤その周辺地域を含む地形・地質等について記述する。また、⑥石垣の復旧（修理）の基本計画に定めた基本方針等についてもまとめる必要がある。

ウ．解体修理の経緯・経過

解体修理が必要であるとの判断に至った経緯を記述する。災害等により崩壊したことが解体修理に至った原因である場合には、き損の日時・範囲・状況、その後に行った応急措置等について記述することが必要である。

完全に崩壊するまでには至らなかったものの、破損の程度が著しく、解体修理が必要であると判断した場合には、その根拠及び検討の過程について記述する必要がある。

同様に、解体修理の方針・範囲を定めた根拠、検討の過程を明示することが必要である。

解体修理の方法・経過に関する記述は、報告書において重要な部分を占める。

解体修理で石垣を解体して初めて判明する事実も多く、途中で設計変更を行わなければならなくなる場合も少なくないことから、設計変更の根拠と経緯を的確に整理して明示することも必要である。

解体修理の方針・方法については、専門委員会の意見を踏まえつつ、作業進捗状況確認会議において決定することとなるが、検討の経過、設計変更の根拠・過程を報告書に的確にまとめることも重要である。

なお、解体修理を担当する行政部局、専門委員会、設計監理者、施工請負業者等の各々の役割分担及び意思疎通の経緯等についても記述すべきである。

エ．解体修理の概要

解体修理の全体像が分かるよう請負業者名、解体修理に要した期間、解体修理の方法（工種・工法）ごとの実績数量等を明記するとともに、各々の方法（工種・

工法）の実施過程を示すために図面・写真等を掲載する。特に、築石（平石）、裏込め（栗石・砂利層）、背面の盛土・地山から成る基盤層の各々について、再利用した旧石材・旧材料の数量、補充した新石材・新材料の数量、処分した旧石材・旧材料の数量を明示する。また、特記仕様書を掲載するなど、解体修理に臨んで具体的に示した仕様を明らかにすることも必要である。

オ．解体

解体の過程及び各々の方法（工種・工法）の具体的な内容を記述する。解体の過程では、築石（平石）及び裏込め（栗石・砂利層）の取り外し、その背面の盛土・地山から成る基盤層の切削と並行して実施した考古学的な発掘調査の成果及び取り外した各石材の調査成果を記述する。単に解体修理の期間を示すのみならず、各々の方法（工種・工法）をどのように関連させ、どのような手順の下に実施したのかについて、詳細な図面・写真を付して具体的に記述する必要がある。同時に、各方法（工種・工法）における関係者・関係機関の役割分担及び作業方法等についても記載すべきである。

キ．解体調査

a．解体前の石垣調査

解体前の石垣について実施した各種の調査成果を記述する。写真測量又は3次元レーザー計測等により作成した平面図・立面図・断面図、解体前の写真を掲載する。石垣の規模・形態・勾配、積み上げの技法、破損の状況、使用されている石材の形態・石質・加工状況等ついて、極力詳細に記述する必要がある。

b．復旧（修理）前の発掘調査・上面遺構の発掘調査・解体発掘調査

事前に実施した調査坑（トレンチ）による小規模な発掘調査の成果、解体に伴って失われてしまう石垣の天端及び上面における上面遺構の発掘調査の成果をはじめ、解体と並行して行う裏込め（栗石・砂利層）の取り外し、石垣の背面の盛土・地山から成る基盤層の切削等に伴って行う解体発掘調査は、すべて記録保存を目的とする埋蔵文化財包蔵地における発掘調査と同等の記述が必要である。

周知の埋蔵文化財包蔵地における記録保存調査の報告書は、現状保存の措置を取ることができなかった遺跡に代わり、後世に残す記録の中で最も中心となるものである。そのため、当該埋蔵文化財の内容を過不足なく記載したものであることが求められる。それと同時に、周知の埋蔵文化財包蔵地における記録保存の報告書は、発掘作業から整理作業を通じて得られた情報を客観的かつ的確に収録したものである。それらは、読み手に理解しやすいものでなければならない。したがって、作成にあたっては、事実及びそれに関する所見の記述と図面・写真などの資料を体系的・合理的に構成し、利用者の立場に立って活用しやすいものとなるよう細心の注意を払う必要がある。

しかし、その一方で石垣の解体に伴う発掘調査は、記録保存のみを目的とする周知の埋蔵文化財包蔵地における発掘調査とは異なり、あくまで史跡等の指定地内の石垣の保存を目的として、解体により影響を受ける必要最小限の範囲を対象とする発掘調査である。その成果に基づき、背面の盛土・地山から成る基盤層、築石（平石）、裏込め（栗石・砂利層）、天端及び上面の遺構等のすべてにわたり、積み直し・復旧を行うことが必要となる。そのため、報告書においては、発掘調査の目的をはじめ、発掘調査区の設定方法、発掘調査の方法を決定するに至った経緯、検討の過程及び結果について明確に記述するとともに、どのような過程を経て発掘調査を行い、どれだけの遺構を手つかずのまま残したのか等の点についても、具体的に記述することが不可欠となる。

発掘調査の成果は解体修理の方針・方法等を決定する上での基礎となるものであることから、解体修理報告書に含めて公刊することが原則である。しかし、長期間をかけて解体を進めなければならない場合をはじめ、石垣の天端及び上面における発掘調査面積が広範囲にわたり、考古学的な情報量が膨大・多岐にわたる場合には、解体修理報告書の刊行に先だって、別途、発掘調査報告書を刊行するなどの対応が必要となる。

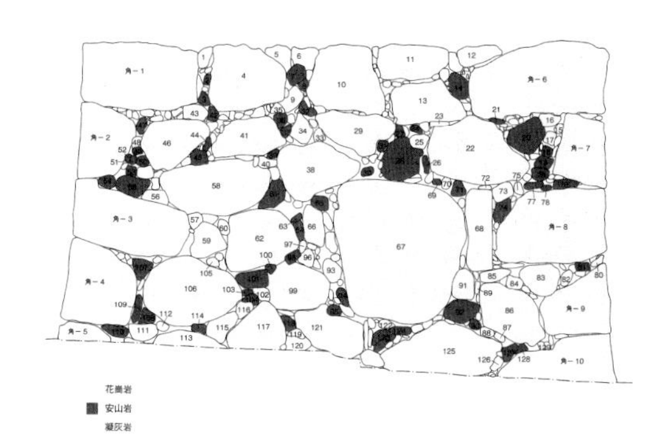

図156　石材種類別の分類図

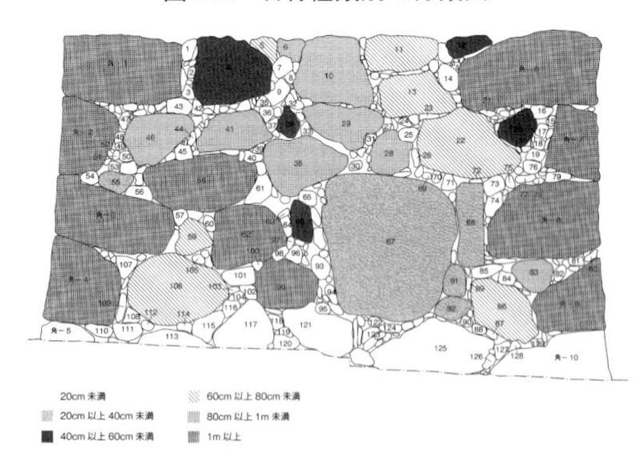

図157　石材の控え長さ別の分類図①

全番付総数	500
解体総数	448

石材	花崗岩	276	55%
	安山岩	176	35%
	凝灰岩	48	10%
合計		500	100%

加工	野面	244	49%
	割石(粗)	196	39%
	割石(精)	9	2%
	加工(粗)	2	0%
	加工(精)	49	10%
合計		500	100%

破損	良好	359	72%
	ワレ	39	8%
	劣化	50	10%
	ヒビ	30	6%
	控短	7	1%
	ヌケ	12	2%
	ハラミ	2	0%
	その他	1	0%
合計		500	100%

再利用	原位置		356	79%
	修正		25	6%
	新石補充	転用	59	13%
		廃棄	8	2%
合計			448	100%

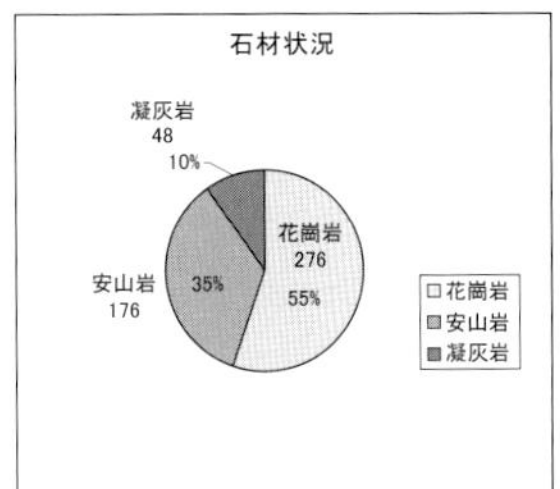

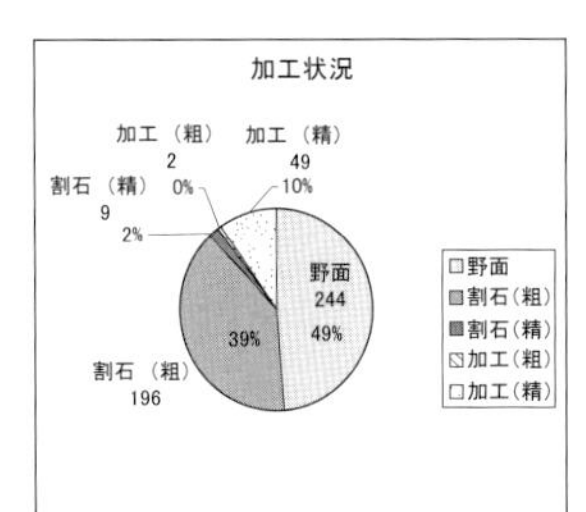

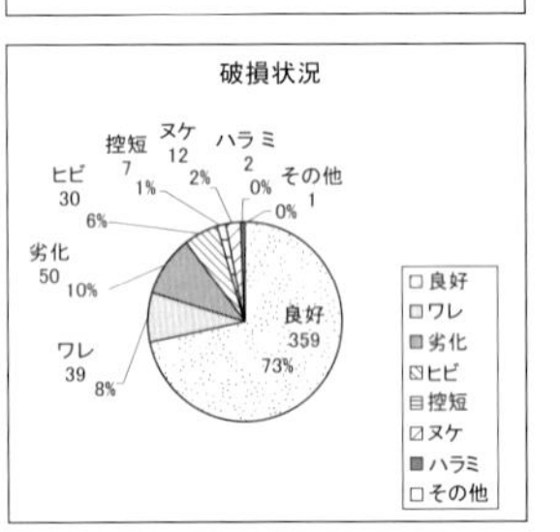

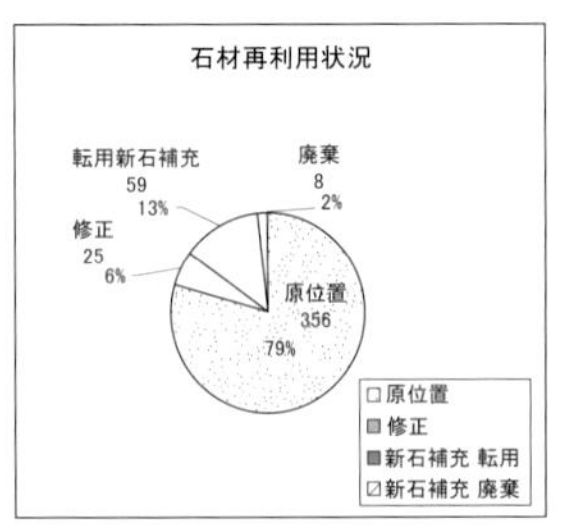

図158　石材の控え長さ別の分類図②

c. 石材調査

解体の過程において作成した石材調査票（石材カルテ）は、解体する面積によって膨大な量にのぼる場合がある。それらは石材に関する基本情報であることから、報告書では重要な項目に整理して一覧表に仕上げるなど、可能な限り扱い易く判り易い情報として掲載すべきである。また、石材の岩石種、加工の程度、控えの長さ、破損の状況等を石垣の立面図に色分けして明示するとともに、グラフを用いて傾向を整理することにより、石垣の特質を把握し易くしたり、破損と原因との因果関係の分析を明示したりすることが可能となる（**図156〜158**）。

d. 石垣背面の盛土・地山から成る基盤層の土質等に関する調査

石垣背面の盛土・地山から成る基盤層又は石垣の基礎部を成す地盤の土質等の土木工学的な情報を把握するために実施したボーリング又はレーダー探査等の各種調査の結果は、図表等を用いて判りやすく明示・解説するとともに、調査の目的・方法・手順も報告書に記述する必要がある。

また、解体修理に際して地盤に何らかの補強を施した場合には、土質に関する調査成果に基づき、補強が必要であると判断した根拠を的確に記述し、実施した補強の方法、使用した材料、補強を行った範囲等について記述することが必要である。

e. 石垣の総合的評価及び解体修理の方針・方法

解体修理を行う石垣の天端及び上面における復旧（修理）前の発掘調査及び解体に伴って行う解体発掘調査では、石垣が築造された時期及び築造の過程、過去に行われた改修の時期及び範囲、天端及び上面における各種の遺構の変遷等が明らかとなる。絵図・古文書・古写真等から判明する石垣の情報、既往の発掘調査の記録、近現代の復旧（修理）の記録等をも加味しつつ、当該石垣の歴史的変遷等に関する総合的な考察を行い、報告書に記述する。

また、解体発掘調査により明確となった事実を報告書に正確に記述することは、後世に情報を伝達するうえで極めて重要である。例えば、背面の盛土の表層滑りの状況、地震に伴う液状化現象の痕跡、背面盛土の裏込め（栗石・砂利層）への浸潤の状況など、石垣の破損の原因及びその範囲等に関する情報を報告書に記述することが必要である。

石材調査により判明した石材の破損状況、背面の盛土・地山から成る基盤層に関する調査で明らかとなった土質等に関する情報も重要である。それらのすべての情報を踏まえ、石垣の破損の原因・範囲について総合的に考察し、報告書に明示することが必要である。

上記した当該石垣の歴史的変遷、破損の原因・範囲に関する総合的な情報をもとに、最終的に採用した解体修理の方針・方法、それらを選択した根拠、検討の経過等について、報告書に明示することが必要である。

f. 解体及び積み直し・復旧の過程

解体修理における行程及び各々の方法（工種・工法）の具体的な内容について記述する。解体修理の過程で行った築石（平石）の積み直し・復旧、石垣背面の盛土・地山から成る基盤層、裏込め（栗石・砂利層）の復旧については、どのような方法・手順・役割分担の下に行ったのかを具体的に記述する必要がある。

特に、補強を行うなど解体前とは異なる方法の下に復旧を行った場合には、実施設計図を掲載するのみならず、実際に行った施工図及び施工状況を証する写真を掲載し、補強の範囲・方法、用いた材料、数量等についても記載しなければならない。

また、やむを得ず旧石材を加工しなければならかった場合には、加工を要した根拠、加工を選択するに至った検討の経過を記述し、加工を行う前及び行った後の写真を必ず掲載する必要がある。

g. 完了の状況及び今後の課題

解体修理の完了後に写真測量又は3次元レーザー測量等により作成した平面図・立面図・断面図等を掲載するとともに、解体修理後の写真を掲載する。

解体修理では、石垣を可能な限り残し、破損が顕著な部分に限定して解体及び積み直し・復旧を行うことを原則としていることから、解体修理を行わなかった箇所との擦り付けの勾配にねじれが生じ、積み直し・復旧の後においてもなお孕んでいるかのように見えることも少なくない。このような擦り付けに伴って生じるねじれの状態又は一見孕んだように見える状態を正確に記述することにより、解体修理が持つ避けがたい性質について理解を促すことが可能となる。

また、最善の対策として実施した解体修理ではあっても、破損の原因を完全に克服してしまうことは極めて困難であることから、今後に残された課題を整理して報告書に明示しておくことが重要である。

h. 写真・図版

報告書に豊富な写真・図版を掲載することは、解体修理の過程・特質を判りやすく伝える上で有効である。解体修理に着手する前、解体修理の各行程、解体修理を完了した後の写真・図版を、それぞれ過不足なく掲載することが望ましい。

(4) 報告書の公刊・公開等

報告書は解体修理を行った石垣の情報を詳細に公表することを目的とし、同一の城跡において将来的に行う可能性のある石垣の復旧（修理）に資するものであるとともに、他の城跡の石垣の解体修理を含め、広く石垣の復旧（修理）において参考資料となるものである。さらに、報告書は将来にわたって広く国民に公開し、共有・活用されるべきものである。そのため、当該城跡が所在する地方公共団体の教育委員会及び図書館、歴史・文化に関する大学等の教育・研究機関等に配布し、常時、閲覧できるよう努める必要がある。

報告書は印刷物として公刊することを原則とするが、発行部数に限度があるため、希望者が簡便に閲覧できるよう電子媒体による公開について環境整備することが望ましい。ただし、電子媒体は時間の経過により劣化することを認識し、定期的な情報媒体の更新に努めることが必要である。また、規格の変更又は製造の中止等の状況にも対応できるよう備えることも重要である。

報告書の公刊・公開のみならず、城跡及び石垣について市民への情報公開を進める観点から、解体修理の概要を簡潔にまとめたパンフレット・リーフレットを配布したり、インターネット又は「市民だより」などを通じて解体修理の進捗状況を情報発信することも重要である。

11. 日常管理への反映

解体修理の終了後には、他の石垣と同様に日常的な管理を行うこととなる（**図159**）。ただし、解体修理を行った箇所については、定点観測等により石垣の挙動を把握するなど定期的な経過観察に努める必要がある。報告書に掲載・記述した事項は、解体修理後に継続して実施する経過観察の定点としての意味も持っている。したがって、報告書に整理した事柄は、将来的に当該石垣に万一破損・変形が生じた場合、早期にその原因を推測し、破損・変形の進行を抑制することに大いに資する性質のものでなければならない。

報告書に記述した内容は、石垣の新たな情報として石垣カルテに追記し、日常管理の基礎資料として活用する視点も重要である。

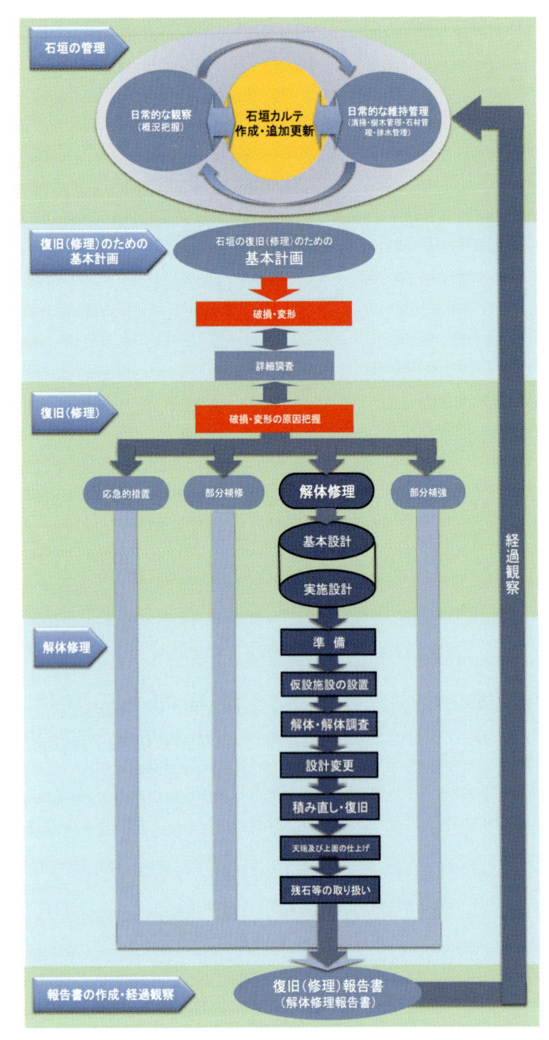

図159　解体修理後の日常管理への反映

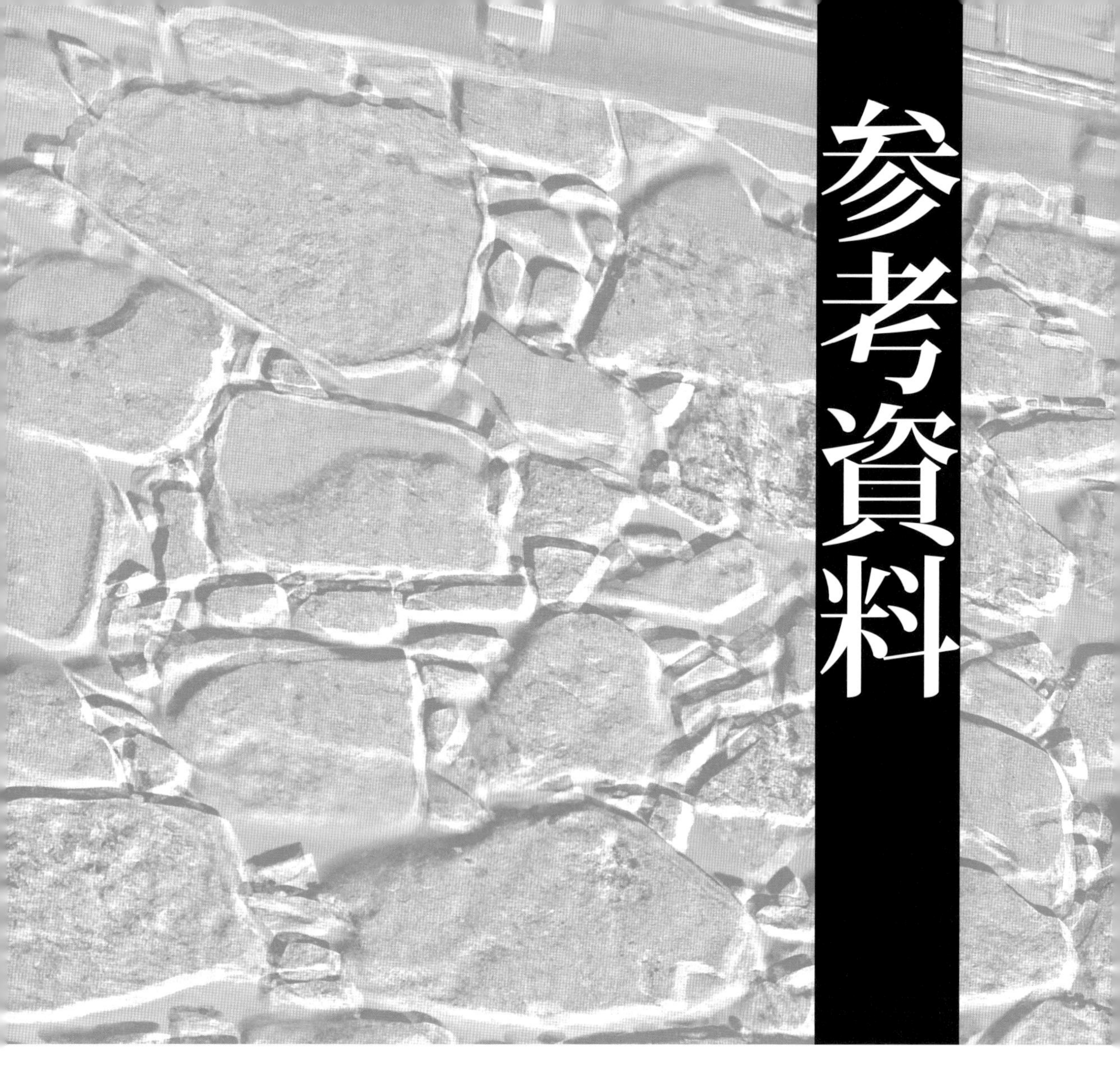

参考資料

積算関係資料・関係法令等

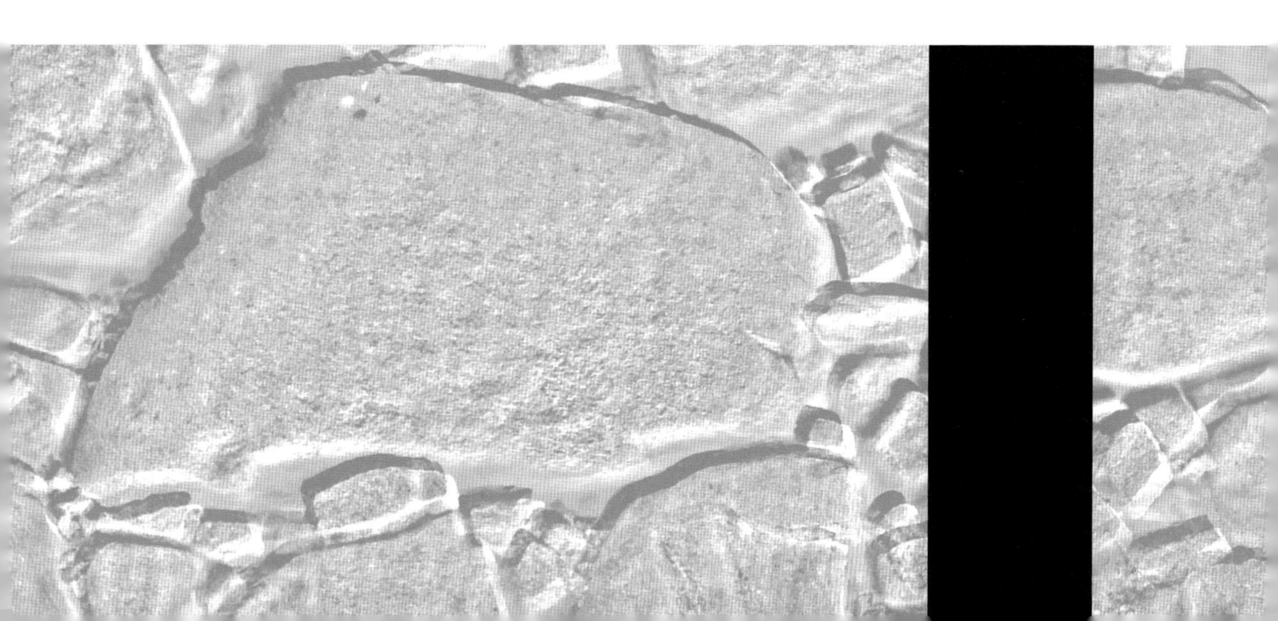

参考資料
積算関係資料

1 石垣の復旧（修理）の方法（工種・工法）と設計数量の算出方法

石垣の復旧（修理）の方法（工種・工法）の内容及び設計数量の算出方法の参考例を示す。なお、第8章3～8においても各行程の内容及びその留意事項を記述していることから、それらも十分参照しつつ、方法（工種・工法）の検討を行うことが必要である。

(1) 準備

解体修理の「準備」として、(ア) 石垣表面の除草・清掃、(イ) 石垣表面へのメッシュ設置（方眼墨入れ）、(ウ) 各石材への番号記入のほか、(エ) 丁張りの設置等がある。「準備」とは、対象石垣の各石材の位置関係を記録するため、石垣面の除草・清掃を行った後にメッシュ設置（方眼墨入れ）を行い、各石材に管理番号を記入する行程である。なお、メッシュと番号の貼り込み部分が重複することを避けるため、番号記入を後から実施するほうが作業として行いやすいが、番号記入を先行する場合又は、両者を一緒に行うことも考えられる。

ア. 石垣の表面の清掃

[内 容] 石垣の表面に付着したコケ・蔦、樹木の根などの植物を人力又はエアーブラッシング・高圧洗浄機などにより除去する。

[数量の算出方法] 面積は、基本的にはメッシュ設置（方眼墨入れ）、番号記入の作業面積に準じて、解体範囲より数石分広めに確保する。一方で、解体修理の対象範囲とその周辺部との関連性を把握しつつ解体修理を進める必要性から、例えば解体修理範囲を含む石垣一面全体を清掃するなど、清掃範囲を広く確保することが望ましい。

イ. 番号記入

[内 容] 清掃後に、個々の石材の表面に管理番号を記入する。番号を記入する方法は、石材の表面に耐水性の布テープを張り、油性ペンを用いて記入する方法のほか、石材の表面に墨・塗料を用いて直接番号を記入する方法などがある。石材表面の状況、石材への影響、施工期間の長短などを考慮の上、適切な記入の方法及び記入の箇所を定める。

[数量の算出方法] 番号を記入する範囲は、メッシュ設置（方眼墨入れ）と同様に、解体の範囲よりやや広めに余地をとって面積を算出する。

ウ. メッシュ設置（方眼墨入れ）

[内 容] 解体範囲を中心として、水平・垂直方向に方眼の墨打ちを行い、解体修理時の基準線を定める。方眼の間隔は、対象とする石垣の状況にもよるが、概ね50cmを基準とする事例が多い。

[数量の算出方法] 墨入れを行う範囲の面積は、積み直しを行う際に石材相互の位置関係を確認する必要があるため、実際の解体範囲よりも数石分広めに余地をとって算出する。

(2) 仮設

足場・丁張りなど、切土・盛土又は石垣の解体作業を行うために、それぞれ必要とされる仮設施設の設置に係る行程である。

「土木工事積算基準」に示された共通仮設費の工種区分に基づき、公園工事の算定基準（共通仮設費率表）※により積算する方法があるほか、現地の状況により足場工・丁張工・仮設道路・仮囲い等の設置などが必要な場合には、共通仮設費（率計算）とは別に指定仮設として積算し計上する方法もある。

※「土木工事積算基準」の共通仮設費率表参照

ア. 足場

[内 容] 石垣の解体・積み直しの各行程に合わせ、解体・積み直しにおける石材の取り扱い、石垣面の除草・清掃、メッシュ設定（方眼墨入れ）、番号記入等の作業場を確保するために、石垣の前面に足場を設置する行程である。

解体修理に使用する足場には、枠組本足場・くさび緊結式足場・単管本足場等がある。転落等を防止する観点から、手すり先行足場を原則とする。また、現地の状況に応じて、解体及び積み直しの行程の各々に計上することもある。

[数量の算出方法] 足場を設置する面積については、解体の範囲を基準として足場を必要とする範囲を定めるとともに展開図を作成し、平均面積法、又はCAD図上における面積計算により数量を算出する。

イ. 丁張り

[内 容] 木製・金属製の材料を用いて、石垣の積み直し後における基準勾配を表すために、遣り方を設置する行程である。

[数量の算出方法] 通常、丁張りの設置に係る経費は共通仮設費に含まれるため、特殊な場合を除いて独立して計上したりはしない。しかし、解体・積み直しが複数年度にわたり、着手から完成まで統一した丁張りが必要な場合には、堅牢な基礎を伴う丁張りを行う必要がある。そのような場合には、指定仮設として別途積算を行うことが考えられる。

(3) 土工

[内 容] 土工事の行程のことである。土工には、解体の石の取り外しに伴って行う石垣背面の切土のみならず、積み直しに伴って行う石垣背面の盛土なども含まれる。

これらのうち、解体に係る石垣背面の切土は石垣の背面に対する発掘調査と並行して行う作業であり、考古学的遺物の取り上げ、断面土層の観察等に留意しながらの作業であるため、通常の土工における床掘りとは大きく異なる。土工を発掘調査の作業行程に含め、解体とは区別する場合もある。どちらに含めるかは、掘削の規模又は安全性、掘削土の搬出方法などの観点から判断して決める。

［数量の算出方法］掘削土量は、対象地に設定した各地点における垂直断面図に切土想定線を書き入れ、断面図ごとの切土面積について平均面積法、3斜誘致法、又はCADを用いた図上での計測により面積を計測のうえ、平均断面法により算出する。また、裏込め（栗石・砂利層）の背面の盛土は、盛土対象範囲の各地点における盛土計画線の垂直断面図から、同様に平均断面法を用いて算出する。

（4）解体

［内　容］既存の石垣を1段・1石ごとに解体する行程である。

石垣の解体には、ナイロンベルト・ワイヤー等を用いる。手順は、築石（平石）の1段・1石ごとに慎重に捕縛して解体し、裏込め（栗石・砂利層）の掘削・撤去を行う。行程・積算の観点からは、背面土砂の掘削・切り崩しをひとつの作業単位として取り扱うことが適当である。解体と並行して、1石ごとに石面・控え長さの測定、石材と石材の接点を記録し、写真の撮影・管理を行う。

［数量の算出方法］通常、解体数量は面積で表す。まず、石垣立面図及び垂直断面図に解体すべき法面長を明記し、展開図を作成のうえ、平均面積法・三斜誘致法等により面積を算出するほか、CAD図上で面積計算を行う方法もある。特にCAD図面から面積算出を行う場合には、石垣立面図（投影図）に解体範囲を表示し、垂直断面図から計測した勾配角度をもとに斜率を求め、解体範囲に斜率を乗じて実面積を算出する方法も考えられる。

（5）積み直し・復旧

解体した石材を積み直す行程である。石垣を構成する築石（平石）・角石の積み直し・復旧の行程のほか、必要に応じて築石（平石）・角石の積み直し・復旧の作業の行程と区別して間詰め石を詰める作業の行程を設ける場合が考えられる。

ア．積み直し・復旧

［内　容］解体した石材に記入した番号、実施設計図に基づき、1石・1段ごとに慎重に積み直し・復旧していく行程である。

解体する前の石垣の積み方を十分に理解し、元の位置・座り等を考慮して据え付けを行う。据え付け手間の相違により、築石（平石）部と隅角部の2種類に方法（工種・工法）を区別することが適当である。

［数量の算出方法］積み直し・復旧の数量は解体と同様に面積で表し、算出方法も同様である。

イ．間詰め石補充

［内　容］築石（平石）と築石（平石）との間に小さな石を充填する行程である。

野面石を主体とする石垣を解体修理する場合には、間詰め石補充に要する工費・材料費を築石（平石）部又は隅角部の積み直し・復旧の行程に含めることが少なくない。しかし、割石積み・切石積みの石垣に伴う間詰め石の場合には、石の規格・形状を揃えるために選別・加工の手間が増えることから、築石（平石）等の積み直し・復旧とは別に間詰め補充の行程を設けることが適当である。

この場合、積算の内訳は主として手間及び材料費から成るが、材料費は築石（平石）・角石の積み直し・復旧の積算に含め、手間のみを間詰め石補充の経費として計上することが考えられる。一方で間詰め石の種類・規格・加工方法等が一様でないことに鑑み、間詰め石の石材単価を別途設け、材料費を計上する場合もある。

［数量の算出方法］間詰め石の部分のみの面積計測は容易ではないことから、あらかじめ築石（平石）・角石の面積を算出し、解体修理の対象とする石垣の総面積に対する割合から間詰め石補充の必要面積を求める方法が考えられる。

ウ．その他の積み直し・復旧

特に積み直し・復旧に関して、据え付け手間等を考慮した積算が必要と判断される場合がある。

解体修理の対象とする石垣の状況及び作業の内容によっては、築石（平石）・角石・間詰め石以外に、根石・天端石、又は鏡石など、据付・加工の手間、石材の規格・形状・加工度等の相違に伴い、別途方法（工種・工法）を定めて、積算を行うことが考えられる。

（6）裏込め（栗石・砂利層）

石垣背面の裏込めとして栗石・砂利層を充填する行程である。栗石の充填作業（裏込栗石工）のほかに、栗石を再利用する場合に行う採取・選別作業がある。

ア．裏込め（栗石・砂利層）補充

［内　容］石垣の石材を1段・1石ごとに積み上げるのと並行して、石材の背面に裏込め（栗石・砂利層）を詰め込む。その中には、石材の上面・下面に詰め込む胴込栗石又は介石も含む。

［数量の算出方法］石垣の背面構造の特質を考慮しつつ、垂直断面図上の適切な位置に切土線を設定する。次に、積み上げる石材の控えの長さをも考慮しつつ、各地点における裏込め（栗石・砂利層）の垂直断面積を算出し、平均断面法によって全体の数量を算出する。

なお、解体の進捗状況及び石垣の背面構造の状況によって切土線の位置が変化する可能性があるため、解体完了後に改めて裏込め（栗石・砂利層）の総量を積算することが必要となる場合も考えられる。このような場合には、設計変更の対象となるので注意が必要である。

アー1．胴込め栗石について

［内　容］裏込め（栗石・砂利層）のうち、石材の側面及び石材の上面・下面の空隙に詰める栗石である。

［数量の算出方法］例えば、石垣の面積に築石（平石）の控えの長さを乗じて算出した石垣の体積に対し、胴込め栗石が占める割合を定めて算出する方法が考えられる。その場合、築石（平石）胴

部の形状による増減も考慮する必要がある。

イ．栗石採取・選別

[内　容] 解体により発生した裏込め（栗石・砂利層）を現場発生材として流用する場合に行う行程である。掘削した裏込め（栗石・砂利層）の土砂を別の資材置き場等に運搬したうえで栗石・砂利層と土とを篩い分け、さらに再利用できる栗石・砂利層とできない栗石・砂利層に仕分ける。

[数量の算出方法] 数量は選別後に再利用できる裏込め（栗石・砂利層）の量で表すことが考えられる。当初設計においては、過去の実績等を参考に概数を計上し、篩い分けの作業終了後に採取栗石を四角錐台に積み上げ、その体積を計測することにより数量を確定することが考えられる。

(7) 新石材

[内　容] 築石（平石）・角石・間詰め石・天端石などの石材は元の石材を再利用するのが原則である。しかし、解体に伴う石材調査により再利用が困難であると判断された石材は、同質の補充用の新石材を購入することを検討する必要がある。なお、補充する新石材は、当該石垣に主として用いられている石材と同質のものを採用することを原則とする。

新石材の仕様として、形状・規模の標準規格（長さ［控え］・幅・高さ）を定める。その他、新石材に対して矢による石割り又はノミ調整等の加工を行う場合には、標準仕様図に基づき、加工を行う石垣面の数、現代工法・工具の併用の可否等を含め、方法について明記する。

[数量の算出方法] 積み直し・復旧した後の石垣の立面図上において、新石材が占める面積を求める。なお、面積の算出方法は積み直し・復旧と同様である。

(8) 石材補修

[内　容] 解体によって亀裂・割れ等を確認した石材の中には、補修・補強を行うことにより、再利用が可能なものも含まれている可能性がある。そのような場合には、合成樹脂系の接着剤による接合及びステンレス鋼材による補強等の現代工法も視野に入れつつ、再利用の可能性について十分に検討を行うことが必要である。

[数量の算出方法] 方法・作業量に応じて算出方法を検討する。

2 特記仕様書策定における留意事項

特記仕様書では、共通仕様書とは別に石垣の解体修理において特に必要な事項を定める。特記仕様書に盛り込む事項は解体修理の作業の内容、現場の状況、発注機関によっても多様であることから、ここでは必要とされる項目及び留意事項を掲げるとともに、参考例を示す。

ア 総則

解体修理における特記仕様書の位置付けを示すものである。通常、請負契約における全般的な取り決めを行う共通仕様書に対し、特記仕様書では解体修理の作業の詳細な手順・材料・留意事項等を定めるが、特に総則では関連事項との整合性について整理を行うとともに、特記仕様書の内容に疑義が生じた際の対応について明記する必要がある。

【参考例】

・本解体修理はこの特記仕様書によるほか、発注者が定める土木工事標準仕様書、日本土木学会標準仕様書、国土交通省が定める標準仕様書、又は発注者が定める工事請負約款によること。

・特記仕様書の内容に疑義が生じた場合は、発注者と受注者とが協議の上で、すべて監督員の指示に従うこと。

・設計図書の優先順位は、①質疑応答を含む現場説明事項、②特記仕様書、③設計図、④共通仕様書、⑤規格とすること。

イ 目的

関係機関・関係者全員へ文化財石垣の解体修理工事であることを周知徹底することが必要である。

【参考例】

・本解体修理は史跡○○城跡の重要な遺構の復旧（修理）であることを十分に認識し、関係者全員で意識徹底に努めること。

・解体修理中に埋蔵遺物等が発見された場合には、直ちに作業を止め、監督員に連絡すること。

・解体修理と並行して実施する発掘調査作業に協力するとともに、発掘作業員等の安全確保に十分留意すること。

ウ 現場代理人及び管理技術者

解体修理に携わる現場代理人及び管理技術者の配置にあたっては、城跡などの石垣等の復旧（修理）又は史跡等の整備等に従事した経験をもつ技術者の採用が望ましい。

エ 石工の資格要件

作業の中心的役割を担う技能者（石工）は、城跡などの石垣等の復旧（修理）の経験をもつ技能者（石工）である必要がある。同時に、文化財石垣保存技術の継承の場として捉え、技能者（石工）の育成の観点から、例えば城跡の石垣の復旧（修理）経験の浅い地元の技能者（石工）等の積極的な参加を奨励することも考えられる。

【参考例】

・解体修理に従事する技能者（石工）は、城跡等の石垣の解体修理に○年以上の経験を持つものを採用し、監督員の承認を得ること。

・当該解体修理に必要な技術（石材の取り扱い・加工等）を十分備えていること。

・複数の技能者（石工）による作業体制においては、上記の経験者を作業の中心に置くこと。

・文化財保護法に基づき選定保存技術の保存団体として認定されている文化財石垣保存技術協議会の技術研修を○回以上受講していること。

オ 文化財監督員の配置

石垣の解体調査、解体修理時の積み上げ・復旧の検討など、文化財としての石垣の解体修理の観点から、行程の全体を掌握する現場監督員の業務を補完する者として、文化財専門職員を文化財監督員として配置する。

文化財監督員の権限は、現場での指揮監督及び施工材料・数量の確認・承認のほか、監督員の権限の範囲内での監督員が指示した事項を含むものとする。

カ 合意形成の方法

解体修理の進捗に伴って生じるさまざまな確認事項（解体範囲・復旧勾配の確認、旧石材の再利用の可否、新石材の決定等）について、関係機関の間でどのように合意形成を図るか、あらかじめ確認事項の内容（重要性・緊急性）を合わせて定めておくことが必要である。

キ 各行程の手順・方法（工法・規格）・留意事項

（ア）準備

【参考例】

（石垣表面の清掃）

・石垣表面の土砂及びコケ・蔦等の植物を除去・清掃する。間詰め石等の落下等に注意を払いつつ清掃を行うとともに、石垣の表面にキズなどを付けることのないよう道具等の選定に配慮すること。

（解体修理範囲の確認）

・設計図書を基に解体修理範囲を竹串・ビニール紐等を利用して明示し、監督員の確認を得ること。

（メッシュ設置［方眼墨入れ］）

・請負者は解体修理範囲の確認を行った後に、解体範囲を中心に水平・垂直方向に墨打ちを行うこと。なお、墨打ちの間隔は対象石垣の状況を考慮して決定するが、概ね50cmを基準とすること。

（番号記入）

・番号は石垣面に規則性をもって記入し、立面図との間に齟齬のないよう十分注意する。また、間詰め石等にも可能な限り番号を記入すること。

・石垣の状態・番号が確認できるよう、石垣正面から写真を撮影し管理すること。

（丁張り）

・設計図に従って丁張りを行い、規定の勾配及び変化点を現地表示すること。

・丁張りは作業中の接触等により誤差が生じないよう頑丈な構造とすること。

（イ）仮設

仮設材は、石垣面等を含め、遺構の保護はもちろんのこと、来場者の安全確保に十分配慮するよう定める必要がある。

【参考例】

・遺構面を損傷することがないよう養生し、着手すること。

・入園者の通行の妨げにならない時間帯を選び作業を行うこと。

・重量物運搬用仮設道路の計画書を作成し、監督員の承諾を得て着手すること。

・滞水の考えられる箇所には、必ず仮設排水施設を設けること。

・工事完了後、速やかに原形に復旧すること。

・足場は「労働安全衛生規則」※1及び「土木工事安全施工技術指針」※2に基づく。

※1「労働安全衛生規則 第二節 足場」を参照。

※2「土木工事安全施工技術指針 第四節 足場等」国土交通省大臣官房技術調査課を参照。

（ウ）掘削

遺構面への掘削であることを十分認識し、文化財監督員の立ち会いの下に実施することを徹底するとともに、掘削に伴い石垣の崩壊が助長されることのないよう注意を払うことを明記する。

【参考例】

・掘削作業は文化財担当職員の立ち会いの下に慎重かつ丁寧に行い、解体と並行して掘削土中の遺物等の採取には積極的に対応すること。

・掘削作業は人力に依ることを原則とするが、現場の状況により小型バックホーを使用する際は監督員の承認を受けること。

・掘削土は、土中に含まれる石垣石材、裏込めの材料等と土砂とを選別し、仮置き場内に集積すること。さらに、それらのうち再利用できるものを選別し、適切に保管すること。

（エ）解体

解体に伴う手順・確認方法を定め、記録作業・文化財調査への配慮・協力、石材の取り扱いにおける注意事項を明記する。

【参考例】

・解体に先立ち、設計図書に示された積み直し・復旧の勾配等を基に現地で丁張りを設定し、監督員及び専門委員会による確認を得る。

・解体は、解体修理に携わる技能者（石工）が直接実施すること。又は立会・指導の下に行うこと。

・解体は、文化財調査・記録化を経て、1段・1石ごとに行うこと。調査・記録化にあたっては、1段ごとに石垣の平面・立面・断面の写真撮影及び測量図化を実施し、監督員の指示を受けること。

・石材の1石を取り外すごとに石面・控長を計測し、写真管理及び一覧表を作成すること。

・解体後に石材の破損状況の再調査を行い、一石ごとに破損等に係る調書を作成すること。

・石材の玉掛け（吊り上げ）を行う場合には、石の表面を傷つけないようナイロンベルトを使用し、やむを得ずワイヤーロープを使用する場合は石材保護の当て材を用いること。

（オ）石材運搬・仮置き

石材保管場所での養生・保管方法について定めるほか、解体石材調査の方法・内容について指示を行う。

【参考例】

・石材仮置場への搬送を行う場合は、移動中に石材が破損することのないよう、運搬車の荷台に保護材を設ける等必要な措置を講ずること。

・解体石材の仮置場において保管する場合には、積み直す際の順番を十分考慮し、計画的に配置すること。

・石材の注記が亡失しないよう、防水シート等により養生をすること。

・解体終了後に各石材を計測・写真撮影のうえ破損等調書を整理し、種類（積石・角石等）ごとの新石材必要数を監督員へ報告すること。

（カ）積み直し・復旧

［積み直し・復旧］

解体した石材は、可能な限り当初の位置に復旧することを第一義とする。また、積み直し・復旧については往時の積み方を十分観察・理解し、当該石垣の特徴・時代性を損なわないよう留意することを明記する。

【参考例】

・丁張りを設置し、監督員の確認後、積み直し・復旧を行う。

・事前に行った墨打ちを目安として、実測図に記録した番号に従って解体前のとおり積み直すこと。

・間詰め石・介石等を配置し、十分な安定性を確保できるようにする。

・著しく欠損している石材及び消失した石材のみ新石材と交換する。

・積み直し・復旧の段階ごとに必要に応じて石積みのイメージ図を作成するなど、監督員・文化財担当者・技能者（石工）・設計監理者等の関係者間で十分に協議を行いつつ進めること。

・積み直し・復旧にあたっては、安全確保が可能な範囲で仮積みを行った段階で、石材の配置状況及び新石材の形状等について監督員による確認を行う。

［旧石材］

解体した石材は、1石1石が文化財であるとの認識を徹底し、基本的に加工を行わず再利用を行い、やむを得ず加工が必要な場合には、そのことを承認する方法について明記する。

【参考例】
・基本的に旧石材の再利用を行い、破損等のやむを得ない場合にのみ新石材を利用すること。また、その場合は監督員の承諾を得るとともにその過程を詳細に記録して残す。
・旧石材への加工・整形は、監督員の承諾がない限り行わないこと。
・石材間の合端等の調整で、安全性への配慮等から加工する必要が生じた場合には、範囲を必要最小限とし、監督員の承諾を得て行うこと。ただし、石垣の表面にあたる石材面には加工は行わないこと。

（キ）新石材

新石材の材種・規格・形状・加工方法（伝統的技法・在来工法・現代工法の適用範囲）について、標準的仕様を詳細に定めることが重要である。

【参考例】
・新石材には裏面に墨書で「平成●年度解体修理追加石材」と記入すること。
・材質的な問題がある石材、形状が不安定な石材、著しく不適切な積み方が行われている石材を新石材へ転換する場合には、専門委員会の指導の下に、品質管理担当者（監督者）・施工者と協議の上、品質管理担当者が決定すること。

（ク）裏込め（栗石・砂利層）

原則的に旧石材の再利用を考慮する。なお、新たに栗石・砂利層を追加する場合は、石材種・形状・粒度の仕様を定める。また、旧石材の劣化度等の確認方法等、再利用にあたっての客観的な基準を定める必要がある。

【参考例】
・栗石は石材の裏込め・胴込めを人力により丁寧に行い、土砂等の混入がないようにすること。ただし、栗石の投入・転圧は機械により行うこと。
・栗石の旧石材（現地発生材）を選別のうえ再利用し、不足分を新石材により補完すること。なお、新石材の材質・形状・粒度は旧石材と同等とすること。
・締め固めを入念に行うとともに、施工中の段階（前・中・後）ごとに粒度試験を行うこと。

（ケ）盛土

裏込め（栗石・砂利層）の背後にあたる盛土における転圧の方法・行程を定めるほか、石垣の安定性を高めるためにどうしても、必要な場合には、現代工法による補強の方法も盛り込むこと。

盛土材は裏込め（栗石・砂利層）の掘削によって生じた発生土を再利用することが望ましいが、解体修理にあたっては、石垣の変形・崩壊に伴い、裏込め（栗石・砂利層）などに異物が多く混ざる可能性が高く、不足土を補充する場合も少なくない。したがって、新たに裏込め（栗石・砂利層）を追加する場合は、その土質・粒度の仕様等を適切に定める必要がある。

【参考例】
・盛土の材料は、人力等で不陸が発生したりしないようまき出してから転圧すること。
・石材の1段ごとにバイブロコンパクター・タンパによる転圧を行うこと。
・降雨時にはシートにより養生等の措置を徹底すること。

（コ）天端・上面の覆土

石垣の天端・上面の処理については、裏込め（栗石・砂利層）の目詰まり防止のための排水・導水機能の整備に加え、転落防止等の安全性への配慮、景観に調和した方法の検討に留意する必要がある。

【参考例】
・石垣天端・上面の盛土仕上げは締め固め土層仕上げ（三和土施工）とする。
・裏込め（栗石・砂利層）への透水性を維持するため、復旧時の裏込め（栗石・砂利層）の上面に吸い出し防止材を敷設のうえ、盛土を行う。

ク　行程の管理・段階の確認

通常の土木工事における工程管理・検査に加え、文化財としての石垣の解体修理であることを踏まえ、特に解体・解体調査及び積み直し・復旧など遺構本体に関わる作業については、より詳細な段階確認を行うことが望ましい。

ケ　設計変更

解体の結果、当初の予想と異なる状況が判明し、設計変更が必要となった場合を想定し、特記仕様書で予め設計変更の際の手順を示す。

【参考例】
・設計変更が必要な場合は次の要領によること。
　a. 協議書の取り交わし
　b. 設計変更の内容を明示する図面・仕様書を作成
　c. 設計変更に伴う金額の増減、行程の変更等を明示した文書の作成
　d. 発注者・請負者・設計者の合意

コ　関係機関との調整

関係機関の合意形成・情報共有化・トラブル回避のため、関係機関の担当者を定めるとともに、定例の作業進捗状況確認会議の開催及び出席者・議事録の作成等について定める。

サ　安全管理

対象地が公園敷地内である場合も多いことから、特に公園利用者及び観光客等の安全確保及び重機類の安全稼働について十分な配慮を行うよう明記する必要がある。また、同時に作業している文化財専門職員等への安全にも十分に配慮する。

シ　説明会実施への協力

発掘調査を含む文化財石垣の解体修理であることから、その内容・成果を積極的に公開することが必要である。したがって、状況に応じて実施中の現場公開・説明会の開催に協力を求めるとともに、解体修理の目的・概要を示した説明板設置の協力を求める。

参考資料
関係法令等

■文化財保護法（抜粋）

（昭和二十五年五月三十日法律第二百十四号）
最終改正：平成二三年五月二日法律第三七号

第一章　総則

（この法律の目的）
第一条　この法律は、文化財を保存し、且つ、その活用を図り、もつて国民の文化的向上に資するとともに、世界文化の進歩に貢献することを目的とする。
（文化財の定義）
第二条　この法律で「文化財」とは、次に掲げるものをいう。
一　建造物、絵画、彫刻、工芸品、書跡、典籍、古文書その他の有形の文化的所産で我が国にとつて歴史上又は芸術上価値の高いもの（これらのものと一体をなしてその価値を形成している土地その他の物件を含む。）並びに考古資料及びその他の学術上価値の高い歴史資料（以下「有形文化財」という。）
二　演劇、音楽、工芸技術その他の無形の文化的所産で我が国にとつて歴史上又は芸術上価値の高いもの（以下「無形文化財」という。）
三　衣食住、生業、信仰、年中行事等に関する風俗慣習、民俗芸能、民俗技術及びこれらに用いられる衣服、器具、家屋その他の物件で我が国民の生活の推移の理解のため欠くことのできないもの（以下「民俗文化財」という。）
四　貝づか、古墳、都城跡、城跡、旧宅その他の遺跡で我が国にとつて歴史上又は学術上価値の高いもの、庭園、橋梁、峡谷、海浜、山岳その他の名勝地で我が国にとつて芸術上又は観賞上価値の高いもの並びに動物（生息地、繁殖地及び渡来地を含む。）、植物（自生地を含む。）及び地質鉱物（特異な自然の現象の生じている土地を含む。）で我が国にとつて学術上価値の高いもの（以下「記念物」という。）
五　地域における人々の生活又は生業及び当該地域の風土により形成された景観地で我が国民の生活又は生業の理解のため欠くことのできないもの（以下「文化的景観」という。）
六　周囲の環境と一体をなして歴史的風致を形成している伝統的な建造物群で価値の高いもの（以下「伝統的建造物群」という。）
2　この法律の規定（第二十七条から第二十九条まで、第三十七条、第五十五条第一項第四号、第百五十三条第一項第一号、第百六十五条、第百七十一条及び附則第三条の規定を除く。）中「重要文化財」には、国宝を含むものとする。
3　この法律の規定（第百九条、第百十条、第百十二条、第百二十二条、第百三十一条第一項第四号、第百五十三条第一項第七号及び第八号、第百六十五条並びに第百七十一条の規定を除く。）中「史跡名勝天然記念物」には、特別史跡名勝天然記念物を含むものとする。
（政府及び地方公共団体の任務）
第三条　政府及び地方公共団体は、文化財がわが国の歴史、文化等の正しい理解のため欠くことのできないものであり、且つ、将来の文化の向上発展の基礎をなすものであることを認識し、その保存が適切に行われるように、周到の注意をもつてこの法律の趣旨の徹底に努めなければならない。
（国民、所有者等の心構）
第四条　一般国民は、政府及び地方公共団体がこの法律の目的を達成するために行う措置に誠実に協力しなければならない。
2　文化財の所有者その他の関係者は、文化財が貴重な国民的財産であることを自覚し、これを公共のために大切に保存するとともに、できるだけこれを公開する等その文化的活用に努めなければならない。
3　政府及び地方公共団体は、この法律の執行に当つて関係者の所有権その他の財産権を尊重しなければならない。

第七章　史跡名勝天然記念物

（指定）
第百九条　文部科学大臣は、記念物のうち重要なものを史跡、名勝又は天然記念物（以下「史跡名勝天然記念物」と総称する。）に指定することができる。
2　文部科学大臣は、前項の規定により指定された史跡名勝天然記念物のうち特に重要なものを特別史跡、特別名勝又は特別天然記念物（以下「特別史跡名勝天然記念物」と総称する。）に指定することができる。
3　前二項の規定による指定は、その旨を官報で告示するとともに、当該特別史跡名勝天然記念物又は史跡名勝天然記念物の所有者及び権原に基づく占有者に通知してする。
4　前項の規定により通知すべき相手方が著しく多数で個別に通知し難い事情がある場合には、文部科学大臣は、同項の規定による通知に代えて、その通知すべき事項を当該特別史跡名勝天然記念物又は史跡名勝天然記念物の所在地の市（特別区を含む。以下同じ。）町村の事務所又はこれに準ずる施設の掲示場に掲示することができる。この場合においては、その掲示を始めた日から二週間を経過した時に前項の規定による通知が相手方に到達したものとみなす。

5　第一項又は第二項の規定による指定は、第三項の規定による官報の告示があつた日からその効力を生ずる。ただし、当該特別史跡名勝天然記念物又は史跡名勝天然記念物の所有者又は権原に基づく占有者に対しては、第三項の規定による通知が到達した時又は前項の規定によりその通知が到達したものとみなされる時からその効力を生ずる。

6　文部科学大臣は、第一項の規定により名勝又は天然記念物の指定をしようとする場合において、その指定に係る記念物が自然環境の保護の見地から価値の高いものであるときは、環境大臣と協議しなければならない。

（現状変更等の制限及び原状回復の命令）

第百二十五条　史跡名勝天然記念物に関しその現状を変更し、又はその保存に影響を及ぼす行為をしようとするときは、文化庁長官の許可を受けなければならない。ただし、現状変更については維持の措置又は非常災害のために必要な応急措置を執る場合、保存に影響を及ぼす行為については影響の軽微である場合は、この限りでない。

2　前項ただし書に規定する維持の措置の範囲は、文部科学省令で定める。

3　第一項の規定による許可を与える場合には、第四十三条第三項の規定を、第一項の規定による許可を受けた者には、同条第四項の規定を準用する。

4　第一項の規定による処分には、第百十一条第一項の規定を準用する。

5　第一項の許可を受けることができなかつたことにより、又は第三項で準用する第四十三条第三項の許可の条件を付せられたことによつて損失を受けた者に対しては、国は、その通常生ずべき損失を補償する。

6　前項の場合には、第四十一条第二項から第四項までの規定を準用する。

7　第一項の規定による許可を受けず、又は第三項で準用する第四十三条第三項の規定による許可の条件に従わないで、史跡名勝天然記念物の現状を変更し、又はその保存に影響を及ぼす行為をした者に対しては、文化庁長官は、原状回復を命ずることができる。この場合には、文化庁長官は、原状回復に関し必要な指示をすることができる。

第十章　文化財の保存技術の保護

（選定保存技術の選定等）

第百四十七条　文部科学大臣は、文化財の保存のために欠くことのできない伝統的な技術又は技能で保存の措置を講ずる必要があるものを選定保存技術として選定することができる。

2　文部科学大臣は、前項の規定による選定をするに当たつては、選定保存技術の保持者又は保存団体（選定保存技術を保存することを主たる目的とする団体（財団を含む。）で代表者又は管理人の定めのあるものをいう。以下同じ。）を認定しなければならない。

3　一の選定保存技術についての前項の認定は、保持者と保存団体とを併せてすることができる。

4　第一項の規定による選定及び前二項の規定による認定には、第七十一条第三項から第五項までの規定を準用する。

（選定等の解除）

第百四十八条　文部科学大臣は、選定保存技術について保存の措置を講ずる必要がなくなつた場合その他特殊の事由があるときは、その選定を解除することができる。

2　文部科学大臣は、保持者が心身の故障のため保持者として適当でなくなつたと認められる場合、保存団体が保存団体として適当でなくなつたと認められる場合その他特殊の事由があるときは、保持者又は保存団体の認定を解除することができる。

3　前二項の場合には、第七十二条第三項の規定を準用する。

4　前条第二項の認定が保持者のみについてなされた場合にあつてはそのすべてが死亡したとき、同項の認定が保存団体のみについてなされた場合にあつてはそのすべてが解散したとき（消滅したときを含む。以下この項において同じ。）、同項の認定が保持者と保存団体とを併せてなされた場合にあつては保持者のすべてが死亡しかつ保存団体のすべてが解散したときは、選定保存技術の選定は、解除されたものとする。この場合には、文部科学大臣は、その旨を官報で告示しなければならない。

（保持者の氏名変更等）

第百四十九条　保持者及び保存団体には、第七十三条の規定を準用する。この場合において、同条後段中「代表者」とあるのは、「代表者又は管理人」と読み替えるものとする。

（選定保存技術の保存）

第百五十条　文化庁長官は、選定保存技術の保存のため必要があると認めるときは、選定保存技術について自ら記録を作成し、又は伝承者の養成その他選定保存技術の保存のために必要と認められるものについて適当な措置を執ることができる。

（選定保存技術の記録の公開）

第百五十一条　選定保存技術の記録の所有者には、第八十八条の規定を準用する。

（選定保存技術の保存に関する援助）

第百五十二条　国は、選定保存技術の保持者若しくは保存団体又は地方公共団体その他その保存に当たることを適当と認める者に対し、指導、助言その他の必要と認められる援助をすることができる。

■森林法（抜粋）

（昭和二十六年六月二十六日法律第二百四十九号）
最終改正：平成二五年六月一四日法律第四四号

第三章　保安施設
第一節　保安林

（指定）
第二十五条　農林水産大臣は、次の各号（指定しようとする森林が民有林である場合にあつては、第一号から第三号まで）に掲げる目的を達成するため必要があるときは、森林（民有林にあつては、重要流域（二以上の都府県の区域にわたる流域その他の国土保全上又は国民経済上特に重要な流域で農林水産大臣が指定するものをいう。以下同じ。）内に存するものに限る。）を保安林として指定することができる。ただし、海岸法第三条 の規定により指定される海岸保全区域及び自然環境保全法（昭和四十七年法律第八十五号）第十四条第一項 の規定により指定される原生自然環境保全地域については、指定することができない。
一　水源のかん養
二　土砂の流出の防備
三　土砂の崩壊の防備
四　飛砂の防備
五　風害、水害、潮害、干害、雪害又は霧害の防備
六　なだれ又は落石の危険の防止
七　火災の防備
八　魚つき
九　航行の目標の保存
十　公衆の保健
十一　名所又は旧跡の風致の保存
2　前項但書の規定にかかわらず、農林水産大臣は、特別の必要があると認めるときは、海岸管理者に協議して海岸保全区域内の森林を保安林として指定することができる。
3　農林水産大臣は、第一項第十号又は第十一号に掲げる目的を達成するため前二項の指定をしようとするときは、環境大臣に協議しなければならない。
4　農林水産大臣は、第一項又は第二項の指定をしようとするときは、林政審議会に諮問することができる。
第二十五条の二　都道府県知事は、前条第一項第一号から第三号までに掲げる目的を達成するため必要があるときは、重要流域以外の流域内に存する民有林を保安林として指定することができる。この場合には、同項ただし書及び同条第二項の規定を準用する。
2　都道府県知事は、前条第一項第四号から第十一号までに掲げる目的を達成するため必要があるときは、民有林を保安林として指定することができる。この場合には、同項ただし書及び同条第二項の規定を準用する。
3　都道府県知事は、前二項の指定をしようとするときは、都道府県森林審議会に諮問することができる。

（解除）
第二十六条　農林水産大臣は、保安林（民有林にあつては、第二十五条第一項第一号から第三号までに掲げる目的を達成するため指定され、かつ、重要流域内に存するものに限る。以下この条において同じ。）について、その指定の理由が消滅したときは、遅滞なくその部分につき保安林の指定を解除しなければならない。
2　農林水産大臣は、公益上の理由により必要が生じたときは、その部分につき保安林の指定を解除することができる。
3　前二項の規定により解除をしようとする場合には、第二十五条第三項及び第四項の規定を準用する。
第二十六条の二　都道府県知事は、民有林である保安林（第二十五条第一項第一号から第三号までに掲げる目的を達成するため指定されたものにあつては、重要流域以外の流域内に存するものに限る。以下この条において同じ。）について、その指定の理由が消滅したときは、遅滞なくその部分につき保安林の指定を解除しなければならない。
2　都道府県知事は、民有林である保安林について、公益上の理由により必要が生じたときは、その部分につき保安林の指定を解除することができる。
3　前二項の規定により解除をしようとする場合には、第二十五条の二第三項の規定を準用する。
4　都道府県知事は、第一項又は第二項の規定により解除をしようとする場合において、当該解除をしようとする保安林が次の各号のいずれかに該当するときは、農林水産大臣に協議し、その同意を得なければならない。
一　第二十五条第一項第一号から第三号までに掲げる目的を達成するため指定された保安林で、第一項又は第二項の規定により解除をしようとする面積が政令で定める規模以上であるもの
二　その全部又は一部が第四十一条第三項に規定する保安施設事業又は地すべり等防止法第二条第四項 に規定する地すべり防止工事若しくは同法第四十一条 のぼた山崩壊防止工事の施行に係る土地の区域内にある保安林
（指定又は解除の申請）
第二十七条　保安林の指定若しくは解除に利害関係を有する地方公共団体の長又はその指定若しくは解除に直接の利害関係を有する者は、農林水産省令で定める手続に従い、森林を保安林として指定すべき旨又は保安林の指定を解除すべき旨を書面により農林水産大臣又は都道府県知事に申請することができる。
2　都道府県知事以外の者が前項の規定により保安林の指定又は解除を農林水産大臣に申請する場合には、その森林の所在地を管轄する都道府県知事を経由しなければならない。
3　都道府県知事は、前項の場合には、遅滞なくその申請書に意見書を附して農林水産大臣に進達しなければならない。但し、申請が第一項の条件を具備しないか、又は次条の規定に違反していると認めるときは、その申請を進達しないで却下することができる。
第二十八条　農林水産大臣又は都道府県知事が前条第一項の申請に係る指定又は解除をしない旨の処分をしたときは、その申

請をした者は、実地の状況に著しい変化が生じた場合でなければ、再び同一の理由で同項の申請をしてはならない。

（保安林予定森林又は解除予定保安林に関する通知等）

第二十九条　農林水産大臣は、保安林の指定又は解除をしようとするときは、あらかじめその旨並びに指定をしようとするときにあつてはその保安林予定森林の所在場所、当該指定の目的及び保安林の指定後における当該森林に係る第三十三条第一項に規定する指定施業要件、解除をしようとするときにあつてはその解除予定保安林の所在場所、保安林として指定された目的及び当該解除の理由をその森林の所在地を管轄する都道府県知事に通知しなければならない。その通知した内容を変更しようとするときもまた同様とする。

第三十条　都道府県知事は、前条の通知を受けたときは、遅滞なく、農林水産省令で定めるところにより、その通知の内容を告示し、その森林の所在する市町村の事務所に掲示するとともに、その森林の森林所有者及びその森林に関し登記した権利を有する者にその内容を通知しなければならない。この場合において、保安林の指定又は解除が第二十七条第一項の規定による申請に係るものであるときは、その申請者にも通知しなければならない。

第三十条の二　都道府県知事は、保安林の指定又は解除をしようとするときは、農林水産省令で定めるところにより、あらかじめその旨並びに指定をしようとするときにあつてはその保安林予定森林の所在場所、当該指定の目的及び保安林の指定後における当該森林に係る第三十三条第一項に規定する指定施業要件、解除をしようとするときにあつてはその解除予定保安林の所在場所、保安林として指定された目的及び当該解除の理由を告示し、その森林の所在する市町村の事務所に掲示するとともに、その森林の森林所有者及びその森林に関し登記した権利を有する者にその内容を通知しなければならない。その告示した内容を変更しようとするときもまた同様とする。

2　前項の場合には、前条後段の規定を準用する。

（保安林予定森林における制限）

第三十一条　都道府県知事は、前二条の規定による告示があつた保安林予定森林について、農林水産省令で定めるところにより、九十日を超えない期間内において、立木竹の伐採又は土石若しくは樹根の採掘、開墾その他の土地の形質を変更する行為を禁止することができる。

（意見書の提出）

第三十二条　第二十七条第一項に規定する者は、第三十条又は第三十条の二第一項の告示があつた場合においてその告示の内容に異議があるときは、農林水産省令で定める手続に従い、第三十条の告示にあつては都道府県知事を経由して農林水産大臣に、第三十条の二第一項の告示にあつては都道府県知事に、意見書を提出することができる。この場合には、その告示の日から三十日以内に意見書を都道府県知事に差し出さなければならない。

2　前項の規定による意見書の提出があつたときは、農林水産大臣は第三十条の告示に係る意見書について、都道府県知事は第三十条の二第一項の告示に係る意見書について、公開による意見の聴取を行わなければならない。この場合において、都道府県知事は、同項の告示に係る意見書の写しを農林水産大臣に送付しなければならない。

3　農林水産大臣又は都道府県知事は、前項の意見の聴取をしようとするときは、その期日の一週間前までに意見の聴取の期日及び場所をその意見書を提出した者に通知するとともにこれを公示しなければならない。

4　農林水産大臣又は都道府県知事は、第三十条又は第三十条の二第一項の告示の日から四十日を経過した後（第一項の意見書の提出があつたときは、これについて第二項の意見の聴取をした後）でなければ保安林の指定又は解除をすることができない。

5　農林水産大臣は、第三十条の二第一項の告示に係る第一項の意見書の提出があつた場合において、保安林として指定する目的を達成するためその他公益上の理由により特別の必要があると認めるときは、都道府県知事に対し、保安林の指定又は解除に関し必要な指示をすることができる。

6　前項の指示は、第二項の意見の聴取をした後でなければすることができない。

（指定又は解除の通知）

第三十三条　農林水産大臣は、保安林の指定又は解除をする場合には、その旨並びに指定をするときにあつてはその保安林の所在場所、当該指定の目的及び当該保安林に係る指定施業要件（立木の伐採の方法及び限度並びに立木を伐採した後において当該伐採跡地について行なう必要のある植栽の方法、期間及び樹種をいう。以下同じ。）、解除をするときにあつてはその保安林の所在場所、保安林として指定された目的及び当該解除の理由を告示するとともに関係都道府県知事に通知しなければならない。

2　保安林の指定又は解除は、前項の告示によつてその効力を生ずる。

3　都道府県知事は、第一項の通知を受けたときは、その処分の内容をその処分に係る森林の森林所有者及びその処分が第二十七条第一項の申請に係るものであるときはその申請者に通知しなければならない。

4　第一項の規定による通知に係る指定施業要件のうち立木の伐採の限度に関する部分は、当該保安林の指定に係る森林又は当該森林を含む保安林の集団を単位として定めるものとする。

5　第一項の規定による通知に係る指定施業要件は、当該保安林の指定に伴いこの章の規定により当該森林について生ずべき制限が当該保安林の指定の目的を達成するため必要最小限度のものとなることを旨とし、政令で定める基準に準拠して定めるものとする。

6　前各項の規定は、都道府県知事による保安林の指定又は解除について準用する。この場合において、第一項中「告示するとともに関係都道府県知事に通知しなければならない」とあるのは「告示しなければならない」と、第三項中「通知を受けた」とあるのは「告示をした」と、第四項及び前項中「通知」とあるのは「告示」と読み替えるものとする。

（指定施業要件の変更）

第三十三条の二　農林水産大臣又は都道府県知事は、保安林について、当該保安林に係る指定施業要件を変更しなければその保安林の指定の目的を達成することができないと認められるに至つたとき、又は当該保安林に係る指定施業要件を変更してもその保安林の指定の目的に支障を及ぼすことがないと認められるに至つたときは、当該指定施業要件を変更することができる。

2　保安林について、その指定施業要件の変更に利害関係を有する地方公共団体の長又はその変更に直接の利害関係を有する者は、農林水産省令で定める手続に従い、当該指定施業要件を変更すべき旨を書面により農林水産大臣又は都道府県知事に申請することができる。

第三十三条の三　保安林の指定施業要件の変更については、第二十九条から第三十条の二まで、第三十二条第一項から第四項まで及び第三十三条の規定（保安林の指定に関する部分に限る。）を、保安林の指定施業要件の変更の申請については、第二十七条第二項及び第三項並びに第二十八条の規定を準用する。この場合において、第二十九条及び第三十条の二第一項中「その保安林予定森林の所在場所、当該指定の目的及び保安林の指定後における当該森林に係る」とあるのは「その保安林の所在場所、保安林として指定された目的及び当該変更に係る」と、第三十条（第三十条の二第二項において準用する場合を含む。）及び第三十二条第一項中「第二十七条第一項」とあるのは「第三十三条の二第二項」と、第三十三条第一項（同条第六項において準用する場合を含む。）中「当該指定の目的及び当該保安林に係る」とあるのは「保安林として指定された目的及び当該変更に係る」と、同条第三項（同条第六項において準用する場合を含む。）中「第二十七条第一項」とあるのは「第三十三条の二第二項」と読み替えるものとする。

（保安林における制限）

第三十四条　保安林においては、政令で定めるところにより、都道府県知事の許可を受けなければ、立木を伐採してはならない。ただし、次の各号のいずれかに該当する場合は、この限りでない。

一　法令又はこれに基づく処分により伐採の義務のある者がその履行として伐採する場合

二　次条第一項に規定する択伐による立木の伐採をする場合

三　第三十四条の三第一項に規定する間伐のための立木の伐採をする場合

四　第三十九条の四第一項の規定により地域森林計画に定められている森林施業の方法及び時期に関する事項に従つて立木の伐採をする場合

五　森林所有者等が第四十九条第一項の許可を受けて伐採する場合

六　第百八十八条第三項の規定に基づいて伐採する場合

七　火災、風水害その他の非常災害に際し緊急の用に供する必要がある場合

八　除伐する場合

九　その他農林水産省令で定める場合

2　保安林においては、都道府県知事の許可を受けなければ、立竹を伐採し、立木を損傷し、家畜を放牧し、下草、落葉若しくは落枝を採取し、又は土石若しくは樹根の採掘、開墾その他の土地の形質を変更する行為をしてはならない。ただし、次の各号のいずれかに該当する場合は、この限りでない。

一　法令又はこれに基づく処分によりこれらの行為をする義務のある者がその履行としてする場合

二　森林所有者等が第四十九条第一項の許可を受けてする場合

三　第百八十八条第三項の規定に基づいてする場合

四　火災、風水害その他の非常災害に際し緊急の用に供する必要がある場合

五　軽易な行為であつて農林水産省令で定めるものをする場合

六　その他農林水産省令で定める場合

3　都道府県知事は、第一項の許可の申請があつた場合において、その申請に係る伐採の方法が当該保安林に係る指定施業要件に適合するものであり、かつ、その申請（当該保安林に係る指定施業要件を定めるについて同一の単位とされている保安林又はその集団の立木について当該申請が二以上あるときは、これらの申請のすべて）につき同項の許可をするとしてもこれにより当該指定施業要件を定めるについて同一の単位とされている保安林又はその集団に係る立木の伐採が当該指定施業要件に定める伐採の限度を超えることとならないと認められるときは、これを許可しなければならない。

4　都道府県知事は、第一項の許可の申請があつた場合において、その申請に係る伐採の方法が当該保安林に係る指定施業要件に適合するものであり、かつ、その申請（当該保安林に係る指定施業要件を定めるについて同一の単位とされている保安林又はその集団の立木について当該申請が二以上あるときは、これらの申請のすべて）につき同項の許可をするとすればこれにより当該指定施業要件を定めるについて同一の単位とされている保安林又はその集団に係る立木の伐採が当該指定施業要件に定める伐採の限度を超えることとなるが、その一部について同項の許可をするとすれば当該伐採の限度を超えることとならないと認められるときは、政令で定める基準に従い、当該伐採の限度まで、その申請に係る伐採の面積又は数量を縮減して、これを許可しなければならない。

5　都道府県知事は、第二項の許可の申請があつた場合には、その申請に係る行為がその保安林の指定の目的の達成に支障を及ぼすと認められる場合を除き、これを許可しなければならない。

6　第一項又は第二項の許可には、条件を付することができる。

7　前項の条件は、当該保安林の指定の目的を達成するために必要最小限度のものに限り、かつ、その許可を受けた者に不当な義務を課することとなるものであつてはならない。

8　第一項の許可を受けた者は、当該許可に係る立木を伐採したときは、農林水産省令で定める手続に従い、その旨を、都道府県知事に届け出るとともに、その者が当該森林に係る森林所有者でないときは、当該森林所有者に通知しなければならない。

9　第一項第七号及び第二項第四号に掲げる場合に該当して当

該行為をした者は、農林水産省令で定める手続に従い、都道府県知事に届出書を提出しなければならない。

10　都道府県知事は、第八項又は前項の規定により立木を伐採した旨の届出があつた場合（同項の規定による届出にあつては、第一項第七号に係るものに限る。）には、農林水産省令で定めるところにより、当該立木の所在地の属する市町村の長にその旨を通知しなければならない。ただし、当該伐採が、第十一条第五項の認定に係る森林経営計画（その変更につき第十二条第三項において読み替えて準用する第十一条第五項の規定による認定があつたときは、その変更後のもの）において定められているものである場合は、この限りでない。

（保安林における択伐の届出等）

第三十四条の二　保安林においては、当該保安林に係る指定施業要件に定める立木の伐採の方法に適合し、かつ、当該指定施業要件に定める伐採の限度を超えない範囲内において択伐による立木の伐採（人工植栽に係る森林の立木の伐採に限る。第三項において同じ。）をしようとする者は、前条第一項第一号、第四号から第七号まで及び第九号に掲げる場合を除き、農林水産省令で定める手続に従い、あらかじめ、都道府県知事に森林の所在場所、伐採立木材積、伐採方法その他農林水産省令で定める事項を記載した択伐の届出書を提出しなければならない。

2　都道府県知事は、前項の規定により提出された届出書に記載された伐採立木材積又は伐採方法に関する計画が当該保安林に係る指定施業要件に適合しないと認めるときは、当該届出書を提出した者に対し、その択伐の計画を変更すべき旨を命じなければならない。

3　前項の命令があつたときは、その命令があつた後に行われる択伐による立木の伐採については、同項の届出書の提出はなかつたものとみなす。

4　都道府県知事は、第一項の規定により択伐の届出書が提出された場合（前項の規定により届出書の提出がなかつたものとみなされる場合を除く。）には、農林水産省令で定めるところにより、当該択伐に係る立木の所在地の属する市町村の長にその旨を通知しなければならない。ただし、当該択伐が、第十一条第五項の認定に係る森林経営計画（その変更につき第十二条第三項において読み替えて準用する第十一条第五項の規定による認定があつたときは、その変更後のもの）において定められているものである場合は、この限りでない。

5　第一項の規定により択伐の届出書を提出した者は、当該届出に係る立木を伐採した場合において、その者が当該森林に係る森林所有者でないときは、農林水産省令で定める手続に従い、その旨を、当該森林所有者に通知しなければならない。

（保安林における間伐の届出等）

第三十四条の三　保安林においては、当該保安林に係る指定施業要件に定める立木の伐採の方法に適合し、かつ、当該指定施業要件に定める伐採の限度を超えない範囲内において間伐のため立木を伐採しようとする者は、第三十四条第一項第一号、第四号から第七号まで及び第九号に掲げる場合を除き、農林水産省令で定める手続に従い、あらかじめ、都道府県知事に森林の所在場所、間伐立木材積、間伐方法その他農林水産省令で定める事項を記載した間伐の届出書を提出しなければならない。

2　前条第二項から第四項までの規定は、前項の規定による間伐の届出について準用する。この場合において、同条第二項中「伐採立木材積又は伐採方法」とあるのは、「間伐立木材積又は間伐方法」と読み替えるものとする。

（保安林における植栽の義務）

第三十四条の四　森林所有者等が保安林の立木を伐採した場合には、当該保安林に係る森林所有者は、当該保安林に係る指定施業要件として定められている植栽の方法、期間及び樹種に関する定めに従い、当該伐採跡地について植栽をしなければならない。ただし、当該伐採をした森林所有者等が当該保安林に係る森林所有者でない場合において当該伐採があつたことを知らないことについて正当な理由があると認められるとき、当該伐採跡地について第三十八条第一項又は第三項の規定による造林に必要な行為をすべき旨の命令があつた場合（当該命令を受けた者が当該伐採跡地に係る森林所有者以外の者であり、その者が行う当該命令の実施行為を当該森林所有者が拒んだ場合を除く。）その他農林水産省令で定める場合は、この限りでない。

（損失の補償）

第三十五条　国又は都道府県は、政令で定めるところにより、保安林として指定された森林の森林所有者その他権原に基づきその森林の立木竹又は土地の使用又は収益をする者に対し、保安林の指定によりその者が通常受けるべき損失を補償しなければならない。

（受益者の負担）

第三十六条　国又は都道府県は、保安林の指定によつて利益を受ける地方公共団体その他の者に、その受ける利益の限度において、前条の規定により補償すべき金額の全部又は一部を負担させることができる。

2　農林水産大臣又は都道府県知事は、前項の場合には、補償金額の全部又は一部を負担する者に対し、その負担すべき金額並びにその納付の期日及び場所を書面により通知しなければならない。

3　農林水産大臣又は都道府県知事は、前項の通知を受けた者が納付の期日を過ぎても同項の金額を完納しないときは、督促状により、期限を指定してこれを督促しなければならない。

4　前項の規定による督促を受けた者がその指定の期限までにその負担すべき金額を納付しないときは、農林水産大臣は国税滞納処分の例によつて、都道府県知事は地方税の滞納処分の例によつて、これを徴収することができる。この場合における徴収金の先取特権の順位は、国税及び地方税に次ぐものとする。

（担保権）

第三十七条　保安林の立木竹又は土地について先取特権、質権又は抵当権を有する者は、第三十五条の規定による補償金に対してもその権利を行うことができる。但し、その払渡前に差押をしなければならない。

（監督処分）

第三十八条　都道府県知事は、第三十四条第一項の規定に違反した者若しくは同項の許可に附した同条第六項の条件に違反して立木を伐採した者又は偽りその他不正な手段により同条第一項の許可を受けて立木を伐採した者に対し、伐採の中止を命じ、又は当該伐採跡地につき、期間、方法及び樹種を定めて造林に必要な行為を命ずることができる。

2　都道府県知事は、第三十四条第二項の規定に違反した者若しくは同項の許可に附した同条第六項の条件に違反して同条第二項の行為をした者又は偽りその他不正な手段により同項の許可を受けて同項の行為をした者に対し、その行為の中止を命じ、又は期間を定めて復旧に必要な行為をすべき旨を命ずることができる。

3　都道府県知事は、第三十四条の二第一項の規定に違反した者に対し、当該伐採跡地につき、期間、方法及び樹種を定めて造林に必要な行為を命ずることができる。

4　都道府県知事は、森林所有者が第三十四条の四の規定に違反して、保安林に係る指定施業要件として定められている植栽の期間内に、植栽をせず、又は当該指定施業要件として定められている植栽の方法若しくは樹種に関する定めに従つて植栽をしない場合には、当該森林所有者に対し、期間を定めて、当該保安林に係る指定施業要件として定められている植栽の方法と同一の方法により、当該指定施業要件として定められている樹種と同一の樹種のものを植栽すべき旨を命ずることができる。

（標識の設置）

第三十九条　都道府県知事は、民有林について保安林の指定があつたときは、その保安林の区域内にこれを表示する標識を設置しなければならない。この場合において、保安林の森林所有者は、その設置を拒み、又は妨げてはならない。

2　農林水産大臣は、国有林について保安林の指定をしたときは、その保安林の区域内にこれを表示する標識を設置しなければならない。

3　前二項の標識の様式は、農林水産省令で定める。

（保安林台帳）

第三十九条の二　都道府県知事は、保安林台帳を調製し、これを保管しなければならない。

2　都道府県知事は、前項の保安林台帳の閲覧を求められたときは、正当な理由がなければ、これを拒んではならない。

3　保安林台帳の記載事項その他その調製及び保管に関し必要な事項は、農林水産省令で定める。

（特定保安林の指定）

第三十九条の三　農林水産大臣は、全国森林計画に基づき、指定の目的に即して機能していないと認められる保安林（当該目的に即して機能することを確保するため、その区域内にある森林の全部又は一部について造林、保育、伐採その他の森林施業を早急に実施する必要があると認められるものに限る。）を特定保安林として指定することができる。

2　都道府県知事は、農林水産省令で定めるところにより、当該都道府県の区域内の保安林を特定保安林として指定すべき旨を農林水産大臣に申請することができる。

3　農林水産大臣は、特定保安林の指定をしようとするときは、当該指定をしようとする保安林の所在場所を管轄する都道府県知事に協議しなければならない。

4　農林水産大臣は、特定保安林の指定をしたときは、遅滞なく、これを公表しなければならない。

5　前三項の規定は、特定保安林の指定の解除について準用する。

（地域森林計画の変更等）

第三十九条の四　都道府県知事は、当該都道府県の区域内の保安林が特定保安林として指定された場合において、当該特定保安林の区域内に第五条第一項の規定によりたてられた地域森林計画の対象となつている民有林があるときは、当該地域森林計画を変更し、当該民有林につき、当該特定保安林が保安林の指定の目的に即して機能することを確保することを旨として、次に掲げる事項を追加して定めなければならない。同項の規定により地域森林計画をたてる場合において特定保安林の区域内の民有林で当該地域森林計画の対象となるものがあるときも、同様とする。

一　造林、保育、伐採その他の森林施業を早急に実施する必要があると認められる森林（以下「要整備森林」という。）の所在

二　要整備森林について実施すべき造林、保育、伐採その他の森林施業の方法及び時期に関する事項

2　都道府県知事は、前項の規定により地域森林計画を変更し、又はこれをたてようとするときは、同項各号に掲げる事項のほか、要整備森林の整備のために必要な事項を定めるよう努めるものとする。

3　都道府県知事は、第一項の規定により地域森林計画を変更し、又はこれをたてようとする場合であつて、第六条第二項の規定により前二項に規定する事項に関し直接の利害関係を有する者から異議の申立てがあつたときは、公開による意見の聴取を行わなければならない。

4　都道府県知事は、前項の意見の聴取をしようとするときは、その期日の一週間前までに意見の聴取の期日及び場所をその異議の申立てをした者に通知するとともにこれを公示しなければならない。

5　都道府県知事は、第三項の異議の申立てがあつたときは、これについて同項の意見の聴取をした後でなければ、地域森林計画を変更し、又はこれをたてることができない。

（要整備森林に係る施業の勧告等）

第三十九条の五　都道府県知事は、森林所有者等が要整備森林について前条第一項の規定により地域森林計画に定められている森林施業の方法に関する事項を遵守していないと認める場合において、地域森林計画の達成上必要があるときは、当該森林所有者等に対し、遵守すべき事項を示して、これに従つて施業すべき旨を勧告することができる。

2　都道府県知事は、要整備森林について前項の規定による勧告をした場合において、その勧告を受けた者がこれに従わないとき、又は従う見込みがないと認めるときは、その者に対し、当該要整備森林若しくは当該要整備森林の立木について所有権若しくは使用及び収益を目的とする権利を取得し、又は当該要整備森林の施業の委託を受けようとする者で当該都道府県知事の指定を受けたものと当該要整備森林若しくは当該要整備森林の立木についての所有権の移転若しくは使用及び収益を目的とする権利の設定若しくは移転又は当該要整備森林の施業の委託に関し協議すべき旨を勧告することができる。

（市町村の長による施業の勧告の特例）

第三十九条の六　要整備森林については、第十条の十第一項及び第二項の規定は、適用しない。

（要整備森林における保安施設事業の実施）

第三十九条の七　都道府県知事が第三十九条の五第二項の規定による勧告をした場合において、その勧告に係る協議が調わず、又は協議をすることができないときであつて、農林水産省令で定めるところにより都道府県知事が当該勧告に係る要整備森林において第四十一条第三項に規定する保安施設事業（森林の造成事業又は森林の造成に必要な事業に限る。）を行うときは、当該要整備森林の土地の所有者その他その土地に関し権利を有する者（次項において「関係人」という。）は、その実施行為を拒んではならない。

2　都道府県は、その行つた前項の行為により損失を受けた関係人に対し、通常生ずべき損失を補償しなければならない。

（保安林に係る権限の適切な行使）

第四十条　農林水産大臣及び都道府県知事は、第二十五条第一項各号に掲げる目的が十分に達成されるよう、同条及び第二十五条の二の規定による保安林の指定に係る権限を適切に行使するものとする。

2　前項に定めるもののほか、農林水産大臣及び都道府県知事は、保安林制度の負う使命に鑑み、保安林に関しこの法律及びこれに基づく政令の規定によりその権限に属させられた事務を適正に遂行するほか、保安林に係る制限の遵守及び義務の履行につき有効な指導及び援助を行い、その他保安林の整備及び保全のため必要な措置を講じて、保安林が常にその指定の目的に即して機能することを確保するように努めなければならない。

■急傾斜地の崩壊による災害の防止に関する法律（抜粋）

（昭和四十四年七月一日法律第五十七号）

最終改正：平成一七年七月六日法律第八二号

第一章　総則

（目的）

第一条　この法律は、急傾斜地の崩壊による災害から国民の生命を保護するため、急傾斜地の崩壊を防止するために必要な措置を講じ、もつて民生の安定と国土の保全とに資することを目的とする。

（定義）

第二条　この法律において「急傾斜地」とは、傾斜度が三十度以上である土地をいう。

2　この法律において「急傾斜地崩壊防止施設」とは、次条第一項の規定により指定される急傾斜地崩壊危険区域内にある擁壁、排水施設その他の急傾斜地の崩壊を防止するための施設をいう。

3　この法律において「急傾斜地崩壊防止工事」とは、急傾斜地崩壊防止施設の設置又は改造その他次条第一項の規定により指定される急傾斜地崩壊危険区域内における急傾斜地の崩壊を防止するための工事をいう。

（急傾斜地崩壊危険区域の指定）

第三条　都道府県知事は、この法律の目的を達成するために必要があると認めるときは、関係市町村長（特別区の長を含む。以下同じ。）の意見をきいて、崩壊するおそれのある急傾斜地で、その崩壊により相当数の居住者その他の者に危害が生ずるおそれのあるもの及びこれに隣接する土地のうち、当該急傾斜地の崩壊が助長され、又は誘発されるおそれがないようにするため、第七条第一項各号に掲げる行為が行なわれることを制限する必要がある土地の区域を急傾斜地崩壊危険区域として指定することができる。

2　前項の指定は、この法律の目的を達成するために必要な最小限度のものでなければならない。

3　都道府県知事は、第一項の指定をするときは、国土交通省令で定めるところにより、当該急傾斜地崩壊危険区域を公示するとともに、その旨を関係市町村長に通知しなければならない。これを廃止するときも、同様とする。

4　急傾斜地崩壊危険区域の指定又は廃止は、前項の公示によつてその効力を生ずる。

（調査）

第四条　前条第一項の指定は、必要に応じ、当該指定に係る土地に関し、地形、地質、降水等の状況に関する現地調査をして行なうものとする。

（調査のための立入り）

第五条　都道府県知事又はその命じた者若しくは委任した者は、前条の調査のためにやむを得ない必要があるときは、他人の占有する土地に立ち入り、又は特別の用途のない他人の土地を材料置場若しくは作業場として一時使用することができる。

2　前項の規定により他人の占有する土地に立ち入ろうとする者は、あらかじめ、その旨を当該土地の占有者に通知しなければならない。ただし、あらかじめ通知することが困難であるときは、この限りでない。

3　第一項の規定により宅地又はかき、さく等で囲まれた他人の占有する土地に立ち入ろうとする場合においては、その立ち入ろうとする者は、立入りの際、あらかじめ、その旨を当該土地の占有者に告げなければならない。

4　日出前及び日没後においては、土地の占有者の承諾があつた場合を除き、前項に規定する土地に立ち入つてはならない。

5　第一項の規定により他人の占有する土地に立ち入ろうとする者は、その身分を示す証明書を携帯し、関係人の請求があつたときは、これを提示しなければならない。

6　第一項の規定により特別の用途のない他人の土地を材料置場又は作業場として一時使用しようとする者は、あらかじめ、当該土地の占有者及び所有者に通知して、その意見をきかなければならない。

7　土地の占有者又は所有者は、正当な理由がない限り、第一項の規定による立入り又は一時使用を拒み、又は妨げてはならない。

8　都道府県は、第一項の規定による立入り又は一時使用により損失を受けた者がある場合においては、その者に対して、通常生ずべき損失を補償しなければならない。

9　前項の規定による損失の補償については、都道府県と損失を受けた者とが協議しなければならない。

10　前項の規定による協議が成立しない場合においては、都道府県は、自己の見積つた金額を損失を受けた者に支払わなければならない。この場合において、当該金額について不服のある者は、政令で定めるところにより、補償金の支払を受けた日から三十日以内に、収用委員会に土地収用法（昭和二十六年法律第二百十九号）第九十四条 の規定による裁決を申請することができる。

第二章　急傾斜地崩壊危険区域に関する管理等

（標識の設置）

第六条　都道府県は、急傾斜地崩壊危険区域の指定があつたときは、国土交通省令で定めるところにより、当該急傾斜地崩壊危険区域内にこれを表示する標識を設置しなければならない。

（行為の制限）

第七条　急傾斜地崩壊危険区域内においては、次の各号に掲げる行為は、都道府県知事の許可を受けなければ、してはならない。ただし、非常災害のために必要な応急措置として行なう行為、当該急傾斜地崩壊危険区域の指定の際すでに着手している行為及び政令で定めるその他の行為については、この限りでない。

一　水を放流し、又は停滞させる行為その他水のしん透を助長する行為

二　ため池、用水路その他の急傾斜地崩壊防止施設以外の施設又は工作物の設置又は改造

三　のり切、切土、掘さく又は盛土

四　立木竹の伐採

五　木竹の滑下又は地引による搬出

六　土石の採取又は集積

七　前各号に掲げるもののほか、急傾斜地の崩壊を助長し、又は誘発するおそれのある行為で政令で定めるもの

2　都道府県知事は、前項の許可に、急傾斜地の崩壊を防止するために必要な条件を附することができる。

3　急傾斜地崩壊危険区域の指定の際当該急傾斜地崩壊危険区域内においてすでに第一項各号に掲げる行為（非常災害のために必要な応急措置として行なう行為及び同項ただし書に規定する政令で定めるその他の行為を除く。）に着手している者は、その指定の日から起算して十四日以内に、国土交通省令で定めるところにより、その旨を都道府県知事に届け出なければならない。

4　国又は地方公共団体が第一項の許可を受けなければならない行為（以下「制限行為」という。）をしようとするときは、あらかじめ、都道府県知事に協議することをもつて足りる。

（監督処分）

第八条　都道府県知事は、次の各号の一に該当する者に対して、前条第一項の許可を取り消し、若しくは同項の許可に附した条件を変更し、又は制限行為の中止その他制限行為に伴う急傾斜地の崩壊を防止するために必要な措置をとることを命ずることができる。

一　前条第一項の規定に違反した者

二　前条第一項の許可に附した条件に違反した者

三　偽りその他不正な手段により前条第一項の許可を受けた者

2　都道府県知事は、前項の規定により必要な措置をとることを命じようとする場合において、過失がなくてその措置をとることを命ずべき者を確知することができず、かつ、これを放置することが著しく公益に反すると認められるときは、その者の負担において、その措置をみずから行ない、又はその命じた者若しくは委任した者に行なわせることができる。この場合においては、相当の期限を定めて、その措置をとるべき旨及びその期限までにその措置をとらないときは、都道府県知事又はその命じた者若しくは委任した者がその措置を行なうべき旨を、あらかじめ、公告しなければならない。

（土地の保全等）

第九条　急傾斜地崩壊危険区域内の土地の所有者、管理者又は占有者は、その土地の維持管理については、当該急傾斜地崩壊危険区域内における急傾斜地の崩壊が生じないように努めなければならない。

2　急傾斜地崩壊危険区域内における急傾斜地の崩壊により被害を受けるおそれのある者は、当該急傾斜地の崩壊による被害を除却し、又は軽減するために必要な措置を講ずるように努めなければならない。

3　都道府県知事は、急傾斜地崩壊危険区域内における急傾斜地の崩壊による災害を防止するために必要があると認める場合においては、当該急傾斜地崩壊危険区域内の土地の所有者、管理者又は占有者、その土地内において制限行為を行つた者、当該急傾斜地の崩壊により被害を受けるおそれのある者等に対し、急傾斜地崩壊防止工事の施行その他の必要な措置をとることを勧告することができる。

（改善命令）

第十条　都道府県知事は、急傾斜地崩壊危険区域内の土地において制限行為（当該急傾斜地崩壊危険区域の指定前に行なわれた行為又はその指定の際すでに着手している行為であつて、その行為が当該指定後に行なわれたとしたならば制限行為に該当する行為となるべきものを含む。以下同じ。）が行なわれ、かつ、当該制限行為に伴う急傾斜地の崩壊を防止するために必要な急傾斜

地崩壊防止工事がなされていないか又はきわめて不完全であることのために、これを放置するときは、当該制限行為に伴う急傾斜地の崩壊のおそれが著しいと認められる場合においては、その著しいおそれを除去するために必要であり、かつ、土地の利用状況、当該制限行為が行なわれるに至つた事情等からみて相当であると認められる限度において、当該制限行為の行なわれた土地の所有者、管理者又は占有者に対し、相当の猶予期限をつけて、急傾斜地崩壊防止工事の施行を命ずることができる。

2　前項に規定する場合において、制限行為の行なわれた土地の所有者、管理者又は占有者以外の者の行為によつて同項に規定する急傾斜地の崩壊の著しいおそれが生じたことが明らかであり、その行為をした者に同項の工事の全部又は一部を行なわせることが相当であると認められ、かつ、これを行なわせることについて当該制限行為が行なわれた土地の所有者、管理者又は占有者に異議がないときは、都道府県知事は、その行為をした者に対して、同項の工事の全部又は一部の施行を命ずることができる。

3　前二項の規定は、第八条第一項各号に掲げる者に対しては、適用しない。

4　第八条第二項の規定は、第一項又は第二項の場合について準用する。

（立入検査）

第十一条　都道府県知事又はその命じた者若しくは委任した者は、第七条第一項、第八条第一項又は前条第一項若しくは第二項の規定による権限を行なうために必要がある場合においては、当該土地に立ち入り、当該土地又は当該土地における急傾斜地崩壊防止工事若しくは制限行為の状況を検査することができる。

2　第五条第五項の規定は、前項の場合について準用する。

3　第一項の規定による立入検査の権限は、犯罪捜査のために認められたものと解してはならない。

（都道府県の施行する急傾斜地崩壊防止工事）

第十二条　都道府県は、急傾斜地崩壊防止工事のうち、制限行為に伴う急傾斜地の崩壊を防止するために必要な工事以外の工事で、当該急傾斜地の所有者、管理者若しくは占有者又は当該急傾斜地の崩壊により被害を受けるおそれのある者が施行することが困難又は不適当と認められるものを施行するものとする。

2　前項の規定は、砂防法（明治三十年法律第二十九号）第二条 の規定により指定された土地、森林法（昭和二十六年法律第二百四十九号）第二十五条第一項 若しくは第二十五条の二第一項 若しくは第二項 の規定により指定された保安林（同法第二十五条の二第一項 後段又は第二項 後段において準用する同法第二十五条第二項 の規定により指定された保安林を除く。）若しくは同法第四十一条 の規定により指定された保安施設地区又は地すべり等防止法（昭和三十三年法律第三十号）第三条第一項 の規定により指定された地すべり防止区域若しくは同法第四条第一項 の規定により指定されたぼた山崩壊防止区域については、適用しない。

3　都道府県は、漁港漁場整備法（昭和二十五年法律第百三十七号）第二条 に規定する漁港の区域（水域を除く。）内、港湾法（昭和二十五年法律第二百十八号）第三十七条第一項 に規定する港湾隣接地域内又は海岸法（昭和三十一年法律第百一号）第三条第一項 に規定する海岸保全区域内において第一項 の規定による急傾斜地崩壊防止工事（以下「都道府県営工事」という。）を施行しようとするときは、あらかじめ、漁港管理者、港湾管理者又は海岸管理者に協議しなければならない。ただし、港湾法第三十七条第一項 及び第三項 又は海岸法第十条第二項 の規定により港湾管理者又は海岸管理者に協議しなければならない場合においては、この限りでない。

（都道府県以外の者の施行する工事）

第十三条　国又は地方公共団体以外の者が急傾斜地崩壊防止工事を施行しようとするときは、国土交通省令で定めるところにより、あらかじめ、その旨を都道府県知事に届け出なければならない。

2　国又は地方公共団体は、急傾斜地崩壊防止工事を施行しようとするときは、あらかじめ、その旨を都道府県知事に通知しなければならない。

（急傾斜地崩壊防止工事の施行の基準）

第十四条　急傾斜地崩壊防止工事は、急傾斜地崩壊危険区域内における急傾斜地の崩壊の原因、機構及び規模に応じて、有効かつ適切なものとしなければならない。

2　急傾斜地崩壊防止工事は、政令で定める技術的基準に従い、施行しなければならない。

（適用の除外）

第十五条　前二条の規定は、急傾斜地崩壊防止工事が砂防法による砂防工事、森林法 による保安施設事業に係る工事又は地すべり等防止法 による地すべり防止工事若しくはぼた山崩壊防止工事である場合における当該急傾斜地崩壊防止工事については、適用しない。

（附帯工事の施行）

第十六条　都道府県は、都道府県営工事により必要を生じた急傾斜地崩壊防止工事以外の工事（以下「他の工事」という。）又は都道府県営工事を施行するために必要を生じた他の工事を当該都道府県営工事とあわせて施行することができる。

2　前項の場合において、他の工事が河川工事（河川法（昭和三十九年法律第百六十七号）が適用され、又は準用される河川の河川工事をいう。以下同じ。）又は道路（道路法（昭和二十七年法律第百八十号）による道路をいう。以下同じ。）に関する工事であるときは、当該他の工事の施行については、同項の規定は、適用しない。

（土地の立入り等）

第十七条　都道府県知事又はその命じた者若しくは委任した者は、都道府県営工事のためにやむを得ない必要があるときは、他人の占有する土地に立ち入り、又は特別の用途のない他人の土地を材料置場若しくは作業場として一時使用することができる。

2　第五条第二項から第十項までの規定は、前項の場合について準用する。

（急傾斜地崩壊防止工事に伴う損失の補償）

第十八条　土地収用法第九十三条第一項 の規定による場合を除き、都道府県営工事を施行したことにより、当該都道府県営工事を施行した土地に面する土地について、通路、みぞ、かき、さくその他の施設若しくは工作物を新築し、増築し、修繕し、若しくは移転し、又は盛土若しくは切土をするやむを得ない必要があると認められる場合においては、都道府県は、これらの工事をすることを必要とする者（以下この条において「損失を受けた者」という。）の請求により、これに要する費用の全部又は一部を補償しなければならない。この場合において、都道府県又は損失を受けた者は、補償金の全部又は一部に代えて、都道府県が当該工事を施行することを要求することができる。

2　前項の規定による損失の補償は、都道府県営工事の完了の日から一年を経過した後においては、請求することができない。

3　第一項の規定による損失の補償については、都道府県と損失を受けた者とが協議しなければならない。

4　前項の規定による協議が成立しない場合においては、都道府県又は損失を受けた者は、政令で定めるところにより、収用委員会に土地収用法第九十四条 の規定による裁決を申請することができる。

第十九条　削除

（国土交通大臣の指示）

第二十条　国土交通大臣は、急傾斜地の崩壊による災害が発生し、又は発生するおそれがあると認められる場合において、災害の発生を防止し、又は災害を軽減するため緊急の必要があると認められるときは、都道府県に対し、第三条第一項及び第三項、第七条第一項、第二項及び第四項、第八条第一項、同条第二項（第十条第四項において準用する場合を含む。）、第九条第三項、第十条第一項及び第二項、第十一条第一項並びに第十二条第一項に規定する事務に関し、必要な指示をすることができる。

第三章　急傾斜地崩壊危険区域に関する費用

（都道府県営工事に要する費用の補助）

第二十一条　国は、都道府県に対し、予算の範囲内において、政令で定めるところにより、都道府県営工事に要する費用の二分の一以内を補助することができる。

（附帯工事に要する費用）

第二十二条　都道府県営工事により必要を生じた他の工事又は都道府県営工事を施行するために必要を生じた他の工事に要する費用は、第七条第一項の許可に附した条件に特別の定めがある場合及び同条第四項の協議による場合を除き、その必要を生じた限度において、都道府県がその全部又は一部を負担するものとする。

2　前項の場合において、他の工事が河川工事又は道路に関する工事であるときは、当該他の工事に要する費用については、同項の規定は、適用しない。

（受益者負担金）

第二十三条　都道府県は、都道府県営工事により著しく利益を受ける者がある場合においては、その利益を受ける限度において、その者に、当該都道府県営工事に要する費用の一部を負担させることができる。

2　前項の場合において、負担金の徴収を受ける者の範囲及びその徴収方法については、都道府県の条例で定める。

■鳥獣の保護及び狩猟の適正化に関する法律

（平成十四年七月十二日法律第八十八号）

最終改正：平成二六年五月三〇日法律第四六号

第三章　鳥獣保護事業の実施

第三節　鳥獣保護区

（鳥獣保護区）

第二十八条　環境大臣又は都道府県知事は、鳥獣の保護を図るため特に必要があると認めるときは、鳥獣の種類その他鳥獣の生息の状況を勘案してそれぞれ次に掲げる区域を鳥獣保護区として指定することができる。

一　環境大臣にあっては、国際的又は全国的な鳥獣の保護の見地からその鳥獣の保護のため重要と認める区域

二　都道府県知事にあっては、地域の鳥獣の保護の見地からその鳥獣の保護のため重要と認める当該都道府県内の区域であって前号の区域以外の区域

2　前項の規定による指定又はその変更は、鳥獣保護区の名称、区域、存続期間及び当該鳥獣保護区の保護に関する指針を定めてするものとする。

3　環境大臣又は都道府県知事は、第一項の規定による指定をし、又はその変更をしようとするとき（変更にあっては、鳥獣保護区の区域を拡張するときに限る。次項から第六項までにおいて同じ。）は、あらかじめ、関係地方公共団体の意見を聴かなければならない。

4　環境大臣又は都道府県知事は、第一項の規定による指定をし、又はその変更をしようとするときは、あらかじめ、環境省令で定めるところにより、その旨を公告し、公告した日から起算して十四日（都道府県知事にあっては、その定めるおおむね十四日の期間）を経過する日までの間、当該鳥獣保護区の名称、区域、存続期間及び当該鳥獣保護区の保護に関する指針の案（次項及び第六項において「指針案」という。）を公衆の縦覧に供しなければならない。

5　前項の規定による公告があったときは、第一項の規定による指定をし、又はその変更をしようとする区域の住民及び利害関係人は、前項に規定する期間が経過する日までの間に、環境大臣又は都道府県知事に指針案についての意見書を提出することができる。

6　環境大臣又は都道府県知事は、指針案について異議がある旨の前項の意見書の提出があったとき、その他鳥獣保護区の指定又は変更に関し広く意見を聴く必要があると認めるときは、環境大

臣にあっては公聴会を開催するものとし、都道府県知事にあっては公聴会の開催その他の必要な措置を講ずるものとする。

7　鳥獣保護区の存続期間は、二十年を超えることができない。ただし、二十年以内の期間を定めてこれを更新することができる。

8　環境大臣又は都道府県知事は、鳥獣の生息の状況の変化その他の事情の変化により第一項の規定による指定の必要がなくなったと認めるとき、又はその指定を継続することが適当でないと認めるときは、その指定を解除しなければならない。

9　第二項並びに第十五条第二項、第三項、第十三項及び第十四項の規定は第七項ただし書の規定による更新について、第三条第三項の規定は第一項の規定により環境大臣が行う指定及びその変更（鳥獣保護区の区域を拡張するものに限る。）について、第四条第四項及び第十二条第四項の規定は第一項の規定により都道府県知事が行う指定及びその変更（第四条第四項の場合にあっては、鳥獣保護区の区域を拡張するものに限る。）について、第十五条第二項、第三項、第十三項及び第十四項の規定は第一項の規定による指定及びその変更について準用する。この場合において、同条第二項中「その旨並びにその名称、区域及び存続期間」とあるのは「その旨並びに鳥獣保護区の名称、区域、存続期間及び当該鳥獣保護区の保護に関する指針」と、同条第三項中「前項の規定による公示」とあるのは「第二十八条第九項において読み替えて準用する前項の規定による公示」と読み替えるものとする。

10　第十二条第四項の規定は第八項の規定により都道府県知事が行う鳥獣保護区の指定の解除について、第十五条第二項及び第三項の規定は第八項の規定による指定の解除について準用する。この場合において、同条第二項中「その旨並びにその名称、区域及び存続期間」とあるのは「その旨及び解除に係る区域」と、同条第三項中「前項の規定による公示」とあるのは「第二十八条第十項において読み替えて準用する前項の規定による公示」と読み替えるものとする。

11　鳥獣保護区の区域内の土地又は木竹に関し、所有権その他の権利を有する者は、正当な理由がない限り、環境大臣又は都道府県知事が当該土地又は木竹に鳥獣の生息及び繁殖に必要な営巣、給水、給餌等の施設を設けることを拒んではならない。

（鳥獣保護区における保全事業）

第二十八条の二　国又は都道府県は、鳥獣保護区における鳥獣の生息の状況に照らして必要があると認めるときは、国にあっては前条第一項の規定により環境大臣が指定する鳥獣保護区（以下「国指定鳥獣保護区」という。）において、都道府県にあっては同項の規定により都道府県知事が指定する鳥獣保護区（以下「都道府県指定鳥獣保護区」という。）において、保全事業（鳥獣の生息地の保護及び整備を図るための鳥獣の繁殖施設の設置その他の事業であって環境省令で定めるものをいう。以下同じ。）を行うものとする。

2　環境大臣以外の国の機関は、国指定鳥獣保護区における保全事業を行おうとするときは、環境大臣に協議しなければならない。

3　地方公共団体は、次に掲げる場合にあっては環境大臣に協議してその同意を得、それ以外の場合にあっては環境大臣に協議して、国指定鳥獣保護区における保全事業の一部を行うことができる。

一　当該保全事業として希少鳥獣の捕獲等又は希少鳥獣のうちの鳥類の卵の採取等をするとき。

二　当該保全事業として第九条第一項第三号の環境省令で定める網又はわなを使用して鳥獣の捕獲等をするとき。

4　都道府県以外の地方公共団体は、前項各号に掲げる場合に該当する場合にあっては都道府県知事に協議してその同意を得、それ以外の場合にあっては都道府県知事に協議して、都道府県指定鳥獣保護区における保全事業の一部を行うことができる。

5　都道府県が第一項の規定による保全事業を行う場合において第三項各号に掲げる場合に該当するとき又は都道府県知事が前項の規定により保全事業について同意をしようとする場合は、都道府県又は都道府県知事は、環境大臣に協議し、その同意を得なければならない。

6　第一項、第三項及び第四項の規定により保全事業として実施する行為については、第八条、第十六条第一項及び第二項並びに次条第七項の規定は、適用しない。

（特別保護地区）

第二十九条　環境大臣又は都道府県知事は、それぞれ鳥獣保護区の区域内で鳥獣の保護又は鳥獣の生息地の保護を図るため特に必要があると認める区域を特別保護地区として指定することができる。

2　特別保護地区の存続期間は、当該特別保護地区が属する鳥獣保護区の存続期間の範囲内において環境大臣又は都道府県知事が定める期間とする。

3　環境大臣又は都道府県知事は、鳥獣の生息の状況の変化その他の事情の変化により第一項の規定による指定の必要がなくなったと認めるとき、又はその指定を継続することが適当でないと認めるときは、その指定を解除しなければならない。

4　第二項の規定は第一項の規定による指定の変更について、第三条第三項の規定は第一項の規定により環境大臣が行う指定及びその変更（特別保護地区の区域を拡張し、又は存続期間を延長するものに限る。）について、第四条第四項及び第十二条第四項の規定は第一項の規定により都道府県知事が行う指定及びその変更（第四条第四項の場合にあっては、特別保護地区の区域を拡張し、又は存続期間を延長するものに限る。）について、第十五条第二項、第三項、第十三項及び第十四項並びに第二十八条第二項から第六項までの規定は第一項の規定による指定及びその変更（同条第三項から第六項までの場合にあっては、特別保護地区の区域を拡張し、又は存続期間を延長するものに限る。）について準用する。この場合において、第十二条第四項中「環境大臣に届け出なければ」とあるのは「特別保護地区の存続期間の終了後引き続き当該特別保護地区の区域と同一の区域を特別保護地区として指定する場合又は特別保護地区の存続期間を延長する場合にあっては環境大臣に届け出、これら以外の場合にあっては環境大臣に協議しなければ」と、第十五条第二項中「その旨並びにその名称、区域及び存続期間」とあるのは「その旨並びに特別保護地区の名称、区域、存続期間及び当該特別保護地区の保護に関する指針」と、同条第三項中「前項の規定による公示」とあるのは「第二十九条第四項において読み替えて準用する前項の規定による公示」と読み替えるものとする。

5　第十二条第四項の規定は第三項の規定により都道府県知事が行う指定の解除について、第十五条第二項及び第三項の規定は第三項の規定による指定の解除について準用する。この場合において、第十二条第四項中「届け出なければ」とあるのは「協議しなければ」と、第十五条第二項中「その旨並びにその名称、区域及び存続期間」とあるのは「その旨及び解除に係る区域」と、同条第三項中「前項の規定による公示」とあるのは「第二十九条第五項において読み替えて準用する前項の規定による公示」と読み替えるものとする。

6　環境大臣は、第四項の規定により読み替えて準用する第十二条第四項の規定による協議を受けた場合（第一項の規定による指定の変更の場合にあっては、特別保護地区の区域を拡張するときに限る。）は、農林水産大臣に協議しなければならない。

7　特別保護地区の区域内においては、次に掲げる行為は、第一項の規定により環境大臣が指定する特別保護地区（以下「国指定特別保護地区」という。）にあっては環境大臣の、同項の規定により都道府県知事が指定する特別保護地区（以下「都道府県指定特別保護地区」という。）にあっては都道府県知事の許可を受けなければ、してはならない。ただし、鳥獣の保護に支障がないと認められる行為として国指定特別保護地区にあっては環境大臣が、都道府県指定特別保護地区にあっては都道府県知事がそれぞれ定めるものについては、この限りでない。

一　建築物その他の工作物を新築し、改築し、又は増築すること。

二　水面を埋め立て、又は干拓すること。

三　木竹を伐採すること。

四　前三号に掲げるもののほか、国指定特別保護地区にあっては環境大臣が、都道府県指定特別保護地区にあっては都道府県知事がそれぞれ指定する区域内において、鳥獣の保護に影響を及ぼすおそれがある行為として政令で定めるものを行うこと。

8　前項の許可を受けようとする者は、環境省令で定めるところにより、国指定特別保護地区にあっては環境大臣に、都道府県指定特別保護地区にあっては都道府県知事にそれぞれ許可の申請をしなければならない。

9　環境大臣又は都道府県知事は、前項の許可の申請があったときは、当該申請に係る行為が次の各号のいずれかに該当する場合を除き、第七項の許可をしなければならない。

一　当該行為が鳥獣の保護に重大な支障を及ぼすおそれがあるとき。

二　当該行為が鳥獣の生息地の保護に重大な支障を及ぼすおそれがあるとき。

10　環境大臣又は都道府県知事は、鳥獣の保護又は鳥獣の生息地の保護のため必要があると認めるときは、第七項の許可に条件を付することができる。

（措置命令等）

第三十条　環境大臣は国指定特別保護地区について、都道府県知事は都道府県指定特別保護地区について、鳥獣の保護のため必要があると認めるときは、特別保護地区の区域内において前条第七項の許可を受けて同項各号に掲げる行為をしている者に対し、その行為の実施方法について指示をすることができる。

2　環境大臣は国指定特別保護地区について、都道府県知事は都道府県指定特別保護地区について、鳥獣の保護又は鳥獣の生息地の保護のために必要があると認めるときは、前条第七項の規定に違反した者又は同条第十項の規定により付された条件に違反した者に対し、これらの保護のために必要な限度において、その行為の中止を命じ、又はこれらの者若しくはこれらの者から当該土地、建築物その他の工作物若しくは物件についての権利を承継した者に対し、相当の期限を定めて、原状回復を命じ、若しくは原状回復が著しく困難である場合に、これに代わるべき必要な措置を執るべきことを命ずることができる。

3　前項の規定により原状回復又はこれに代わるべき必要な措置（以下「原状回復等」という。）を命じようとする場合において、過失がなくて当該原状回復等を命ずべき者を確知することができないときは、環境大臣又は都道府県知事は、その者の負担において、当該原状回復等を自ら行い、又はその命じた者若しくは委任した者にこれを行わせることができる。この場合においては、相当の期限を定めて、当該原状回復等を行うべき旨及びその期限までに当該原状回復等を行わないときは、環境大臣若しくは都道府県知事又はその命じた者若しくは委任した者が当該原状回復等を行う旨をあらかじめ公告しなければならない。

4　前項の規定により原状回復等を行おうとする者は、その身分を示す証明書を携帯し、関係者の請求があるときは、これを提示しなければならない。

（実地調査）

第三十一条　環境大臣又は都道府県知事は、第二十八条第一項又は第二十九条第一項若しくは第七項第四号の規定による指定をするための実地調査に必要な限度において、その職員に、他人の土地に立ち入らせることができる。

2　環境大臣又は都道府県知事は、その職員に前項の規定による立入りをさせようとするときは、あらかじめ、土地の所有者又は占有者にその旨を通知し、意見を述べる機会を与えなければならない。

3　第一項の規定による立入りをする職員は、その身分を示す証明書を携帯し、関係者に提示しなければならない。

4　土地の所有者又は占有者は、正当な理由がない限り、第一項の規定による立入りを拒み、又は妨げてはならない。

（損失の補償）

第三十二条　国は国指定鳥獣保護区について、都道府県知事は都道府県指定鳥獣保護区について、第二十八条第十一項の規定により施設を設置されたため、第二十九条第七項の許可を受けることができないため、又は同条第十項の規定により条件を付されたため損失を受けた者に対し、通常生ずべき損失の補償をする。

2　前項の補償を受けようとする者は、環境大臣又は都道府県知事にその請求をしなければならない。

3　環境大臣又は都道府県知事は、前項の請求を受けたときは、補償すべき金額を決定し、その請求をした者に通知しなければならない。

4　前項の規定による金額の決定に不服がある者は、同項の規定による通知を受けた日から六月を経過する日までの間に、訴えをもってその増額の請求をすることができる。

5　前項の訴えにおいては、国又は都道府県を被告とする。

（国指定鳥獣保護区と都道府県指定鳥獣保護区との関係）

第三十三条　都道府県指定鳥獣保護区の区域の全部又は一部について国指定鳥獣保護区が指定されたときは、当該都道府県指定鳥獣保護区は、第二十八条第二項並びに同条第九項及び第十項において準用する第十五条第二項及び第三項の規定にかかわらず、それぞれ、その指定が解除され、又は当該国指定鳥獣保護区の区域と重複する区域以外の区域に変更されたものとみなす。

■労働安全衛生法施行令（抜粋）

（昭和四十七年八月十九日政令第三百十八号）

最終改正：平成二五年八月一三日政令第二三四号

（就業制限に係る業務）

第二十条　法第六十一条第一項 の政令で定める業務は、次のとおりとする。

一　発破の場合におけるせん孔、装てん、結線、点火並びに不発の装薬又は残薬の点検及び処理の業務

二　制限荷重が五トン以上の揚貨装置の運転の業務

三　ボイラー（小型ボイラーを除く。）の取扱いの業務

四　前号のボイラー又は第一種圧力容器（小型圧力容器を除く。）の溶接（自動溶接機による溶接、管（ボイラーにあつては、主蒸気管及び給水管を除く。）の周継手の溶接及び圧縮応力以外の応力を生じない部分の溶接を除く。）の業務

五　ボイラー（小型ボイラー及び次に掲げるボイラーを除く。）又は第六条第十七号の第一種圧力容器の整備の業務

イ 胴の内径が七百五十ミリメートル以下で、かつ、その長さが千三百ミリメートル以下の蒸気ボイラー

ロ 伝熱面積が三平方メートル以下の蒸気ボイラー

ハ 伝熱面積が十四平方メートル以下の温水ボイラー

ニ 伝熱面積が三十平方メートル以下の貫流ボイラー（気水分離器を有するものにあつては、当該気水分離器の内径が四百ミリメートル以下で、かつ、その内容積が〇・四立方メートル以下のものに限る。）

六　つり上げ荷重が五トン以上のクレーン（跨線テルハを除く。）の運転の業務

七　つり上げ荷重が一トン以上の移動式クレーンの運転（道路交通法（昭和三十五年法律第百五号）第二条第一項第一号 に規定する道路（以下この条において「道路」という。）上を走行させる運転を除く。）の業務

八　つり上げ荷重が五トン以上のデリツクの運転の業務

九　潜水器を用い、かつ、空気圧縮機若しくは手押しポンプによる送気又はボンベからの給気を受けて、水中において行う業務

十　可燃性ガス及び酸素を用いて行なう金属の溶接、溶断又は加熱の業務

十一　最大荷重（フオークリフトの構造及び材料に応じて基準荷重中心に負荷させることができる最大の荷重をいう。）が一トン以上のフオークリフトの運転（道路上を走行させる運転を除く。）の業務

十二　機体重量が三トン以上の別表第七第一号、第二号、第三号又は第六号に掲げる建設機械で、動力を用い、かつ、不特定の場所に自走することができるものの運転（道路上を走行させる運転を除く。）の業務

十三　最大荷重（ショベルローダー又はフォークローダーの構造及び材料に応じて負荷させることができる最大の荷重をいう。）が一トン以上のショベルローダー又はフォークローダーの運転（道路上を走行させる運転を除く。）の業務

十四　最大積載量が一トン以上の不整地運搬車の運転（道路上を走行させる運転を除く。）の業務

十五　作業床の高さが十メートル以上の高所作業車の運転（道路上を走行させる運転を除く。）の業務

十六　制限荷重が一トン以上の揚貨装置又はつり上げ荷重が一トン以上のクレーン、移動式クレーン若しくはデリックの玉掛けの業務

図版出典

ここに掲出していない図版は、文化庁文化財部記念物課及び執筆者が作成・撮影したものである。
＊が付いているものは、改変を加えたことを示す。

図表番号等	出典・提供元
表紙カバー＊	松前町教育員会
図1	姫路市教育委員会生涯学習部城郭研究室
図2	熊本城総合事務所
図3	文化財石垣保存技術協議会
図4	文化財石垣保存技術協議会
コラム①図1	姫路市教育委員会生涯学習部城郭研究室
コラム①図2	山梨県教育委員会
コラム①図3	姫路市教育委員会生涯学習部城郭研究室
コラム①図4	山梨県教育委員会
コラム①図5	佐賀県立名護屋城博物館
コラム①図6	佐賀県立名護屋城博物館
コラム①図7	山梨県教育委員会
コラム①図8	文化財石垣保存技術協議会
図5	（公財）東京都公園協会
図6	姫路市教育委員会生涯学習部城郭研究室
図7	大坂城天守閣
図9	鳥取市教育委員会
図11	滋賀県教育委員会
コラム②図2	鳥取県立博物館
コラム②図3	鳥取市教育委員会
コラム②図4	鳥取県立博物館
図12	福岡県教育委員会
図13	福岡県教育委員会
図14	熊本城総合事務所
図15	高松市・高松市教育委員会2013
図16	白河市
図17	静岡市教育委員会
図19	佐賀県立名護屋城博物館
図20	石川県金沢城調査研究所
図21	大阪市教育委員会
図22	高松市教育委員会
図23	千代田区教育委員会
図24	山梨県教育委員会
図25	港区教育委員会
図26	松前町教育委員会
図27＊	北垣1987
図28＊	山梨県教育委員会
図29＊	石川県金沢城調査研究所
図30	石の民俗資料館
図31	石の民俗資料館
図32	石の民俗資料館
図33	石の民俗資料館
図34	石の民俗資料館
図35	石の民俗資料館
図36	石の民俗資料館
図37	石の民俗資料館
図38	名古屋市博物館
コラム④図1	白河市教育委員会
コラム④図2	白河市教育委員会
コラム④図3	仙台市教育委員会
コラム④図4	仙台市教育委員会
コラム④図5	会津若松市教育委員会
コラム④図6	二本松市教育委員会
コラム⑤図1	北中城村教育委員会

図表番号等	出典・提供元
コラム⑤図2	今帰仁村教育委員会
コラム⑤図3	沖縄県公文書館
コラム⑥図1	佐賀県立名護屋城博物館
コラム⑥図2	佐賀県立名護屋城博物館
コラム⑥図3	佐賀県立名護屋城博物館
コラム⑦図1	盛岡市教育委員会
図43	高松市・高松市教育委員会2008
図44	高梁市教育委員会2004
図45	鳥取市教育委員会
図46	鳥取市教育委員会
図47	石川県金沢城調査研究所
コラム⑧図2	山本2011
図49	山梨県教育委員会
図50	仙台市教育委員会
図51	仙台市教育委員会
図52	鳥取市教育委員会
図53	山梨県教育委員会
図54	徳島市教育委員会
コラム⑨図1	山梨県教育委員会
コラム⑨図2	山梨県教育委員会
コラム⑨図3	山梨県教育委員会
コラム⑨図4	山梨県教育委員会
コラム⑨図5	姫路市教育委員会生涯学習部城郭研究室
コラム⑨図6	姫路市教育委員会生涯学習部城郭研究室
コラム⑩図1	山梨県教育委員会
コラム⑩図2	山梨県教育委員会
コラム⑩図3	山梨県教育委員会
コラム⑩図4	石川県金沢城調査研究所
コラム⑩図5	山梨県教育委員会
コラム⑩図6	小田原市教育委員会
コラム⑩図7	山梨県教育委員会
図55＊	松山市教育委員会
図56	石川県金沢城調査研究所
図57	高知県教育委員会
図58	名古屋城総合事務所
図59上	石川県金沢城調査研究所
図59下	唐津市教育委員会
コラム⑪図1	島原市教育委員会
コラム⑪図2	白河市教育委員会
コラム⑪図3	白河市教育委員会
コラム⑪図4	仙台市教育委員会
図60	唐津市教育委員会
図61	唐津市教育委員会
図62	唐津市教育委員会
図64	佐賀県立名護屋城博物館
図65	石川県金沢城調査研究所
図66	熊本城総合事務所
図67	高松市教育委員会
図68	姫路市教育委員会生涯学習部城郭研究室
図69	姫路市教育委員会生涯学習部城郭研究室
図70	姫路市教育委員会2007
図71	姫路市教育委員会生涯学習部城郭研究室
図72	姫路市教育委員会生涯学習部城郭研究室
図73	姫路市教育委員会2005

図表番号等	出典・提供元
図74	山梨県2003
図75	高松市・高松市教育委員会2013
図76	佐賀県立名護屋城博物館
図77	姫路市教育委員会2007
図78*	佐賀県立名護屋城博物館
図79	佐賀県立名護屋城博物館
図80	佐賀県立名護屋城博物館
図81	唐津市教育委員会
図82	佐賀県立名護屋城博物館
図83	唐津市教育委員会
図84	高松市・高松市教育委員会2013
図85	唐津市教育委員会
図86	唐津市教育委員会
図87	唐津市教育委員会
図88	唐津市教育委員会
図89	唐津市教育委員会
図90左	唐津市教育委員会
図90右	佐賀県立名護屋城博物館
図91	高松市教育委員会
図93	熊本城総合事務所
図94*	唐津市教育委員会
図95	福岡市
図96	唐津市教育委員会
図97	熊本城総合事務所
図98	福岡市
図99	石川県金沢城調査研究所
図100	福岡市教育委員会
図101	石川県金沢城調査研究所
図102	石川県金沢城調査研究所
図103	石川県金沢城調査研究所
図104	石川県金沢城調査研究所
図105	石川県金沢城調査研究所
図106	石川県金沢城調査研究所
図107	高松市・高松市教育委員会2013
図108	宮内庁管理部2007
図109	石川県金沢城調査研究所
図110	石川県金沢城調査研究所
図111	石川県金沢城調査研究所
図112	石川県金沢城調査研究所
図113	石川県金沢城調査研究所
図114	石川県金沢城調査研究所
図115	福岡市
図116	仙台市教育委員会
図117	山梨県教育委員会
図118	高松市・高松市教育委員会2013
図119	佐賀県立名護屋城博物館
コラム⑫図1	丸亀市教育委員会
コラム⑫図2	丸亀市教育委員会
コラム⑫図3	高松市教育委員会
コラム⑫図4	高松市教育委員会
コラム⑬図1	仙台市教育委員会
コラム⑬図2	仙台市教育委員会

図表番号等	出典・提供元
コラム⑬図3	仙台市教育委員会
コラム⑬図4	仙台市教育委員会
コラム⑬図5	白河市教育委員会
図120	石川県金沢城調査研究所
図121	仙台市教育委員会
図122	高松市教育委員会
コラム⑭図1	丸亀市教育委員会
コラム⑭図2	丸亀市教育委員会2014
コラム⑭図3*	丸亀市教育委員会2014
コラム⑭図4	丸亀市教育委員会
図124	山梨県教育委員会
図125	山梨県教育委員会
図126	山梨県教育委員会
図127	山梨県教育委員会
図128	山梨県教育委員会
図129	山梨県教育委員会
図130	山梨県教育委員会
図131	山梨県教育委員会
図132	山梨県教育委員会
図133	高松市教育委員会
図134	高松市教育委員会
図135	山梨県教育委員会
図136	高松市教育委員会
図137	山梨県教育委員会
図138	山梨県教育委員会
図139	小田原市教育委員会
図140	高松市教育委員会
図141	山梨県教育委員会
図142	山梨県教育委員会
図143	山梨県教育委員会
図144	山梨県教育委員会
図145	山梨県教育委員会
図146	山梨県教育委員会
図147	山梨県教育委員会
図148	小田原市教育委員会
図149	姫路市教育委員会生涯学習部城郭研究室
図150	姫路市教育委員会生涯学習部城郭研究室
図151	佐賀県立名護屋城博物館
図152	佐賀県立名護屋城博物館
図155*	石川県金沢城調査研究所・石川県土木部公園緑地課2010
図156	高松市教育委員会
図157	高松市教育委員会
図158*	高松市教育委員会

転載図版出典文献一覧（50音順）

石川県金沢城調査研究所・石川県土木部公園緑地課『金沢城跡石垣修築工事報告書―玉泉院丸南西石垣―』2010
宮内庁管理部『特別史跡江戸城跡　皇居東御苑内本丸中之門石垣修復工事報告書』2007
北垣聰一郎『石垣普請　ものと人間の文化史58』法政大学出版会　1987
高梁市教育委員会『史跡備中松山城跡石垣総合調査報告書』2004
高松市・高松市教育委員会『史跡高松城跡整備報告書　第2分冊　石垣基礎調査報告書　第1分冊』2008
高松市・高松市教育委員会『史跡高松城跡整備報告書第7分冊　史跡高松城跡（天守台)』2013
姫路市教育委員会『特別史跡姫路城跡　石垣修理報告書（7）―旧太鼓櫓跡石垣―』2005
姫路市教育委員会『特別史跡姫路城跡　石垣修理報告書（8）―喜斎門跡土橋石垣・同東方石垣―』2007
丸亀市教育委員会『史跡丸亀城跡野面積み石垣修理工事調査報告書』2014
山梨県『県指定史跡甲府城跡　稲荷台石垣改修工事報告書』2003
山本浩之「文化財城郭石垣の工学的特性と安定性評価手法に関する研究」（関西大学博士論文）2011

石垣整備のてびき

2015年1月15日発行

監　修	文化庁文化財部記念物課
発行者	山　脇　洋　亮
印　刷	亜　細　亜　印　刷　㈱
製　本	㈱　渋　谷　文　泉　閣

発行所　東京都千代田区飯田橋 4-4-8
(〒102-0072)東京中央ビル内　㈱ 同成社
TEL 03-3239-1467　振替 00140-0-20618

ISBN 978-4-88621-686-1 C3021